Inhalt

Einleitung

Wesentliche Entwicklungsschritte zum modernen Staat wurden in dem Zeitraum zwischen Spätmittelalter und Französischer Revolution vollzogen. Wegen der langen Zeitspanne und der Vielfalt historischer, geographischer und politischer Besonderheiten der europäischen Königreiche und Fürstentümer erschien es uns sinnvoll, in einer grob-chronologischen Abfolge unterschiedliche Entwicklungen beispielhaft vorzustellen, in der Erwartung, daß sich die Einzeleinsichten zu einem facettenreichen Gesamtbild zusammenfügen und mit Aussagen über langfristige „Trends" verbinden lassen. Damit dies gelingt, sollte klar sein, welche Entwicklungslinien uns bei der Auswahl besonders wichtig erschienen.
An erster Stelle steht die Umformung des mittelalterlichen Personenverbandstaates in einen „Fürstenstaat", gipfelnd in dem Anspruch auf „absolute" Regierungsmacht des Herrschers. Wesentliches Mittel dazu war der Versuch, den „Hof" – in der Regel die feste Residenz – zum Zentrum der Staatsmacht und zum Mittelpunkt einer rational aufgebauten und nach festen Regeln arbeitenden Verwaltung zu machen; in der Auseinandersetzung mit den ständischen und regionalen Sondergewalten sollten Gesetzgebung, Regierung und Rechtsprechung möglichst vollständig in der Hand des Herrschers konzentriert werden. Deutliche Markierungspunkte auf dem Weg zum „Fürstenstaat" bildeten im 15. Jahrhundert die Herrschaft der Medici in Florenz, im 16. Jahrhundert die Herrschaft Philipps II. von Spanien und im 17. Jahrhundert der Hof Ludwigs XIV. in Versailles. An ihnen orientierten sich fast alle Fürsten Europas einschließlich der Landesherren der Territorien des Deutschen Reiches. „Gegen den Trend" entwickelten sich lediglich England/Großbritannien und die Generalstaaten der Niederlande; in beiden Staaten erkämpften sich Landadel und reiche Kaufmannsschicht die Teilhabe an der politischen Führung.
Die zweite Hauptlinie der Entwicklung, eng verknüpft mit der ersten, betrifft die Umformung der nur locker gefügten mittelalterlichen Lehnsreiche in Territorialstaaten, die nach innen und außen möglichst geschlossen sein sollten: Außengrenzen gewannen den uns heute vertrauten Charakter eines politisch markanten Abschlusses gegenüber anderen Staaten, und Außenpolitik wurde betrieben unter dem Aspekt, Grenzen zu sichern oder Grenzverläufe zu verändern. Und sofern Binnengrenzen, d. h. Gemengelagen von eigenen und fremden Herrschaftsgebieten in den Fürstentümern, den Aufbau zentralisierter Herrschermacht behinderten, hatte Außenpolitik auch den Zweck, fremde Enklaven innerhalb des eigenen Territoriums zu beseitigen. Geographische Randlage und „natürliche Grenzen" begünstigten in Westeuropa – Spanien, Frankreich, Großbritannien, Niederlande – den Abschluß nach außen, der Kampf gegen fremde Mächte auf eigenem Boden förderte die Ausprägung eines besonderen „nationalen" Bewußtseins. „Gegen den Trend" entwickelte sich das Deutsche Reich zu einem Verbund weitgehend selbständiger Fürstentümer und Herrschaften, zu denen auch zahlreiche nichtdeutsche Gebiete gehörten. Seine Einheit wurde verkörpert durch den Kaiser, der seit dem 15. Jahrhundert aus der Dynastie der Habsburger kam; die Reichsgrenzen bezeichneten eher symbolisch den Raum in Mitteleuropa, in dem die ideelle Oberherrschaft des Kaisers anerkannt war.
Eine dritte Entwicklungslinie könnte bezeichnet werden als die Entdeckung der Ökonomie als politische Leitidee. Damit soll gesagt sein, daß bis etwa zur Mitte des 17. Jahrhunderts die Religion als Triebkraft oder äußere Begründung politischen Handelns eine herausragende Rolle spielte – Beispiele sind die „Rückeroberung" Spaniens unter maurischer Herrschaft wie die Eroberung der „Neuen Welt"; der Kampf zwischen katholischen und evangelischen Reichsständen im Deutschen Reich; die religionspolitischen Kriege in Frankreich, den Niederlanden und zwischen Spanien und England. Ökonomie als vorherrschende Triebkraft für

Politik bedeutet allgemein das Bestreben der Fürsten, nach dem Vorbild der „modernen" und erfolgreichen Wirtschaft in den Stadtstaaten Oberitaliens Gelderwerb und Geldvermehrung zur Grundlage staatlicher Macht auszubauen. Innenpolitisch gipfelte dieser Ansatz in der staatlich gesteuerten Form des französischen Merkantilismus („Colbertismus"), der für beinahe 150 Jahre zum Leitbild europäischer Wirtschaftspolitik wurde; außenpolitisch bedeutet er vor allem für Großbritannien und die Niederlande den bewußten Kampf um Handelswege, Absatzmärkte und Rohstoffbasen.

Damit erhielt, und dies ist die vierte Entwicklungslinie, die Machtpolitik von Monarchen oder Regierungen eine ganz neue Dimension. „Großmacht" war im 16. Jahrhundert das auf ein riesiges Kolonialimperium und dessen Schätze gestützte Spanien; Großmächte wurden im 17. Jahrhundert vorübergehend die Niederlande und auf Dauer Großbritannien, beide auf der Grundlage eines modernen Seehandels- und Kolonialreiches, vor allem aber das Frankreich Ludwigs XIV. Im 18. Jahrhundert schließlich stiegen Rußland, Österreich und Brandenburg-Preußen in den Rang europäischer Großmächte auf, gegründet vor allem auf militärische Schlagkraft und Expansion.

Die fünfte und letzte Leitlinie betrifft das Nachdenken über Politik, Herrschaft und Staat unter dem Aspekt der „Staatsräson". Florenz steht hier für einen Knotenpunkt der Entwicklung in zwei unterschiedliche Richtungen: Die „Wiederentdeckung" antiker Staatstheorien durch die Gelehrten der Renaissance fand in der republikanischen Verfassung des Stadtstaates, der schriftlich fixierten Teilhabe der Bürger an der Staatsmacht, praktische Anwendung. Die Diskussion wurde fortgeführt und erweitert im Freiheitskampf der Niederländer und im englischen Bürgerkrieg und gipfelte in einem Theoriengebäude gegen den herrschenden Absolutismus. Der zweite Entwicklungsstrang geht zurück auf die kleine Schrift „Der Fürst" des Florentiner Gelehrten und Politikers Machiavelli. Seine an kühler Machtlogik orientierten, den Erfolg als Maßstab „richtiger" Politik einsetzenden Gedanken über die Staatskunst haben Theorie und Praxis eines „allmächtigen" Staates nachhaltig beeinflußt.

I. Florenz – Beispiel eines frühmodernen Staates

Florenz, heute für viele Reisende aus aller Welt kultureller Höhepunkt eines Aufenthalts in Italien, stellte am Ende des 15. Jahrhunderts für die weltkundigen Zeitgenossen eine der bedeutendsten Großstädte Europas dar: eine Stadt mit rund 70 000 Einwohnern, über 100 Kirchen, 30 Spitälern und 200 Werkstätten für die Herstellung von Tuchen; eine Stadt mit einer unübersehbaren Fülle von kirchlichen, öffentlichen und privaten Kunstschätzen; eine Stadt der Gelehrten, in der aber auch etwa 10% der Jugendlichen eine Schulbildung erhielt; eine Stadt, deren Bewohner stolz waren auf eine vor über 200 Jahren erkämpfte republikanische Verfassung, deren Bewohner in einer langen Reihe von Kriegen einen Stadtstaat von rund 11 000 km^2 und 250 000 Einwohnern geschaffen hatten. Dieser Staat bestimmte bis etwa 1500 zusammen mit dem Herzogtum Mailand, der See-Republik Venedig, dem Kirchenstaat und dem Königreich Neapel-Sizilien das politische Geschick Italiens.

Es ist also verständlich, daß bereits Zeitgenossen, aber auch spätere Historiker untersuchten, wie die kulturelle, wirtschaftliche und politische Blüte dieser Stadt im Zeitalter der Renaissance zu erklären sei. Und wenn es richtig ist, daß auch in unserer Zeit „fortschrittliche" Staaten Vorbild für „unterentwickelte" Länder sind, so ist es legitim, am Beispiel von Florenz zu fragen, ob und in welcher Weise die Stadtstaaten in Oberitalien die innere Entwicklung der aufstrebenden Reiche in Westeuropa beeinflußten.

1 Ober- und Mittelitalien um 1450

1293	Mit den „Ordinamenti di giustizia" („Statuten der Gerechtigkeit") geben sich die Florentiner eine republikanische Verfassung.
1378	Die „Ciompi" (Wollarbeiter) führen einen Staatsstreich durch mit dem Ziel, politische Mitsprache zu erreichen.
1434	Cosimo de' Medici begründet die informelle Alleinherrschaft seiner Familie.
1480	Lorenzo de' Medici erlangt eine fürstliche Stellung im Rahmen der republikanischen Verfassung.
1494–98	Der Dominikanermönch Girolamo Savonarola beendet mit einem Staatsstreich die Vorherrschaft der Medici und errichtet eine „Diktatur Gottes" mit dem Ziel, die Sitten und die Republik zu erneuern.
1537	Nach fast vierzigjährigen Kämpfen zwischen den Medici und ihren optimatischen Gegnern wird Cosimo I. Medici von Kaiser Karl V. zum Herzog von Florenz erhoben, 1569 wird das Großherzogtum Toskana geschaffen.

1. Wirtschaftlich-soziale und politische Entwicklung

Oberitalien – ein europäisches Wirtschaftszentrum

Seit dem 12. Jahrhundert entwickelten sich die Stadtstaaten in Oberitalien zu der in Europa wirtschaftlich führenden Region. Venedig und Genua z. B. setzten ein Monopol für den Orienthandel durch, Genua wurde außerdem der wichtigste Werftenstandort in Italien. Vor allem aber galten Tuche, Metall- und Glaswaren aus lombardischen Werkstätten als Spitzenprodukte und wurden überall in Europa teuer bezahlt. So konnten selbst mittelgroße Städte durch den wachsenden Reichtum ihrer Handwerker und Kaufleute zu Macht und Ansehen gelangen und ihre politische Unabhängigkeit gegenüber dem Kaiser des Römischen (Deutschen) Reiches erkämpfen – allerdings um den Preis ständiger Auseinandersetzungen untereinander.

Florenz an der Spitze des Fortschritts

Unter den erfolgreichen Volkswirtschaften der oberitalienischen Städte stand die von Florenz ganz oben an. Seine Wirtschaftskraft ruhte auf drei Säulen:
– der Herstellung feinster Wolltuche, teils durch Handwerker der Wollweberzunft („Arte della Lane"), teils durch Lohnarbeiter, die im Auftrage eines Großunternehmens („Verlegers") arbeiteten;
– dem monopolisierten Handel mit diesen Tuchen durch die Zunft der Wollhändler („Arte di Calamala");
– der zu ihrer Zeit fortschrittlichsten Finanz- und Bankwirtschaft. Aus den Bedürfnissen des Fernhandels entwickelte sich das Bankwesen mit bargeldlosem Zahlungsverkehr (Scheck und Wechsel); eine genaue Buchführung ermöglichte rationelle Kalkulation und Steuerung von Produktion und Handel auch vom Kontor aus; die städtische Münzpolitik schuf mit dem Gold-Fiorino eine international als

Verlagssystem. Fernhandelskaufleute oder -gesellschaften hatten schon immer Waren von Kleinhandwerkern in Kommission mitgeführt und zum Verkauf „verlegt". Mit wachsenden Märkten zu Beginn der Neuzeit gingen sie dazu über, Handwerker zur Produktion bestimmter Waren zu ermuntern und ihnen evtl. Material und Lohn dafür zu geben. Daraus entwickelte sich ein zunehmendes Abhängigkeitsverhältnis des Kleinhandwerkers gegenüber dem Auftraggeber – er wurde zum „Lohnarbeiter", der „Verleger" zum „Arbeitgeber", der an möglichst geringen Herstellungskosten interessiert war. Enorme Gewinnspannen im Handel förderten die Entstehung umfangreichen Handelskapitals, das nun nicht mehr, wie im Mittelalter, gehortet oder verbraucht wurde, sondern in der Einrichtung neuer Produktionsstätten oder im Erwerb von Grundbesitz gewinnbringend angelegt wurde. Dieser Zusammenhang wird seit der Entwicklung des sozialistischen Theoriengebäudes im 19. Jahrhundert als „Früh-" oder „Handelskapitalismus" bezeichnet.

verläßlich anerkannte „Leitwährung"; Florenz wurde der bedeutendste europäische Banken-Platz, seine Bank- und Handelshäuser wurden Kreditgeber für viele Fürsten.

Soziale Folgen

Diese Wirtschaftsweise wird häufig als „Frühkapitalismus" bezeichnet. Damit soll vor allem gesagt sein, daß durch die Spezialisierung der Wirtschaft die relativ gleichförmige mittelalterliche Gesellschaft in den Städten Italiens in scharf voneinander geschiedene soziale Gruppen zerfiel. So stand z. B. in Florenz den immer reicher werdenden patrizischen Familien eine wachsende Schar besitzloser Kleinbürger und Lohnarbeiter gegenüber; neuere Forscher sprechen von einem etwa 30 000 Personen umfassenden Proto-Proletariat, das von den „guten Bürgern" verächtlich „Ciompi" („Taugenichtse") genannt wurde. Sie und die kleinen und mittleren Handwerker bildeten das „Volk", das die republikanische Verfassung von Florenz trug.

Lebensgesetz der republikanischen Verfassung

Das Lebensgesetz dieser Republik wurde bereits in der Verfassung von 1293 schriftlich niedergelegt: Freiheit und Selbstbestimmung der Bürger insgesamt und der Individuen sei nicht von fremdem Ermessen abhängig, sondern beruhe auf einem natürlichen Recht; die Verfassung habe diese Freiheit zu sichern und zu schützen. Und es zeigte sich in den folgenden beiden Jahrhunderten, daß die Bürger mißtrauisch und gewaltbereit darüber wachten, daß dieser Grundsatz respektiert wurde, auch wenn sie es hinnahmen, daß die tatsächliche Herrschaft nicht beim Volk lag.

Republikanische Freiheit und äußere Unabhängigkeit

Die Durchsetzung und Sicherung der freiheitlichen Verfassung war in der rund 250jährigen Geschichte der Republik Florenz immer mit der Sicherung der äußeren Unabhängigkeit verbunden:
Im Kampf gegen die Stauferkaiser und ihre Anhänger („Ghibellinen") gehörten die Bürger von Florenz zu der antikaiserlichen Partei („Guelfen"). Zur gleichen Zeit wurde der bis dahin führende (und überwiegend ghibellinisch gesinnte) Stadtadel entmachtet und mit der ersten Verfassung von 1282 das Grundprinzip der Republik festgelegt: die bürgerliche Selbstregierung durch einen Stadtrat, dem die Oberbeamten unterstanden. Und in den letzten Jahrzehnten des 15. Jahrhunderts wurde Florenz, wie die übrigen Staaten Italiens, in den französisch-habsburgischen Machtkampf hineingezogen, der zwischen Franz I. und Karl V. auf dem Boden Italiens ausgetragen wurde (▷ S. 33). Der Sieg der Habsburger führte zur Beseitigung der republikanischen Verfassung; der räumlich erweiterte Stadtstaat Florenz wurde in ein erbliches Herzogtum (1537) und Großherzogtum der Toskana (1569) unter der Dynastie der Medici umgewandelt.

Innere Machtkämpfe und Verfassungsentwicklung

Die innerstädtischen Auseinandersetzungen zwischen Guelfen und Ghibellinen wurden sehr bald überlagert von sozial begründeten Konflikten, die für die Weiterentwicklung der Verfassung entscheidend wurden. Nach der Entmachtung des Stadtadels herrschten die Mitglieder des Kaufmannspatriziats, das etwa 100 Familien umfaßte. Ihr Führungsanspruch wurde zunehmend bekämpft von den kleinen und mittleren Zunfthandwerkern:
– 1293 erzwangen sie eine Verfassungsänderung („Ordinamenti di giustizia", „Statuten der Gerechtigkeit"). Darin setzten die Zunftbürger ihre Mitregierung

Republik, lat. res publica, „Gemeinwesen". Im lateinischen Sprachgebrauch ist damit ein Staatswesen gemeint, in dem eine Volksversammlung formell die politischen Entscheidungen trifft, d. h. die Staatsbeamten wählt und über Gesetze abstimmt. Über die tatsächlichen Machtverhältnisse ist damit nichts ausgesagt, die römische Republik z. B. wurde immer beherrscht von einer kleinen Machtelite (der Nobilität), die auch die Entscheidungen der Volksversammlungen steuerte. Auch die Republiken in der frühen Neuzeit wiesen eine ähnliche Binnenstruktur auf; die heutige – verengende – Begriffsverbindung „demokratische" Republik wurde erst möglich, seitdem im 18. Jahrhundert der Gedanke der „Volkssouveränität" entwickelt und die Volksvertretung als tatsächliche höchste politische Instanz postuliert wurde.

2 Ansicht von Florenz, Holzschnitt (1490).
Erschließen Sie aus der Komposition des Bildes, welchen Eindruck der Künstler dem Betrachter von der Stadt Florenz vermitteln möchte.

durch, denn in die beiden wichtigsten Verfassungsorgane, den Stadtrat und die Vertretung der sechs Stadtbezirke („Signoria"), durfte nur gewählt (oder gelost) werden, wer in einer der 21 anerkannten Zünfte ein Gewerbe aktiv ausübte. Das bedeutete den endgültigen Ausschluß des grundbesitzenden Stadtadels, war aber gleichzeitig der Versuch, die „kleinen Leute" („populo minuto") von der Regierung fernzuhalten.

– Der wachsende Widerstand der Unterschichten gegen die Herrschaft der „fetten Leute" („populo grasso") und Zünfte entlud sich 1378 in einem Aufstand der Wollarbeiter („Ciompi"). Für einige Wochen übernahmen sie die Macht in der Stadt, doch wurde der Aufstand von Männern der oberen Zünfte niedergeschlagen. Nur die neuen Zünfte einer „Elite" der Wollhandwerker wurden zugelassen (Schneider, Färber, Wollschläger), die Masse der Lohnarbeiter blieb politisch rechtlos und bildete ein ständiges Unruhepotential.

– Seit Beginn des 15. Jahrhunderts verlagerten sich die innenpolitischen Spannungen hin zu einem Kampf zwischen einzelnen patrizischen Familien. Der alte politische Gegensatz zwischen Guelfen und Ghibellinen wurde verdrängt durch die Spaltung in „Ottimati" („Optimaten", Interessenvertreter der konservativen Patrizier) und „Popolani" („Volkspartei", Interessenvertreter des „Volkes"). Die „kleinen Leute" bildeten das Machtmittel, das die Führer der beiden Parteiungen – auf der Seite der Popolanen die Familie der Medici – einsetzten, um die Vormachtstellung zu erringen.

Republikanische Verfassung und „Demokratie"

Diese Herrschaft einflußreicher Familien („Oligarchie") ist ein wesentliches Merkmal der republikanischen Verfassung – nicht einmal in den wenigen Wochen des Ciompi-Aufstandes war Florenz das, was wir einen demokratischen Staat nennen würden. Die geschriebene (und häufig veränderte) Verfassung bot zahlreiche Möglichkeiten für die informelle Vorherrschaft einzelner Personen oder Gruppen:

– Alle Staatsämter wurden für höchstens ein halbes Jahr besetzt, die Inhaber wurden durchweg durch das Los bestimmt. Entscheidend war, wessen Name in den Losbeutel gelangte, d. h. wessen Zulassung von den staatlichen „Losbeutelbeamten" („Accopiatori") gebilligt wurde. Somit mußte, wer die politische Macht haben wollte, die „Accopiatori" aus ihm ergebenen Männern rekrutieren.

– Wichtige Staatsentscheidungen konnten durch eine Volksversammlung („Parlamento") getroffen werden. Vor allem hatte sie das Recht, mit einem zeitlich befristeten Notstandsausschuß („Balìa") die gesamte Verfassung außer Kraft zu setzen. Mitglieder des Parlamento waren theoretisch alle Bürger, in Wirklichkeit aber versammelten sich nur die, die von den Regierenden dazu eingeladen waren – auch die Balìa war also ein Instrument, um den politischen Gegner (mit einer Notverordnung) von der Macht fernzuhalten.

– Die etwa 3000 jährlich nötigen städtischen Amtsinhaber, die Accopiatori und die Mitglieder des Parlamento sowie zahlreiche offizielle „Regierungsberater" („Consulte e Pratiche") waren in einem engen „Freundes-Verhältnis" („Amicitia") mit den jeweils Herrschenden verbunden – die Mächtigen wußten, daß die „Amici", die von ihnen finanziell oder auf andere Weise abhängig waren, ihrem Willen folgen würden, auch wenn sie dies nicht öffentlich aussprachen.

Wirtschaftskrise und Republik

Macht und Einfluß der großen Familien, die an dem oligarchisch-republikanischen Machtmonopol beteiligt waren, hingen ab von der Wirtschaftsblüte des Stadtstaates. So lange die Florentiner Banken und Handelshäuser eine Führungsrolle in Europa bewahren konnten, waren selbst schwerste Wirtschaftskrisen zu überwinden. So gerieten einerseits z. B. 1346 die bis dahin führenden Bankhäuser der Bardi, Peruzzi und anderer Familien in Konkurs, als der englische König Eduard III. Schulden von über 1,3 Millionen Goldfiorini – nach heutigen Begriffen einen Milliardenkredit – nicht zurückzahlen konnte und dieser Konkurs auch das übrige Geschäftsleben der Stadt und damit die städtische Finanzkraft schwer schädigte. Andererseits aber wurde dadurch der Weg frei für den Aufstieg bisher unbelasteter Bankhäuser – etwa der Medici –, und so wurde die Krise bald überwunden.
Doch um die Wende vom 15. zum 16. Jahrhundert änderten sich die strukturellen Bedingungen für die Wirtschaft der Stadt: Die Herrscher der langsam entstehenden Territorialstaaten in Westeuropa (▷ Kap. III) förderten die Entwicklung eigener leistungsfähiger Volkswirtschaften, indem sie z. B. die Zoll- und Handelsvergünstigungen ausländischer Handelsgesellschaften aufhoben, den Export von Rohstoffen (z. B. Wolle) untersagten und statt dessen die Produktion eigener hochwertiger Produkte unterstützten. Die daraus erwachsenden Steuer- und Zolleinnahmen machten sie unabhängig von fremden Banken. Und in Italien brachen wichtige Handelsbeziehungen zusammen, weil gleichzeitig auch in den anderen Stadtstaaten ein rapider wirtschaftlicher Niedergang einsetzte – die Venezianer und Genuesen z. B. verloren ihre Handelsstützpunkte im Mittelmeer an die vordringenden Türken, die Stahl- und Glasmanufakturen in der Lombardei wurden von den Werkstätten in den oberdeutschen Städten überflügelt.

Savonarola

Der strukturelle Niedergang der Wirtschaft schwächte die politische Macht der großen Familien und stärkte das Gewicht der Volksmassen; die oligarchische Republik war in ihren Fundamenten bereits zerstört, als Italien in die französisch-habsburgischen Kämpfe hineingezogen wurde. Symptomatisch dafür ist die Herrschaft des Dominikanermönches Girolamo Savonarola über die Stadt (1494–1498): Getragen von den Zukunftsängsten der „kleinen Leute", aber auch unterstützt von einflußreichen Intellektuellen und geschützt von französischen Heeren, konnte er dank seiner mitreißenden Rednergabe eine „Diktatur Gottes" errichten. Seine Aufrufe zur politisch-moralischen Erneuerung der Stadt als Grundlage zur Befreiung Italiens sicherten ihm die Zustimmung zu einer Verfassungsreform: Danach lag nach außen hin alle Macht beim Volk, in Wirklichkeit bei ihm und seinen Getreuen. Sein Experiment scheiterte mit der Niederlage der französischen Heere; spanische Truppen sicherten die Wiederherstellung der Oligarchie, Savonarola und zwei seiner Mitbrüder wurden gehenkt und öffentlich als Ketzer verbrannt, da Savonarola auch das verweltlichte Papsttum angegriffen hatte.

3 Lebensechtes Bild des Bruders Hieronymus Savonarola vom Dominikanerorden.
Titelholzschnitt einer Predigtsammlung (1539).
Welches Bild Savonarolas liegt dieser Darstellung zugrunde?

4 Merkmale der Geschichte von Florenz – Beschreibung und Deutung durch Machiavelli

(▷ Kap. I.3.)

a) Eine „unordentliche" Verfassung?

Die Ursache, warum Florenz seit jeher so häufig seine Regierungsform gewechselt hat, ist die, daß es nie eine wirkliche Republik noch ein entsprechend geordnetes Fürstentum war. [. . .] Daß dies wahr ist, kann man aus den Verfassungen erkennen, die diese Stadt vom Jahre 1339 bis jetzt gehabt hat. Wenn man mit der Reform, die in jener Zeit Messer Maso degli Albizzi bewerkstelligte, den Anfang macht, so wird man sehen, daß damals eine Aristokratie eingeführt werden sollte. Diese Aristokratie hatte so viele Mängel, daß sie nicht über vierzig Jahre dauerte, und sie hätte noch viel kürzere Dauer gehabt, wenn nicht die Kriege mit den Visconti [Herzögen von Mailand] ausgebrochen wären, die sie einig erhielten [. . .]. Hierauf folgte die Regierung der Medici, die mehr monarchisch als republikanisch war. Wenn sie längere Dauer hatte als die andere, so hatte dies zwei Ursachen. Die eine, daß sie durch den Beistand des Volkes errichtet worden war; die zweite, daß sie durch die Klugheit zweier Männer geleitet wurde, Cosimos und seines Enkels Lorenzo. Dennoch, weil durch viele beschlossen werden mußte, was Cosimo durchsetzen wollte, war die Regierung so schwach, daß Cosimo mehrere Male in Gefahr kam zu stürzen. Hieraus entstanden die häufigen Generalversammlungen [„Parlamento"] und die häufigen Verbannungen während der Dauer dieser Verfassung. Sie stürzte schließlich zur Zeit des Kriegszugs Karls VIII. [von Frankreich, 1494] zusammen.

Hierauf wollte die Stadt wieder republikanische Formen annehmen, gelangte aber nicht zu solchen, die Dauer gehabt hätten; denn jene Verfassung befriedigte nicht das verschiedene Streben der Bürger, und andererseits konnten die Bürger nicht gezüchtigt werden [. . .]. Die Ursache, warum alle diese Verfassungen fehlerhaft waren, ist die, daß jedesmal die Reform der früheren Verfassung nicht zur Beförderung des allgemeinen Wohles vorgenommen wurde, sondern zur Verstärkung und Sicherheit einer Partei. Aber auch diese Sicherheit fand man nicht, da immer eine unzufriedene Partei da war, die das kräftigste Werkzeug dessen wurde, der eine Umwälzung wünschte.

Niccolò Machiavelli, Denkschrift über die Reform des Staates von Florenz, 1520/21, in: Herfried Münkler (Hg.); Niccolò Machiavelli, Politische Schriften, Frankfurt a. M. 1990, S. 347 f.

b) Das Problem der „Gleichheit"

Der Krieg [gegen Mailand] hatte [. . .] von 1422 bis 1427 gedauert, und die Bürger waren der bis jetzt auferlegten Steuern so müde, daß sie sich einigten, sie neu zu verteilen [1427]. Damit sie dem Reichtum gemäß gleich verteilt würden, wurde verordnet, die Steuern auf Hab und Gut zu legen, und daß, wer hundert Gulden Vermögen habe, einen halben Gulden Steuern bezahlen müsse. Da also das Gesetz, nicht die Menschen, diese Steuer zu verteilen hatte, so wurden die mächtigen Bürger sehr hoch veranlagt. Ehe man das Gesetz beschlossen hatte, war es daher von ihnen bekämpft worden; nur Giovanni [di Bicci de' Medici, ▷ S. 15] hatte es offen gelobt, und dadurch war es durchgegangen. Weil beim Verteilen eines jeden Hab und Gut zusammengerechnet wurde, was die Florentiner „accastare" nennen, so nannte man die Steuer „catasto". Diese Art setzte zum Teil der Tyrannis der Mächtigen Grenzen, denn sie konnten nun nicht mehr die Kleinen unterdrücken und sie durch Drohungen in den Räten zum Schweigen bringen. Die Steuer war daher der Masse angenehm und wurde von den Mächtigen mit größtem Mißfallen aufgenommen. Aber die Menschen werden niemals befriedigt, und kaum haben sie etwas, so begnügen sie sich nicht mehr damit und wollen noch mehr. Nicht mit der Gleichheit der Steuer zufrieden, die aus dem Gesetz folgte, verlangte das Volk, man solle in die Vergangenheit zurückgehen und nachsehen, was die Mächtigen weniger bezahlt hatten, als jetzt nach dem Kataster auf sie kam [. . .].

Diese Aufregung der Gemüter beschwichtigte Giovanni de' Medici. [. . .] Wenn die Steuern früher ungerecht gewesen, so müsse man Gott danken, daß man die Art gefunden, sie gerecht zu machen. Man solle diese Art zur Einigung der Stadt dienen lassen, nicht zu ihrer Spaltung, wie es geschehen würde, wenn man den früheren Abgaben nachforsche und sie den gegenwärtigen gleichstelle [. . .].

Machiavelli, Geschichte von Florenz, 4. Buch, in: Münkler, a. a. O., S. 316

c) Kann es eine gerechte „Herrschaft des Volkes" geben?

Als [1434 nach der Rückberufung Cosimos de' Medici aus der Verbannung, ▷ S. 17] die Stadt zur Ernennung der Magistrate durchs Los zurückgebracht war, glaubte die Masse der Bürger ihre Freiheit wiedererlangt zu haben. Die Magistrate sprachen jetzt nicht mehr nach dem Willen der Mächtigen Recht, sondern nach ihrer eigenen Überzeugung. Es wurde daher bald ein Freund des einen, bald ein Freund des anderen Mächtigen gezüchtigt, und so sahen die, welche ihre Häuser voll Klienten und Geschenken zu sehen gewohnt waren, dieselben von Sachen und Menschen leer. Sie sahen außerdem diejenigen zu Ihresgleichen geworden, die sie weit unter sich zu sehen gewohnt waren, und diejenigen ihre Vorgesetzten, die sonst ihnen gleich gewesen. Sie wurden nicht mehr berücksichtigt noch geehrt, sondern oft verhöhnt und verlacht, und von ihnen und der Republik sprach man jetzt auf den Straßen und auf den Plätzen ohne die geringste Scheu. So erkannten sie bald, daß nicht Cosimo, sondern sie die Regierung verloren hatten. Cosimo seinerseits gab sich den Anschein, als sehe er diese Dinge nicht, und wenn ein Beschluß zu fassen war, der dem Volk gefiel, so war er der erste, der ihn unterstützte. Was aber die Großen am meisten in Schrecken setzte und Cosimo die beste Gelegenheit gab, sie eines Bessern zu belehren, war, daß die Art des Katasters aus dem Jahre 1427 wieder erweckt wurde, wonach nicht die Menschen, sondern das Gesetz die Steuern bestimmte. Die Durchsetzung dieses Gesetzes (1458) und die bereits erfolgte Ernennung der Magistrate, die es vollstrecken sollten, bewirkte, daß sie sich wieder ganz zusammenschlossen und zu Cosimo gingen, ihn zu bitten, er möge sie und sich aus den Händen des Pöbels reißen und der Regierung ein Ansehen wiedergeben, das ihn mächtig und sie geehrt mache. Cosimo antwortete, er sei es zufrieden, aber er wolle, daß das Gesetz zu diesem Zwecke auf ordentlichem Wege mit Willen des Volkes gemacht werde und nicht mit Gewalt, von der sie vor ihm in keinem Falle sprechen sollten.

Machiavelli, Geschichte von Florenz, 7. Buch, in: Münkler, a. a. O., S. 332

a) Arbeiten Sie die realen Faktoren heraus, die nach Machiavelli die historische Entwicklung und die Wirksamkeit der jeweiligen Verfassung beeinflußten.

b) Versuchen Sie, Tatsachenbehauptungen und Wertungen Machiavellis zu unterscheiden, und setzen Sie sich mit seiner Sicht von „Freiheit“ und „Demokratie“ auseinander.

5 **Florenz 1338**: Wirtschaft und Gesellschaft in der Statistik

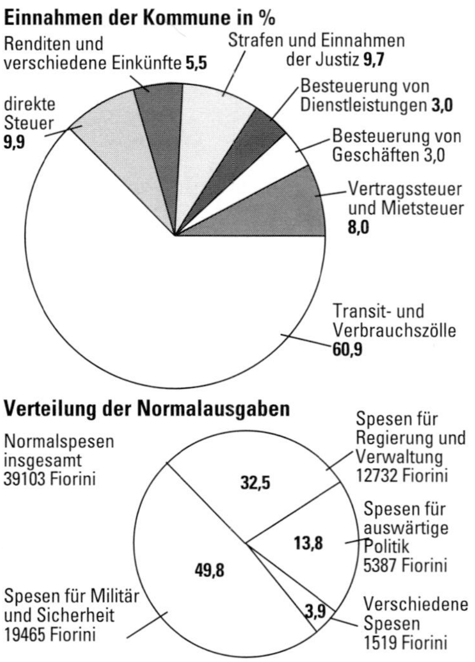

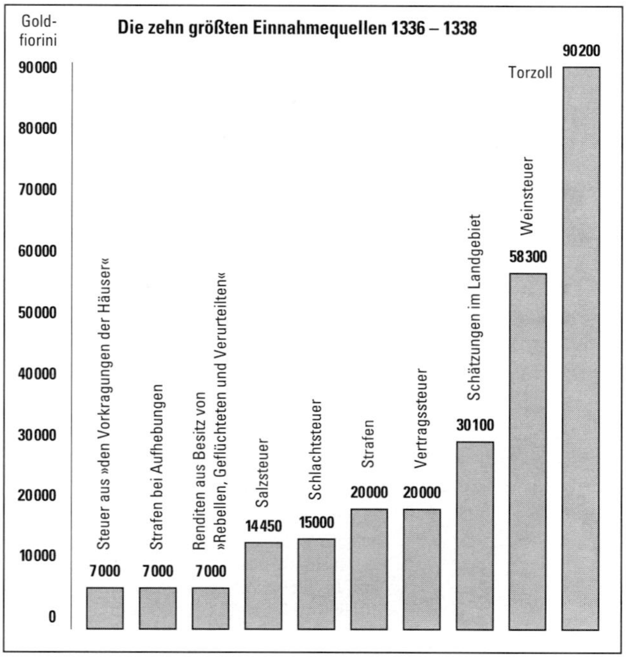

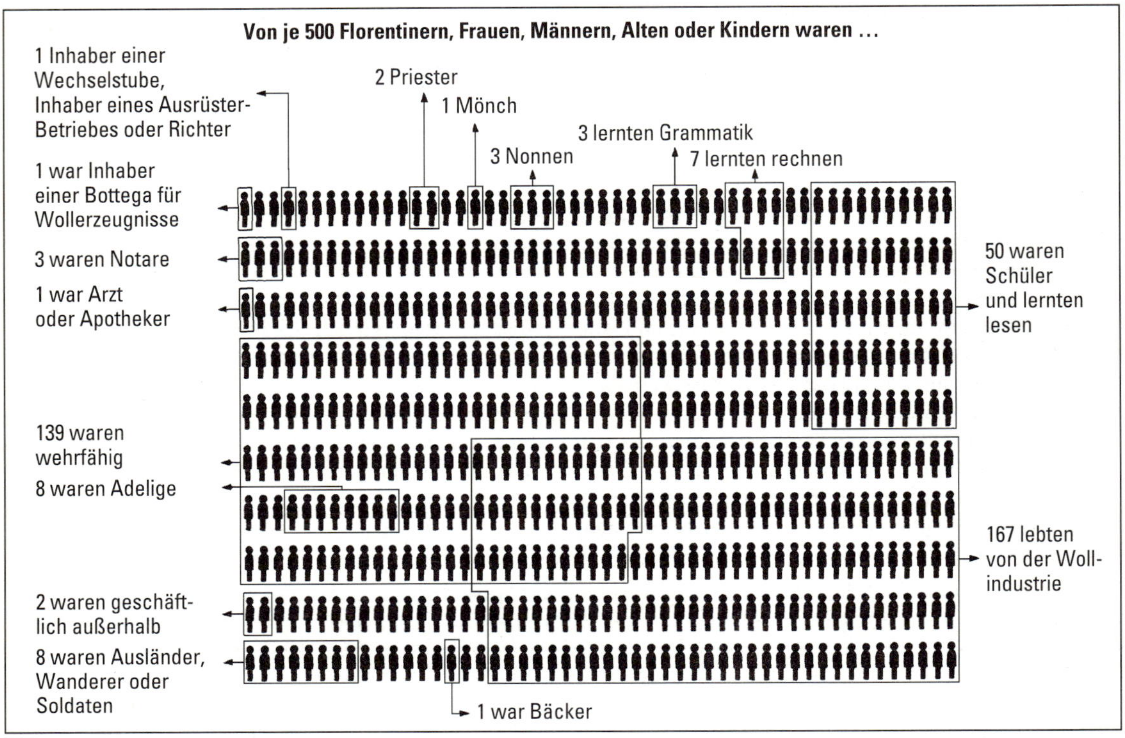

a) Entwickeln Sie aus den vorliegenden Statistiken ein deutliches Bild von Wirtschaft und Gesellschaft in Florenz im 14. Jahrhundert und versuchen Sie, innere Zusammenhänge dieser Bereiche mit der Politik des Stadtstaates zu entdecken.

b) Vergleichen Sie Ihre Einsichten mit den Ergebnissen der Textarbeit (▷ Kap. I.1) und überlegen Sie, ob Sie Machiavellis Darstellung ergänzen oder korrigieren müssen.

2. Die Medici – Herrschaft einer Familie

Eine europäische Dynastie

Bevor die Medici als Großherzöge der Toskana zu einer Fürstendynastie erhoben wurden, hatte der Familien-Clan rund einhundertfünfzig Jahre lang Wirtschaft und Politik in Florenz und in ganz Oberitalien bestimmt, zwei Päpste hervorgebracht (Clemens VII. und Leo X.) und einen entscheidenden Beitrag zur Entwicklung des Kunst- und Kulturschaffens der Renaissance geleistet. Durch Heirat waren sie mit

Renaissance, italien. „rinascita", „Wiedergeburt". Der Ausdruck dient im engeren Sinne zur Bezeichnung der „Wiedergeburt" antiker Kunst und Wissenschaft in den Stadtstaaten Italiens im 15. Jahrhundert. Nachdem die Fähigkeit, altgriechische Texte im Original zu lesen, sich von Florenz aus verbreitet hatte, wurde aus den Schriften der Philosophen Platon und Aristoteles ein neues Menschenbild entwickelt, das die Herausbildung einer individuellen Persönlichkeit als Leitvorstellung hatte. Gleichzeitig wurde die Vernunft an Stelle des Glaubens zum Maßstab richtigen Denkens erhoben. Beide Ansätze bedeuteten einen radikalen Bruch mit den Traditionen des Mittelalters, in dem der Glaube und die Einbindung in die Gemeinschaft oberste Wertmaßstäbe waren. Dieses als „finster" bezeichnete Mittelalter glaubte man auch künstlerisch überwinden zu müssen, indem man auf Stilelemente antiker Baukunst zurückgriff. In Wahrheit aber bewirkte der neue Geist in vielen Bereichen der Wissenschaft, Malerei, Musik und Literatur „revolutionäre" Neuansätze, die die Entwicklung des rational-technischen Zeitalters erst ermöglichten.

vielen europäischen Fürstenfamilien verbunden – besonders bekannt und berüchtigt ist Katharina Medici (1519–1599), Gattin des französischen Königs Heinrich II., die von den Hugenotten als der „böse Geist" der grausamen Religionskriege angesehen wurde (▷ S. 71).

Aufstieg zu Reichtum und Macht

Die Medici (▷ Farbtafel 1) gehörten nicht zu den alten patrizischen Familien in Florenz. Ihr gesellschaftlicher und politischer Aufstieg begann erst im 14. Jahrhundert, begünstigt vor allem durch folgende Faktoren:
– Als die wirtschaftlichen Grundlagen der bisher herrschenden Oligarchie in der Wirtschaftskrise von 1346 (▷ S. 11) zerbrachen, machten sie ihr Unternehmen zu einem führenden Bank- und Handelshaus.
– In den sich verschärfenden innenpolitischen Spannungen profilierten sich die Oberhäupter der Medici als Führer der „Popolani" und nutzten das steigende Gewicht der „kleinen Leute" zum Aufbau einer großen „Amicitia", mit deren Hilfe sie die Macht der „Ottimati" einschränkten.
– Durch einen historischen Zufall brachte die Familie im 14. und 15. Jahrhundert eine Reihe von Familienoberhäuptern hervor, die geschickter und klüger, skrupelloser und erfolgreicher als die alten Führungseliten wirtschaftliche Macht und politischen Einfluß miteinander verbanden. So wird z. B. an Giovanni di Bicci de' Medici (1360–1429), dem Vater Cosimos de' Medici, bereits von zeitgenössischen Chronisten hervorgehoben, wie sorgfältig und gewinnbringend er sein Vermögen zu politsch orientierter Kreditvergabe benutzte, wie genau er den Ton traf, wenn er mit den Führern unterschiedlicher sozialer und politischer Gruppen verhandelte, und wie sorgfältig er in seiner öffentlichen Repräsentation die Waage hielt zwischen allzu prunkhaftem und unglaubwürdig bescheidenem Aufwand.

Cosimo de' Medici – „pater patriae"

Giovannis Sohn Cosimo de' Medici (1389–1464) scheint diese nützlichen Eigenschaften von seinem Vater geerbt oder gelernt zu haben. Er war im Dienste der Familienunternehmungen bereits vierzig Jahre alt geworden, als er die Nachfolge seines Vaters als Oberhaupt des Hauses und als Führer der Popolani antrat. Unter seiner Leitung entwickelte sich die Medici-Bank mit ihren zahlreichen Zweigstellen zum bedeutendsten Kreditinstitut in Italien und Europa, zumal er durch Heirat mit Contessina de' Bardi auch das Erbe einer der ältesten Florentiner Banken übernahm.
Er war der erste Medici, der über Florenz eine informelle Alleinherrschaft ausübte. Sein wichtigstes Mittel, um einen zuverlässigen und möglichst großen Kreis von „Amici" zu gewinnen, wurde die Finanzbehörde zur Erhebung der Vermögenssteuer („Catasto"): Sie war ein – scheinbar – der persönlichen Willkür entzogenes Instrument, um die Reichen stärker zu besteuern als die Armen; das Vermögen als Maßstab sollte mehr „Steuergerechtigkeit" bringen. In Wahrheit war die Festsetzung der Steuer glänzend geeignet, die Vermögen der großen oppositionellen Familien dezimieren zu lassen, während die steuerliche Entlastung der „kleinen Leute" Cosimos Popularität stärkte.
Bereits zu seinen Lebzeiten erhielt er von humanistisch gebildeten Freunden den Beinamen „pater patriae" („Vater des Vaterlands"). Dieser Titel war Kaiser Augustus vom Senat verliehen worden – als Dank für die Rettung des Staates aus den Wirren der römischen Bürgerkriege.

Lorenzo de' Medici – „Il magnifico"

Mit Cosimos Enkel Lorenzo de' Medici (1449–1492) erreichte die informelle Alleinherrschaft der Familie ihren Höhepunkt. Lorenzo trat eher wie ein Fürst auf, nicht mehr wie ein „erster Bürger". Im Unterschied zu seinen Vorvätern war er nicht

Humanismus. Der Humanismus ist ein Teilaspekt der Renaissance und bezeichnet vor allem die gelehrte Bildung, die sich am antiken Vorbild orientierte. Die Beherrschung des klassischen Latein und des Griechischen und das Bemühen, Geisteshaltung und Gedanken der antiken Philosophen, Schriftsteller und Dichter nachzuahmen und weiterzuentwickeln, kennzeichneten die intellektuelle Elite in Europa.

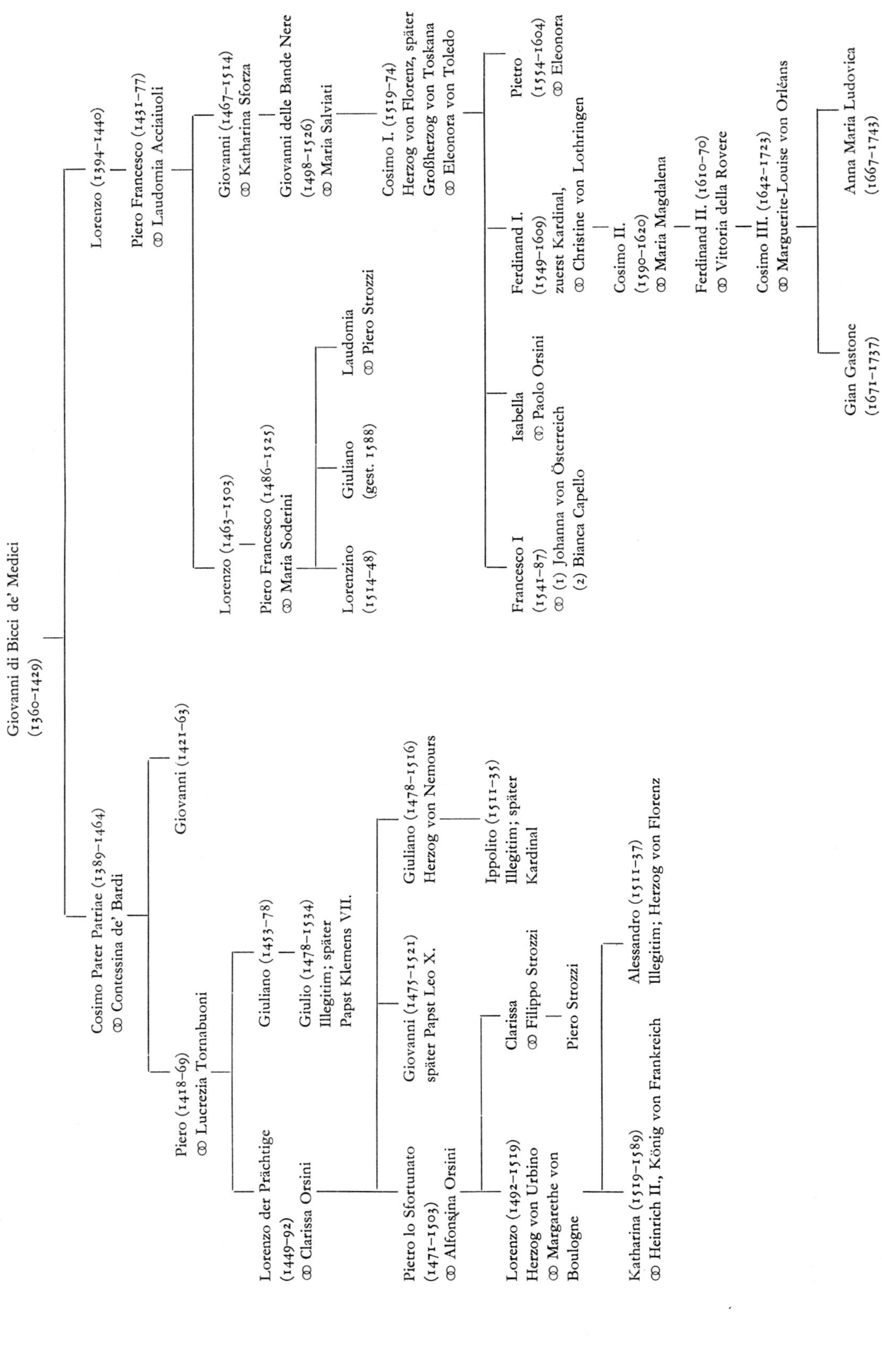

6 Stammbaum der Familie Medici

mehr mit einer Florentinerin verheiratet, sondern mit einer Prinzessin (aus dem römischen Hause Orsini). In einer prächtigen neuen Stadtvilla hielt er regelrecht Hof. Kostspielige öffentliche Aufzüge zeigten die Macht der Familie und sicherten die Gunst des „Volkes". Zur finanziellen Basis der Familien wurden zunehmend Einkünfte aus Landbesitz.

Während er das innenpolitische Instrumentarium zur Sicherung seiner Stellung mit der gleichen Meisterschaft beherrschte wie sein Großvater, übertraf er ihn an außenpolitischer Bedeutung: 1479 bahnte Papst Sixtus IV. aus persönlicher Feindschaft gegenüber den Medici und aus Besorgnis, Florenz können vor dem Papsttum eine Führungsrolle innerhalb der Staatenwelt Italiens übernehmen, ein Kriegsbündnis mit dem König von Neapel an. Lorenzo reiste persönlich nach Neapel und erreichte durch sein Verhandlungsgeschick, daß die Pläne des Papstes scheiterten. Florenz und damit er selbst erlangten eine Vormachtstellung in Oberitalien bis zu dem Zeitpunkt, als französische und habsburgische Heere, französischer Erbansprüche auf Neapel und Mailand wegen, 1494 bzw. 1499 in Italien einfielen.

Den Unterschied zu seinem Großvater symbolisieren auch die beiden Beinamen, die er bekam: „Il magnifico" („Der Prächtige") weist auf sein „königliches" Auftreten hin; „Figlio del Sole" („Sohn der Sonne") drückt die Bewunderung aus, die der von ihm geförderte Gelehrte Marsilio Ficino (1433–1499) dem Scharfsinn und Sachverstand des gebildeten und kunstsinnigen Politikers entgegenbrachte. Auch Machiavelli (▷ Kap. I.3.) bewunderte ihn und entlehnte manche Züge seines Fürstenideals der Person Lorenzos.

Alleinherrschaft und Volksgunst

Wie gefährdet und zugleich stabil die politische Macht der Medici war, zeigte sich jeweils zu Beginn der Alleinregierung:

1433 waren die Staatsfinanzen durch verlustreiche Kriege völlig zerrüttet, die regierenden Ottimati brauchten einen ‚Sündenbock', um die Unzufriedenheit des Volkes aufzufangen. Daher inszenierten sie eine „spontane" Volkserhebung gegen die Medici mit der Anschuldigung, Cosimo wolle sich zum Alleinherrscher machen. Eine willfährige Balìa verbannte fast alle männlichen Mitglieder der Familie aus der Stadt. Cosimo hatte vorsorglich den größten Teil des Familienvermögens zu der Filiale der Medici-Bank in Venedig transferiert. Er begab sich dorthin ins Exil und wurde von den Oberhäuptern der Stadt wie ein regierender Fürst begrüßt und unterstützt. Von Venedig aus steuerte er die Aktivitäten seiner Amici in Florenz, und da die finanzielle und wirtschaftliche Lage der Stadt sich noch mehr verschlechterte, konnten seine Anhänger bereits ein Jahr später bei der Ämterverlosung eine Mehrheit erringen. Sie beriefen eine Balìa ein, die die Verbannung der Ottimati beschloß; im Oktober 1434 kehrte Cosimo mit den übrigen Verbannten unter dem Jubel des Volkes nach Florenz zurück. Der Putsch der Oligarchen bewirkte das Gegenteil dessen, was beabsichtigt war – er wurde zum Grundstein für die informelle Alleinherrschaft Cosimos.

7 Bank in Florenz. Titelholzschnitt eines 1490 in Florenz erschienenen Lehrbuchs über Kaufmannskunst und Bankwesen.
Ermitteln Sie Herkunft und Bedeutung der Begriffe Konto, Giro, Lombard, Diskont.

Auch Lorenzo wurde zu Beginn seiner Herrschaft Ziel einer Verschwörung der oligarchischen Opposition: 1478 entging er nur knapp einem Mordanschlag, der in der Kirche auf ihn verübt wurde (und als dessen eigentlicher Hintermann Papst Sixtus IV. galt). Seine Anhänger organisierten einen Volksaufstand, in dessen Verlauf zahlreiche führende Ottimati umgebracht und deren Häuser geplündert und zerstört wurden. Lorenzo nutzte die für ihn günstige Stimmung zu einer Verfassungsänderung; seit 1480 beherrschte ein von ihm kontrollierter „Rat der Siebzig" die politischen Entscheidungen.

Kultur und Gesellschaft im Zeichen der Renaissance

Die Medici erlangten Popularität zu ihrer Zeit und Ruhm in der Nachwelt auch durch großzügige Förderung von Künstlern und Gelehrten, durch ein Mäzenatentum, wie es sich heute z. B. in den wissenschaftlichen und künstlerischen Stiftungen großer Firmen in den USA findet. Vor allem Cosimo gab große Summen aus, um kirchliche oder städtische Gebäude wiederherzustellen oder umbauen zu lassen, und seine neuen Häuser in der Stadt und auf dem Land entsprachen dem klassischen Stil und wurden von bedeutenden Künstlern ausgeschmückt. So veranlaßte er z. B. den Architekten Filippo Brunelleschi oder den Maler Sandro Botticelli zu Kunstschöpfungen, die noch heute zu dem unbedingten „Muß" eines Florenzbesuchers zählen. Darüber hinaus waren Cosimo wie auch Lorenzo de' Medici so gebildet, daß sie sachverständig an gelehrten Diskussionen teilnehmen konnten. Cosimo z. B. ermöglichte es einem Kreis von Gelehrten, die die griechische Sprache und das Gedankengut des Philosophen Platon für Westeuropa neu erschlossen, auf einem seiner Landgüter zu einer „Platonischen Akademie" zusammenzukommen, und er nahm an ihren Sitzungen teil, wenn ihm seine Geschäfte dazu Zeit ließen. Und Lorenzo hatte eine so vorzügliche humanistische Bildung erhalten, daß er ein elegantes Latein sprach und schrieb, selber Gedichte verfaßte und so hervorragende Gelehrte wie Marsilio Ficino (▷ S. 19, M 8) und Giovanni Pico della Mirandola zu seinen Freunden zählte.

Persönlicher Kunstsinn, selbstlose Spenden für die Vaterstadt und kühle Kalkulation waren bei den Medici wie bei den anderen reichen Familien der Stadt untrennbar miteinander verbunden. Sie bewirkten in ihrer Summe, daß Florenz vor allem im 15. Jahrhundert unter den Stadtstaaten Italiens eine kulturelle Spitzenstellung einnahm, so bedeutend die Kunsterzeugnisse in Rom, Mailand, Venedig, Ferrara, Mantua und anderswo auch waren. Zugleich brachte die republikanische Verfassung eine größere gesellschaftliche Freiheit hervor als in den Fürstentümern der Nachbarschaft. Und dies nicht nur für die Männer, die das Recht auf politische Betätigung und damit ein gewachsenes Selbstbewußtsein besaßen. Auch die Frauen – zumindest der Oberschicht – waren nicht mehr bloßes Objekt männlicher Anordnungen, sondern wurden – theoretisch – als gleichberechtigte Wesen anerkannt. Einige von ihnen konnten auch tatsächlich wichtige gesellschaftliche oder künstlerische Positionen einnehmen, wie z. B. die Rahmenhandlung des „Decamerone", einer Novellensammlung des Florentiner Dichters Giovanni Boccacio, zeigt.

8 **Der Begründer der Familienherrschaft.** Cosimo de' Medici im Urteil Machiavellis:

Cosimo war der angesehenste und berühmteste Bürger, der nicht Kriegsmann war, den jemals nicht allein Florenz, sondern irgendeine Republik von der die Geschichte spricht, besaß. Er übertraf jeden andern seiner Zeit nicht allein an Autorität und Reichtum, sondern auch an Freigebigkeit und Klugheit. Unter allen Eigenschaften, die ihn zum Fürsten in seinem Vaterlande machten, war die erste, daß er vor allen Männern freigebig und prächtig war. Seine Freigebigkeit zeigte sich am deutlichsten nach seinem Tode, als sein Sohn Piero sein Vermögen kennenlernen wollte. Da war kein Bürger, der

in der Stadt irgend einen Rang hatte, dem Cosimo nicht eine bedeutende Geldsumme geliehen hatte [. . .]. Seine Prachtliebe zeigte sich in der Menge von Gebäuden, die er aufgeführt [. . .].
Obgleich aber diese Wohnungen und alle seine übrigen Werke und Handlungen königlich waren und obgleich er in Florenz alleiniger Herrscher war, so ließ er sich doch so sehr durch seine Klugheit mäßigen, daß er die bürgerliche Bescheidenheit nicht überschritt. Im Umgang, in der Dienerschaft, in Pferden, in der ganzen Lebensweise und in der Wahl der Verwandtschaft war er immer einem bescheidenen Bürger gleich [. . .]. In Staats- und Regierungskunst erreichte ihn keiner seiner Zeitgenossen. Daher kam es, daß er bei so manchem Glückswechsel in einer so veränderlichen Stadt, bei einer so wankelmütigen Bürgerschaft sich einunddreißig Jahre am Staatsruder behauptete. Bei seiner großen Klugheit erkannte er die Übel schon von ferne, und dadurch hatte er Zeit, entweder sie nicht wachsen zu lassen oder seine Maßnahmen zu treffen, daß sie, gewachsen, ihm nicht schadeten. Er besiegte nicht nur den heimischen Ehrgeiz der Republikaner, sondern auch den Ehrgeiz vieler Fürsten überwand er mit soviel Glück und Klugheit, daß jeder, der sich mit ihm und seinem Vaterland verbündete, dem Feinde gleich blieb oder überlegen wurde, und jeder, der sich ihm widersetzte, entweder Zeit und Geld verlor oder den Staat [. . .]. Cosimo war auch ein Freund und Gönner der Gelehrten. Er brachte den Griechen Argyropulos, einen großen Gelehrten jener Zeit, nach Florenz, damit die florentinische Jugend die griechische Sprache und andere Wissenschaften von ihm lernen könne. In seinem Hause ernährte er Marsilio Ficino, den Erneuerer der platonischen Philosophie, den er innig liebte. Damit Marsilio bequemer dem Studium der Wissenschaften obliegen und Cosimo mit mehr Bequemlichkeit sich seines Umgangs erfreuen könne, schenkte er ihm ein Landgut neben dem seinigen zu Careggi.
Seine Klugheit also, seine Reichtümer, Lebensweise und Glück machten ihn zu Florenz bei den Bürgern gefürchtet und geliebt und erwarben ihm bei den Fürsten nicht allein Italiens, sondern ganz Europas erstaunliche Achtung. Er hinterließ dadurch seinen Nachkommen eine solche Grundlage, daß sie ihn an Verdienst erreichen, an Glück weit übertreffen konnten und so die Gewalt, die Cosimo in Florenz hatte, nicht allein in dieser Stadt, sondern in der ganzen Christenheit zu erhalten verdienten.

Machiavelli, Geschichte von Florenz, 7. Buch, in: Herfried Münkler (Hg.), Niccolò Machiavelli, Politische Schriften, Frankfurt a. M. 1990, S. 333–336

a) Stellen Sie stichwortartig die Mittel zusammen, mit deren Hilfe Cosimo de' Medici eine informelle Alleinherrschaft errichten konnte.
b) Diskutieren Sie das Problem der „Popularität", das in der Herrschaft Cosimos sichtbar wird.

9 Lorenzo de' Medici – der größte Mann seiner Zeit?

Francesco Guicciardini (1483–1540) verfaßte 1509 eine „Florentinische Geschichte", in der er sich ausführlich mit Lorenzo de' Medici beschäftigt.

a) Lorenzo de' Medici war 43 Jahre alt, als er starb, und hatte 23 Jahre an der Spitze der Regierung gestanden [. . .]. Und weil die Größe dieses Mannes einzigartig war und Florenz niemals einen Bürger gehabt hat, der ihm gleich gewesen wäre, auch sein Ruhm nach seinem Tode wie Zeit seines Lebens weit verbreitet war, scheint es mir nicht unangebracht, seine Art und seinen Charakter näher zu kennzeichnen [. . .].
Er genoß so großes Ansehen, daß man wohl sagen kann, daß die Stadt zu seiner Zeit zwar nicht frei, aber überreich an allem Ruhm und Glück war, die eine Stadt überhaupt haben kann. Dem Namen nach war sie frei, in Wirklichkeit aber stand sie unter der Alleinherrschaft eines ihrer Bürger. [. . .] Keiner von seinen Gegnern, auch von denen, die ihn herabzusetzen pflegten, hat je geleugnet, daß in ihm ein überragender und einzigartiger Geist wohnte. Jeder hat bezeugen müssen, daß in den dreiundzwanzig Jahren seiner Herrschaft über die Stadt ihre Macht und ihr Ruhm ständig zugenommen haben, so daß nur ein Tor dies bestreiten könnte, und das in einer Stadt, wo größte Redefreiheit herrscht und wo es von kritischen und unruhigen Geistern nur so wimmelt [. . .].
Er verlangte nach Ruhm und Ansehen mehr als irgendein anderer. Man könnte ihn tadeln, daß er sich von diesem Wunsch selbst in den kleinsten Dingen in übertriebener Weise beherrschen ließ. Er duldete nicht, daß irgendein Mitbürger ihn in Versen, Lustspielen oder Aufsätzen parodierte oder imitierte, und war sehr aufgebracht, wenn dagegen

verstoßen wurde. Ebenso auch in großen Dingen; wollte er doch in jeder Hinsicht mit allen Fürsten Italiens wetteifern und ihnen gleichstehen [...]. Trotzdem war diese Ruhmsucht, aufs ganze gesehen, lobenswert, bestand doch eine der Ursachen, warum sein Name und Ruhm allerorten, auch außerhalb Italiens, gefeiert wurden, in seinem Bestreben, Florenz an Künsten und Fähigkeiten über jede andere Stadt Italiens zu erheben [...]. Dies um so mehr, als er selbst bei seiner universalen Begabung durchaus zu urteilen verstand und die Menschen zu unterscheiden wußte, so daß alle wetteiferten, seinen Beifall zu erregen. Dazu kam seine unerschöpfliche Freigebigkeit, mit der er den Tüchtigen reichlich Unterhalt gewährte und sie mit allem notwendigen Handwerkszeug für ihre Kunstausübung versah [...].

b) Was seinen Charakter mehr als alles andere belastete, war sein Mißtrauen. Das entsprang wohl weniger seiner Natur als dem Bewußtsein, eine freie Stadt zu beherrschen, in der die Geschäfte von den Regierenden gemäß den Gesetzen des Staates und unter dem Schein und in den Formen der Freiheit geführt werden mußten. Deshalb bemühte er sich anfangs, als er gerade Fuß zu fassen begann, soviel wie möglich solcher Bürger heranzuziehen, von denen er wußte, das sie wegen ihrer vornehmen Abkunft, ihres Reichtums, ihrer Macht oder ihres Rufes allgemein geachtet seien. Diesen wurden, wenn sie aus solchen Häusern und Familien stammten, die dem herrschenden System zuverlässig ergeben waren, die Gesandtschaften, Sonderaufträge und ähnliche Ehrenämter übertragen; gleichwohl traute er ihnen nicht, sondern ergänzte die Signoria mit Hilfe von Wahlen und Ämterkauf. Die geheimsten Sachen vertraute er nur solchen an, die ihm ihr Ansehen verdankten, damit sie ohne seine Unterstützung auf keinen Anhang zählen könnten [...]. Es kam schließlich dahin, daß keine irgend bedeutsame Familienverbindung ohne seine Mitwirkung und Erlaubnis geschlossen werden konnte. Dieses Mißtrauen veranlaßte ihn auch, zur Kontrolle der Botschafter in Rom, Neapel und Mailand auf Staatskosten ständige Beamte zu unterhalten, die den dort residierenden Botschaftern zur Dienstleistung zur Verfügung standen, mit denen er aber besondere Verbindungen unterhielt, um von allen Vorfällen unterrichtet zu sein. Ich will es ihm nicht geradezu als Mißtrauen anrechnen, daß er sich eine große Zahl bewaffneter Diener hielt, [...] denn daran war wohl die Verschwörung der Pazzi [1478] schuld. Immerhin erweckte das alles nicht den Anschein eines Freistaates und eines Privatmannes und Bürgers, sondern eines Tyrannen und einer unterjochten Stadt. Faßt man alles zusammen, so muß man abschließend sagen, daß unter ihm die Stadt ihre Freiheit verloren hat, wenngleich man keinen besseren und angenehmeren Tyrannen hätte finden können.

F. Guicciardini, Florentinische Geschichte, Kap. 9, in: Geschichte in Quellen, Bd. III, bearb. von Fritz Dickmann, München 1966, S. 15–17

a) Nennen Sie die Hauptmerkmale der Herrschaft Lorenzos de' Medici und vergleichen Sie sie mit den Kennzeichen der Herrschaft seines Großvaters Cosimo.

b) Zeigen Sie, an welchen Stellen und in welcher Weise Guicciardini die Herrschaft Lorenzos bewertet, und vergleichen Sie Ihre Ergebnisse mit Ihren Einsichten aufgrund der Texte Machiavellis (M 4 a)–b))

10 Eine „moderne" Frau aus dem gehobenen Bürgerstand? Durch einen historischen Zufall ist die geschäftliche und private Korrespondenz des Kaufmanns Francesco di Marco Datini (1335–1410) aus der Stadt Prato bei Florenz erhalten. Da er häufig für längere Zeit abwesend war, entstand auch ein umfangreicher Briefwechsel mit seiner Frau Margherita, die während der ersten Jahre ihrer Ehe lesen und schreiben lernte, um von fremder Hilfe unabhängig zu sein. Sie war bei ihrer Heirat 1376 16 Jahre alt und starb 13 Jahre nach dem Tod ihres Mannes.

a) Briefwechsel Ende Januar 1386.

Datini schreibt, ob ihr jemand den letzten Brief diktiert habe, da er „weit über das hinausgeht, was eine junge Frau sonst schreibt [...] eine Volksweisheit sagt, wenn ein Kind Dinge tut und sagt, die weit über sein Alter hinausgehen: ‚Sicher hat dieses Kind nicht lange zu leben' [...] Ganz gewiß habe ich in vielem gesündigt, und diese Sünden lasten schwer auf mir. Aber nun kannst Du mir totsicher glauben, daß ich mein Leben von Grund auf ändern will. Da ich nicht weiß, in wessen Hände diese Zeilen geraten, werde ich nicht alles beantworten, aber münd-

lich werde ich Dir mein Herz öffnen [...]. Und versuche, guter Dinge zu sein, und tue Du, was Du kannst, und überlasse alles andere Gott dem Herrn. So oder so wird er uns Gnade zuteil werden lassen, und vielleicht werden wir beide leben bis zum Tod wie unser guter Nachbar auch. Ob groß oder klein, es gibt ja niemanden auf dieser Welt, der nicht auch Unglück hat und Dinge, die ihm nicht gefallen."
Margherita antwortet in zwei Briefen: „Ihr müßt mich für noch geringer achten, als ich es für möglich gehalten hatte. Außer Euer Gnaden hat mir noch niemals jemand Briefe diktiert. Francesco, ich weiß, daß ich Euch zu offen geschrieben und mir Euch gegenüber zu viel herausgenommen habe, als ich Euch die Wahrheit sagte. Wäre ich Euch zur Seite gewesen, hätte ich den Mund nicht so weit aufgemacht [...]. Trotzdem bleibe ich dabei, Euch die Wahrheit zu sagen, soweit ich sie kenne. Ich habe Euch nichts geschrieben, was ich Euch nicht auch jeden Monat einmal gesagt hätte, wenn wir zusammengewesen wären, wenn auch vielleicht nicht ganz so wohlgesetzt. Denn jeden Tag sehe ich Euch Dinge tun, die mich zwölfmal täglich fast platzen lassen [...]. Du schreibst, ich soll mich des Lebens freuen und guter Dinge sein. Ich habe nichts auf der Welt, was mich freuen könnte. Du allein könntest es mir geben, wenn Du nur wolltest; aber Du bist ja nicht dazu bereit, weder für Dich noch für jemand anderen. [...]
Ich glaube Dir kein Wort von dem, was Du mir schreibst. Ich würde schwören, daß Du mir über alle anderen Dinge niemals Lügen auftischst, aber darüber, daß Du Dir eine Hure hältst [hier ist die Seite zerrissen!], über dieses Thema könnte ich schwören, hast Du mir noch nie die Wahrheit gesagt [...].
Daß Du mit mir Frieden schließen willst, freut mich; ich hatte nie Krieg mit Dir. Ich weiß nicht, was Du für ein Geschenk mitbringen wirst. Wenn ich es habe, werde ich mich bedanken. Es ist ja sonst nicht gerade Deine Gewohnheit, mir zu viele Geschenke mitzubringen, wenn Du heimkommst."

Iris Origo, „Im Namen Gottes und des Geschäfts". Lebensbild eines toskanischen Kaufmanns der Frührenaissance, München 1985, S. 147 f.

b) Briefwechsel vom 22./23. August 1398.

Datini schreibt: „Als erstes sag' mir jetzt einmal, hast Du auch den Traubenessig vom Wasser abgezogen, denn Du weißt ja, daß Du ihn immer verwässerst oder ihn auslaufen läßt? [...] Dabei steht Dir so eine große Schar von Frauen zur Verfügung [...]" und vergleicht ihre Wirtschaft mit der, die die Frau seines Freundes Guido des Palagio führt.
Margherita antwortet: „Warum Du mich wegen des Traubenessigs fragst, weiß ich wirklich nicht, denn wenn ich Dir die Wahrheit sagte, Du würdest sie mir ja doch nicht glauben. Wenn der Essig verwässert und verdorben war, so ist das nicht meine Schuld, sondern der Essig ist deswegen verdorben, weil das Fäßchen schadhaft war [...]. Du erzählst von Guido, daß seine Frau ihm noch nie Verdruß bereitet habe. Ich glaube ja, daß er die Wahrheit sagt; aber ich glaube, er hat ihr noch weniger Verdruß bereitet, als sie ihm [...]. Ich habe mich sehr genau bei Ser Lappo [Freund der Familie] und seiner Schwiegertochter erkundigt, die hier war, wie Guido zu Hause so ist. Guido kann man nicht mit anderen Männern vergleichen; er behandelt sein Weib wie eine Herrin und nicht wie eine Gastwirtsfrau. Denn es sind nun 15 gesegnete Jahre, daß ich hierher [in das Haus Datinis] kam und hier wie in einem Gasthaus lebe."

I. Origo, a. a. O., S. 156

a) Beschreiben Sie das „Rollenverständnis", das die Eheleute jeweils von sich selbst und von ihrem Partner haben.

b) Diskutieren Sie – auch mit Hilfe Ihres Wissens über Frauenleben im Mittelalter und in unserer Zeit –, ob und inwieweit die Kennzeichnung „moderne Frau" für Margherita Datini zutrifft.

11 Marmorbüste einer florentinischen Adligen, vermutlich Marietta Strozzis, Tochter einer der bedeutendsten Patrizierfamilien (um 1460).
Welchen Eindruck vermittelt die Darstellung von Wesen und Charakter dieser Frau?

3. Machiavelli – der Theoretiker des Machtstaates

Ein moderner „Fürstenspiegel"

Neben den Zeugnissen der Florentiner Kunst ist es eine kleine Schrift aus dem Jahre 1513, die bis heute am nachdrücklichsten mit dem Begriff „Renaissance-Florenz" verbunden wird: „Il Principe" („Der Fürst") von Niccolò Machiavelli (1469–1527). Sie ähnelt mittelalterlichen „Fürstenspiegeln", in denen Anleitungen für das richtige Handeln von Herrschern gegeben werden. Ihr Inhalt aber ist modern – in der auf zwei Schlagworte zusammengepreßten Kurzform „Macht geht vor Recht" und „Der Erfolg rechtfertigt die Mittel". So wurde das Buch von zahllosen Fürsten und Staatsmännern als Richtschnur und Rechtfertigung ihrer Politik benutzt. Machiavelli selber wäre wohl empört gewesen, als Entdecker des „Machiavellismus", der von allen moralischen Rücksichten befreiten Skrupellosigkeit in der Politik, bezeichnet zu werden. Ihm ging es vielmehr um die Frage, auf welche Weise die Republik Florenz wieder stark werden könne, damit sie Italien von der Invasion der französischen und habsburgischen Heere (▷ S. 11) befreite.

Eine gebrochene Biographie

Das wird bei einem Blick auf Machiavellis Lebensweg verständlich. Sein Vater, Jurist und Beamter in verschiedenen Kommunen, hatte ihm eine gründliche humanistische Ausbildung ermöglicht; er kannte die Geschichte seiner Vaterstadt und ihrer Verfassung sehr genau, die Freiheitsgarantie der „Ordinamenti" von 1293 (▷ S. 9 f.) war ihm von Jugend auf vertraut.

In der Zeit zwischen dem Sturz Savonarolas (1498) und der Rückkehr der Medici zur Macht (1512), die 1494 nach einem Aufstand zusammengebrochen war, stand er im Dienste der Republik, nach heutigem Sprachgebrauch als Staatssekretär im Außenministerium. In dieser Eigenschaft hatte er Gelegenheit, die in Florenz und den anderen lombardischen Städten bereits hochentwickelte Diplomatie aus den Akten und als hochrangiger Teilnehmer an Delegationen kennenzulernen und zu reflektieren. 1512 wurde er aus dem Amte entfernt und auf ein kleines Landgut in der Nähe von Florenz verbannt. Dort verarbeitete er in erzwungener Muße seine politischen Erfahrungen zu grundsätzlichen staatstheoretischen Überlegungen. Für ihn selbst waren seine mehrbändige „Geschichte von Florenz" und seine „Abhandlungen über die ersten zehn Bücher des Titus Livius" wichtiger als „Il Principe" – dieses Werk war eher ein Versuch, die Gunst Lorenzos de' Medici (1516–1519) zu erlangen und seine Rückkehr aus der Verbannung zu erreichen.

Grundgedanken Machiavellis

Aus den drei genannten Büchern lassen sich folgende Grundpositionen Machiavellis vereinfacht darstellen:

– Historische Entwicklung ist geprägt von der Tendenz zu Niedergang und Verfall. Im Gegensatz zu den grundsätzlich fortschrittsgläubigen, optimistisch eingestellten Humanisten seiner Zeit sieht er in der kulturellen Blüte eines Staates das sichere Anzeichen für den politischen Niedergang.

– Aufgabe des Politikers ist es, den drohenden Verfall so gut wie möglich zu verlangsamen, den günstigen Augenblick zu nutzen und das, was der Zufall („fortuna") an Handlungsmöglichkeiten bietet, mit allen Mitteln auszunutzen. Ein Beispiel für skrupelloses und erfolgreiches Handeln hatte Machiavelli während seiner Gesandtentätigkeit in dem Condottiere Cesare Borgia (1475–1507) kennengelernt, der eine Meuterei seiner Offiziere nach langem Hin und Her dadurch beendete, daß er sie überraschend ergreifen und umbringen ließ.

– Der führende Politiker muß damit rechnen, daß die Menschen grundsätzlich schlecht, das heißt für Machiavelli: habsüchtig und ehrgeizig sind. Politisch uneigennütziges („tugendhaftes") Handeln („virtù"), das eine freie Republik begründen könnte, ist nicht mehr vorhanden und auch nicht wiederherstellbar, folglich muß die menschliche Destruktivität durch die Machtmittel des Staates kontrolliert und begrenzt werden.

12 Cesare Borgia (1475–1507), Vorbild für Machiavellis „Principe", Holzschnitt (1577).
Mit welchen Mitteln versucht der Künstler, den Söldnerführer als „idealen Herrscher" darzustellen?

– Bei aller Machtpolitik im Interesse des Staates darf der führende Staatsmann niemals eine erbliche Alleinherrschaft anstreben, sondern soll die Wiederherstellung und Bewahrung einer Republik als höchstes Ziel seines Handelns vor Augen haben.

Machiavelli und der „Zeitgeist"

Die Widersprüchlichkeit dieser Grundgedanken scheint ein Spiegelbild des geistig-politischen Umbruchs im 15. Jahrhundert zu sein: In den entstehenden Territorialstaaten in Westeuropa, aber auch in den Territorien des Deutschen Reiches, drängte der „Zeitgeist" hin auf die Errichtung eines rationalen Machtstaates unter einem einzigen Oberherrn; aus Machiavellis Werk konnte die „Staatsräson" als Leitlinie und Legitimation für politisches Handeln entwickelt werden. Andererseits bestärkte sein republikanisch-freiheitlicher Idealismus alle die Kräfte, die sich dem alles umfassenden Machtanspruch des Fürstenstaates entgegenstellten.
Auf jeden Fall setzte sich mit den Schriften Machiavellis ein neues Staatsdenken durch: Politik wurde nicht mehr, wie bei antiken Staatsphilosophen, als Mittel für ein „tugendhaftes" und „glückliches" Leben angesehen, und auch nicht mehr, wie von den großen christlichen Denkern gefordert, als Arbeit an den Rahmenbedingungen, die die Erlangung des Seelenheils ermöglichten. Sondern Politik wurde ganz diesseitig legitimiert mit dem einwandfreien „Funktionieren" einer Staatsverfassung zum Wohle des Ganzen und der Individuen.

Staatsräson, italien. „Ragione di stato", „Staatsvernunft". Die Bezeichnung entstand zu Beginn des 16. Jahrhunderts, um die Auffassung auszudrücken, daß es „Lebensinteressen" des Staates gebe – vor allem Machterhalt und Machterweiterung –, die den „gewöhnlichen" Interessen der Menschen übergeordnet und damit auch losgelöst seien von den üblichen Regeln von Moral und Sitte. Diese Verabsolutierung des Staates begünstigte den Aufbau unumschränkter Herrschergewalt im Zeitalter des Absolutismus, fand sich aber auch als Grundlage totalitärer Regime der Gegenwart. Andererseits setzte bereits am Ende des 16. Jahrhunderts eine ausgedehnte Debatte gegen die „Staatsvergötzung" ein.

13 Machiavelli. Grundsätzliche Äußerungen zu Geschichte und Politik

a) „Freiheit“ einer Republik – was ist das?

Die Städte, die sich unter dem Namen Republiken verwalten, besonders die, welche nicht gut geordnet sind, ändern häufig ihre Regierungen und Verfassungen nicht durch Freiheit und Knechtschaft, wie viele glauben, sondern durch die Knechtschaft und Zügellosigkeit. Nur der Name der Freiheit wird von den Dienern der Zügellosigkeit, dies sind die Popolanen, und von den Dienern der Knechtschaft, dies sind die Adligen, gepriesen. In der Tat wollen beide weder den Gesetzen noch den Menschen untergeben sein. Wahr ist, wenn es sich ereignet – doch es ereignet sich selten –, daß die Stadt so glücklich ist, einen weisen, tugendhaften und mächtigen Bürger zu besitzen, von dem Gesetze ausgehen, wodurch diese Leidenschaften des Adels und der Popolanen beruhigt oder auf irgendeine Weise in Schranken gehalten werden, daß sie nichts Böses wirken können – dann kann man diese Stadt frei nennen, kann man den Staat für dauerhaft und fest halten. Denn, auf gute Gesetze und Einrichtungen gegründet, bedarf er nicht wie die andern das Verdienst eines Mannes, der ihn erhält [. . .].

Solche Gesetze und Einrichtungen entbehrten und entbehren alle die, welche häufig ihre Regierungsform von der Tyrannis zur Anarchie und umgekehrt geändert haben und ändern. Wegen der mächtigen Feinde, die jede dieser beiden Regierungsformen hat, ist keine und kann keine irgend beständig sein. Die eine gefällt den Guten nicht, die andere mißfällt den Weisen; die eine kann leicht Böses tun, die andere tut nur schwer das Gute; in der einen haben die Übermütigen zuviel Gewalt, in der anderen die Zügellosen, und beide müssen durch das Verdienst und das Glück eines Mannes erhalten werden, der entweder durch den Tod hinschwinden oder durch Mühe und Sorgen untüchtig werden kann.

Geschichte von Florenz, 4. Buch, in: Herfried Münkler (Hg.), Niccolò Machiavelli, Politische Schriften, Frankfurt a. M. 1990, S. 313

b) Vom Niedergang der Staaten

Die Länder pflegen zumeist bei ihren Veränderungen von der Ordnung zur Unordnung zu kommen, um dann von neuem von der Unordnung zur Ordnung überzugehen. Es ist von der Natur den menschlichen Dingen nicht gestattet, stille zu stehen. Sobald sie ihre höchste Vollkommenheit erreicht haben und nicht mehr steigen können, müssen sie daher sinken; ebenso, wenn sie gesunken sind, durch die Unordnung zu tiefster Niedrigkeit herabgekommen und also nicht mehr sinken können, müssen sie notwendig steigen. So sinkt man stets vom Guten zum Übel und steigt vom Übel zum Guten. Denn die Tapferkeit gebiert Ruhe, die Ruhe Müßiggang, der Müßiggang Unordnung, die Unordnung Verfall. Ebenso entsteht aus dem Verfall Ordnung, aus der Ordnung Tapferkeit, hieraus Ruhm und Glück.

Es haben daher die Klugen beobachtet, daß die Wissenschaften nach den Waffen kommen und daß in den Ländern und Republiken die Feldherren vor den Philosophen entstehen. Wenn gute, wohlorganisierte Streitkräfte Siege erzeugt haben und die Siege Ruhe, so kann die Kraft kriegerischer Gemüter durch keinen ehrenvolleren Müßiggang verdorben werden als durch die Wissenschaften, und der Müßiggang kann mit keiner größeren, gefährlicheren Täuschung als mit dieser in die wohleingerichteten Republiken eindringen [. . .].

Wenn [. . .] aus der Tapferkeit [der Staaten in Italien] keine Zeiten entstanden, die durch langen Frieden ruhig waren, so waren sie doch auch nicht durch die Heftigkeit der Kriege gefährlich. Denn man kann nicht behaupten, daß dort Frieden sei, wo häufig die Staaten mit den Waffen einander angreifen. Aber ebenso kann man es nicht Krieg nennen, wenn die Menschen nicht getötet, die Städte nicht verheert, die Staaten nicht zerstört werden. Jene Kriege sanken zu solcher Schwäche herab, daß sie ohne Furcht angefangen, ohne Gefahr geführt und ohne Schaden beendet wurden. So erlosch die Tapferkeit, welche in anderen Ländern durch langen Frieden zu erlöschen pflegt, in Italien durch die Erbärmlichkeit der Kriege. Klar wird man dies aus unserer Beschreibung der Begebenheiten vom Jahr 1434 bis 1494 [Medici-Herrschaft] erkennen. Man wird dort sehen, daß am Ende von neuem den Barbaren der Weg geöffnet und Italien unter ihre Botmäßigkeit zurückgebracht wurde.

Geschichte von Florenz, 5. Buch, in: Münkler, a. a. O., S. 318 f.

a) Fassen Sie Machiavellis Grundgedanken über den Zusammenhang von historischen und politischen Entwicklungen in einer thesenhaften Übersicht zusammen.

b) Zeigen Sie, an welcher Stelle der Gedankengang Machiavellis besonders einleuchtend oder besonders anstößig wirkt, und diskutieren Sie die Gründe, die Sie zu dieser Einschätzung veranlassen.

14 „Il Principe" und der „Machiavellismus"

a) Regierung und „öffentliche Meinung"

Es ist ein so außerordentlicher Unterschied zwischen der Art, wie man wirklich lebt und wie man leben sollte, daß alle, welche bloß darauf sehen, was geschehen sollte, und nicht auf das, was wirklich geschieht, eher [den] Untergang [von Staaten] als ihre Erhaltung erleben. Es ist daher unvermeidlich, daß ein Mann, der überall rein moralisch handeln will, unter so vielen anderen, die nicht so handeln, früher oder später zugrunde gehen muß. Es ist also notwendig, daß ein Fürst, der sich behaupten will, auch lernen muß, nicht gut zu handeln, um erforderlichenfalls hiervon Gebrauch zu machen [. . .].
Alle Menschen und besonders die Fürsten, über welche am meisten geredet wird, weil sie am höchsten stehen, werden mit einer jener Eigenschaften gekennzeichnet, die ihnen Lob oder Tadel zuziehen. Den einen nennt man großzügig, den andern karg [. . .], diesen freigebig, jenen räuberisch; der eine wird grausam, der andere gütig, der eine zuverlässig, ein anderer treulos, jener weibisch und schwach, dieser kühn und mutig, der eine herablassend, der andere stolz [. . .] genannt. – Niemand wird leugnen, daß der Fürst, der von allen diesen Eigenschaften nur die guten besäße, ein wahres Kleinod sein würde. Weil nun aber die Schwäche der Menschen es unmöglich macht, daß alle sich in einem vereinen, so gebietet es die Klugheit, daß ein Fürst jene Laster, welche ihn um seinen Thron bringen könnten, vermeide und sich nach Möglichkeit vor den übrigen hüte. Ist dies nicht möglich, so kann er sich bei einiger Vorsicht gehen lassen. Er darf auch keine Bedenken tragen, die Schande solcher Laster auf sich zu laden, ohne welche er die Herrschaft schwer retten könnte. Denn nach genauer Erwägung wird man sich überzeugen, daß die Ausübung einer scheinbaren Tugend ihn gestürzt haben würde, während ihm dagegen ein scheinbares Laster zu Sicherheit und Wohlbefinden verhalf.

Kap. XV, in: Münkler, a. a. O., S. 91 f.

b) Soll der Herrscher eher geliebt oder gefürchtet werden?

Wenn es darauf ankommt, die Untertanen in Einigkeit und Gehorsam zu erhalten, dann muß einem Fürsten der Vorwurf der Grausamkeit sehr gleichgültig sein: denn durch ganz wenige Beispiele [von Grausamkeit] bringt er es dahin, [. . .] als humaner zu gelten als jene, welche aus allzu großer Nachsicht Unordnungen einreißen ließen, die dann Plünderung und Mord erzeugen [. . .]. Indessen muß doch ein Fürst sich auch nicht vor seinem eigenen Schatten fürchten, sondern bedächtig Klugheit und Milde so zu verbinden wissen, daß ein zu großes Zutrauen ihn nicht unvorsichtig und ein überspannter Argwohn ihn nicht unerträglich mache.
Hier fragt's sich also, ob es besser sei, geliebt oder gefürchtet zu werden. Ich glaube, beides wäre allerdings zu wünschen, aber da dies sehr schwer ist und daher eine Wahl getroffen werden muß, so ist letzteres vorzuziehen. – Man kann nämlich allgemein sagen: Die Menschen sind undankbar, unbeständig, heuchlerisch, furchtsam und eigennützig. Solange man ihnen Wohltaten erzeigt, ohne sie zu brauchen, bieten sie Vermögen, Leben, Kinder und alles zum Dank an [. . .]. Brauchst du sie aber, dann empören sie sich und nichts ist dem, der unbedachtsam und ohne sonstige Vorkehrungen auf ihr Wort baut, gewisser als sein Verderben [. . .]. Liebe wird bloß durch das Band des Anstandes erhalten, welches die Menschen, da sie schlecht sind, jedesmal zerreißen, wenn sie ihren Vorteil anderwärts finden; Furcht aber gründet sich auf die Vorstellung eines zu erwartenden Übels, und diese hört niemals auf.
Doch muß eine solche Furcht, welche ein Fürst sich verschafft, von der Art sein, daß man ihn, wenn auch nicht liebt, so doch auch nicht haßt. Beides verträgt sich sehr wohl zusammen, und er wird es erzielen, wenn er seiner Untertanen Vermögen und Weiber unangetastet läßt. Wird er auch hier und da in die Notwendigkeit versetzt, jemand das Leben zu nehmen, so darf dieses doch nicht eher geschehen, als bis ein hinreichender Grund und ein offenkundiger Rechtsfall vorliegt, und nie darf er das Vermögen dieser Opfer angreifen; denn leichter vergißt der Mensch die Ermordung seines Vaters, als er den Raub und Verlust seines Erbteils verzeiht [. . .]. An der Spitze einer großen Armee aber hat ein Fürst nicht die entfernteste Ursache, den Ruf der Grausamkeit zu scheuen, denn sonst wird seine Armee nicht in Ordnung und in dem Stande bleiben, etwas unternehmen zu können.

Kap. XVII, in: Münkler, a. a. O., S. 94 f.

c) Gilt in der Politik ein gegebenes Wort?

Jedem ist klar, daß es lobenswürdig ist, wenn ein Fürst sein Wort hält und mit Rechtschaffenheit und ohne Hinterlist seinen Weg geht. Allein die Erfahrung unserer Tage lehrt, daß bloß jene Fürsten mächtig geworden sind, die es mit Treu und Glauben leicht nahmen und sich darauf verstanden, andere zu täuschen und zu betrügen, während jene, welche redlich ihre Verbindlichkeiten befolgten, am Ende übel wegkamen [...]. Man kann als richtig voraussetzen: Ein Fürst [...] kann nicht so handeln, wie die Menschen gewöhnlich handeln sollten, um rechtschaffen genannt zu werden; das Staatserfordernis nötigt ihn oft, Treu und Glauben zu brechen und der Menschenliebe, der Menschlichkeit und der Religion entgegengesetzt zu handeln. Er muß also nach dem Winde segeln, aber nicht ganz vom Wege des Guten ablenken, solange dies nur möglich ist; erst dann muß er ohne Bedenken Verbrechen begehen, wenn es die äußerste Not erfordert.

Es muß sich daher ein Fürst angewöhnen, sich nie anders zu äußern als auf eine jenen [folgenden] fünf Tugenden entsprechende Weise, so daß jeder, der ihn sieht, überzeugt ist, er sei die Güte, die Redlichkeit, die Treue, die Höflichkeit und Frömmigkeit selbst. Letztere Eigenschaft besonders darf er nie unterlassen äußerlich zu zeigen; denn die Menschen pflegen gemeiniglich mehr nach den Augen als nach den Händen zu urteilen; denn jeder ist in der Lage zu sehen, wenige aber zu fühlen: Jeder sieht, was der Fürst scheint, aber fast niemand weiß, was er in Wirklichkeit ist, und diese Minorität wagt es nicht, der Meinung der vielen entgegenzutreten, welche der Schild der Majestät des Staates deckt.

Man beurteilt die Handlungen aller Menschen, besonders aber der Fürsten, welche keinen Richter über sich haben, bloß nach dem Erfolg. – Es muß also des Fürsten einziger Zweck sein, sein Leben und seine Herrschaft zu erhalten. Man wird alle Mittel, derer er sich hierzu bedient, rechtfertigen, und jeder wird ihn loben; denn der Pöbel hält sich nur an den äußeren Schein und beurteilt die Dinge nur nach ihrem Erfolge. Nun ist aber fast nichts in der Welt als Pöbel.

Kap. XVIII, in: Münkler, a. a. O., S. 96–98

d) Der Fürst und sein Hof

Die Wahl der Mitarbeiter ist von nicht geringer Wichtigkeit, denn man beurteilt die Einsicht und Klugheit des Fürsten nach den Männern, welche ihn umgeben. Sind diese geschickt und treu, dann hält man ihn selber für klug, weil er ihren Wert erkannt hat, und man kann, wenn sie es nicht sind, der von ihm getroffenen schlechten Wahl wegen nicht günstig von ihm urteilen [...].

Wie und wodurch kann man aber einen Mitarbeiter beurteilen? – Gibt es überhaupt ein sicheres Mittel, so ist es das folgende: Bemerkt man, daß der Mitarbeiter bloß an sein liebes Ich denkt, d. h. daß sein Eigennutz der einzige Zweck aller seiner Handlungen ist, dann wird er nie ein guter Mitarbeiter sein und man kann sich nie auf ihn verlassen. Wer die Geschäfte des Staates besorgt, darf nie an sich selbst denken und den Fürsten zu etwas verleiten, was nicht im Interesse des Staates ist.

[...] ein kluger Fürst [...] [muß ...] sich vernünftige Männer erwählen, denen allein er gestattet, ihm in allem, worüber er sie befragt, die Wahrheit zu sagen und die sich schlechterdings nie um etwas anderes bekümmern dürfen [...].

Jene irren sich, welche glauben, ein Fürst, der sich Rat erteilen lasse, sei nicht selbständig, sondern sein Verstand beruhe bloß auf diesem Rat. Es ist ja eine allgemeine und untrügliche Regel: Ein Fürst, der nicht selbst genug Verstand hat, kann nicht gut beraten sein, es sei denn, daß er zufällig einem sehr klugen Mann sich anvertraute. Hier könnte er allerdings gut geleitet werden; aber es würde nicht lange dauern, denn ein solcher Mitarbeiter würde ihn bald um seinen Staat bringen. Hat aber ein am Verstand schwacher Fürst viele Ratgeber, dann wird es wieder an Fähigkeit fehlen, ihre widersprechenden Vorschläge zu fassen und zu vereinigen [...].

Hieraus folgt der Schluß: Die guten Ratschläge, sie mögen kommen woher auch immer, müssen aus der Klugheit der Fürsten erwachsen und nicht die Klugheit der Fürsten aus den guten Ratschlägen.

Il Principe, Kap. XXII u. XXIII; in: Münkler, a. a. O., S. 114–116

a) Stellen Sie Merkmale und Begründungszusammenhänge des „Machiavellismus" zusammen.

b) Überlegen Sie kritisch, ob und ggf. in welcher Form die Aussagen Machiavellis auch für heutige Politiker „interessant" sein könnten.

15 Holzschnitt-Illustration zu Machiavellis „Principe“ aus der Mitte des 16. Jahrhunderts.
Welche Eigenschaften zeichnen nach dieser Illustration den erfolgreichen Herrscher aus? Stellen Sie auch Bezüge her zu Machiavellis „Principe“ S. 25 f.

Zur Diskussion

Florenz – Vorbild für die Entwicklung des modernen Staates?

Eine Antwort auf die Frage, was denn „modern“ oder „fortschrittlich“ an der Entwicklung der Stadtstaaten in Oberitalien sei, wird von folgenden Beobachtungen ausgehen:
– Die innere politische Ordnung orientierte sich nicht mehr an den persönlichen Treubindungen des Lehnsverbandes, sondern an den Sachzwängen zur Erringung und Sicherung staatlicher Macht.
– Die Legitimation für eine Verfassung wurde nicht mehr in der göttlichen Weltordnung gesucht, sondern in den vernunftmäßigen Notwendigkeiten des Naturrechts.
– Das Wirtschaftsdenken wurde nicht mehr von den Zwängen der reinen Versorgung geleitet, sondern folgte dem persönlichen Gewinnstreben.
– Kunst und Kultur standen nicht mehr ausschließlich im Dienste des Glaubens, sondern dienten auch dem staatlichen oder persönlichen Bedürfnis nach Repräsentation von Macht und Einfluß.
– Wertmaßstäbe zur Beurteilung dieser Entwicklung wurden von Zeitgenossen und späteren Kritikern immer wieder aus den Schriften Machiavellis gewonnen.

16 **Die Staatenwelt Oberitaliens – eine politische Sackgasse?** Der Historiker Gerhard Ritter (1888–1967) schreibt in einer Darstellung der Neugestaltung Europas im 16. Jahrhundert (zuerst erschienen 1941, neu aufgelegt 1950):

Die italienische Staatenwelt des sogenannten Quattrocento [15. Jahrhundert] zeigt alle möglichen Formen: die rohe Tyrannei kriegerischer Gewaltmenschen; die patriarchalische Herrschaft fürstlicher Höfe aus altem Feudaladel, die in fürsorglicher staatlicher Wirtschaftspflege und kunstbegeistertem Mäzenatentum miteinander wetteiferten; die konservative Aristokratie patrizischer Geschlechter in Venedig mit ihrer politischen Erbweisheit; die verschiedenartigsten Gestalten städtischer Massen- und

Cliquenherrschaft; schließlich die Theokratie eines Savonarola und die geistliche Tyrannis der Päpste im Kirchenstaat [...]. Den meisten dieser Herrschaften fehlt jede Beglaubigung durch altehrwürdiges Herkommen, durch geschichtliches Alter und durch religiöse Weihe. Sie sind fast alle Emporkömmlinge, die ihre Herrschaft nicht als sicheres Erbe besitzen, sondern in stets erneuertem Kampf gegen erbitterte Feinde von innen und außen zu verteidigen haben – ihre Staaten vielfach bloße Eintagsgebilde ohne höheren geschichtlichen Rang [...]. Eine unmittelbare Einwirkung des italienischen Vorbildes auf die innere Entwicklung der übrigen europäischen Staaten läßt sich nirgends erkennen. In der großen Politik sind diese italienischen Kleinstaaten weit mehr Werkzeug anderer Mächte und Objekt ihrer Begehrlichkeit als mittelbestimmendes Subjekt gewesen. „Modern" erscheinen uns die italienischen Stadtrepubliken und Tyrannenstaaten wegen ihrer unbekümmerten Vitalität, ihres rein weltlichen, naturhaften Machtstrebens, das keinen anderen Grundsatz politischen Handelns mehr anerkennt als äußere Zweckmäßigkeit, keine andere politische Tugend als Klugheit und geschmeidige Energie. Aber Machiavelli selbst, der Theoretiker dieser Klugheitslehren, hat mit schmerzlicher Klarheit gesehen, daß nicht Italien das Land war, in dem der moderne Machtstaat der Zukunft ausreifen konnte [...]. Nicht Italien, sondern Westeuropa ist die Geburtsstätte der modernen Großmacht, des modernen nationalen Machtstaates geworden. Er erwuchs hier (im Gegensatz zu Italien) vollkommen organisch aus der Wurzel des Spätfeudalismus.

Gerhard Ritter, Die Neugestaltung Europas im 16. Jahrhundert, Berlin 1950, S. 24

17 Machiavellis Größe und Grenzen

Der Historiker Erich Hassinger (1907–1992) urteilt im Jahre 1959:

Er hat wohl die Wirklichkeit, aber nicht die ganze, in sein Blickfeld bekommen. Am deutlichsten wird das Ausschnitthafte dieser Weltsicht in seiner Geschichtsschreibung. Weder die materiellen Grundlagen der Größe seiner Vaterstadt noch ihre bahnbrechenden geistigen und künstlerischen Leistungen werden in seiner Geschichte von Florenz auch nur annähernd ihrer Bedeutung entsprechend gewürdigt. Epochal sind seine Einsichten in das ethisch-indifferente, dämonische Wesen der Macht in allem Großen, das durch sie geschaffen werden kann, und allem Grauenvollen, das unabtrennbar zu ihr gehört. Er wagte als erster, sie so nackt zu zeigen, wie man sie auch nach ihm nur ungern sehen wollte, häufig weniger aus sittlichem Abscheu, als weil es nicht opportun erschien, die letzten Hüllen fallen zu lassen. Politik nach Richtlinien, wie sie der „Principe" enthält, ist auch schon vor Machiavelli betrieben worden; aber offen einzugestehen, daß unter bestimmten Voraussetzungen so gehandelt werden müsse, war ein absolutes Novum. Nachdem dergleichen einmal ausgesprochen war, konnte keine Lehre von der Politik, wenn sie die Dinge nicht verharmlosen wollte, mehr so tun, als gäbe es die Abgründe nicht, in die Machiavelli hineinzublicken zwingt.

Erich Hassinger, Das Werden des neuzeitlichen Europa, Braunschweig, 2. Aufl. 1964, S. 63 f.

a) Skizzieren und vergleichen Sie die Urteile der beiden Autoren über Machiavelli und die Staatenwelt Oberitaliens in der Zeit der Renaissance.

b) Nennen Sie die jeweiligen Beurteilungskriterien und diskutieren Sie am Beispiel Ritters das Problem, daß historische Wertungen immer nur aus ihrem zeitbedingten Zusammenhang verstanden werden können.

18 **Was bedeutet „Machiavellismus"?** Zur Wirkung der Gedanken Machiavellis führt der Herausgeber einer 1990 erschienenen Auswahl seiner Schriften aus:

Die Ambivalenzen und Uneindeutigkeiten in Machiavellis Theorie, bei ihm selbst freilich zusammengehalten und systematisch verbunden durch seine [. . .] Geschichtstheorie, sind in der Rezeption vor allem des *Principe* und der *Discorsi* erst richtig in Erscheinung getreten. Nun waren diese Ambivalenzen und Widersprüche nicht das Ergebnis denkerischer Schwäche, sondern theoretischer Ausdruck dessen, daß sich die europäische Geschichte in einer Umbruchphase befand, von der aus sie verschiedene Wege nehmen konnte und tatsächlich ja auch genommen hat. Mit dem Fortgang der Geschichte ist dann vieles in einen stärkeren Gegensatz zueinander getreten, als dies zu Machiavellis Zeiten der Fall war, und die von Machiavelli angestrebte Wiederherstellung der Republik durch den einzelnen hat sich in der Regel als Beginn einer despotischen Herrschaft herausgestellt. Auf den meisten dieser auseinanderlaufenden Wege ist Machiavelli jedoch einer der Begleiter gewesen – sei es nun als akzeptierter politischer Ratgeber oder als Zerrbild dessen, was als Gegensatz zu dem je beschrittenen Weg angesehen wurde [. . .]. An Machiavelli schieden sich die Geister, an ihm polarisierten sich die Auffassungen. Fast alle großen politischen Schriften von der zweiten Hälfte des 16. bis zum Ausgang des 17. Jahrhunderts haben sich mehr oder minder intensiv mit Machiavellis Theorie auseinandergesetzt und in der Auseinandersetzung mit ihr die eigene Position geklärt.

Da ist zunächst jener [. . .] Strang politischen Denkens, der Machiavelli als einen Republikaner zu identifizieren suchte, indem er den *Principe* „gegen den Strich" las: Machiavelli sei ein Lobredner und entschiedener Verteidiger der Demokratie gewesen, [. . .] was nicht verwundere, da er in einer Republik geboren, aufgewachsen und geehrt worden sei. Und er sei ein großer Feind aller Tyrannen gewesen, und so zielten seine politischen Vorschläge auch nicht darauf ab, Tyrannen zu beraten, sondern hielten deren geheime Absichten und üble Taten dem Volk in aller Deutlichkeit vor Augen [. . .]. [Hier] beginnt ein Rezeptionsstrang, der Machiavellis *Principe* mißversteht, weil er ihn nicht mehr als Handlungsanweisung bei der Bewältigung außerordentlicher Gefahren und tiefer Krisen begreifen kann, sondern darin eine Offenbarung der alltäglichen Praxis der Tyrannen sieht [. . .]. Demgegenüber hat ein anderer Strang der Machiavelli-Interpretation gerade die politische Krise zum Ausgangspunkt der Überlegungen gemacht und Machiavelli für die moralisch verwerflichsten seiner Ratschläge durch die These zu exkulpieren [entschuldigen] versucht, er sei nicht der Verursacher, sondern der Diagnostiker dieser Krankheit gewesen [. . .]. [So] sind die großen Einigungspolitiker des 19. Jahrhunderts, Bismarck in Deutschland und Cavour in Italien, als machiavellistische Gestalten bezeichnet worden – und dies zunächst keineswegs mit negativ-distanzierendem Beiklang, sondern durchaus in dem Sinne, daß sie einen Politikertypus verkörperten, nach dem Machiavelli zu Beginn des 16. Jahrhunderts vergeblich Ausschau gehalten hatte [. . .].

Herfried Münkler (Hg.), Niccolò Machiavelli, Politische Schriften, Frankfurt a. M. 1990, S. 39 ff.

a) Verteidigen Sie mit Hilfe des Textes Machiavelli gegen den Vorwurf, er sei ein skrupelloser „Machiavellist" gewesen.

b) Diskutieren Sie ausgehend von politischen Nachrichten unserer Tage Machiavellis Grundfrage: den Zusammenhang von Macht und Moral.

1. Charakterisieren Sie den Zusammenhang von „Wirtschaft und Politik" für das Florenz der Renaissance.

2. Erörtern Sie die Bedingungen für die Vormachtstellung der Medici in der Republik Florenz.

3. Diskutieren Sie – aus der Sicht Machiavellis und Guicciardinis, aber auch aufgrund eigener Einsichten – die Ergebnisse der Medici-Ära.

4. Florenz erscheint in diesem Kapitel als „moderne" Stadt, vor allem im Hinblick auf die Zustände des Mittelalters. Prüfen Sie den Darstellungstext und die Materialien auch daraufhin, ob die Stadt auch im heutigen Sinne „moderne" Züge trug.

II. Das Heilige Römische Reich Deutscher Nation

Eine politische Karte Europas um 1500 zeigt das Heilige Römische Reich Deutscher Nation – mit dieser Formel wurde es erstmals 1486 bezeichnet – als vielfarbigen Verbund großer und kleiner Fürstentümer und Herrschaften; die anderen europäischen Reiche – z. B. Frankreich, Spanien, England, Dänemark oder Polen – sind weniger bunt in fast gleichmäßiger Flächenfärbung als politische Einheit dargestellt. Und auch für den folgenden Zeitraum von dreihundert Jahren muß die ganze Palette möglicher Farben benutzt werden, um wenigstens die größeren Territorien innerhalb der Reichsgrenzen kenntlich zu machen.
Offenbar war also die äußere Vielfalt dem inneren Zusammenhalt des Reiches nicht abträglich, und so ist es sicher berechtigt zu fragen, wie dieser Zustand von Vielheit und Einheit historisch erklärbar ist. Ebenso plausibel ist auch die Frage, ob und in welcher Weise sich in Deutschland seit dem Ende des 15. Jahrhunderts der

19 Die wichtigsten Territorien des Heiligen Römischen Reiches Deutscher Nation um 1550

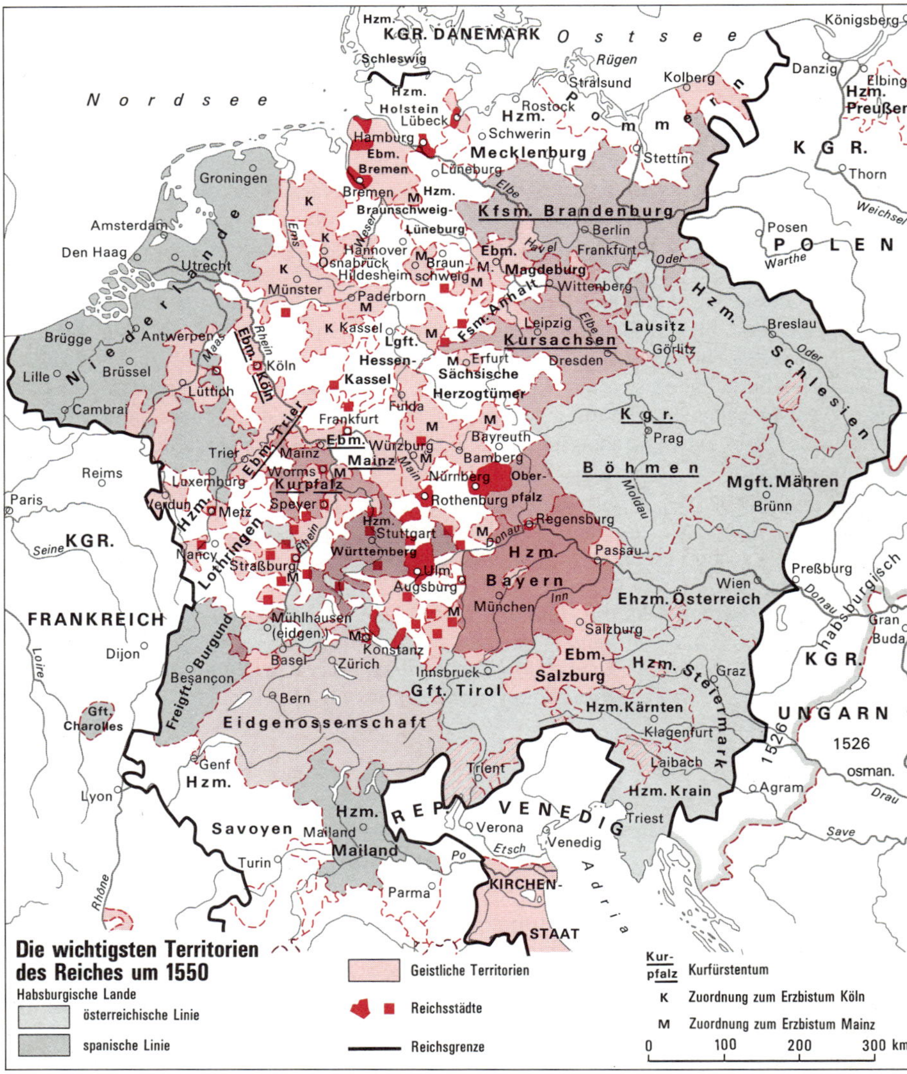

allgemeine „Trend" zur Entwicklung zum frühmodernen Staat auswirkte. Das bedeutet insbesondere, das Verhältnis von Zentralisierung und Verteilung politischer Macht zu untersuchen, aber auch die wirtschaftlich-sozialen und geistigen Faktoren, die die Entwicklung beeinflussen konnten.

1486–1521	Die Kaiser Maximilian I. und Karl V. werden von den Fürsten zur Einrichtung zentraler Reichsinstitutionen gedrängt (vor allem: Reichskammergericht, Reichsregiment, Reichssteuer), in denen die Balance von fürstlicher und königlicher Macht stabilisiert wird.
1555	Im Augsburger Religionsfrieden erhalten die Territorialfürsten das Recht, über die Religion ihrer Untertanen bestimmen zu können; fürstliche Machtpolitik wird mit Religionsfragen aufs engste verbunden.
1648	Im Westfälischen Frieden von Münster und Osnabrück werden nach dreißigjährigem Krieg in Deutschland die religiösen Spannungen als Ursache von Konflikten beseitigt; die Macht der Territorialfürsten wächst, indem ihnen auch die außenpolitische Unabhängigkeit zugestanden wird.

1. „Kaiser und Reich"

Maximilian I. – zeitgemäße Politik und ritterlicher Lebensstil

Im Jahre 1493 starb nach 53jähriger Regierungszeit Kaiser Friedrich III., dessen Herrschaft die bis 1806 dauernde Verbindung der Habsburger Dynastie mit der deutschen Kaiserkrone begründete. Sein Sohn Maximilian I. (1493–1519) folgte ihm nicht nur auf den Thron (Kaiser seit 1508), sondern er erbte auch den größten Territorialbesitz im Deutschen Reich: Durch umsichtige, zähe und von erstaunlichem Glück begünstigte Diplomatie hatte Friedrich III. den habsburgischen Familienbesitz in Süddeutschland und Österreich um die niederländischen und lothringischen Territorien des ehemaligen Herzogtums Burgund erweitert, indem er 1477 die Heirat seines Sohnes mit der Alleinerbin Maria von Burgund (1457–1482) zustandebrachte. Diese Heiratspolitik hat Maximilian weiterverfolgt, und er hat durch Erbverträge dafür gesorgt, daß die Königreiche Böhmen und Ungarn später, 1516 und 1526, durch Erbfall in den Besitz der Habsburger gelangten.

Der nüchterne Realitätssinn des Vaters hatte Maximilian nachhaltig beeinflußt, denn er besaß einen wachen Blick und ein richtiges Verständnis für die modernen Entwicklungen seiner Zeit, sei es in Kunst, Wissenschaft oder Technik, oder sei es in den Grundsätzen einer rationalen Verwaltung, Regierung und Wirtschaft. Andererseits kultivierte er einen mittelalterlich-ritterlichen Lebensstil; von seinen Abenteuern als Jäger und Soldat und vor allem von seiner romantisch-romanhaften Brautwerbung berichten Erzählungen und Sagen, die seinen Beinamen „der letzte Ritter" verständlich machen.

Ein schwieriges Erbe

Maximilian hatte nicht nur Besitztümer, sondern auch die Probleme geerbt, die sein Vater nicht hatte lösen können oder wollen – Zeitgenossen und spätere Historiker schwanken in ihrem Urteil, ob sie Friedrichs III. Möglichkeiten überstiegen hätten, oder ob er sich zu sehr auf seine Familienpolitik konzentrierte. Eine einfache Lösung war deswegen kaum möglich, weil sich politische und religiöse Forderungen zu einem unentwirrbaren Knäuel verbanden:

– Der „Landfrieden", wichtigste Aufgabe eines mittelalterlichen Königs, war im 15. Jahrhundert immer weniger durchsetzbar. Denn die zunehmende Bedeutung der städtischen Geldwirtschaft führte zu Verwerfungen in der herkömmlichen

20 Belagerung einer Stadt. Holzschnitt vom Ende des 15. Jahrhunderts.
Erörtern Sie, ausgehend von der Abbildung, den Zusammenhang zwischen gesellschaftlichem Wandel (Ende der Ritterzeit) und waffentechnischem Fortschritt.

Gesellschaftsstruktur. Vor allem den Kleinadligen, die überwiegend auf die Abgaben ihrer hörigen Bauern angewiesen waren, drohte die wirtschaftliche und soziale Deklassierung. Als „Raubritter" versuchten viele von ihnen, direkt an dem Reichtum der Kaufleute teilzuhaben, andere übten verstärkten Druck auf die Bauern aus. Gegen das Raubritterunwesen schlossen sich mehrfach Städte zu Selbsthilfeorganisationen zusammen, auch im Verein mit größeren Territorialfürsten, die den Kampf gegen die Ritter nutzten, um die eigene Position zu stärken. Gegen die Willkürakte einzelner Grundherren richteten sich wiederholt Bauernaufstände, in denen, wie bei gleichzeitigen Aufständen in Frankreich und England, bereits radikale Parolen gegen die bestehende Ordnung zu hören waren. Auch diese Bedrohung des Friedens im Reich wurde nicht vom Kaiser, sondern durch lokale Machthaber beseitigt.

– Die Ordnung der Kirche, ein existenzieller Aufgabenbereich vor allem der mittelalterlichen Kaiser, war seit dem Ende des 14. Jahrhunderts schwer gestört. Mehrfach hatte es zwei oder gar drei Päpste gleichzeitig gegeben, nur selten hatte sich ein Kaiser direkt daran beteiligt, die Ordnung wiederherzustellen. Im 15. Jahrhundert konzentrierte sich die Kurienverwaltung darauf, durch immer neue „Tricks" die nötigen Finanzmittel für die politischen Pläne oder den persönlichen Ehrgeiz der Päpste zu beschaffen.

So mehrten sich unter der Regierung Maximilians I. bei den Gebildeten und bei dem einfachen Volk die Forderungen nach einer durchgreifenden Reform der kirchlichen und weltlichen Ordnung. Heftig umstritten aber war das „Wie" einer Reform: Sollte sie „von oben" – vom Kaiser oder Papst – ausgehen oder „von unten", von einer kirchlichen oder politischen Versammlung?

Und wie sollte verhindert werden, daß derjenige, der die Reform durchsetzte, nicht seine Macht auf Kosten anderer vermehrte?

Die Verfassung des Reiches

Wenn Maximilian I. die ihm als Reichsoberhaupt zugemutete Erneuerung bewältigen wollte, mußte er nüchtern den Handlungsspielraum abschätzen, der ihm als König gegeben war. Es gab zwar noch keine geschriebene Verfassung des Reiches, aber eine Reihe von Urkunden und Gewohnheitsrechten, die sich seit dem Hochmittelalter zur Verfassungswirklichkeit des Reiches verdichtet hatten.

Dazu gehörten erstens die Urkunden Kaiser Friedrichs II. von 1220 und 1232, mit denen er den geistlichen und weltlichen Fürsten die uneingeschränkte Verfügung über die ehemaligen Königsrechte (Zoll- und Münzrecht, Gerichts- und Verteidigungshoheit) überließ, d. h. ihre weitgehende Souveränität als „Territorialherren" („domini terrae") anerkannte. Die Territorien wurden damit die Machtzentren des Reiches, Königsmacht konnte allenfalls hergeleitet werden aus dem dynastischen Eigenbesitz des Königs. Zweitens war im Jahre 1356 in einer feierlichen urkundlichen Vereinbarung, der „Goldenen Bulle", von Kaiser Karl IV. (1355–1378) und den vornehmsten Reichsfürsten festgelegt worden, daß ein König grundsätzlich von einem Gremium besonders hervorgehobener Reichsfürsten zu wählen sei und daß die rechtmäßige Wahl keiner Bestätigung (etwa durch den Papst) bedürfe. Die sieben „Kurfürsten" waren nicht nur die „vornehmsten" Territorialherren, sie erhielten darüber hinaus weitere Herrscherrechte in ihrem Territorium und sollten im Falle einer Thronvakanz an der Spitze des Reiches stehen. Die „rechtmäßige" Wahl begründete seit Maximilian I. auch den Anspruch auf den Kaisertitel (ohne besondere Salbung durch den Papst), jedoch war der König/Kaiser durch bindende Absprachen mit den Kurfürsten („Wahlkapitulationen") zur Einhaltung der Reichsverfassung verpflichtet.

„Kaiser und Reich"

Diese ungeschriebene Verfassung wurde seit dem Spätmittelalter mit der Formel „Kaiser und Reich" charakterisiert. Das bedeutete konkret, daß der Kaiser und die Stände des Reiches – die geistlichen und weltlichen Kurfürsten und Fürsten, Reichsgrafen, Herren, Prälaten und seit dem Ende des 15. Jahrhunderts auch die Vertreter der freien Reichsstädte – sich zunehmend regelmäßig zu Reichstagen versammelten, um gemeinsam über allgemeine Probleme des Reiches zu beraten und zu beschließen. Die so erwachsene „ständische Monarchie" war gekennzeichnet von einem spannungsvollen Gleichgewicht zwischen dem Herrscher und den Ständen, aber auch zwischen den einzelnen Ständegruppen, und wahrscheinlich ist hierin eines der wesentlichen Elemente für die Stabilität des Reiches zu suchen.

Mögliche Interessenkonflikte

Allerdings enthielten die Forderungen nach einer Reichsreform durch Maximilian I. auch die Gefahr, daß das bestehende Gleichgewicht gestört wurde. Denn zum einen war es denkbar, daß er nach dem Vorbild westeuropäischer Monarchen (▷ Kap. III.) Elemente einer effektiveren Verwaltung und Regierung, die er in den habsburgischen Landen bereits durchzusetzen begann, auch auf das Reich zu übertragen versuchte. Und zum anderen war es möglich, daß er, noch stärker als sein Vater, Reichspolitik in den Dienst habsburgischer Familienpolitik stellen würde, d. h. vor allem das Reich mit seinen Ständen in die kriegerischen Auseinandersetzungen hineinziehen könnte, die zwischen dem französischen König und dem Hause Habsburg um das burgundische Erbe entstanden waren (1477–1493). Doch lagen hier auch wiederum Chancen für die Fürsten, Bewilligung von Reichshilfe abhängig zu machen von einer kompromißbereiten Haltung des Herrschers in der Ausgestaltung der Reichsreform.

Reichsreform von 1495

1495 wurde auf dem Reichstag von Worms ein „Paket" von Reformgesetzen beschlossen; Ergänzungen auf späteren Reichstagen machten daraus die wesentlichen institutionellen Pfeiler der Reichsverfassung bis zum Ende des Reiches.
Zur Durchsetzung eines „Ewigen Landfriedens" wurde ein zentrales „Reichskammergericht" geschaffen, d. h. der Rechtsweg anstatt der (jetzt ausdrücklich verbotenen) Fehde sollte das Mittel sein, um Rechtstreitigkeiten zwischen den Ständen zu entscheiden. Um dem Reich – d. h. in diesem Falle dem Kaiser – eine ständige Finanzquelle für die Verwaltung und Verteidigung zu sichern, sollte eine allgemeine Kopf- und Vermögenssteuer („Gemeiner Pfennig") erhoben werden. Alle

Reichsstände. „Stände" im politischen Sinn waren nach dem Verständnis der Menschen im Mittelalter und der frühen Neuzeit Obrigkeiten, die Herrenrechte ausübten und dadurch zu „Rat und Tat" – vor allem militärischer und finanzieller Hilfe – befähigt und zur Mitsprache berechtigt waren. Zu den traditionell mitbestimmungsberechtigten Gruppen des geistlichen und weltlichen Adels traten im Spätmittelalter die Vertreter von Städten. Bezogen auf das Reich, wurde die gemeinsame Beratung von König und Ständen im Spätmittelalter in den Reichstagen institutionalisiert; reichstagsfähige Stände wurden ausdrücklich von anderen Herrschaftsträgern unterschieden.
Verbunden mit der Reichsstandschaft war der Korporationsgedanke, d. h. die Reichsstände bildeten Gruppen auf der Grundlage gleicher sozialer Stellung, die auch als Korporation berieten und abstimmten (Kurfürstenkolleg; Reichsfürstenrat; Reichsstädtekollegium).

drei Gesetze wurden am selben Tag beurkundet (7. April 1495). Sie zeigen das Bemühen Maximilians, wenigstens in Ansätzen eine wirksame Verwaltungs- und Regierungsstruktur aufzubauen.
Eine ständische Reformgruppe um den Mainzer Erzbischof und Kurfürsten Berthold von Henneberg (1484–1504) wollte allerdings die tatsächliche Regierungsgewalt in die Hände eines ständischen Gremiums legen. Dagegen wehrte sich Maximilian, mußte aber schließlich im Jahre 1500 einem „Reichsregiment" zustimmen.
Das Reichsregiment, das sich bereits nach zwei Jahren wieder auflöste, sollte zuerst unter dem Vorsitz des Königs tagen, aber praktisch die königlichen Rechte ausüben. Die Wirksamkeit der Reformgesetze war sehr unterschiedlich. Wo gemeinsame dringende Interessen von Kaiser und Ständen berührt waren – etwa beim Landfrieden und dem Reichskammergericht –, wurden die Reformansätze ein lebendiger Teil der Reichsverfassung. Dagegen verweigerten die Stände dem Gemeinen Pfennig und der Kaiser dem Reichsregiment eine nachhaltige Unterstützung, weil jeweils die Gefahr einer einseitigen Veränderung des Kräfteverhältnisses befürchtet wurde. Das wichtigste Instrument einer „Reichsregierung" wurden ohnehin die „Reichskreise", die ursprünglich unter historisch-geographischen Gesichtspunkten als Wahlbezirke für das Reichsregiment geschaffen worden waren und seit 1512 den größten Teil des Reichsgebietes in 10 überschaubare Verwaltungseinheiten gliederten. Jeder Kreis wurde von einem der Fürsten dieses Kreises als „Kreishauptmann" geführt, die Stände des Kreises traten zu Kreistagen zusammen. Der jeweilige Kaiser war als Person – d. h. als Territorialfürst – in die Kreisordnung und damit in die Ständeverfassung eingebunden. Denn bis zum Ende des Reiches lag die entscheidende Kompetenz für Verwaltung, Finanzwesen und Verteidigung des Reiches in den Reichskreisen. Sie werden deswegen auch als „Spiegelbild der föderativen Verfassung des Reiches" angesehen.

21 Fundamente eines „Reichgrundgesetzes"

a) Fürstenvereinbarung von Rense, 1338:

Wir, von Gottes Gnaden, Heinrich, Erzbischof von Mainz, Walram, Erzbischof von Köln, Balduin, Erzbischof von Trier, Rudolf, Ruprechts Bruder, Stephan, Ruprecht der Jüngere, Pfalzgrafen bei Rhein und Herzöge von Bayern, Rudolf, Herzog von Sachsen und Ludwig, Markgraf von Brandenburg, tun allen Menschen, die diesen Brief sehen oder lesen oder hören, kund, daß wir miteinander beraten und angeschaut haben, wie das heilige römische Reich an seinen Ehren, Rechten und Gütern, wie wir auch selbst an unseren Ehren, Rechten, Gewohnheiten und Freiheiten, die wir von dem eben genannten Reich her besitzen, so sehr in diesen Zeiten und auch schon vorher angegriffen, gekränkt und beschwert wurden und werden. Und um den allgemeinen und offenbaren Nutzen der gesamten Christenheit und des genannten Reiches und unsere eigene Ehre, Recht, Freiheit und Gewohnheit zu schirmen, zu schützen und zu fördern, sind wir einmütig überein gekommen [...], daß wir das genannte Reich und unsere fürstliche Ehre, die wir ihm verdanken, nämlich die Kurwürde des Reiches [...] fördern, schützen und schirmen wollen mit aller unserer Macht und Kraft ohne Hinterlist, gegen einen jeden ohne Ausnahme [...].
Durch dieses gegenwärtige öffentliche Instrument soll allen kundgetan werden, was im Jahre 1338 am 16. Juli in der 7. Stunde [...] im Obstgarten bei Rense am Rhein [...] die Kurfürsten [...] feststellend verkündet haben:
1. Nach Recht und seit alters bewährter Gewohnheit des Reiches bedarf einer, der von den Kurfürsten des Reiches, oder, selbst bei Unstimmigkeit, von der Mehrheit zum römischen König gewählt ist, keiner Nomination, Approbation, Konfirmation, Zustimmung oder Autorität des apostolischen Stuhles für die Verwaltung der Güter und Rechte des Reiches oder für die Annahme des Königstitels [...].
3. [nach mehrfacher Wiederholung dieser Gedanken fügen die Verfasser hinzu:] Danach fragten die Kurfürsten die anwesenden Getreuen und Vasallen des Reiches [...] einzeln, was sie von den berate-

nen, festgesetzten und verkündeten Reichsrechten und Gewohnheiten hielten. Sie stimmten alle zusammen und jeder einzeln mit denselben oder ähnlichen Worten [...] dem zu, wonach der Sinn der Kurfürsten gestanden hatte [...].

Karl Zeumer, Quellensammlung zur Geschichte der deutschen Reichsverfassung in Mittelalter und Neuzeit, Tübingen 1907, Nr. 141a

b) Aus der „Goldenen Bulle“ von 1356. In dem Abschnitt XII „von Zusammenkünften der Kurfürsten“ heißt es:

Inmitten der mannigfachen Sorgen für den Staat, die unseren Geist unablässig beschäftigen, hat unsere Majestät nach gründlicher Erwägung als notwendig erkannt, daß die Kurfürsten des Heiligen Reiches zur Beratung über das Wohl des Reiches und der Welt öfter als bisher zusammenkommen; denn als Grundfesten und unverrückbare Säulen des Reiches, die voneinander durch weite Länderstrecken getrennt sind, können sie so über Übelstände, welche die ihnen bekannten Gebiete heimsuchen, Bericht erstatten und sich besprechen und vermögen mit klugen und vorsorglichen Ratschlägen durch geeignete Maßnahmen wirksam Abhilfe schaffen. Daher haben wir auf unserem feierlichen Reichstag, der zu Nürnberg mit den ehrwürdigen geistlichen und erlauchten weltlichen Kurfürsten und vielen anderen Fürsten und Adligen von unserer Majestät abgehalten worden ist, nach gepflogener Beratung mit denselben Kurfürsten und mit ihrer Zustimmung für das gemeine Beste und Wohl mit den besagten geistlichen und weltlichen Kurfürsten zu verordnen geruht, daß dieselben Kurfürsten in Zukunft einmal in jedem Jahr [...] in einer von den Städten des heiligen Reiches persönlich zusammkommen sollen [...]; doch soll diese unsere Verordnung nur so lange dauern, als es uns und ihnen gefällt [...].

Konrad Müller (Hg.), Quellen zur Neueren Geschichte, Historisches Seminar der Universität Bern, Heft 25, Bern 1957

a) Erläutern Sie das Verhältnis von kaiserlicher zu fürstlicher Gewalt um die Mitte des 14. Jahrhunderts und informieren Sie sich darüber, welche historischen Wurzeln dieser Zustand der Reichsverfassung hatte.
b) Untersuchen Sie anhand einer genauen sprachlichen Analyse die Motive, die die Kurfürsten und den Kaiser bei ihren Vereinbarungen leiteten.

22 Kaiser und Kurfürsten in feierlichem Aufzug während eines Hoftages (Holzschnitt aus einem Druck der „Goldenen Bulle“, 1485). Hinter dem Träger des Reichsschwertes (Kurfürst von Sachsen) schreitet der Erzbischof von Trier mit Aachener Königskrone (Deutschland) und der Mailänder Krone (Lombardei/Italien). Ihm folgen die Erzbischöfe von Mainz (Erzkanzler mit den Reichsiegeln) und von Köln, darauf die Kurfürsten von Brandenburg und Pfalz mit den übrigen Reichsinsignien. Der Kaiser am Fuß der Treppe wendet sich dem König von Böhmen zu, dem mächtigsten der vier weltlichen Kurfürsten. Die Kaiserin und ihr Gefolge beschließen den Zug. *Welche Machtstrukturen des Deutschen Reiches versucht der Künstler zu symbolisieren?*

23 **„Reform an Haupt und Gliedern"?** Schon im Jahre 1417 machte der gelehrte Jurist Job Vener, der über dreißig Jahre lang im Dienst deutscher Fürsten stand, in einem Gutachten Vorschläge zur Kirchen- und Reichsreform:

Weil die Reform des hl. Reiches ganz logisch in vielem mit der Reform des Papsttums verbunden ist, sollen [...] für die Reformen des hl. Reiches aus denselben Provinzen, aus denen die Kardinäle gewählt werden, auch Ratgeber des Kaisers durch die drei Stände jeder Provinz gewählt werden, nämlich durch die geistlichen Fürsten und Prälaten, durch die weltlichen Fürsten und Adligen und durch die Ratsherren der Bischofs- und Königsstädte, weil auf diese Weise die allerheiligste Einheit des Körpers der Kirche, deren Haupt Christus und deren Glieder die Kleriker und Laien sind, gewahrt [...] wird. Die genannten Räte des Kaisers sollen freizügig Ratschläge zum Wohle des ganzen Gemeinwesens und des ganzen Menschengeschlechts durch gemeinsame oder mehrheitliche Beschlüsse dem allerheiligsten Kaiser erteilen. Dadurch sollen sie es vermögen, die Aufträge und die richterliche Tätigkeit, die dem Kaiser von Seiten des hl. Reiches auferlegt wurden, sowohl auszuführen als auch dafür zu sorgen, daß die hl. Gesetze in der Volkssprache in jeder freien und Königsstadt verfügbar sind [...]. Und in kaiserlichem Auftrag sollen sie gesetzlich festlegen, daß in jeder freien und Königsstadt auf Kosten dieser und ihrer Nachbarstädte einer oder mehrere studierte Rechtskundige vorhanden sein sollen, die als Gerichtsbeisitzer und Rechtsbeistände Dienste den Fürsten und Adligen leisten können, denen die weltliche Gerichtsbarkeit vom Kaiser übertragen wurde [...]. Und wenn nicht auf diese Weise das Reich zum Besseren reformiert wird, wird es – was zu fürchten ist – bald untergehen, da manche geistlichen und weltlichen Fürsten selten zum Wohle des Reiches handeln, aus Furcht, ein mächtiges Reich werde sie und ihre Nachfolger knechten und zu untragbaren Abgaben zwingen [...].

Hermann Heimpel, Die Vener von Gmünd und Straßburg, 1162–1447, Bd. 3, Göttingen 1982, S. 1309–1311

a) Stellen Sie die Ziele und Begründungen der Reformvorschläge zusammen und erklären Sie die „Logik" (Z 1) des Gedankenganges.
b) Skizzieren Sie das Verfassungsmodell, das den Forderungen zugrunde liegt, und vergleichen Sie es mit den tatsächlichen Zuständen.

24 **Die Reform – ein Kompromiß**

a) Konkrete Ergebnisse einer Reichsreform wurden erst gegen Ende des Jahrhunderts erzielt, so u. a. 1495 mit der Verbesserung der Reichsgerichtsbarkeit zum Schutze des Landfriedens. Maximilian I. ließ in seiner Kanzlei eine Interpretation der Vereinbarungen zwischen ihm und den Ständen anfertigen (7. August 1495), die unter dem Titel „Handhabung Friedens und Rechts" das Verhältnis von Kaiser und Ständen aus seiner Sicht beschreibt:

Wir Maximilian von Gottes Gnaden Römischer König bekennen öffentlich und tun jedermann kund: Wir haben aus offenkundiger dringender Not zum allgemeinen Nutzen der Christenheit, des Reiches und der Stände und zu ihrer Förderung einen allgemeinen Frieden im Reich verkündet und dazu unser Kammergericht eingerichtet und ihm eine Ordnung gegeben. Da aber alle Ordnungen, Gebote und Rechtsvorschriften unwirksam sind, wenn sie nicht durch nachdrückliche Anwendung bekräftigt und durchgeführt werden, haben wir mit [...] Rat und Zustimmung unserer lieben Neffen, Kurfürsten, Fürsten und anderen Stände des Heiligen Reiches [...], damit das Heilige Reich und seine Stände und Untertanen einen solchen Frieden, ein solches Recht und ihre Durchführung getrost warten und sich darüber freuen können, uns mit ihnen als Römischer König wegen des Reichs und [...] unserer Erblande [...] übereinstimmend verpflichtet, und bewilligen dies auch in diesem und kraft dieses Briefes [...], den oben erwähnten Frieden und das Recht mit Ernst und Nachdruck [...] zu handhaben, dazu zu verhelfen und sich herzustellen [...].
Und wenn es sich ereignen sollte, daß diejenigen, die unseren verordneten Frieden mißachten oder übertreten, oder auch diejenigen, die sich den ergangenen Urteilen und Geboten unseres Kammergerichts [...] frevelnd und ungehorsam widersetzen, einen sichern Zufluchtsort, Unterstützung oder Hil-

fe bei ihrem Frevel bekommen, oder wenn jemand, der unter diese Friedensbestimmungen fällt, von welchem Stand er auch sei, ob geistlich oder weltlich, [...] angegriffen, bekriegt oder geschädigt wird, oder auch die Täter und Rechtsbrecher in sicheren Unterschlupf aufgenommen, unterhalten und mit Hilfe und Unterstützung versehen werden [...]: so ordnen wir an, setzen wir fest und wollen wir, daß [...] wir und unsere Kurfürsten, Fürsten, Prälaten, Grafen, Freiherren und Reichsstände nach Frankfurt [...] kommen [...], um dort zu beratschlagen, zu verhandeln und endlich Mittel und Wege zu beschließen, um den Friedensbrecher zur Strafe und zur Wiedergutmachung zu bringen. [...]

Buschmann (Hg.). Kaiser und Reich. Klassische Texte zur Verfassungsgeschichte, München 1984, S. 165 f.; Übertragung P. Völker

b) Den Abschluß der Reformgesetze bildete die „Kreisordnung", verkündet am 10. Februar 1522 auf dem Reichstag in Nürnberg:

Wir Carl der fünffte von Gottes Gnaden erwählter Römischer Kayser [...]
Weil Wir zu Beginn Unserer Regierung [...] neben anderen Angelegenheiten, die das Reich betreffen und dafür nötig sind, am meisten mit großer Sorge die [...] Übelstände und die Unordnung bedenken, die in dieser Zeit im Heiligen Reich und Deutscher Nation in vielfältiger Weise – unter anderem durch Empörung, Gewalttaten [...] Fehden [...] Brandschatzung, Straßenräuberei, Krieg, Zwietracht und Uneinigkeit – allenthalben beschwerlich erscheinen, und weil Wir außerdem Berichte empfangen von zahlreichen Mängeln bei dem Vollzug und der Handhabung der bisher erlassenen Gesetze[1]: So haben Wir [...] mit Eurer der Kurfürsten, Fürsten und Stände [...] einmütigem Rat, Willen und Zustimmung ein Regiment[2] im Heiligen Reich verordnet und beschlossen, mit vollkommener Befehlsgewalt, die Angelegenheiten des Heiligen Reiches – Recht, Frieden und ihren Vollzug und Sicherung, aber auch Widerstand gegen die, die das Reich und die Deutsche Nation von außen bedrohen – zu beraten und zu beschließen [...]. Weil aber die Gesetze des allgemeinen Rechts [...] nicht nutzbringend und fruchtbar sind, wenn sie nicht mit nachdrücklicher, einsichtiger und ernstlicher Handhabung und Vollstreckung [...] gebührender Strafen gegen Übertreter und Verächter durchgesetzt werden, so erwägt Unser oben genanntes Regiment [...], wie sich dann [...]. Unser und des Reiches Landfrieden und seine Erklärungen sowie die anderen Reichsordnungen am besten, fruchtbarsten und nachdrücklichsten durchführen lassen.
Und dabei zeigt es sich, daß diese unumgängliche und notwendige Handhabung durch niemanden zutreffender, gewinnbringender und erfolgreicher erfolgen kann, als durch die zehn Reichskreise [...], zumal alles, was zu Vollzug, Handhabung und Durchführung notwendig ist, [...] in Unserer Landfriedensordnung und auch in Unserer neuen Kammergerichts-Ordnung den zehn Kreisen übertragen ist und [...] ebenfalls früher und in jüngster Zeit durch Euch Kurfürsten, Fürsten und Stände bewilligt und beschlossen ist. Demgemäß haben Wir jetzt gemeinsam mit dem Regiment beschlossen: Alle Mittel zur Durchsetzung von Strafen, ebenso die Vollziehung und Handhabung des öffentlichen Rechts aus dem beschlossenen und erklärten Landfrieden und aller Reichsgesetze, die jetzt beschlossen oder in Zukunft durch Uns, Unser Regiment oder spätere Reichstage verabschiedet werden, und schließlich andere aktive Durchführung von Urteilen, Vollstreckungsbeschlüssen, Erlassen und Anordnungen sollen in den Händen der zehn Reichskreise liegen [...].

Heinz Duchhardt (Hg.), Quellen zur Verfassungsentwicklung des Heiligen Römischen Reiches Deutscher Nation, Darmstadt 1983, Texte zur Forschung Bd. 43, S 11 f.; Übertragung P. Völker

[1] gemeint sind die Reformgesetze seit 1495
[2] das „Regiment" bestand aus dem Stellvertreter des Kaisers und den Delegierten der Stände

a) Stellen Sie die Ergebnisse der Reichsreform zusammen und vergleichen Sie den Stand der Reichsverfassung, der bis etwa 1520 erreicht war, mit dem um 1350.
b) Die Reformbeschlüsse waren nur möglich als Kompromiß zwischen fürstlichen und kaiserlichen Interessen. Untersuchen Sie also die Zugeständnisse der beiden Seiten daraufhin, ob ihnen ein ausgewogener – und damit dauerhafter – Interessenausgleich zugrunde liegt.

2. Herrschaft und Staat in den Territorien des Reiches

Modernisierung in den Territorien

Die von Maximilian I. mit der Reichsreform angestrebte Modernisierung der Verwaltungsstruktur hatte ihr Vorbild vermutlich in der für ihre Zeit äußerst effektiven Finanz- und Verwaltungsorganisation seiner burgundischen Erblande; nach ihr suchte er auch die „Landesregierungen" in seinen übrigen Herrschaftsgebieten zu ordnen. Der sichtbare Erfolg solcher Bemühungen – Finanzkraft, politische Macht und eine prachtvolle Hofhaltung der burgundischen Herzöge – veranlaßte auch viele andere Reichsfürsten, eine Verbesserung ihrer Machtstellung zu versuchen. Allerdings waren einer Modernisierung vielfältige Grenzen historisch-rechtlicher, wirtschaftlicher und geographischer Art gesetzt; viele traditionelle – aus dem Lehnsrecht stammende – Elemente lebten weiter bis zum Ende des Alten Reiches.

Zentralisierung und Rationalisierung der Herrschaft

Vereinfacht läßt sich der Begriff der Modernisierung in zwei Tendenzen fassen. Es ging erstens um eine Zentralisierung der Macht am Hofe des Fürsten. Das bedeutet, daß aufgrund verbesserter Verkehrs- und Kommunikationsstrukturen – z. B. mit den Anfängen des Postwesens – der Fürst nicht mehr „im Umherreisen" regierte, sondern in einer festen Residenzstadt bei einem Schloß eine oberste Verwaltungsbehörde aufzubauen begann. Idealtypisch gesehen, stellte er sich an die Spitze eines „Rates" – wir würden sagen: Ministeriums –, dessen Mitglieder fest umrissene Ressorts verwalteten und denen gegenüber er eine unbedingte Weisungsbefugnis besaß. Diesem Rat war häufig ein „Geheimer Rat" beigeordnet, auf dessen Votum sich der Fürst bei seinen persönlichen Entscheidungen stützte. In sehr vielen Territorialfürstentümern wurden dem Rat nachgeordnete Behörden unterstellt – Ämter, Pflegschaften, Viztümer o. ä. –, die in einer hierarchischen Ordnung aufeinander aufbauten. An der Spitze dieser neuen fürstlichen Behörden amtierten nicht selten juristisch geschulte Mitglieder des Landadels, die ihr Amt wie ein Lehen empfingen, und die Vormacht des Landesherrn glich in vielen Fällen der Stellung eines übermächtigen „Vaters". Zentralisierung bedeutet aber auch, daß die Fürsten sich bemühten, die historisch gewachsenen Sondergewalten in ihrem Territorium zu beseitigen, d. h. adlige, geistliche oder städtische Rechte, Gerichtsbezirke und andere herrschaftliche Befugnisse der eigenen Gewalt zu unterwerfen.

Zweitens ging es um die Durchsetzung eines rationalen Verwaltungs- und Herrschaftssystems. Das bedeutet vor allem, daß nach dem Vorbild städtischer Wirtschaftsweise die Kanzleien nach genauen bürokratischen Regeln organisiert wurden – die Benutzung des neuen billigen Papiers anstelle des kostbaren Pergaments erlaubte eine aktenmäßige Schriftlichkeit. Tendenziell sollte die Verwaltung – wenigstens in den laufenden Geschäften – automatisch, ohne ständige Anweisung funktionieren. Dazu war neben festen Regeln ein speziell qualifiziertes Personal nötig: der moderne Fachbeamte, verwaltungsrechtlich ausgebildet an einer der neu gegründeten Landesuniversitäten nach den Grundsätzen des wiederentdeckten Römischen Rechts, aus der Staatskasse besoldet und dem Landesherrn durch einen besonderen Diensteid verbunden, jederzeit versetzbar und durch ein

Römisches Recht. In der Spätantike veranlaßten oströmische Kaiser die schriftliche Fixierung des geltenden Staats- und Privatrechts mit den Regeln für das juristisch einwandfreie Verfahren. Dieses Rechtssystem wurde von den humanistischen Rechtsgelehrten der Renaissance wiederentdeckt und in die Verwaltung der frühmodernen Staaten eingeführt. Als „Kaiserrecht" kam es den Fürsten, die nach Vereinheitlichung des Rechtwesens und dem Ausbau ihrer Machtstellung strebten, sehr entgegen; heftiger Widerstand von Ständen und Bauern richtete sich gegen den ungewohnten „undeutschen" Grundcharakter des Rechtsdenkens und gegen die Ausweitung abstrakter staatlicher Gewalt. Im 18. Jahrhundert entwickelte sich gegen die Machtansprüche des „Staatsrechts" die Idee eines Naturrechts, das die Rechte des Individuums betonte.

System von Leistung und Karriere diszipliniert. Rationalität bedeutet aber auch, daß für die finanziellen Grundlagen der fürstlichen Politik neue Formen gesucht wurden. Grundsätzlich sollte und wollte der Fürst die Staatsausgaben bestreiten aus den Einkünften der landesherrlichen Domänen – Grundbesitz, Bergwerken o. ä. –, ergänzt durch eine geringe Zahl allgemeiner Steuern. Die Bewirtschaftung des Domänenbesitzes erfolgte nach den Regeln der frühmodernen städtischen Wirtschaft, also z. B. mit Hilfe einer doppelten Buchführung.

Territorialisierung und Unterwerfung

Der Begriff „Domäne" anstatt der mittelalterlichen Bezeichnung „Allod" symbolisiert einen weiteren Entwicklungsschritt hin zur Neuzeit. Denn er zeigt, daß Herrschaft zunehmend räumlich begründet wurde und die früheren lehnsrechtlichen persönlichen Treuebindungen an Bedeutung verloren. Für die praktische Politik hieß dies zum einen, daß die Fürsten versuchten, ihr Territorium nach außen und innen zu arrondieren, also fremde Enklaven zu beseitigen und vorteilhafte Grenzen zu gewinnen. Dabei machte eine verbesserte Vermessungstechnik und Kartographie den eigenen Besitz optisch deutlich und lieferte Sachargumente für die Arrondierung. Zum anderen ergab sich aus der abstrakteren räumlichen Begründung von Herrschaft, daß die Bewohner des Gebietes zunehmend zu Untertanen wurden, da die Obrigkeiten ein Verhältnis von Befehl und Gehorsam durchzusetzen trachteten. Allerdings wurde von der Obrigkeit auch erwartet, daß sie für das allgemeine Wohl sorgte; eine „gute Polizey", d. h. eine umfassende fürsorgliche Regelung aller Lebensbereiche, wurde Kennzeichen und Grundlage obrigkeitlicher Gewalt.

Der dualistische Ständestaat

Zwischen den Theorien über den modernen Staat, die seit dem 16. Jahrhundert durch die Fortschritte im Buchdruck einen wachsenden Verbreitungsgrad fanden, und der tatsächlichen Umgestaltung der Landesherrschaften bestand allerdings in der Regel eine erhebliche Diskrepanz. Zwar gelang es den Obrigkeiten zunehmend, durch Söldnertruppen, moderne Feuerwaffen und eigene Ordnungskräfte die adligen und städtischen Sondergewalten militärisch auszuschalten, das Fehderecht zu verbieten und für das gesamte Territorium den Landfrieden zu sichern. Aber andererseits blieb die finanzielle Basis der Fürsten trotz aller Reformansätze so unsicher, daß sie auf die Unterstützung – d. h. Steuerbewilligung – der Stände angewiesen waren.

Daher standen die Landesfürsten in einem ebenso spannungsvollen Miteinander

Staatsgewalt. Bis zum Ende des 18. Jahrhunderts war im Leben und Bewußtsein der Menschen die Staatsgewalt verkörpert in den Obrigkeiten, d. h. Einzelpersonen oder Ratsgremien. Staatlicher Allmacht und der Unterwerfung unter staatliche Herrschaft waren bis zum Beginn der Neuzeit enge Grenzen gesetzt durch die Notwendigkeit, auf ständische Herrschaftsträger Rücksicht zu nehmen, aber auch durch das Fortbestehen genossenschaftlicher Rechtsverhältnisse. In ihnen waren alle Mitglieder rechtlich gleichgestellt und hatten gleichen Anteil an dem Vermögen des Verbandes. Sie waren verbunden durch eine gleiche Ziel- und Interessenlage; jedes Mitglied hatte sich den gemeinsam gefaßten Beschlüssen zu unterwerfen. Genossenschaften bildeten als „Mehrheitsherrschaften" einen rechtlichen Gegenpol zu der obrigkeitlichen, auf Gehorsam angelegten Herrschaft, konnten aber auch im konkreten Fall gegen obrigkeitliche Herrschaftsansprüche auftreten. So verfolgten beispielsweise die Kantone der Schweizer Eidgenossenschaft politische Ziele gegenüber der Expansion des Hauses Habsburg, die Kaufmanns-Hansen verbanden sich zum Schutz ihrer wirtschaftlichen und rechtlichen Interessen in fremden Ländern, der Schwäbische Bund (1488–1543) war eine Vereinigung adliger und städtischer Obrigkeiten zu dem Zweck, den vom Kaiser verkündeten Landfrieden zu wahren.

Dualismus, von lat. duo „zwei". Die frühmodernen Territorialstaaten wurden bei ihrer Entstehung geformt von zwei eigenständigen politischen Kräften, den durchweg erblich legitimierten Fürsten und den auf eigenes Recht gegründeten politischen Ständen. Anfänglich „teilten" sich die beiden Machtträger die Regierung und Verwaltung; ihre gegenseitige Ergänzung zum Wohle des Landes macht die positive Seite des Dualismus aus. Mit dem Versuch der Fürsten, gegen die Stände die Macht bei sich zu konzentrieren, wurde der Dualismus als eigennütziger Egoismus der Stände diffamiert.

zu den Landständen und ihren Versammlungen, den Landtagen, wie der König/Kaiser auf den Reichstagen gegenüber den Reichsständen. Dabei ließen die Notwendigkeiten des Kompromisses auch in den dualistisch verfaßten Ständestaaten der deutschen Fürsten nur langsame Veränderungen zu, und nicht selten entwikkelte sich eine Art von Arbeitsteilung zwischen dem Fürsten, der politische Initiative und Machtmittel rasch und aktiv einsetzen konnte, und den Ständen, die ein Element der Beharrung, aber auch der Stabilität darstellten. So waren es z. B. die Stände in Württemberg, die die Folgen finanzieller Mißwirtschaft und politischer Abenteuer ihres Herzogs aufzufangen und für die Selbständigkeit des Herzogtums einzutreten hatten.

Das Beispiel Württemberg

Die Herren des „wirtembergischen" Kerngebietes im Neckarbecken waren 1135 in den Grafenstand aufgestiegen. Sie nutzten die Zeit der Thronkämpfe im Deutschen Reich nach dem Ende der Stauferdynastie, um wesentliche Teile des alten Herzogtums Schwaben nördlich der Alb unter ihre Kontrolle zu bringen. In ständiger Konkurrenz mit den Grafen und Königen aus dem Hause Habsburg konnten sie in der ersten Hälfte des 14. Jahrhunderts einen relativ geschlossenen Territorialbesitz zusammenbringen (etwa dem Kernland des heutigen Württemberg entsprechend; dazu kam die Herrschaft Mömpelgard in Burgund). Mittelpunkt einer zunehmend strafferen Verwaltung war seit 1321 Stuttgart. 1425 wurde das Territorium – nach einer rund fünfzigjährigen Periode der Erbteilungen – in ein unteilbares Herzogtum umgewandelt, die Fürsten stiegen zu Herren der stärksten Territorialmacht im südwestdeutschen Raum auf.

Die Landstände des Herzogtums versammelten sich zu den Landtagen in drei Gruppen: die der Prälaten (14 Äbte), der weltlichen Adligen (etwa 30 Herren, die ein Lehen vom Herzog trugen) und der „Landschaft" (herzogliche Amtsvögte und Vertreter von Städten, insgesamt etwa 120 Personen). Sie kontrollierten über ihr Steuerbewilligungsrecht die Politik des Herzogs, stützten ihn aber auch nach außen gegen die Habsburger und nach innen gegen Unruhen, sofern davon ihre eigene Stellung bedroht war.

So retteten sie 1524 Herzog Ulrich (Regierungszeit: 1503–1519; 1534–1550) vor dem Staatsbankrott und halfen ihm, die Bauernunruhen des „Armen Konrad" niederzuschlagen. Als der dagegen 1519 versuchte, die Macht der Stände zu brechen, setzten sie eine kaiserliche Achterklärung durch und ließen zu, daß der Herzog durch ein Heer des Schwäbischen Bundes vertrieben wurde. Württemberg kam unter habsburgische Verwaltung und wurde ein österreichisches Lehen (bis 1599). Als Herzog Ulrich die Regierungsgewalt wiedererlangte, war die Position der Landstände so gefestigt, daß wiederum eine enge Zusammenarbeit mit dem Herzog möglich wurde (etwa 1565 bei der Durchführung der reformierten Kirchenordnung).

25 Ulrich Herzog von Württemberg (1487–1550), Holzschnitt von 1520.
Welche stilistischen Elemente der Darstellung lassen auf das Verständnis von der Stellung des Herzogs schließen?

26 Wer hat die Macht in Württemberg?

a) Die älteste erhaltene Beschwerdeschrift der Landstände („Anbringen") stammt aus dem Jahre 1459. Darin heißt es:

[...] Euer Gnaden und Euer Gnaden Räte kennen die vergangenen und gegenwärtigen Zeitläufte und insbesondere die Tatsache, daß der Pfalzgraf (bei Rhein) und der Markgraf von Baden sich vor kurzem unterstanden, Euer Gnaden mit Krieg zu überziehen[1] und Schaden anzutun gegen alles Recht. Und das ist noch ganz unvergessen, daß Euer Gnaden dabei der Ritterschaft und Landschaft[2] schwere Belastungen aufgeladen hat. Was und wie uns armen Vertretern der Landschaft diese Belastung erklärt und was damals mit uns verhandelt wurde, ist Euer Gnaden und Euer Gnaden Räte noch bekannt und im Gedächtnis, so daß wir meinen, wir sollten davon nichts weiter erwähnen als soviel, daß damals von der Ritterschaft und Landschaft Euern Gnaden zu Euer Gnaden Ehre und Nutzen mancherlei Mißstände und Beschwernisse der Ritterschaft und Landschaft [...] vorgehalten wurden, unter anderem, daß Euer Gnaden durch solche Mängel in Euer Regierung und Plänen, wie es uns schien, sich selbst, der Ritterschaft und uns [Landschaft] solche Belastungen zugefügt haben und sich damit anders verhielten, als Euer Gnaden Stand und Herrlichkeit zustanden und Euer Gnaden Vorfahren seligen Angedenkens sich verhalten haben [...]. Und wir erinnern uns noch ganz genau, daß Euer Gnaden uns darauf eine gnädige, ehrbare und gute Antwort gaben des Inhalts: Gebe es Gott, der Allmächtige, daß derartige Vorkommnisse sich nicht wiederholten; und Euer Gnaden wollten in Zukunft, daß wir keinen Zweifel haben sollten, daß mit Rat Eurer Gnaden die Ritterschaft, Prälaten und Landschaft so regieren, handeln und planen sollten, daß es Euer Gnaden, der Ritterschaft, den Prälaten und uns selbst zugute kommen und dienlich sein sollte. Das machte uns nicht geringe Freude, und weil wir auf diese Weise getröstet waren, versprachen wir, unser Leib und Leben für Euer Gnaden einzusetzen [...]. Euer Gnaden aber hat, wie uns scheint, dieses Ihre Versprechen noch nicht eingelöst, und wir haben keinen Zweifel, wenn Euer Gnaden dem nachgekommen wäre, dann wären Euer Gnaden jetzt und in alle Zukunft solch mißlichen Situationen und Verwicklungen nicht ausgesetzt [...].

Schneider, E. (Hg.), Ausgewählte Urkunden zur Württembergischen Geschichte, Württ. Geschichtsquellen Bd. 11, Stuttgart 1911, S. 54; Übertragung P. Völker

[1] Fehde über das Vermögen der Herzogin August 1457.
[2] die zahlenmäßig größte Korporation des Landtags

b) Finanzielle Mißwirtschaft des Herzogs Ulrich hatte zu Spannungen zwischen ihm und den Ständen und zu einem Aufruhr der „kleinen Leute" geführt. Eine kaiserliche Gesandtschaft vermittelte einen Vertrag zwischen dem Herzog und den Ständen (8. Juli 1514, Tübingen), in dem es u. a. heißt:

[...] Zum ersten soll die Landschaft[1] für sich dem genannten Herzog Ulrich in den nächsten fünf Jahren jährlich geben und reichen zweiundzwanzigtausend Gulden, und dazu sollen ihm die Prälaten, Stifte, Klöster und Ämter Mömpelgard, Nürtingen, Plamont und Reichenweiher auch geben und reichen so viel, wie sie zahlen können. Und dies alles [...] soll zur Abzahlung von Herzog Ulrichs [...] Schulden und zur Bezahlung der Zinsen verwendet werden. Danach und nach Ende der fünf genannten Jahre sollen die Landschaft zusammen mit den Prälaten, Stiften Klöstern und Ämtern [...] achtmal hunderttausend Gulden Kopfsteuer zur Ablösung der Zinsen und Schulden, mit denen das Fürstentum belastet ist, übernehmen und bezahlen, und zwar auf folgende Weise: Die Landschaft soll jedes Jahr zweiundzwanzigtausend Gulden für sich geben, bis die oben genannte Summe [...] abgelöst ist. Dazu sollen die Prälaten, Stifte, Klöster und Ämter jedes Jahr soviel geben, wie sie vermögen [...]. Und zum Empfang dieser Zahlungen – nämlich der ersten fünf Jahre und auch der folgenden Landsteuer der achtmal hunderttausend Gulden – sollen nur Personen, die vorher kein Amt in der Finanzverwaltung gehabt haben, von Herzog Ulrich und der Landschaft verpflichtet werden [...]. Außerdem soll Herzog Ulrich aus besonderer Gnade, die er seiner Landschaft erweist, den Landschaden[2], der bisher üblich war, jetzt gänzlich aufheben [...]. Doch sollen die Aufhebung des Landschadens und die Bezahlung der ersten zweiundzwanzigtausend Gulden gleichzeitig erfolgen.
Große Kriege zur Rettung von Land und Leuten und von Verwandten des Herzogs sowie zur Durchsetzung seiner Obergewalt, Rechte und Gerechtsame [...] sollen mit Rat und Wissen der Landschaft geführt werden. Wenn aber Herzog Ulrich aus anderen als oben genannten Gründen irgendeinen Krieg unternimmt und jemanden aus Freundschaft oder sonstigen Gründen unterstützt und ihm hilft, so soll das mit Rat, Wissen und Zustimmung der Landschaft geschehen [...]. Damit auch der gemeine Mann die [beschlossenen] Belastungen um so duldsamer und williger ertrage, soll ihm Herzog Ulrich freien Abzug [Auswanderung] gnädiglich vergönnen und zulassen, doch unter der Bedingung,

daß in den nächsten fünf Jahren niemand von der Landschaft aus dem Land zieht [...]. Und außerdem sollen Land, Leute, Schlösser, Städte und Dörfer nicht mehr verpfändet [...] werden [...] und die Landschaft auch nicht mehr verpflichtet sein [Schuldurkunden], als Mitschuldner zu unterschreiben und zu besiegeln. Desgleichen soll auch keinerlei Schatzung oder sonstige außerordentliche Beisteuer oder Belastung, wie auch immer sie genannt werden möge, in Zukunft den Prälaten oder der Landschaft auferlegt werden [...]. Und wenn es in Zukunft geschehen sollte, daß jemand, wer er auch sei, Aufruhr und Empörung machen oder planen würde gegen ihre Herrschaft, gegen Ihrer fürstlichen Gnaden Räte, Amtleute, Diener, Prälaten, Geistlichkeit, Bürgermeister, Gericht, Rat oder sonst gegen die Obrigkeit, um sie zu überwältigen; desgleichen wenn jemand in einem Feldlager oder als Besatzung den Hauptleuten freventlichen Ungehorsam zeigen; und wenn jemand den gebotenen oder gelobten Frieden freventlich brechen würde [...]: der soll sein Leib und Leben verwirkt haben und ihm die gebührende Strafe auferlegt und diese an ihm vollstreckt werden, sei es mit Vierteilen, Radebrechen, Ertränken, Enthaupten, mit dem Strick richten, die Hände abhauen und dergleichen, wie es sich alles nach Schwere und Umständen des Verbrechens zu tun gebührt [...].

Schneider, a. a. O., S. 88–91; Übertragung P. Völker

[1] s. Anm. 2, Text a)
[2] eine Steuer zur Deckung des Defizits in der Verwaltung

a) Skizzieren Sie, ausgehend von der jeweiligen historischen Situation, das Machtverhältnis von Herzog und Landständen.
b) Vergleichen Sie die Begründungen, die die württembergischen Landstände in den beiden Texten nennen, mit den Beweggründen der Reichsfürsten bei der Vereinbarung von Rense.

27 Eberhard III. (der Milde), Graf von Württemberg 1392–1417, im Kreise seiner Räte. Die sorgfältig ausgeführten Wappenschilder erläutern dem kundigen Zeitgenossen genau den sozialen Rang des betreffenden Mannes – z. B. sitzen rechts von Eberhard der Bischof von Augsburg, der Graf von Teck und der Abt von Ellwangen. *Welches Verhältnis von Landesherren und Landständen spiegelt sich in der vom Zeremoniell festgelegten Sitzordnung wider?*

28 Was bedeutet „zentrale Verwaltung" des Herzogtums?

a) In einem Erbvertrag (Esslingen, 2. September 1492) wird festgelegt:

[...] wie [...] Graf Eberhart d. J. mit dem Landhofmeister und den 12 Räten und wie der Landhofmeister und dieselben Räte regieren sollen; und wie nach seinem Tode nach dieser Ordnung der Landhofmeister und die Räte je vier Männer von den Prälaten, von der Ritterschaft und von der Landschaft, die er [Graf E.] zur Regentschaft bestimmt hat; soll regiert werden; oder wie für den Fall, daß der Landhofmeister und die Räte insgesamt oder teilweise [...] noch nicht in ihr Amt eingesetzt oder dafür ausersehen wurden, sie das Recht haben sollen, die restlichen Mitglieder selbst zu bestimmen, sofern bereits die Hälfte oder mehr im Amt ist, falls aber noch nicht die Hälfte im Amt ist, die drei Stände – Prälaten, Ritterschaft und Landschaft – [...] Macht und Gewalt haben sollen, dieselben, soviel noch fehlen, einzeln in das Amt einzusetzen [...].

W. Ohr/E. Kober, Württembergische Landtagsakten, I. Reihe, 1. Bd. Stuttgart 1913, S. XXXX, Übertragung P. Völker

b) Aus einer Bestallungsurkunde von 1483:

Wir, Eberhard d. Ä., und Wir, Eberhard d. J. [...], tun kund [...] mit diesem Brief, daß wir unsern lieben getreuen Friedrich von Schouwenburg zu unserem Obervogt und Amtmann am Schwarzwald [...] für das auf diesen Brief folgende Jahr bestellt haben in der Weise, daß er während dieser Zeit seinen Sitz auf dem Schloß Sulz haben, dort fünf gerüstete Pferde bereithalten und das Schloß getreulich und aufs beste bewahren und verwalten soll [...]. Und für solchen genannten Dienst sollen wir ihm für das genannte Jahr geben 300 Gulden, 100 Malter Roggen und 200 Malter Hafer nach Dornstetter Maß; doch wenn er seinen Dienst nach Ablauf des genannten Jahres weiter für uns leistet, sollen wir ihm 100 Gulden für die genannten 100 Malter Roggen und 200 Malter Hafer geben [...]. Und Friedrichs Leben und Besitz soll, solange sein Dienst in obenerwähnter Weise dauern wird, unter unserem Schutz und Rat stehen wie die unserer anderen Diener [...].

Friedrich Wintterlin, Geschichte der Behördenorganisation in Württemberg, 1. Bd., 1. Teil, Stuttgart 1902, Beil. 4, S. 118f.; Übertragung P. Völker

c) Aus einer Empfangsbestätigung von 1498:

Ich, Jörg von Rechberg etc., bekenne und tue kund offenbar mit diesem Brief, daß mich der durchlauchtige hochgeborene Fürst etc. Ulrich v. W. etc. bestellt hat zu seiner fürstlichen Gnaden Diener und Oberamtmann zu Blaubeuren für das kommende Jahr in der Weise, daß ich seiner fürstlichen Gnaden mit sechs gerüsteten Pferden [...] dienen soll zu aller seiner Gnaden Geschäften gegen jedermann, und wenn mir seine fürstlichen Gnaden 8 Pferde zu stellen befiehlt, diese seiner Gnaden auch zu schikken. Doch soll ich mit der Amtsverwaltung von Blaubeuren nicht überall etwas zu schaffen haben, es sei denn, ich würde von seiner Gnaden Untervogt dort um Hilfe oder Rat ersucht, die soll ich sodann auf sein Begehren hin getreulich bieten. Für meinen Dienst soll und will mir seine Gnaden jährlich geben hundert rheinische Gulden und ein Fuder Wein, das ich selbst mit eigenem Fuhrwerk auf meine Kosten aus Kirchheim oder Nürtingen [...] holen soll [...]. Ich habe seiner Gnaden das herkömmliche Dienstversprechen gegeben, seiner Gnaden Nutzen zu mehren, Schaden zu [...] wenden und treu zu dienen, auch seine Pläne und geheimen Vorhaben zu verschweigen bis an meinen Tod [...].

Wintterlin, a. a. O., Beil. 5, S. 119f; Übertragung P. Völker

d) Kanzleiordnung Herzog Ulrichs, 1550:

Von Gottes Gnaden unseres Herzogs Ulrich [...] Statut, Ordnung und Befehl, wie unser Kanzler und Räte [...] bei unserer Kanzlei in Stuttgart handeln und ihre Geschäfte verrichten sollen.

Sie sollen nämlich in einem gemeinsamen Ratsgremium in allen Rechtsangelegenheiten, die vor sie kommen, Recht sprechen, so wie sie es ihrer Verpflichtung als Räte schuldig sind und sie das gegen Gott den Herrn und auch gegen uns verantworten können [...].

Zum anderen: In Schlichtungsangelegenheiten, die von ihrer Natur und Dringlichkeit her bei unserer Kanzlei ankommen und behandelt werden, müssen sie mit allem Nachdruck versuchen, die Parteien nach ausführlicher Anhörung zu einer gütlichen Einigung zu bringen, wenn dies aber gütlich nicht möglich ist, ihnen ihre Rechte zu erklären und dazu zu verhelfen.

Zum dritten sollen unser Kanzler und Räte unsere angeordneten Geschäfte jederzeit fleißig beratschlagen und auch unseren Amtleuten in ihren Amtsgeschäften [...] und desgleichen den Untertanen bei ihren Anliegen in unserem Audienz gewähren und sodann nach Recht, Ehrbar- und Billigkeit entscheiden, ausgenommen in Angelegenheiten, die das Rechnungswesen der Amtleute betreffen [...], aber sonst alle Personen [...] gütig anhören und so weit wie möglich entgegenkommend abfertigen, damit ein untertäniger guter Wille bei unseren Untertanen erhalten [...] bleibt; und überhaupt in allen anderen anfallenden Angelegenheiten so handeln [...], wie sie es als ihre Pflicht ansehen, uns und auch unserem Fürstentum, Land und Leuten zu Nutz und Wohl zu sein und uns mit den obengenannten Angelegenheiten nicht zu behelligen.

Wenn aber Religionsangelegenheiten oder andere Dinge anfallen, bei denen unklar ist, ob sie im gemeinsamen Rat behandelt werden müssen oder nicht, so sollen unser Kanzler und die Räte, denen Ihre fürstlichen Gnaden diese besonders aufgetragen hat, dieses zuerst beraten und anschließend – je nach Sachlage – entweder an uns zusammen mit ihrem Rat und Entscheidungsvorschlag gelangen oder aber im gemeinsamen Rat behandeln lassen. Doch wenn es sich um Vorgänge handelt, die unsere fürstliche Person, unser Fürstentum und Land und Leute betreffen [...], so sollen unser Kanzler und die Räte dieses zusammen mit ihrem Rat und Entscheidungsvorschlag an uns gelangen lassen und unseren Bescheid darüber erwarten [...].

Wintterlin, a. a. O., Beil. 14, S. 129 f.; Übertragung P. Völker

a) Untersuchen Sie die Merkmale und Entwicklungen der herzoglichen Verwaltung vor allem im Hinblick auf die Machtverteilung zwischen Herzog und Ständen.

b) Überlegen Sie, ob und ggf. in welcher Weise diese Texte das Verständnis des „frühmodernen Staates" erleichtern helfen.

3. Der Ausbau des Fürstenstaates im Zeitalter der Reformation

Luther – Aufruf zur Reformation

Im Oktober 1517 veröffentlichte der Wittenberger Theologieprofessor Martin Luther (1483–1546) 95 Thesen gegen den Ablaßhandel, den er als mißbräuchliche Deutung der christlichen Heilslehre ansah. Obwohl die lateinisch abgefaßten Thesen als Grundlage einer theologischen Diskussion gedacht waren, wurden sie in deutscher Übersetzung als Flugblatt rasch über ganz Deutschland verbreitet. Zusammen mit mehreren unmittelbar darauf verfaßten Schriften zur Erneuerung des Glaubens (darunter „An den christlichen Adel deutscher Nation von des christlichen Standes Besserung", 1520) lösten sie eine Welle von Unruhen aus, die Deutschland und Europa bis zum Ende des Jahrhunderts entscheidend veränderten. Denn Luthers Forderungen aktivierten ein Krisenpotential in Kirche und Politik, Wirtschaft und Gesellschaft, das seit dem 15. Jahrhundert die Forderung nach einer „Reform an Haupt und Gliedern" hervorgebracht hatte (▷ S. 32, 36).
Angesichts des engen Zusammenhanges von religiösen, politischen, sozialen und wirtschaftlichen Faktoren ist es also legitim zu fragen, welche Bedeutung die „Reformation", d. h. die von Luther angestoßene religiöse Reformbewegung, für die Entwicklung des Fürstenstaates hatte.

Ablaß. Nach der Lehre der mittelalterlichen Kirche haben Christus und die Heiligen gegenüber Gott einen „Überschuß" an Verdiensten um die Menschen erworben, gleichsam einen Schatz der Gnade Gottes gegenüber den sündigen Menschen. Die Kirche verwaltet und verteilt diesen Schatz („Thesaurus Ecclesiae"), denn die Gläubigen können durch Gebete und „gute Werke" Teile des Schatzes erwerben und dadurch die zeitlichen Strafen für die eigene Sündenlast verringern, insbesondere die Qualen des Fegefeuers verkürzen (Ablaß = Erlaß zeitlicher Sündenstrafen). Seit dem späten Mittelalter war es üblich, daß Päpste oder Kirchenfürsten den „Gnadenschatz" mit Hilfe von käuflichen Ablaß-Zetteln in bares Geld für den eigenen Bedarf umwandelten; der vulgären Interpretation, Ablaß sei Freikauf von Sünden, wurde aus Verkaufsinteresse nicht offiziell widersprochen. Demgegenüber vertrat Luther die Auffassung, daß die Gnade Gottes als Voraussetzung für die ewige Seligkeit nicht durch „gute Werke", sondern allein durch den richtigen Glauben, das richtige Verständnis des neuen Testaments, erreicht werden könne.

29 „Inhalt zweierley Predigt", Holzschnitt Nürnberg 1529.
Untersuchen Sie, worin der Künstler die wesentlichen Merkmale der neuen evangelischen Lehre im Vergleich zur katholischen sieht.

Der mißverstandene Luther

Die wirtschaftlich und sozial am stärksten von der modernen Geldwirtschaft bedrohten und daher unruhigen Gesellschaftsgruppen waren die kleinen adligen Grundherren, die Bauern und die Kleinbürger; Pogrome gegen vermeintliche oder tatsächliche jüdische „Wucherer" – Kaufleute und Bankiers –, vereinzelte Bauernunruhen und das Raubritterunwesen brachten ein weiteres Moment der Unsicherheit in das krisenhafte 15. Jahrhundert. Die drei genannten Gruppen fühlten sich als erste durch Luthers Schriften und seinen erfolgreichen Widerstand gegen die kirchliche Obrigkeit zum Handeln ermutigt: Im Südwesten erhoben sich (1523) Ritter gegen die wachsende Macht der Territorialfürsten; unter Berufung auf Luther brach sich die Empörung der Bauern über Herrenwillkür und Rechtsbrüche in einem Aufstand Bahn, der große Teile des mittleren und südlichen Deutschland erfaßte (Bauernkrieg, 1524/25); in zahlreichen Städten bildete sich (1525) die „fundamentalistische" evangelische Bewegung der „Schwärmer und Bilderstürmer", die radikal auf die Bibel gegründete Glaubensformen anstrebten (z. B. eine „Gemeindekirche" nach dem Vorbild der Urchristen oder einen Gottesdienst in Kirchenräumen, aus denen jeglicher Schmuck beseitigt war).

Erfolg der Obrigkeiten

Alle drei Bewegungen wurden von den Territorialfürsten niedergeworfen. Sie stellten die einzigen zuverlässigen Ordnungsfaktoren im Reich dar, und daher konnten sie ihr Gewicht gegenüber den Landständen vergrößern, aber auch als Reichsstände entschiedener gegenüber dem Kaiser auftreten. Dies um so mehr, als der 1519 gewählte Karl V. (1519–1556), Enkel Maximilians I. und zugleich König von Spanien, in eine fast ununterbrochene Kette von Kriegen mit dem französischen König Franz I. (1515–1547) verwickelt (▷ S. 49, 70 f.) und deshalb auf die Hilfe der Reichsstände angewiesen war.

Eine mißbrauchte Reformation

In der Politik der Reichsfürsten und städtischen Obrigkeiten waren Religion und Machtdenken auf verzwickte, aber einleuchtende Weise verbunden: Wenn sie die neue Lehre in ihrem Gebiet durchsetzten, übernahmen sie auch Luthers Grundsatz, daß „gute Werke" – also auch Klöster und fromme Stiftungen – zur Erlangung der Seligkeit überflüssig seien. Damit gewannen sie Zugriff auf den reichen kirchlichen Grundbesitz, der „verstaatlicht" wurde und die wirtschaftlichen Grundlagen der Obrigkeit stärkte (auch wenn die Erträge teilweise für soziale Zwecke verwendet wurden). Wenn sie aber am alten Glauben festhielten, bekamen sie die Möglichkeit, evangelisch gesinnte oder andere oppositionelle Stände zu unterdrücken, als Hüter des Glaubens gegenüber dem Papst und der Amtskirche an Gewicht zu gewinnen und von dem Kaiser reiche Belohnung zu erhoffen, falls dieser gegen die evangelisch gesinnten Reichsstände vorging. Es war also für die damals Lebenden und ist auch für moderne Historiker sehr schwer feststellbar, welche Beweggründe einen Landesfürsten oder eine städtische Obrigkeit dazu veranlaßten, für oder gegen die Reformation einzutreten, dem Ruf „von unten" zu folgen und durch Schüler Luthers eine Kirchenordnung abfassen zu lassen oder alle „ketzerischen" Prediger des Landes zu verweisen. Mehrfacher Glaubenswechsel innerhalb kurzer Zeit war durchaus möglich.

Die Entstehung von Landeskirchen

Bereits um die Mitte der 1520er Jahre wurde in den Territorialstaaten das Verhältnis von Staat und Kirche neu geordnet:

– Die überwiegende Zahl der Obrigkeiten im nördlichen und mittleren Teil des Reiches führte die neue Lehre auf der Grundlage des lutherischen Katechismus ein; auf Anraten Luthers, der eine starke Obrigkeit als gottgewollt ansah, übernahmen die Fürsten die Stellung eines „Notbischofs", d. h. des kirchlichen Oberhauptes in ihrem Territorium. Im Westen und Südwesten – und hier besonders in den Reichsstädten – setzte sich die „reformierte" Lehre Huldrych Zwinglis (1484–1531) und später Johannes Calvins (1509–1564) durch; die relativ selbständigen Kirchengemeinden wurden von obrigkeitlichen Behörden überwacht. Und selbst in den katholisch bleibenden weltlichen Fürstentümern entstanden fürstliche Behörden, die die Reinheit und Ausübung des Glaubens kontrollierten.

– Damit vollendete sich die Entwicklung zu „Landeskirchen", die bereits seit den 30er Jahren des 16. Jahrhunderts durch Konkordats-Vereinbarungen der Kurie mit einzelnen Herrschern – etwa dem französischen König oder dem deutschen König und Kaiser Friedrich III. – eingeleitet worden war. Die enge Verflechtung von Staat und Kirche überdauerte das Ende des Alten Reiches und endete erst mit der Verfassung von Weimar. Sie führte, trotz unterschiedlicher religiöser Grundlagen, zu einem ähnlichen politischen Ergebnis: Die Territorialfürsten erweiterten ihre Macht, indem sie fortan auch das Denken ihrer Untertanen bestimmten.

Reichspolitik und Reformation

Auch das Machtverhältnis zwischen Kaiser und Reich wurde durch die Verbindung von Religion und Politik noch komplizierter: Karl V. hatte vor seiner Wahl schriftlich versichern müssen, daß er seine ungeheure Hausmacht – neben den habsburgischen Landen: Spanien, die spanischen Besitzungen in Europa und die Kolonien in Amerika – nicht mißbrauchen werde, um die Rechte der Reichsstände einzuschränken. Andererseits war er als (katholischer) König/Kaiser verpflichtet, der lutherischen „Ketzerei" entgegenzutreten. Die empfindliche Machtbalance im Reich war also, wenn er gegen lutherische Obrigkeiten vorging, ebenso gefährdet wie bei kaiserlichem „Nichtstun", denn ein massenhafter Übertritt zur neuen Lehre hätte Rückwirkungen auf das Kräfteverhältnis von katholischen und evangelischen Ständen bei den Reichstagen gehabt.

Diese inneren Hemmnisse zusammen mit den ständigen Kriegen nach außen erklären, warum es dem Kaiser nicht gelang, die 1521 über Luther verhängte Reichsacht gegen den Widerstand von Luthers Landesherrn, des Kurfürsten von

Evangelische Kirchen. Im Gegensatz zur alten Kirche lehnte Luther alle Glaubenssätze und Glaubensformen ab, die sich nicht aus der Heiligen Schrift – den Evangelien – beweisen ließen, damit also die gesamte Tradition von Konzilsbeschlüssen, päpstlichen Lehrmeinungen und grundlegenden Aussagen der Kirchenväter, die seit der Spätantike das Wesen der weströmischen („katholischen") Kirche geprägt hatten. Wie Luther sahen auch die beiden anderen großen Reformatoren, Zwingli und Calvin, in der Bibel die einzige Glaubensgrundlage – „evangelisch" meint also die übergeordnete Bezeichnung für Lutheraner und Zwinglianer/Calvinisten („Reformierte") in ihrer Auseinandersetzung mit den Katholiken.

30 Johann Friedrich I. (der Großmütige), Kurfürst von Sachsen 1532–1547, im Kreise reformatorischer Geistlicher (links außen Luther, rechts außen Melanchthon). Ausschnitt aus einem Gemälde von Lukas Cranach d. Ä. aus dem Jahre 1530. *Erläutern Sie den Begriff „Landesherrliches Kirchenregiment" anhand dieses bekannten Bildes des kursächsischen Hofmalers.*

Sachsen, durchzusetzen oder den Aufbau der Landeskirchen dauerhaft zu unterbinden. Erst gegen Ende seiner Regierungszeit konnte er einen entscheidenden Sieg über die in einem Verteidigungsbündnis vereinten evangelischen Stände erringen (Schmalkaldischer Krieg 1546/47); doch als er versuchte, diesen Erfolg zu einer Machtstärkung des Kaisertums auszunutzen, stürzte er in eine schwere politische und persönliche Niederlage: Evangelische und katholische Reichsstände verbündeten sich mit dem französischen König gegen die „viehische spanische Servitut", ein Fürstenaufstand (1551/52) zwang den Kaiser zur Flucht nach Spanien und veranlaßte ihn abzudanken. Sein Bruder und Nachfolger Ferdinand I. (1556–1564) war noch vor der Abdankung Karls realistisch genug, die bestehenden Religions- und Machtverhältnisse im Reich anzuerkennen.

Der Augsburger Religionsfrieden

So war der Weg frei für einen Kompromiß. 1555 wurden auf dem Reichstag von Augsburg die Machtbalance zwischen „Kaiser und Reich" erneuert und die unmittelbare politische Auswirkung der Religionsfragen vorerst neutralisiert: Der Kaiser gab seinen Anspruch auf, die katholische Religion im ganzen Reich wiederherstellen zu müssen, und erkannte damit die bestehenden religionspolitischen Verhältnisse an. Die Obrigkeiten entschieden, welche Religion in ihrem Territorium gelten sollte („cuius regio, eius religio"), die Untertanen konnten – theoretisch – ihre Glaubensfreiheit durch Auswanderung wahren, in der Praxis allerdings wurde das weitgehend verhindert durch die Vorschrift, daß sie sich vorher von allen Leistungen an den Grundherren freikaufen mußten. Um den Bestand der katholischen Territorien – und damit die Gewichtsverteilung auf den Reichstagen – möglichst zu wahren, wurde festgelegt, daß geistliche Fürsten nur für ihre Person, nicht aber mit allen ihren Untertanen zum evangelischen Glauben übertreten durften („geistlicher Vorbehalt").

Katholische Reform

Die Stabilisierung des religiös-konfessionellen und politischen Zustandes des Reiches wurde auch möglich, weil sich in der katholischen Kirche die Reformkräfte durchzusetzen begannen. In vieljährigem, mehrfach unterbrochenen Ringen wurde auf dem Konzil von Trient (1545–1563) die Grundlage für eine aktive Auseinandersetzung mit der evangelischen Lehre geschaffen, die das folgende „konfessionelle Zeitalter" bestimmte: Die Mißstände in der Amtsführung „vom Haupt bis zu den Gliedern" wurden beseitigt; Glaubenslehre und Liturgie wurden revidiert, die Unterschiede gegenüber den Evangelischen wurden betont; der Papst und die Kirchenfürsten behaupteten einen klaren Führungsanspruch gegenüber den Forderungen der konziliaren Bewegung. Sie wurden die geistlichen Feldherren in der „Offensive" gegen die Reformation, die in den 60er Jahren einsetzte. Die wichtigste „Kampftruppe" der Päpste stellten die Jesuiten („Societas Jesu", gegründet von dem baskischen Adligen und Offizier Ignatius von Loyola, 1491–1556), die sich den Päpsten in militärischem Gehorsam („militia Christi") unterordneten. Die Jesuiten konzentrierten sich darauf, durch gelehrte Erziehung von Adelssöhnen an Gymnasien und Universitäten und als Beichtväter an Fürstenhöfen die politische Führungsschicht für die „Gegenreformation" zu gewinnen.

Maximilian von Bayern

Einer ihrer politisch bedeutendsten Schüler war der Herzog Maximilian von Bayern (1597–1651). In seiner Person verbanden sich am Ende des konfessionellen Zeitalters noch einmal Glaubenseifer und landesherrliches Machtstreben in eindrucksvoller Weise. Er vereinigte auf Dauer die bayerischen Teilfürstentümer und setzte eine zu ihrer Zeit beispielhafte Form zentralisierter Landesherrschaft durch. Der Herzog persönlich leitete den Geheimen Rat und den Defensions- und Kriegsrat und nahm über die Hofkammer Einfluß auf die Beamten in den vier Rentämtern (München, Landshut, Straubing, Burghausen), denen wiederum eine große Zahl von Pflegern und Landrichtern in zentralen Orten unterstellt war. Von den drei Zentralbehörden der Residenz München aus konnte er flächendeckend regieren, alle wichtigen Angelegenheiten und insbesondere das Finanzwesen selbst direkt entscheiden. Zusätzlich konnte er mit Hilfe der bereits 1570 geschaffenen Zentralbehörde des Geistlichen Rats im ganzen Land nicht nur die Einheit und Reinheit der katholischen Glaubenslehre kontrollieren, sondern tief in den Bereich der Innenpolitik („Polizey") wirken, also etwa über Kleiderordnungen, Hochzeitsvorschriften, Seuchen- und Feuerverordnungen den privaten Lebenswandel der Untertanen beeinflussen.

31 Übergabe der „Augsburger Konfession" 1530 (▷ S. 49). Der Kupferstich von 1530 zeigt im Vordergrund die geistlichen Kurfürsten, evangelischen Fürsten und Städtevertreter. Kaiser Karl V. (unter dem Baldachin) hört einen Vortrag aus der deutschen Fassung des Bekenntnisses an; rechts neben ihm redet Ferdinand, König von Böhmen und Ungarn und Nachfolger Karls V., mit dem Erzbischof von Mainz. Die amtliche lateinische Fassung der Bekenntnisschrift trägt der kursächsische Kanzler, der neben dem vorlesenden Rat steht. *Wie interpretiert der Künstler die Bedeutung der Lehre?*

32 Entwicklung der Reformation und Außenpolitik Karls V.

1521 Reichstag zu Worms
Der Kaiser läßt Luther ächten, Kfst. Friedrich von Sachsen aber läßt Luther auf die Wartburg in Sicherheit bringen.

1524 Reichstag zu Nürnberg
Der Kaiser erläßt ein scharfes Edikt gegen die lutherischen Stände.

1526 Reichstag zu Speyer
Der Kaiser stellt den Fürsten frei, die lutherische Lehre einzuführen: Beginn des landesherrlichen Kirchenregiments.

1529 Reichstag zu Speyer
Der Kaiser widerruft die Zusage von 1526 und fordert die Durchführung des Ächtungs-Edikts von 1521.
Die lutherischen Reichsstände „protestieren".

1530 Reichstag zu Augsburg
Die evangelischen Stände legen eine auf Ausgleich bedachte Zusammenfassung ihrer Glaubenssätze vor („Augsburger Konfession").

1531 Die evangelischen Stände schließen sich zu einem Verteidigungsbündnis zusammen („Schmalkaldischer Bund").

1532 Reichstag zu Nürnberg
Der Kaiser gestattet den evangelischen Ständen bis zu einem allgemeinen Konzil vorläufig freie Ausübung der Religion.

1546/47 Der Kaiser besiegt die evangelischen Stände („Schmalkaldischer Krieg").

1548 Reichstag zu Augsburg
Der Kaiser schränkt die freie Religionsausübung der Protestanten ein.

1555 Reichstag zu Augsburg
Katholische und lutherische Reichsstände erkennen sich gegenseitig als gleichberechtigte Glaubensgruppen an („Augsburger Religionsfriede").

1521–1525 Krieg Karls V. gegen den französischen König Franz I.

1525 Entscheidender Sieg der kaiserlichen Truppen über die französischen.

1526–1529 Erneuter Krieg zwischen dem Kaiser und dem französischen König, der sich mit dem Papst und dem türkischen Sultan verbündet hat; die Türken bedrohen Wien.

1530 Karl wird vom Papst zum Kaiser gesalbt.

1532 Die Türken bedrohen Ungarn.

1542–1546 Karl V. führt einen siegreichen Krieg gegen den französischen König Heinrich II.

1552/53 Deutsche Reichsfürsten beiderlei Konfession verbinden sich mit dem französischen König gegen den Kaiser („Fürstenaufstand"). Karl V. muß über die Alpen flüchten und dankt ab (1556).

33 Wie soll das Verhältnis von „Staat und Kirche" gestaltet werden?

a) Martin Luther sagt in seiner Schrift „Von weltlicher Obrigkeit", 1523:

Hier müssen wir Adams Kinder und alle Menschen teilen in zwei Teile: die ersten zum Reich Gottes, die anderen zum Reich der Welt. Die zum Reich Gottes gehören, das sind alle rechtgläubige in Christus und unter Christus [. . .]. Nun sieh, diese Leute bedürfen keines weltlichen Schwerts noch Rechts. Und wenn alle Welt rechte Christen, das ist rechte Gläubige, wären, so wäre kein Fürst, König, Herr, Schwert noch Recht notwendig oder nützlich. Denn wozu soll es ihnen dienen, da sie den heiligen Geist im Herzen haben, der sie lehrt und macht, daß sie niemandem Unrecht tun, jedermann lieben, von jedermann gern und fröhlich Unrecht leiden, auch den Tod? [...] Zum Reich der Welt oder unter das Gesetz gehören alle, die nicht Christen sind. Denn da wenige glauben und der kleinere Teil sich nach christlicher Art hält, daß er nicht widerstrebe dem Übel, ja daß er nicht selbst Übel tue, hat Gott diesen außer dem christlichen Stand und Gottes Reich ein anderes Regiment verschafft und sie dem Schwert unterworfen, so daß sie, auch wenn sie gern wollten, doch ihre Bosheit nicht tun können, und wenn sie es tun, daß sie es nicht ohne Furcht, noch mit Frieden und Glück tun können [...].

Darum hat Gott zwei Regimente verordnet: das geistliche, welches Christen und fromme Leute macht durch den heiligen Geist, unter Christus, und das weltliche, das den Unchristen und Bösen wehrt, daß sie äußerlich Frieden halten und still sein müssen [...]. Darum muß man die beiden Regimente sorgfältig voneinander unterscheiden und beide bleiben lassen: eins, das fromm macht, das andere, das äußerlich Frieden schafft und bösen Werken wehrt. Keins reicht ohne das andere aus in der Welt [...]. Das alles hat auch Christus selbst fein unterschieden und kurz zusammengefaßt, wenn er Matth. 22,21 sagt: „Gebt dem Kaiser, was des Kaisers ist, und Gott, was Gottes ist“ [...].

Martin Luther, Ausgewählte Schriften, hrsg. von Karin Bornkamm u. Gerhard Ebeling. Frankfurt a.M. 1982, Bd. IV, S. 42 ff.

b) Huldrych Zwingli wirkte 1522–1531 in der Schweiz als Reformator; seine Lehre begründete die „reformierten" Kirchenordnungen vor allem in den Reichsstädten im Südwesten Deutschlands. Zwingli erklärt in seinem Thesenpapier „67 Schlußreden", 1523:

34. Die angemaßte geistliche Gewalt hat für ihre Pracht keinen Grund in der Lehre Christi,

35. aber die weltliche Gewalt hat Vollmacht und Bestätigung in der Lehre und Tat Christi.

36. Alles, was der sogenannte geistliche Staat als ihm gehörige Rechte und ihm zustehenden Rechtsschutz ausgibt, steht den weltlichen Machthabern zu, sofern sie Christen sein wollen.

37. Ihnen sind auch alle Christen ausnahmslos zum Gehorsam verpflichtet,

38. sofern sie nichts gebieten, das wider Gott ist.

Franz Lau (Hg.), Der Glaube der Reformatoren, Bremen 1964, S. 262 ff.

c) Johannes Calvin, Gründer des „Gottesstaates" in Genf, sagt in seiner Schrift „Institutio" (Unterweisung), 1559:

Wer [...] zwischen Leib und Seele, zwischen diesem gegenwärtigen, vergänglichen Leben und jenem kommenden, ewigen zu unterscheiden weiß, der wird auch ohne Schwierigkeiten begreifen, daß Christi geistliches Reich und die bürgerliche Ordnung zwei völlig verschiedene Dinge sind. Da es also ein jüdischer Wahn ist, Christi Reich unter den Elementen dieser Welt zu suchen und darin einzuschließen, so wollen wir vielmehr bedenken, was die Schrift deutlich lehrt, nämlich daß die Frucht, die wir aus Christi Wohltat empfangen, geistlich ist, und darauf bedacht sein, diese ganze *Freiheit,* die uns in ihm verheißen und dargeboten wird, innerhalb ihrer Grenzen zu halten.

Das bürgerliche Regiment aber hat die Aufgabe, solange wir unter den Menschen leben, die äußere Verehrung Gottes zu fördern und zu schützen, die gesunde Lehre der Frömmigkeit und den [guten] Stand der Kirche zu verteidigen, unser Leben auf die Gemeinschaft der Menschen hin zu gestalten, unsere Sitten zur bürgerlichen Gerechtigkeit heranzubilden, uns miteinander zusammenzubringen und den gemeinen Frieden wie die öffentliche Ruhe zu erhalten. Ich gebe zu: Dies alles ist überflüssig, wenn das Reich Gottes, wie es jetzt in uns beschaffen ist, das gegenwärtige Leben auslöscht. Wenn es aber Gottes Wille ist, daß wir, während wir der wahren Heimat zustreben, auf Erden wallen, und wenn unsere Pilgrimschaft ihrem Lauf nach solcher Hilfsmittel bedarf, so gilt, daß die, die sie dem Menschen wegnehmen, ihm sein *Menschsein* rauben.

Es darf auch niemand stutzig werden, daß ich die *Fürsorge für die rechte Regelung und Religion der bürgerlichen Ordnung der Menschen übertrage,* obwohl ich sie doch schon außerhalb des menschlichen Urteils gestellt zu haben scheine. Denn ich überlasse es den Menschen hier ebensowenig wie zuvor, über Religion und Verehrung Gottes nach ihrem eigenen Ermessen Gesetze zu erlassen, wenn ich die bürgerliche Ordnung gutheiße, die darauf dringt, daß die wahre Religion, die in Gottes Gesetz beschlossen liegt, nicht ungestraft öffentlich und mit öffentlichem Frevel geschändet und geschmäht wird.

Otto Weber, Johannes Calvin, Unterricht in der christlichen Religion, Neukirchen 1955, S. 1033 ff.

a) Erarbeiten Sie den jeweiligen Standpunkt des Verfassers hinsichtlich seiner Einschätzung der „Daseinsberechtigung" des Staates.

b) Überlegen Sie mögliche Konsequenzen, die sich bei der Verwirklichung dieser Grundsätze für den „gewöhnlichen" Untertanen ergeben (könnten).

34 Die Gläubigen werden im Auftrag des Papstes „geschoren", d. h. finanziell ausgebeutet; viele Fürsten sehen „durch die Finger". Anonymes Flugblatt um 1530.
Erörtern Sie die Aussageabsicht dieser Allegorie und vergleichen Sie sie mit Ihren Einsichten zu den Bildern M 30 und 31.

35 Kirchenordnungen – Instrumente zur politischen Einflußnahme?

a) Kernstück jeder Ordnung ist die regelmäßige Visitation. Dazu heißt es etwa in der Verordnung des Herzogs von Württemberg vom 4. Mai 1547:

Im fall, daß sich in der inquisition [Visitation] handlungen befinden würden, die dermaßen geschaffen, daß sie ohne vorwissen unser nit solten oder kündten [könnten] durch die visitationsräth entschieden werden, dieselbigen sollen von den andern abgesondert und alsbald in schrift aufgezeichnet und ohne verzug uns überschickt samt der räthe rat und gutbedünken und unsere resolution darüber begert [begehrt] und erwartet werden, als da seind [zum Beispiel], wann sie die ober- und unteramtleut in iren verwaltungen dermaßen hielten [beurteilten], daß in gottes- und weltlichen sachen die hohe notdurft [dringende Notwendigkeit] erfordert, solche ungottesförchtige, babstische [päpstlich gesinnte], oder auch eigennützig oder sonst unzüchtige amtleut abzuschaffen, das sollen die verordneten visitation räthe für sich selbst nit verrichten, sondern mit vermeldung der ursachen und allen umstenden an uns gelangen lassen und *unseres befehls hierüber erwarten,* [. . .] *aber alle andere sachen,* so ihnen durch die inquisitores fürgebracht werden, es sey im geistlichen oder weltlichen, darüber hievor in unser landes-kirchen- und visitationsordnungen oder andern unsern [. . .] befehlen und mandaten bescheid und maß gegeben worden were [wäre], denselbigen nach *sollten die verordneten räthe* ohne weiter [. . .] *bescheid und bevelch* [Befehl] *macht haben* und uns damit unbemüht lassen.

Friedrich Wintterlin, Geschichte der Behördenorganisation in Württemberg; 1. Bd., 1. Teil, Stuttgart 1902, Beil. 4, S. 41; Interpunktion modernisiert von P. Völker

b) Fast alle Kirchenordnungen enthielten auch sozialpolitische Bestimmungen, wie z. B. die von dem bedeutenden Reformator Bugenhagen verfaßte Ordnung für Hamburg, 1529:

Mit dieser Ordnung wird folgendes verfügt: eine gute Schule für die Jugend und gute Prediger des Wortes für uns alle, dazu, wie es billig und christlich ist, die Besoldung der Arbeitenden; außerdem die Versorgung der Armen. Auch wurden Vorlesungen aus der Heiligen Schrift angeordnet [. . .].
Im offenkundigen Ehebruch Lebende, Huren, Herumtreiber, tägliche Trunkenbolde, Gotteslästerer und andere, die in einem Schandleben und frevelnder Gesetzlosigkeit wider andere Leute handeln, sollen zunächst ernstlich durch einen oder zwei ihrer Prediger ein- oder zweimal ermahnt werden, daß sie sich bessern. Wollen sie nicht, so halte man sie für Unchristen und verdammte Leute, wie Christus uns lehrt und das Urteil spricht [Matth 18,15 ff.]. Darum

lasse man sie nicht zum Sakramente gehen, zu größerer Verdammnis, bis sie sich offenkundig bessern [...]. Aus [...] [dem] Armenkasten sollen alle wirklich Armen versorgt werden [...]. Ebenso die Handwerker und Arbeiter, die das Ihre nicht versaufen, verkommen lassen oder unnütz verbringen, sondern fleißig arbeiten, in aller Ehrbarkeit und Redlichkeit leben und doch dabei Unglück haben, so daß sie ohne eigene Schuld Not leiden. Ebenso jene, die durch Krankheit oder körperliche Gebrechen erwerbsunfähig sind. Ebenfalls Witwen und Waisen, die nichts haben und sich nichts erarbeiten oder erwerben können und auch sonst keine Verwandten haben, die sich aus Pflicht oder freiwillig ihrer annehmen, sofern sie ein ehrbares Leben führen [...].

Heiko A. Obermann, Die Kirche im Zeitalter der Reformation, Neukirchen-Vluyn 1981, S. 85 ff.

a) Geben Sie jeweils Schwerpunkte und Grundlagen der Kirchenordnungen an.
b) Beschreiben Sie die Bedeutung solcher Ordnungen für die Macht der Obrigkeit im Zeitalter der Reformation.

36 Kaiser – Reich – Reformation: Politische Probleme

a) Über die Regierungsweise Karls V. berichtet der venezianische Gesandte Tievolo im Jahre 1532:

[...] Keiner [seiner] Ratgeber hat heute solche Autorität, daß er mit dem Kaiser anders als mit größter Ehrerbietung über seine Angelegenheiten redet, denn Seine Majestät verläßt sich in keiner Sache auf andere, außer insoweit sie den ordentlichen Geschäftsgang laufen, in jeder anderen Hinsicht aber will er selbst Kenntnis nehmen; um alle Sachen macht er sich Gedanken und läßt nicht zu, daß irgendeine ohne sein Mitwirken und Wissen ihren Gang gehe [...]. Man hat ihn früher, wie es heißt, nicht für sehr intelligent gehalten [...]; heute wird er von allen – so habe ich es bei allen seinen Handlungen gefunden – als überaus klug beurteilt; ja in seiner Umgebung ist man überzeugt, daß niemandes Ratschlag so vernünftig sei als der seine [...]. Von der Person des Papstes und von der römischen Kirche spricht er bei jeder Gelegenheit mit größter Ehrfurcht [...]. Er ehrte sie hoch und hört auf sie in allen Dingen, die vornehmlich auf die Religion Bezug haben, auf deren Ehre und Ansehen er in Deutschland höchste Sorge und Mühe gewendet hat, gemeinsam mit allen Fürsten und Ständen dieses Landes, um die Zwistigkeiten im Glauben beizulegen [...]. Er hat darin nichts unterlassen, was von einem gut christlichen [...] Kaiser erwartet [...] werden konnte, es sei denn, daß er sich nicht hat entschließen können, aus solcher Ursache gegen die Widerspenstigen und in ihren verkehrten Meinungen Verhärteten mit Waffengewalt vorzugehen [...].

Eugenio Alberì, Relazioni degli Ambasciatori Veneti al Senato, Florenz 1939 ff., Serie 1, Bd. 1, S. 39 ff., zit. nach: Geschichte in Quellen, Bd. III, Renaissance, Glaubenskämpfe, Absolutismus, bearb. von Fritz Dickmann, München 1966, S. 232

b) Am 15. Januar 1552 schlossen der Kurfürst von Sachsen, der Herzog von Mecklenburg und der Landgraf von Hessen mit dem französischen König in Chambord einen Vertrag. In der Einleitung erklärten sie u. a.:

Was nun aber das Wichtigste in politischer Hinsicht ist, so haben wir, die oben genannten Kurfürsten und Fürsten, einhellig und gemeinsam geurteilt und uns zu Herzen genommen, wie und in welchem Umfang die Römische Kaiserliche Majestät auf vielerlei Art Verbündete sucht, heimlich und zum Teil öffentlich mehr und mehr danach trachtet, wie sie nicht allein die Kurfürsten und Fürsten, sondern auch die Grafen, Freiherren, Ritter, freien Städte und gewöhnlichen Untertanen unseres hochgeliebten Vaterlandes deutscher Nation, von ihrer alten Libertät und ihren Freiheitsrechten zu einer solch tierischen, unerträglichen und ewigen Knechtschaft, wie sie in Spanien und anderswo zu finden ist, gewaltsam bringen will. Vor allem aber hat Seine Majestät in dieser Hinsicht bereits in erheblichem Umfang Ihren Willen durchgesetzt und könnte, wenn man dem nicht zuvorkäme, ihn leicht vollends verwirklichen. So wird etwa unser Schwager, Vetter und Freund, der Landgraf von Hessen[1], entgegen den Abmachungen bei seiner Kapitulation und im Widerspruch zu erfolgter Zusage und Verhandlung, mit unbilliger Gefangenschaft beladen [...].
Darüber werden wir Deutschen von aller Welt Schimpfliches hören müssen, und zweifellos werden wir, wenn wir gestorben sind ohne etwas Entscheidendes dagegen getan zu haben, von unseren Nachkommen noch schmählicher beurteilt werden. Also haben wir bei uns erwogen, bedacht und endlich dahingehend entschieden, daß wir lieber Not und Tod auf uns nehmen wollen, als einer solchen

Schande [„infamien"] länger unterworfen zu sein [...] Die Stände des heiligen Reiches, die uns nun hierin zustimmen und uns ihre hilfreiche Hand und ihr Vermögen anbieten, [...] wollen wir freundlich, günstig und gnädig aufnehmen [...]. Diejenigen aber, die sich hierin uns entgegenstellen, [...], seien es geistliche oder weltliche Fürsten, wollen wir mit Schwert, Blut und Feuer dermaßen heimsuchen, daß sie für solche Untreue, die sie dem gemeinsamen Vaterland deutscher Nation antun, mit Gottes Willen den angemessenen Lohn empfangen sollen [...].

Briefe und Akten zur Geschichte des 16. Jahrhunderts, Bd. 3 (Beiträge zur Reichsgeschichte 1546–1552), München 1882, S. 340 ff.; Übertragung P. Völker

[1] Landgraf Philipp von Hessen wurde seit seiner Niederlage im Schmalkaldischen Krieg (1547) vom Kaiser in Gefangenschaft gehalten.

a) Vergleichen Sie die „Regierungsgrundsätze" Karls V. aus der Sicht der jeweiligen Autoren.
b) Unterscheiden Sie in Text b) „Ideologie" und tatsächliche politische Interessen deutscher Fürsten im Zeitalter der Reformation.

37 Landesherrliches Kirchenregiment in einem katholischen Territorium – das Beispiel des Herzogtums Bayern. Statuten des „Geistlichen Rates", einer Art von geistlichem Ministerium, erlassen von Herzog Albrecht V. von Bayern (1550–1579) am 5. Oktober 1573:

Erstlich sollen sie [die Mitglieder des Rates] Gewalt haben in Religionssachen zu handeln; ihr Superintendent soll sein unser Kanzler Doktor Eck, den sie nur in hochwichtigen Sachen, darin sie vielleicht unterschiedlicher Meinung sind, hinzuziehen. Er wird also nur in den wichtigsten und nicht alltäglichen Angelegenheiten von ihnen befragt, und in diesen soll dann keine Entscheidung getroffen werden, bevor nicht uns darüber Bericht erstattet worden ist.

Sie sollen auch gemeinsam alle Religionssachen unseres Landes kontrollieren, und ihre Mitarbeiter in allen Rentämtern bei den Stiften, Klöstern, Pfarreien und anderen Orten haben, wie sie es am besten [...] anzustellen wissen.

Zweimal in der Woche zumindest sollen sie jeweils einen halben Tag zusammenkommen, und wenn es nötig ist, auch öfter, und von den Sachen reden, die notwendigerweise wegen der Erhaltung der Religion untersucht werden müssen.

Und gleich zu Beginn [der Sitzung] sollen sie alles, was bisher die Religion und die Schulen betreffend an Befehlen, Mandaten und Anordnungen ergangen ist, zur Hand nehmen, dabei [...] überlegen, was sie daran zu verbessern gedenken, und zugleich in Erfahrung zu bringen suchen, ob diesen Erlassen gemäß an allen Orten wirklich gehandelt und gelebt werde, sowohl von Priestern und Pfarrern als auch von weltlichen Amtsinhabern. Und was sie dabei vorschlagen, das sollen sie in einem amtlichen Schreiben uns zur Kenntnis untertänig übergeben; und solche Vorlage soll nicht allein für den Augenblick gelten, sondern dazu dienen, daß in derselben Angelegenheit entsprechend der hier vorliegenden Anordnung jährlich Untersuchung und Erkundigung erfolgt, weil man überzeugt ist, daß ohne ständige Beobachtung und Nachforschung das Übel der Sekten[1] alsbald wieder Überhand nehmen würde.

An welchen Orten auch immer, und bei welchen Amtsinhabern, sie seien geistlich oder weltlich, die in unseren Diensten stehen, Mängel gefunden werden, da sollen sie [die Räte], nachdem sie uns zuvor unterrichtet haben, umgehend eine erste Untersuchung durchführen. Insbesondere sollen ihnen aus allen Amtsbezirken die Berichte der Pfarrer, die sie jährlich wegen ketzerischer Gemeindeglieder übergeben, zugestellt werden [...].

Was sie auch an Ungehorsam, Erregung von Ärgernis und Anstoß an sektiererischen Orten bei Bürgern und Bauern, auch bei allen ihren Angehörigen in Erfahrung bringen, die [Sektenanhänger] sollen sie vor sich laden und sich nachdrücklich bemühen, sie davon [von der Sektiererei] abzubringen und wieder zum Gehorsam zu bringen, und sie sollen auch an die Amtmänner schreiben, daß sie solches tun.

F. J. Lipowsky, Argula von Grumbach, geb. Freiin von Stauffen, München 1801, Beilage XIII; Übertragung P. Völker

[1] Anhänger der evangelischen Lehre

a) Beschreiben Sie die Organisationsform und die Kompetenzen des Geistlichen Rates.
b) Ordnen Sie die Errichtung des Geistlichen Rates in die historische Tendenz des frühmodernen Fürstenstaates ein.

38 Maximilian I. von Bayern – ein „Landesvater" des konfessionellen Zeitalters. Maximilian I. (1573–1651), Herzog (seit 1597) und Kurfürst (seit 1623) von Bayern, gilt als einer der erfolgreichsten Landesherren des konfessionellen Zeitalters.

a) Nach einer diplomatischen Niederlage bei der Besetzung des Passauer Bischofsstuhles mit einem bayerischen Kandidaten schreibt er an seinen Vater, Herzog Wilhelm, am 21. Juni 1598:

Wie unvorhersehbar, um nicht zu sagen unbillig es war, aus einer Rechtssache eine Gnadensache zu machen [...] und so gar keine gütlichen Verhandlungen zuzulassen, das sehen und erfahren wir hier. Und nicht weniger was uns die römischen Praktiken [das Verhalten der Kurie] bei all unseren großen Unkosten und zu unserem Schaden uns eingebracht hat [...]. Ich sehe eben, daß sowohl bei Geistlichen wie bei Weltlichen nur auf die „ragion di stato" [Staatsraison] gesehen wird und daß der respektiert wird, der viel Land oder viel Geld hat, und weil wir von beidem nichts haben, so werden wir sowohl bei den Welschen [hier: Vertretern der Kurie] als auch bei anderen niemals irgendeine Autorität besitzen, bis unsere Finanzen in einem besseren Zustand sind, und davon wird mit Sicherheit alles abhängen, wie mich dünkt. Es soll dieses Ereignis uns veranlassen, auf unsere Staatsfinanzen äußerste Aufmerksamkeit zu verwenden, und wenn wir da erfolgreich sind, werden kaum wir den geldgierigen Welschen, sondern umgekehrt sie uns nachlaufen [...]. Den ganzen Ärger hat uns der famose Kardinal Aldobrandini eingebrockt. Es wird ihn vielleicht noch einmal reuen. Bitte Euer Durchlaucht um gnädigste Verzeihung, wenn ich etwas Ungereimtes schreibe. Ich bin noch völlig angespannt.

Hans Dollinger, Studien zur Finanzreform Maximilians I. von Bayern in den Jahren 1598–1618, in: Schriftenreihe der Historischen Kommission der Bayerischen Akademie der Wissenschaften, Bd. 81, Göttingen 1968, S. 10; Übertragung P. Völker

b) Seiner Cousine Margarete, Königin von Spanien, die um vertrauliche Auskünfte über seine erfolgreiche Finanzwirtschaft gebeten hatte, schreibt er am 15. Januar 1611:

Mich hat mörkhlich geholffen ein steiffes propositum [Grundsatz], alle vnnotwendigheiten [überflüssige Ausgaben] abzustellen, item [ebenso] dass ich selbs zu meinen sachen gesehen, die rechnungen selbs gelesen, vnd was ich für mengl [Mängel] dabei gefunden, geandet [...] auch den mittlen, das einkhommen debito modo [in notwendigem Umfang] zu uerbössern [verbessern], selbst nachgedacht; und ist ir hac materia [in dieser Angelegenheit] das sprichwort ganz wahr: oculus domini saginat equum [das Auge des Herrn mästet das Pferde]. Ess wird das maiste an i. mt. [Ihrer Mayestät] resolution selbs gelegen sein, dass sie gedenkhen, dass die rechte reputation [das rechte Ansehen] vnd grandezza nit in dem spendiern, sonder in dem wolspendiern vnd gespärikheit [Sparsamkei] stett; dann vil khlaine machen ein gross vnd von vilen hunderten entspringen vil tausent vnd auss den tausenten werden die milliones, vnd ein fürst, so nit bei diser itzigen bösen welt reich ist, der het khein authoritet noch reputation, vnd wo dise zwey nit sein, da muss das publicum [der Staat] bruchen [Schaden] leyden.

Hans Dollinger, a. a. O., S. 294 f.

a) Fassen Sie die Regierungsgrundsätze des Herzogs in einer schematischen Übersicht zusammen.

b) Vergleichen Sie die Machtgrundlagen des Herzogs von Bayern mit denen des Herzogs von Württemberg (s. o.) unter dem Aspekt „Fürstenmacht im Zeitalter der Reformation".

4. Der letzte Kampf zwischen Kaiser und Reich – Konsolidierung des Fürstenstaates 1648

Das Deutsche Reich im konfessionellen Zeitalter

Evangelische Reformation und katholische Reform betrafen nicht nur den Glauben, sie hatten in dem rund einhundertjährigen Zeitraum zwischen 1555 und 1648 auch entscheidende politische Auswirkungen: Im Namen der jeweils „richtigen" Religion wurden Bündnisse oder dynastische Heiraten angebahnt, führten die

Fürsten in Europa Kriege, erhoben sich Bevölkerungsgruppen gegen ihre Obrigkeit, wurden überaus brutale Bürgerkriege ausgetragen. Religion gewann den Rang einer politischen Ideologie, Europa und Deutschland wurden im „konfessionellen Zeitalter" in zwei verfeindete Lager gespalten.
Die Katholiken gewannen Aktivität und Glaubenseifer durch das Konzil von Trient (▷ S. 47) und eine breite Erneuerungsbewegung in den Ländern des Mittelmeerraumes. Der unbestrittene Führer war der spanische König – für viele Jahrzehnte Philipp II. –, doch auch deutsche Fürsten wie Kaiser Ferdinand II. (1619–1637) oder Herzog Maximilian I. von Bayern (▷ S. 54, M 38) setzten alle Kraft darein, die weitere Ausbreitung der evangelischen Lehre zu hindern oder den Katholizismus erneut auszubreiten. Die aktive Kraft des evangelischen Lagers waren nicht die – von den Landeskirchen eingeengten – Lutheraner, sondern die Reformierten, und hier insbesondere die Calvinisten. Denn zum einen verlangte Calvins „Gottesstaat" ständigen Einsatz seiner Mitglieder (▷ S. 50, M 33c; er war geprägt von Glaubenseifer und Unduldsamkeit gegenüber „Ketzern". Und zum anderen war ein Moment besonderer Aktivität nach Auffassung vieler Wissenschaftler Calvins Lehre von der Prädestination. Sie besagt, daß das Schicksal des Menschen nach dem Tode – ewige Verdammnis oder Seligkeit – von Gott unabänderlich vorherbestimmt („prädestiniert") sei, doch sei der von Gott Auserwählte auch zu Lebzeiten ein mit Glück Gesegneter. Daraus wurde in einer weitergehenden Interpretation die Forderung nach einem rastlos tätigen Leben als Voraussetzung für Glück und Erfolg abgeleitet. Träger des Calvinismus waren in Frankreich, den Niederlanden und England vor allem vermögende und gebildete Bürger und Adlige; zu den wichtigsten reformierten Territorien des Deutschen Reiches gehörten die Landgrafschaft Hessen und die Kurpfalz.

Spaltung und Spannungen im Deutschen Reich

Für Deutschland hatte der Augsburger Religionsfrieden (▷ S. 47) nur eine zeitweilige Entspannung in der religionspolitischen Auseinandersetzung gebracht. Aus heutiger Sicht bestand seine Hauptschwäche darin, daß es nicht gelungen war, einen innerlich akzeptierten Kompromiß herbeizuführen, d. h. zwischen den katholischen und evangelischen Reichsständen einen rechtlichen Grundkonsens zu schaffen, der einen toleranten Umgang miteinander erlaubt hätte. In einer Art von „kaltem Krieg" belauerten sich die Vertreter der beiden Lager, in der Hoffnung, den eigenen Geltungsbereich auf Kosten des anderen ausweiten zu können. Die ungelösten Fragen des Augsburger Kompromisses traten eher als verschärfende Zusatzmomente hinzu – so die Tatsache, daß die Reformierten nicht ausdrücklich als dritte gleichberechtigte Religionsgruppe anerkannt waren, oder die, daß Unklarheiten bei der Auslegung des „Geistlichen Vorbehalts" auftraten.

Verstärkung der Spannungen

Die religiös-politischen Spannungen wurden verstärkt durch die Bemühungen der habsburgischen Kaiser, nicht nur in ihren Landen ein strafferes Regiment durchzusetzen, sondern auch das ungeheure Gewicht ihrer Hausmacht dazu zu benutzen, das Kräfteverhältnis von Kaiser und Reich (▷ S. 46 f.) zu verändern. Den Vorwand bot das Argument, der Kaiser müsse für die „Wiederherstellung des Glaubens" eintreten. Und zum zweiten verbanden sich in vielen Territorien religiöse und politische Opposition der Stände gegen den Machtanspruch des regierenden Fürsten. Besonders folgenreich wurden in dieser Hinsicht langjährige Auseinandersetzungen zwischen den Ständen des Königreichs Böhmen und ihren habsburgischen Landesherren.

Gegenreformation. Seit 1776 wird die gewaltsame Wiederherstellung des katholischen Glaubens in den evangelischen Gebieten Deutschlands und Europas als „Gegenreformation" bezeichnet. Sie war möglich auf der Grundlage der katholischen Reform seit dem Konzil von Trient (1545–1563); ihre wichtigsten Träger waren die Jesuiten, die sich dem Papsttum bedingungslos zur Verfügung stellten und über den Einfluß auf (künftige oder regierende) Fürsten den Kampf gegen die Anhänger der evangelischen Lehre politisch organisierten.

Union und Liga – zwei Militärblöcke

Bald nach der Jahrhundertwende wuchsen die Spannungen zwischen den beiden Lagern im Deutschen Reich, Übergriffe auf beiden Seiten ließen die Gefahr eines Krieges immer deutlicher werden. Deshalb schlossen sich 1608 süd- und westdeutsche evangelische Stände zu dem Verteidigungsbündnis der „Union" zusammen. Bundeshauptmann wurde der Kurfürst von der Pfalz, der auch mit der Unterstützung seiner Glaubensgenossen in den Niederlanden rechnen konnte, allerdings nicht die wichtigen lutherischen Landesfürsten in Norddeutschland zum Beitritt gewann.

Als Gegenbündnis bildete sich im folgenden Jahr die katholische „Liga". Unter der Führung des Herzogs von Bayern vereinigten sich fast alle katholischen Stände zur Verteidigung ihres Glaubens. Der Kaiser als Herr des Hauses Habsburg trat nicht bei, konnte aber als katholischer Reichsstand auf die Unterstützung durch die Liga rechnen. Diese wiederum lehnte sich an Spanien an, die Vormacht der Gegenreformation.

Ein dreißigjähriger Krieg um Glauben und Macht

Der „kalte Krieg" der Religionsblöcke eskalierte 1618 zu einer militärischen Auseinandersetzung, die mit Unterbrechungen dreißig Jahre dauerte. Den meisten Opfern dieses mit äußerster Brutalität gegen die Zivilbevölkerung geführten Krieges erschien die Leidens- und Schreckenszeit als ein Strafgericht des Himmels, für den rückblickenden Betrachter aber stellt sich der Krieg als Höhe- und Wendepunkt des konfessionellen Zeitalters dar:

– Er brach aus, weil sich die Stände Böhmens gegen den Versuch des habsburgischen Landesherrn wehrten, althergebrachte und immer wieder bestätigte ständische Freiheitsrechte und die freie Ausübung des reformierten Glaubens zugunsten einer straffen Herrschaft und Erneuerung des Katholizismus zu beseitigen. Indem sie dem Kaiser als König von Böhmen den Gehorsam aufkündigten und mit großer Mehrheit den Kurfürsten Friedrich V. von der Pfalz (1614–1622) zu ihrem neuen König wählten, machten sie die Interpretation möglich, die Union habe die Habsburger als katholischen Reichsstand angegriffen. Das bedeutete für die Liga den Bündnis- und Kriegsfall. Ein Heer der Liga unter der Führung des bayerischen Generals Tilly vernichtete das „Winter-Königtum" (1619/20) des Pfälzers, schlug seine Verbündeten in Norddeutschland und eroberte die Pfalz. Der Kurfürst floh ins Exil, seine Kurwürde wurde als erledigt vom Kaiser an den Herzog von Bayern gegeben.

– Kaiser Ferdinand II. (1619–1637) nutzte den eindeutigen Sieg des katholischen Lagers über das evangelische Lager aus, um die Sache der Gegenreformation voranzubringen und das Gewicht des Kaisertums gegenüber den Ständen zu stärken. 1625 ließ er durch Albrecht von Wallenstein (1583–1634) ein eigenes kaiserliches Heer aufstellen, mit dem dieser bis 1629 ganz Norddeutschland unterwarf. Ein scharfes „Restitutionsedikt" (1629) sollte einen erheblichen Teil der inzwischen lutherisch gewordenen Bistümer rekatholisieren, und Wallenstein wurde anstelle der vertriebenen Herzöge von Pommern zum Herrn des Ostseeküste eingesetzt. Gegen die Bedrohung der fürstlichen „Libertät" (und der evangelischen Religion) vereinigten sich aber katholische und evangelische Reichsstände und zwangen den Kaiser 1630, Wallenstein zu entlassen.

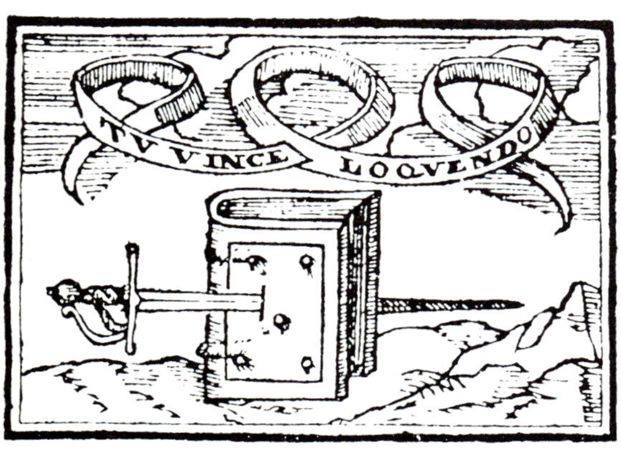

39 „Du aber siege, indem Du redest!" Emblem aus dem Dreißigjährigen Krieg.
Interpretieren Sie das Sinnbild vor dem Hintergrund seiner Entstehungszeit, indem Sie Überschrift und Bild zueinander in Beziehung setzen.

40 „Der Moloch Krieg", anonymes Flugblatt aus dem Dreißigjährigen Krieg.
Untersuchen Sie, mit welchen künstlerischen Mitteln und mit welcher Aussageabsicht der Künstler die Öffentlichkeit anspricht.

– Die Siege der Liga und Wallensteins eröffneten dem Kaiser auch die Möglichkeit, zusammen mit dem (verwandten) König von Spanien eine habsburgische Hegemonie über Europa zu errichten. Dagegen wandte sich König Gustav Adolf von Schweden (1611–1632), der im Kampf gegen den russischen Zaren und den polnischen König die Herrschaft über die Ostsee und die südlich angrenzenden Gebiete erstrebte. Ein gestärktes deutsch-spanisches Habsburgerreich aber weckte auch in Frankreich traditionelle politische Ängste vor einer Umklammerung. Daher vereinigte sich der führende Minister Frankreichs (1624–1642), Kardinal Richelieu, mit der schwedischen Regierung zu einem Zweckbündnis gegen Habsburg, nachdem der schwedische König 1632 im Kampf gefallen war. Der Krieg in Deutschland wandelte sich zu einem europäischen Machtkampf auf deutschem Boden.

1648 – Frieden für Deutschland und Europa

Angesichts des verwickelten Interessenkomplexes, der dem Krieg zugrunde lag, ist es nicht verwunderlich, daß sich schon die Vorgespräche über einen möglichen Frieden mehrere Jahre hinzogen. Denn jeder der Beteiligten – Kaiser, Stände und europäische Mächte – suchte selbstverständlich eine möglichst günstige Verhandlungsposition zu gewinnen. Der Kompromiß des Westfälischen Friedens wurde nach langwierigen Verhandlungen am 24. Oktober 1648 in Münster und Osnabrück feierlich verkündet:
– Die konfessionellen Gegensätze wurden weitgehend entschärft. Die Gleichberechtigung der Konfessionen gemäß dem Augsburger Religionsfrieden wurde erneuert, auf die Reformierten ausgedehnt und in der paritätischen Besetzung von Reichsbehörden und Reichstagsgremien abgesichert. Das religiös-politische Konfliktpotential der vergangenen Jahrzehnte wurde beseitigt, indem rechtlich verbindlich die Konfessionsgrenzen auf ein „Normaljahr" (1. Januar 1624) festgelegt wurden. Damit hörte die Religon auf, „ideologische" Leitlinie für politisches Handeln zu sein.
– Das Machtverhältnis von Kaiser und Reich wurde stabilisiert. Denn alle Entscheidungen für das Reich mußten von dem bald ständig tagenden („immerwährenden") Reichstag getroffen werden. Die Territorialfürsten erlangten außerdem das Recht, Bündnisse frei mit jeder Macht schließen zu können, wenn dies nicht gegen den Frieden im Reich verstieß, d. h. sie wurden auch außenpolitisch sou-

Libertät, von lat. libertas, „Freiheit". In der Reformationszeit aufgekommene Bezeichnung der fürstlichen (landesherrlichen) Freiheitsrechte gegenüber dem Kaiser. Wichtigstes Merkmal der entstehenden „libertären" Verfassung des Reiches ist die – gleichberechtigte – korporative Verwaltung des Reiches durch Reichstage und Reichsbehörden (z. B. Reichshofrat und Reichskammergericht).

verän. Die konkrete Politik wurde damit endgültig in die Territorien verlagert. Dadurch aber konnte das Reich als eine Institution mit bestimmten Schutz- und Gestaltungsfunktionen (Hans Boldt) bis zum Ende des 18. Jahrhunderts fortbestehen. Der Reichsgedanke blieb vor allem in den Ländern des Südwestens bis ins 19. Jahrhundert hinein lebendig.

– Die außenpolitische Souveränität der Reichsstände entsprach auch den Interessen der am Kriege beteiligten europäischen Mächte, denn sie verhinderte eine habsburgische Vormachtstellung in Mitteleuropa. Die französischen Sicherheitsbedürfnisse wurden durch Gebietsgewinne am Rhein befriedigt, der schwedische Machtanspruch durch die Beherrschung der Mündungsgebiete von Elbe und Oder (Herzogtümer Bremen und Verden sowie Vorpommern mit Rügen). Frankreich und Schweden wurden zu Garantiemächten des Friedens; da die schwedischen Gebietsgewinne in der Form der Personalunion erfolgten, wurde der schwedische König ein Reichsstand, und er war somit daran interessiert, die reichsfürstliche Libertät zu wahren.

Für die europäische Außenpolitik bis zur Französischen Revolution wurde das Reich zu einem unentbehrlichem Faktor der Stabilität: Es war wegen seines locker-föderativen Charakters zum Angriff unfähig, konnte aber zur Verteidigung beträchtliche militärische Kräfte mobilisieren; der Kaiser als Reichsstand bildete zusammen mit den größeren Territorialfürsten wichtige Bundesgenossen in den Kämpfen der europäischen Großmächte. Das Reich als größte Monarchie mitten in Europa stellte keine Bedrohung der übrigen Mächte dar, seine Existenz war also auch von außen her nicht in Frage gestellt.

41 Religion als Mittel der Politik

a) Aus einem Bericht über Maßnahmen bei der Durchführung der Gegenreformation in Österreich, 1599:

Berichte hiermit, daß wir mit elfhundert Soldaten, die wir bei uns hatten, nicht nur die treulosen und meineidigen Eisenerzer [...], sondern auch die rebellischen Ausseer, dann die Gröbninger, Schladminger [...] ja das ganze Ennstal auf einmal reformiert, alle Prädikanten verjagt, katholische Priester eingesetzt, an allen Orten Bürger wie Bauern auf Ihre Durchlaucht [...] verpflichtet, alle Bücher der Sektierer von Haus zu Haus gesucht und überall unter dem Hochgericht[1] [von denen wir 14 neu haben aufstellen lassen] öffentlich verbrannt haben. Allein zu Schladming wurden sektiererische Bücher für über 3000 Taler gefunden und in den Rauch geschickt [...]. Von allen reformierten Orten sind die vornehmsten Rädelsführer in Ketten nach Graz gebracht worden. In Eisenerz wie auch zu Aussee haben wir zwei gemeine Täter [...] auf ewig des Landes verwiesen. Schließlich haben wir den Eisenerzern 150, den Ausseern 50 Soldaten auf ihre Unkosten als Stadtwache einquartiert [...]. Zur Sicherung dieser Reformation haben wir drei Kirchen der Sektierer [...] nach Wegnahme des Inventars bis auf den Grund verbrannt, niedergerissen und gesprengt: welches alles nun eine heilsame und der katholischen Kirche nützliche Verrichtung und eines ewigen lobwürdigen Gedächtnisses wohl wert ist.

J. Loserth (Hg.), Akten und Korrespondenzen zur Geschichte der Gegenreformation in Innerösterreich unter Ferdinand II., Teil 1, Wien 1906, S. 600 f.

[1] Hochgericht = Galgen

b) Aus dem Vertrag zur Union evangelischer Stände am 14. Mai 1608:

Im Namen der heiligen und unteilbaren Dreifaltigkeit [...] tun kund und bekennen wir [...] Kurfürsten und Stände des heiligen römischen Reiches für uns, unsere Erben und Nachkommen [...]: Obwohl im heiligen Reich deutscher Nation, unserem geliebten Vaterland, aus besonderer, getreuer Vorsorge unserer geliebten Vorfahren ein allgemeiner Landfriede und Einigkeit [...] beschlossen, aufgerichtet und dergestalt verkündet worden ist, daß [...] alle Tätlichkeiten unterbleiben und unterlassen werden [...], sind diese [...] Beschlüsse zum Teil gröblich mißverstanden, zum Teil aber von vielen durch feindliche und tätliche Handlungen gebrochen worden [...].

Daher ist zu befürchten [. . .], daß etliche [Fürsten] außerhalb und innerhalb des heiligen Reiches angesichts dieser unruhigen Zeiten es nicht unterlassen werden, sie tätlich und frevenlich [. . .] zu vermehren, [. . .] die friedliebenden und gehorsamen Stände des Reiches zu überfallen und zu bekriegen und also [. . .] die ganze uralte und löbliche Verfassung des Reiches über den Haufen zu werfen [. . .], woraus dann nichts anderes als die endgültige Vernichtung aller guten Ordnung, inneren Sicherheit [„Polizey"] und des Wohlstands wie auch der Untergang der friedenfördernden Einrichtungen im heiligen Reich zu erwarten ist [. . .]. Um dem dann zu erwartenden unwiederbringlichen Nachteil, Schaden und Verderben zuvorzukommen und ihn abzuwenden, wollen [. . .] insbesondere die friedliebenden Stände mit ihren gehorsamen Untertanen [. . .] zu einer getreulichen und aufrichtigen Verständigung und Zusammenarbeit kommen und bereit sein, denjenigen, der sie gegen anerkanntes Recht, Reichsabschiede [. . .] und insbesondere den erklärten und oftmals bestätigten Landfrieden bedrängen oder schädigen würde, mit der Notwendigkeit und erlaubten Verteidigungsmacht mannhaft abzuwehren [. . .]. Besonders sollen und wollen wir [. . .] in Angelegenheiten, die die Hoheit und Freiheit deutscher Kurfürsten, Fürsten und Stände und die Beschwerden der evangelischen Stände [. . .] betreffen, sofern sie den Freiheiten der Kurfürsten, Fürsten und Stände und den Verfassungsbestimmungen des heiligen Reiches abträglich sind, [. . .] nicht allein untereinander guten und vertraulichen Briefkontakt halten, [. . .] sondern auch versuchen, mit anderen evangelischen Ständen zu einer gleichartigen Einstellung zu kommen [. . .]. Wir haben auch beschlossen, daß diese Vereinigung von jetzt an zehn Jahre gelten soll. Und zwei Jahre vor Ablauf wollen wir alle [. . .] zusammenkommen oder beschließen, ob und wie sie weiter gelten und fortzusetzen sei. Außerdem sollen hierzu beauftragte Räte eines jeden Vertragspartners sich jedes Jahr versammeln, um die Notwendigkeit (der Fortsetzung) zu beraten [. . .].

Eugen Schneider (Hg.), ausgewählte Urkunden zur württembergischen Geschichte, Württ. Geschichtsquellen Bd. 11, S. 132, 133, 135, 140; Übertragung P. Völker

a) Kennzeichnen Sie die religionspolitische Situation und die Maßnahmen katholischer und evangelischer Obrigkeiten am Ende des 16. Jahrhunderts.
b) Untersuchen Sie die Einstellung der Unions-Mitglieder zur Reichsverfassung.

42 Dreißig Jahre Krieg um den richtigen Glauben?

a) Aus der Vorrede zum „Restitutionsedikt", das der Kaiser am 6. März 1629 nach der Niederlage der evangelischen Stände in Norddeutschland erließ:

Wir Ferdinand der Andere, von Gottes Gnaden erwählter Römischer Kaiser, zu allen Zeiten Mehrer des Reichs [. . .], setzen außer Zweifel [. . .], euch und auch männiglich werde [. . .] bekannt sein, in was schädliche Mißhelligkeit und Zerrüttung unser geliebtes Vaterland teutscher Nation nun eine lange Zeit hero geschwebt, dessen Mißtrauens und hochgefährlicher Trennung Anfang [. . .] ursprünglich zwar die leidige Spaltung in der Religion gewesen und noch ist, nach derselben aber dieses vornehmlich, daß gegen den Religions- und Landfrieden (von 1555) [. . .] nicht allein unterschiedliche Spolia [Verstöße] und andere hochschädliche Attentata verübt, sondern auch noch dazu unter allerhand gesuchtem Schein und durch hochschädliches Disputat über den Religionsfrieden selbst gleichsam derselbe in seinem Inhalt denjenigen, so dagegen gehandelt, zustatten kommen täte, justifiziert und verteidigt werden wollen. Aus welchem dann erfolget [. . .], daß man zuletzt einesteils gegen den klaren Inhalt des Religionsfriedens selbst als auch anderer Reichsabschiede keinen Richter mehr leiden, sondern den anderen Teil zu einem neuen Vertrag [. . .] [hat] zwingen wollen [. . .].

Wann wir dann Unseres kaiserlichen Amtes ermessen, nicht allein wie Wir des Heiligen Römischen Reiches Widerwärtigen [Feinden] begegnen und ehegedachtes Reich wiederum zu Ruhe stellen, sondern auch zugleich emsiglich vorzusehen, damit durch ungleiche Auslegung und Deutung des Religionsfriedens die Reichsstände nit weiter untereinander in Zwietracht und Mißhelligkeit geraten [. . .]: als haben Wir solche Unserem kaiserlichen Amt anhangende Erklärung [. . .] länger nicht sollen noch wollen anstehen lassen, bevorab demnach Uns [. . .] als dem Oberhaupt und Handhaber aller Ordnung und Gesetze, auch Beschirmer und Beschützer der

Bedrängten alle vollkommene Gewalt und Macht zustehe, ihr kaiserliches Amt zu interponieren und was zu Fortpflanzung gemeiner Wohlfahrt und Abschaffung alles schädlichen Mißverstandes und Unheils im Römischen Reich ersprießlich sein mag, [...] zu verordnen.

Johann Christian Lünig, Teutsches Reichs-Archiv, Pars Specialis, Bd. 5, 1. Abteilung, Leipzig 1711 ff., S. 800 ff.

b) Als 1632 der Sieg der Schweden über den Kaiser greifbar nahe schien, legte der (reformierte) Landgraf von Hessen als Kopf der entschiedenen Protestanten dem Schwedenkönig Gustav Adolf ein Positionspapier für etwaige Friedensverhandlungen vor. Darin heißt es u. a.:

Nachdem die vornehmste Ursache der evangelischen Armatur die Freiheit des Gewissens [...], [fordern wir], daß ohne Unterschied sowohl die Reformierten als auch die Lutherischen im Religionsfrieden ausdrücklich begriffen sein sollen. Und dieweil keinem römischen Kaiser [...] gebührt, über den Verstand[1] der Augsburgischen Konfession und den daraus erfolgten Religionsfrieden sich irgendeiner Kognition, Interpretation oder Deklaration [...] anzumaßen, sondern [...] solches alles vor die sämtlichen Reichstände gehört; dessen ungeachtet aber die jetzige Römische Kaiserliche Majestät sich hat gefallen lassen, ein sogenanntes Edictum[2] herfürzubringen [...] daß solches als null und nichtig, auch an sich selbst unbündig und kraftlos demnächst kassiert, annuliert und [...] aufgehoben werden möge [...]. Daß allen und jeden Evangelischen ohne irgendeinen Unterschied freistehen soll, die in ihren Territorien gelegenen [...] Stifter und Klöster [...] zu reformieren und über derselben Einkünfte, Nutzungen und Gefälle zu disponieren [...]. Daß an allen katholischen Orten und Enden die Evangelischen ohne Unterschied nicht allein unbedrängt geduldet [...], sondern ihnen auch das freie exercitium religionis öffentlich zu treiben, zu lehren und zu bekennen verstattet sein soll [...]. Und insofern sich [...] über den Verstand der Augsburgischen Konfession und des Religionsfriedens auch irgendein Streit erheben sollte [...], daß dieses alles vor niemand anders als den römischen Kaiser, König und die sämtlichen Reichsstände insgesamtgehörig sein und von ihnen sämtlich erörtert werden soll [...]. Wenn ein Reichslehen frei wird, daß nicht ein römischer Kaiser oder König [...] allein dasselbe anderwärts zu übertragen Macht haben [3], sondern die Konzession dessen auf einem allgemeinen Reichstag debattiert und per majora ein solches Lehen [...] übertragen werden soll.

Georg Irmer, Die Verhandlungen Schwedens und seiner Verbündeten mit Wallenstein und dem Kaiser von 1631 bis 1634, Bd. 1 (Publikationen aus den preußischen Staatsarchiven, Bd. 35), Leipzig 1888, S. 127 ff.

[1] Verstand: Auslegung, Interpretation
[2] gemeint ist das „Restitutionsedikt“
[3] Bezug auf die Übertragung der Kurwürde von der Pfalz auf Bayern

a) Fassen Sie die Zielaussagen und Begründungen jeweils für sich zusammen.
b) Diskutieren Sie anhand der Textaussagen Kernpunkte des Konflikts und die Chancen für einen Ausgleich.

43 **Ergebnisse der Friedensverhandlungen in Münster und Osnabrück.** Der kaiserliche Hauptunterhändler, Graf Maximilian von Trautmannsdorff, sendet die Geheiminstruktionen, die er für die Verhandlungen erhalten hat, an den Kaiser zurück und schreibt dazu u. a. folgendes, 2. Februar 1649:

Allergnädigster Kaiser und Herr [...]
Da nunmehr durch die Gnade Gottes der teutsche Frieden geschlossen ist und derselbe größtenteils, sofern es E. K. M. betrifft, auf den Bedingungen beruht, die [...] zu Münster und Osnabrück ausgehandelt wurden, so will ich hiermit E. K. M. allergehorsamst in kurzer Form vortragen, was auf der Grundlage der geheimen Instruktion, die mir E. M. als dero höchsteigenes kaiserliches Handschreiben ausgehändigt hat, und der später noch ergangenen Befehle E. K. M. durchgesetzt worden ist.

Zum ersten befehlen E. K. M. in der genannten Instruktion vom 16. Oktober 1645, ich solle mich bemühen, vor allem die Stände des Reiches untereinander, sie als Gesamtheit aber mit E. K. M. zu einem Vergleich und einer Vereinbarung zu bringen. Auch wenn sich 1646 Kurbayern dieser Vorgehensweise heftig widersetzte, [...] so hat doch das Ergebnis selbst bewiesen, daß die Lösung der Frage der „Gravamina“[1] und der „Amnestie“[2], in der die Stände zufriedengestellt werden mußten, die Grundlage der Verhandlungen zu bilden hatte, und ohne sie wäre man auch nicht zu einem Friedensschluß mit den feindlichen Kronen [Frankreich und Schweden] gekommen. Es ist also in diesem Punkt E. K. M. Instruktion Genüge geschehen.

Im Punkte der „Amnestie" haben E. K. M. gnädigst eingewilligt, daß im Reich äußerstenfalls bis auf das Jahr 1618 zurückgegangen werden können. Es ist aber das Jahr 1624 [ausgehandelt worden], also 6 Jahre [zu Eueren Gunsten], dadurch ist die katholische Religion in der Oberpfalz erhalten worden [. . .].

Im Punkte „Gravamina" hätte, entsprechend der Instruktion, äußerstenfalls auch eine nach der Religion päritätische Besetzung der Assessoren im Reichshofrat[3] zugestanden werden können. Es ist aber das Ergebnis [für Euch] günstiger, denn es sind nur einige Reichshofräte augsburgischer Konfesseion vereinbart [. . .]. Insbesondere aber sind die Erzbistümer und Bistümer, die den Protestanten ohnehin nicht haben genommen werden können, ihnen und der Krone Schweden als Entschädigung [. . .] [zugestanden worden], dadurch ist aber viel Land und Leute katholischer Religion und auch E. K. M. selbst gehörende Lande [. . .] gerettet und über die Instruktion hinaus erhalten geblieben [. . .]. Hinsichtlich der Entschädigung für Schweden haben E. K. M. [in der Instruktion] einen Teil des Erzbistums Bremen neben ganz Pommern und Rostock zugestanden [. . .]. Es ist also [als Ergebnis der Verhandlungen] halb Pommern und Rostock erhalten geblieben [. . .]. Hinsichtlich der Entschädigung für Frankreich ist, über E. K. M. Instruktion hinausgehend, das Breisgau, die vier Waldstädte [Schweiz] und die Landvogtei Ortenau vor den Franzosen bewahrt worden [. . .]. Dadurch sind aber die Verhandlungen nicht verzögert worden, denn wegen der großen Hoffnung, welche Frankreich auf Neapel, Mailand und die Eroberung ganz Italiens, Schweden aber auf noch mehr Gewinne in Deutschland hatte, hätten sie auch mit den mir übermittelten äußersten Konzessionen nicht eher Frieden geschlossen, als es geschehen ist [. . .].

A. Reese, Pax sit Christiana. Die westfälischen Friedensverhandlungen als europäisches Ereignis. Historisches Seminar, Bd. 9, Düsseldorf 1988, S. 127 ff., Übertragung P. Völker

[1] Gravamina: „Beschwerden", d. h. vor allem Klagen der evangelischen Stände über Diskriminierungen bei der Stellenbesetzung an den Reichsbehörden

[2] „Amnestie": bezogen auf „Verstöße" gegen den Augsburger Religionsfrieden, d. h. konkret die Frage, bis zu welchem Zeitpunkt ab 1555 die Reformation oder Rekatholisierung eines Territoriums nicht angefochten werden durfte

[3] Oberstes Kaiserliches Gericht und zugleich Kaiserliche Regierungsbehörde, zuständig für die habsburgischen Erblande und das Reich in Lehens- und Strafsachen von Reichsunmittelbaren und in Kaiserlichen Reservatrechten

a) Stellen Sie die Ausgangsposition des Kaisers und die tatsächlich erzielten Ergebnisse einander gegenüber.

b) Diskutieren Sie die Frage nach dem „Sieger" bei den Verhandlungen und dem Verhältnis von Kaiser und Reich nach dem 30jährigen Krieg.

44 „Freud- und Friedenbringender Postreuter", Kopf eines Flugblatts aus dem Jahre 1648, in dem die wichtigsten Ergebnisse des Westfälischen Friedens verbreitet werden. *Erläutern Sie Inhalt und Symbolik des Bildes.*

Zur Diskussion

Das Deutsche Reich der frühen Neuzeit – ein Monstrum?

Eines der bekanntesten Urteile über das Alte Reich nach dem Westfälischen Frieden stammt von dem deutschen Staats- und Völkerrechtshistoriker Samuel v. Pufendorf (1632–1694): Von der Verfassung her gesehen sei es ein „Monstrum", weil es nicht in eines der antiken Muster für eine Staatsform einzuordnen sei. Diese Einschätzung setzte sich, verstärkt durch politische Wertungen, im 19. Jahrhundert fort, und erst in unserer Zeit werden ganz andere Fragen an die Geschichte Deutschlands seit dem Ende des 15. Jahrhunderts gestellt.

Um die Antworten zu verstehen, muß man nicht nur bedenken, daß Menschen generell dazu neigen, angesichts eigener Nöte und Probleme analoge Zustände in der Vergangenheit zu verklären (oder auch zu verdammen). Im vorliegenden Fall ist darüberhinaus wichtig zu wissen, daß zwei historisch-politische Kategorien im 19. Jahrhundert einen anderen Stellenwert hatten als in unserer Zeit:

– Der Wunsch nach einem nationalen Einheitsstaat hatte im 19. Jahrhundert unangefochten hohe Priorität, während nach den Schrecken der beiden Weltkriege heute die Gefahren des Nationalismus betont und das Deutsche Kaiserreich von 1871 vielfach als Unglück für die neuere deutsche Geschichte gewertet wird.

– Die Auffassung, daß nur ein „starker Staat" auch ein „guter Staat" sei, beherrschte das Denken fast aller Menschen im vorigen Jahrhundert. Nach den späteren Erfahrungen mit totalitären Regimen aber verbreitete sich immer stärker die Meinung, daß nur in der Zurückdrängung und Dezentralisierung staatlicher Macht die Voraussetzung für ein friedliches und tolerantes Miteinander gegeben sei.

45 1648 – ein Schmachfrieden für das Deutsche Reich?

a) Der Historiker Johannes Haller (1865–1947) urteilt in seinem 1923 erschienenen und immer wieder nachgedruckten Buch „Die Epochen der deutschen Geschichte":

In der Religionsfrage hat der Westfälische Frieden grundsätzlich nichts Neues gebracht: die Gleichberechtigung der Bekenntnisse blieb bestehen. Es handelte sich nur um die Abgrenzung des Besitzstandes. Sie wurde auf das Jahr 1624 als Normaljahr abgestellt [. . .]. Für den konfessionellen Gesichtspunkt also war der Krieg seit 1624 von kaiserlicher Seite her unnütz geführt worden.

Noch mehr bezüglich der Verfassungsfrage. Alle absolutistischen Anläufe der Kaiser waren abgeschlagen. Die Freiheit der Stände wurde ausdrücklich anerkannt, ihre Selbständigkeit sogar in der auswärtigen Politik in aller Form verbrieft durch Zuerkennung des [. . .] Bündnisrechtes. Es war die Vollendung der Landeshoheit; die Stände des Reiches waren selbständige Staaten, wenn auch nicht souverän. [. . .] Wer dieses Reich noch für einen lebendigen Staat gehalten hatte, konnte sich jetzt eines anderen belehren. Der Westfälische Friede ist der Totenschein des deutschen Reiches.

Also auch hinsichtlich der Verfassungsfrage hätte man sich die furchtbaren Opfer des Krieges ersparen können, und aufs neue erinnert man sich, daß er ja wesentlich durch das Eingreifen der spanischen Politik ausgebrochen und daß nur durch die langjährige Tätigkeit anderer fremder Mächte, Roms und der Jesuiten, die Voraussetzungen geschaffen waren, aus denen er überhaupt entstehen konnte. [. . .] Es war nur logisch, daß das Ausland den Gewinn aus dem Kriege davontrug. Die siegreichen Mächte, Schweden und Frankreich, forderten ihre Entschädigung. Sie brauchten sich damals noch nicht hinter dem Feigenblatt der „Wiedergutmachung" zu verstecken, man konnte zulangen, die Beute lag bereit [. . .]. Zugleich trat Frankreich auf als der Bürge der deutschen Reichsverfassung. Die einzige Urkunde, die in formeller Weise die Verhältnisse der Reichsstände zueinander und zum Kaiser [. . .] regelt, ist der Westfälische Friede [. . .]. Als ein Kampf für die Rechte und Freiheiten der Stände gegen die Versuche der Unterdrückung durch den Kaiser wurde der Krieg hier hingestellt, und das Ausland, der französische und der schwedische König, garantierten jetzt die „teutsche Libertät". Deutschland war sozusagen ein französischer Schutzstaat geworden und der französische König der ständige heimliche Gegenkaiser [...].

Johannes Haller, Die Epochen der deutschen Geschichte, 1961, S. 144–146

b) Der Historiker und Publizist Günter Barudio (geb. 1942) sagt in seinem Buch „Der Teutsche Krieg":

Der Text des Teutschen[1] Friedens liest sich wie ein Beichtspiegel. In jedem seiner Artikel scheint eine andere Flamme aufzuleuchten, die für jeden Einzelfall Visionen aus einer Vergangenheit des Schrekkens zu erkennen gibt [...]. Gleichzeitig vermitteln diese Zeichen der Aufklärung über eine der dunkelsten Epochen der teutschen und europäischen Geschichte ein Stück Hoffnung darauf, daß sich auch die Machtsünder durch eine Läuterung im Recht wieder zum Menschen erheben können.
Aus diesem Geist der Versöhnung, der im Vergessen und Vergeben die Erinnerung an die „Waffen des Rechts" pflegt, müßte der große Horizont unserer universal wirkenden National-Geschichte gestaltet werden. Denn der Teutsche Frieden von 1648 war ein revolutionäres Dokument im Dienste der Menschenrechte. Mit diesem konnte nicht nur der geistliche Vorrang der Römischen Universalkirche im weltlichen Bereich abgeschüttelt werden, sondern es wies auch im Sinne einer umfassenden *Rückkehr zum Recht* (revolutio) der politischen Aufklärung den Weg: Die Stationen 1688 in England, 1776 in Amerika, 1789 in Frankreich oder 1848 in Böhmen und in einzelnen Staaten des Deutschen Bundes bezeugen die Wirksamkeit dieses säkularen Friedens- und Freiheitswerkes.
Noch Martin Wieland hatte in weitgehendem Einverständnis mit seinen libertär gesinnten Zeitgenossen die historische Größe dieses Friedensschlusses erkannt. Unter dem Eindruck der Verfassungsbewegung in Frankreich spendete er 1791 [...] der frühen „Nationalversammlung zu Osnabrück" ein besonderes Lob. Bezeichnenderweise leitete er es aus den Bedingungen ab, die alle Machtverehrer und Wachstums-Anhänger als Ohnmacht oder Schwäche des *Teutschen Systems* ausgaben: „Es ist wahr, diese Art von Organisation [...] gibt ihm eine gewisse politische Schwere und Unbehilflichkeit in seinen Bewegungen [...]; es kann sich [...] weniger in die Angelegenheiten andrer Mächte einmischen, keine Eroberung machen und sogar sich selbst gegen auswärtige Angriffe nicht so bequem verteidigen als bei einer anderen Konstitution [...]." Dafür aber sichere diese Friedensordnung „unser unaufhaltsames Fortschreiten in allem, was unsern Wohlstand noch um manche Stufe erhöhen kann".

Günter Barudio, Der Teutsche Krieg, Frankfurt a. M. 1985, S. 592 f.

[1] mit „teutsch" bezeichnet der Autor das Alte Reich bis 1806

a) Erarbeiten Sie, ausgehend von den Kernaussagen der Texte, die Standpunkte, die die beiden Autoren gegenüber der Verfassung des Reiches nach dem Westfälischen Frieden einnehmen.

b) Diskutieren Sie die Kriterien, nach denen die Autoren jeweils urteilen, und bilden Sie sich – mit Hilfe dieser Kursmaterialien und anderer Informationen – eine eigene Meinung zur Bedeutung des Westfälischen Friedens.

46 Das Alte Reich und die deutsche Geschichte

a) Der Rechtshistoriker Hans Boldt (geb. 1930) urteilt:

Während der Zeit, in der sich die Territorien herausbildeten und zu modernen Staaten entwickelten, hat auch das Reich fortexistiert. Es ist nicht ein bloßes Überbleibsel aus einer vergangenen, der mittelalterlichen Epoche gewesen, ein Petrefakt, sondern besaß weiterhin wichtige Funktionen, bis zu einem gewissen Grade die Macht, sie wahrzunehmen, und die Fähigkeit, sich veränderten Bedingungen anzupassen [...]. Neben der Schutzfunktion ist die Gestaltungsfunktion zu erwähnen. Sie entsprang zum einen der Lehnshoheit des Reiches über die Territorien, die trotz ihrer selbständigen Entwicklung weiterhin als Reichslehen galten und daher z. B. beim Aussterben einer Dynastie an andere Dynastien und fremde Landesherren vergeben werden konnten. Auf diese Weise ließ sich vom Reich aus, insbesondere durch die Vergabe von Lehnsanwartschaften, Territorialpolitik betreiben, wenn

auch in einer zunehmend durch dynastische Erbfolgeregelungen und Erbverbrüderungen eingeschränkten Form. Daneben kam aber auch die Gestaltungsfunktion des Reiches in seiner Gesetzgebung zum Ausdruck. Wie bei den Territorien ließ sie sich als moderne Form der Rechtsetzung aus der Jurisdiktionsgewalt ableiten.
Das Reich ist in all diesen Funktionen konkurrierend mit den Territorien tätig gewesen, konnte zeitweise eine führende Position wahren und vermochte auch seine Organisation neuen Erfordernissen anzupassen [. . .]. Trotz aller Modernisierung läßt sich aber nicht leugnen, daß, aufs Ganze gesehen, die Effizienz der Reichstätigkeit mit der Zeit abnahm, daß es in seiner äußeren Entwicklung schließlich zu keiner Erweiterung seiner Funktionen und seiner Machtstellung mehr kam und daß es auch organisatorisch hinter den im Ausland und in den eigenen Territorien erreichten Standards zurückblieb. Das Reich blieb letztlich amodern und wurde zunehmend führungsunfähig – dies unbeschadet einzelner bedeutender Kaiser, die sich indessen nie endgültig gegenüber den Reichsständen, den Territorialherren, durchzusetzen vermochten und selbst aus ihren Reihen stammten, mit den gleichen partikular-territorialstaatlichen Interessen.

Hans Boldt, Deutsche Verfassungsgeschichte Bd. 1, München, 2. Aufl. 1990, S. 247 f.

b) Der Historiker Ferdinand Seibt (geb. 1927) stellt bei einem Blick auf das Deutsche Reich im Jahre 1475 fest:

Das Reich [. . .] erscheint [. . .] als ein heiliger Nachbarschaftsverbund. Wir können das nicht recht definieren mit der Sprache unserer Gegenwart, weil uns Staatlichkeit als die einzige Instanz für alle öffentliche Gewalt erscheint. Eine solche Staatlichkeit, wie sie im Trend der Zeit und vornehmlich in Frankreich unter Karl VII. und Ludwig XI. aufgebaut wurde, erfaßten und bildeten in Deutschland die Landesfürsten. Hier muß man sogar von einer gewissen Überlegenheit sprechen, von der besseren Funktion ihrer Behörden auf kleinem Raum, dem Finanzwesen, der Justiz, der Polizeigewalt, ausgeübt von Amtmännern, aber natürlich noch ohne Trennung einzelner Funktionen, wie sie erst im 18. Jahrhundert Montesquieu propagierte. Auf kleinem Raum also überlegen, dezentralisiert und durch die „selbständigen“ Fürsten oft mit mehr Engagement kontrolliert, als man das von den Statthaltern im zentralistischen französischen Nachbarland verlangen konnte, war die deutsche Staatlichkeit dem zentralistischen Trend in vielem um ein Stück voraus. Dies hat uns Deutschen im Laufe der nächsten vierhundert Jahre Staatlichkeit besonders gut eingeprägt. Ein sicher nicht ganz zweifelsfreies Lob auf die landesfürstliche Politik, aber es trifft eine Eigenheit der deutschen Geschichte bis zum Ende des Reiches von 1806, und die Auswirkung läßt sich ebenso deutlich beobachten. Die vielberufene und umrätselte deutsche Staatstüchtigkeit, nicht als „Nationalcharakter“, sondern als gesellschaftliche Einstellung aus Gewöhnung, hat wohl in dieser fürstlichen Tätigkeit ihren Ursprung. Auch manches freilich, was unser Verhältnis zu den öffentlichen Dingen heutzutage belastet.

Ferdinand Seibt, Glanz und Elend des Mittelalters, München 1987, S. 502 ff.

a) Fassen Sie den Gedankengang der Texte jeweils in Thesen zusammen und vergleichen Sie die vorgenommenen Akzentuierungen.
b) Setzen Sie sich mit den Überlegungen Seibts zu den historischen Auswirkungen der Reichsverfassung auseinander.

♦

1. *Untersuchen Sie die Bedeutung von politischem Machtstreben, wirtschaftlich-finanziellen Sachzwängen und religionspolitischen Beweggründen für die Verfassungsentwicklung im Heiligen Römischen Reich Deutscher Nation.*
2. *Diskutieren Sie die Merkmale und die Bedeutung des Dualismus zwischen dem herrschenden Fürsten und den zu seinem Herrschaftsgebiet gehörenden Ständen für die Ausbildung der Staatsgewalt in den Territorien und im Deutschen Reich als ganzem.*
3. *Erörtern Sie, ausgehend von Ihren Kenntnissen über den Stadtstaat Florenz, die Frage, welchen Grad von Modernität die Entwicklung in den Territorien erreichte.*
4. *Legen Sie begründet dar, welchem der modernen Wertungsansätze Sie sich am ehesten anschließen könnten.*

III. Anfänge frühmoderner Territorialstaaten in Westeuropa

Das Ende des 15. Jahrhunderts bedeutete für die Königreiche in Westeuropa einen Wendepunkt in ihrer historisch-politischen Entwicklung: Mit Ludwig XI. von Frankreich, Heinrich VII. Tudor von England und Ferdinand II. von Aragon gelangten Herrscherpersönlichkeiten auf den Thron, die im Laufe ihrer Regierung mit erheblichem Erfolg daran arbeiteten, die „Einheit“ ihres Königreichs nach innen und außen zu sichern, also ständische und andere Sondergewalten zurückzudrängen und die äußeren Grenzen zu arrondieren. Nach dem heutigen Stand der wissenschaftlichen Diskussion ist es selbstverständlich, die Versuche, die königliche Macht zu zentralisieren, nicht allein aus der Person des Herrschers herzuleiten. Vielmehr geht es darum, die Strukturen aufzudecken, die den „Trend“ zum frühmodernen Fürstenstaat in diesen Königreichen begünstigten – also die historisch-politischen, wirtschaftlich-sozialen und geistigen Voraussetzungen –, aber auch Widerstände und alternative Möglichkeiten zu betrachten, die den jeweils unterschiedlichen Weg zur Vormacht des Königs erklären.

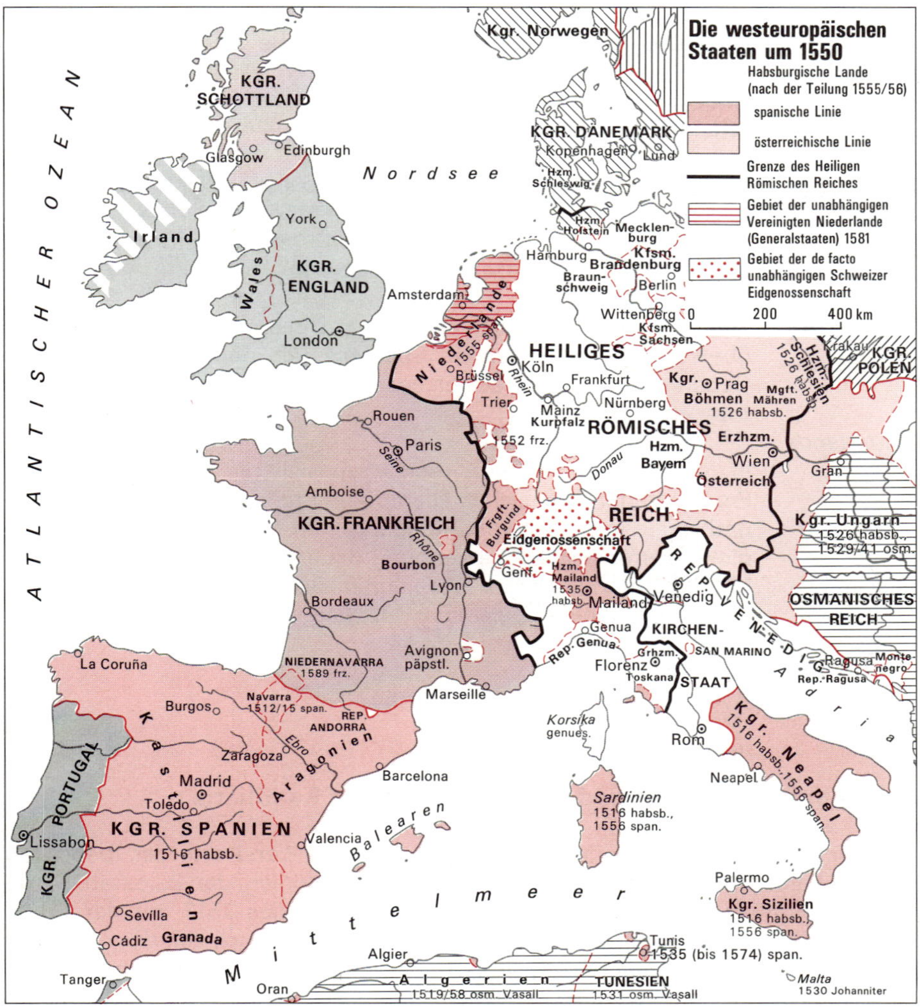

47 Westeuropa um 1550.
Vergleichen Sie die westeuropäischen Königreiche und das Deutsche Reich (s. Karte S. 30) hinsichtlich ihres Großmachtstatus.

Frankreich	
1461–1483	Ludwig XI. baut die Grundlagen für eine straffe zentrale königliche Herrschaft und Verwaltung gegenüber den mächtigen Kronvasallen weiter aus.
1515–1547	Franz I. regiert als nahezu unumschränkter Renaissance-Fürst. In einer Kette von Kriegen versucht er, eine habsburgische Hegemonie Karls V. zu verhindern.
1598	Heinrich IV. (1589/93–1610) beendet mit dem Kompromiß des Edikts von Nantes eine dreißigjährige Epoche blutiger religiös-politischer Bürgerkriege; er festigt dadurch die Stellung der Krone erneut.
England	
1485	Heinrich VII. Tudor wird nach verheerenden Kämpfen innerhalb des englischen Hochadels zum Symbol für eine neue innere Einheit. Er begründet eine starke königliche Gewalt. Heinrich VIII. (1509–1547) wird Oberhaupt einer refomierten englischen Staatskirche.
1558–1603	Elisabeth I. fördert die Entwicklung Englands zur See- und Kolonialmacht; der Sieg über eine spanische Großflotte („Armada", 1588) wird einer der Grundsteine für die britische Großmachtstellung.
Spanien	
1479	Isabella, Königin von Kastilien, und Ferdinand, König von Aragon, seit 1469 ein Paar, vereinigen ihre spanischen Teilkönigreiche personell.
1492	Eroberung Granadas. Damit werden die letzten Reste des Maurenreichs auf spanischem Boden beseitigt (Ende der Reconquista). Mit der Entdeckung Amerikas durch Christoph Kolumbus beginnt die Eroberung Amerikas (Conquista) und Spaniens Aufstieg zur Kolonialmacht.
1556–1598	Philipp II. herrscht uneingeschränkt über die europäischen und überseeischen Besitzungen Spaniens. Als politischer Führer der Gegenreformation strebt er eine spanische Hegemonie über Europa an.
Niederlande	
1579	In der „Utrechter Union" schließen sich die sieben nördlichen Provinzen der Spanischen Niederlande zu einem Staat zusammen und sagen sich 1581 von der spanischen Krone los. Ihr Kampf um die völkerrechtliche Anerkennung dauert bis 1648.
1602	Mit der Gründung einer „Vereinigten Ostindischen Kompanie" beginnt die koloniale Expansion der Niederländer in Hinterindien.

1. Zentralisierung in Spanien und Frankreich

1.1. Spanien – Einheit bedeutet Übergewicht Kastiliens

Reichsbildungen und Reconquista

Zu Beginn des 16. Jahrhunderts zeigte die politische Landkarte der iberischen Halbinsel drei Königreiche: Portugal, Aragon (mit Katalonien, den Balearen, Sardinien und Sizilien) und Kastilien mit Leon (dazu kam das 1512 mit der Krone Kastiliens in Personalunion vereinigte Navarra). Sie hatten sich seit dem 10. Jahrhundert als Bollwerk gegen die muslimischen Mauren aus Grenzmarken des Frankenreiches gebildet und waren gewachsen, indem sie das maurische Herrschaftsgebiet allmählich nach Süden zurückdrängten. Während dieser Ausdehnung, die von den Christen „Reconquista" (Rückeroberung) genannt wurde, entstand ein ausgeprägt christliches Zusammengehörigkeitsgefühl: die Grundlage für ein spanisches Nationalbewußtsein trotz aller Unterschiede, die hinsichtlich Sprache, Wirtschaftsstruktur und innerer Entwicklung zwischen den Teilkönigreichen bestanden. Die Vorstellung, für den „reinen (katholischen) Glauben" und das „reine (spanische) Blut" zu kämpfen, förderte allerdings eine Denkweise, die wir heute als „rassistische Ideologie" bezeichnen würden. Sie richtete sich in den Städten gegen die Nachkommen der Muslime und gegen die Judengemeinden, äußerte sich aber auch als Mißtrauen gegen den Hochadel, der vielfach mit muslimischen Fürstenfamilien verbunden war. Insofern bildete die Reconquista später ein Instrument für die Könige im Kampf gegen den Hochadel, sie wurde aber auch Grundlage eines spanisch-kastilischen „Herrenbewußtseins" in den Kolonien.

Die Vereinigung der spanischen Königreiche

Die Heirat der kastilischen Thronerbin Isabella und des aragonesischen Kronprinzen Ferdinand (1469) legte den Grundstein für einen personellen Zusammenschluß der spanischen Königreiche (1479). Kastilien und Aragon hatten getrennte Ständeversammlungen („Cortes") und Behörden, wurden aber von der Person der beiden Monarchen zusammengehalten. Isabella und Ferdinand verfolgten vor allem eine gemeinsame Außenpolitik. So führten sie elf Jahre Krieg gegen das islamische Königreich Granada, bis 1492 Granada fiel. Im selben Jahr ließen sie Schiffe für die erste Entdeckungsfahrt des Kolumbus bereitstellen; und 1525 gelang es, Navarra endgültig gegen französische Ansprüche Kastilien anzugliedern. Die Tochter des Königspaares, Johanna, vereinigte in Personalunion die beiden Königreiche und ihre außerspanischen Besitzungen; Kastilien wurde politisch, wirtschaftlich und selbst hinsichtlich der Sprache zum dominierenden Faktor in der Geschichte des Gesamtreiches. Johannas Sohn und Erbe, Karl, wurde 1516 König Spaniens, 1519 als Karl V. auch König und Kaiser (1530) des Heiligen Römischen Reiches. Er brachte von seinem habsburgischen Vater die niederländisch-burgundischen Lande als Erbe in den Komplex der spanischen Besitzungen ein, aber auch die Belastung ständiger Kriege, die er um dieses Erbe gegen den französischen König Franz I. auszufechten hatte (▷ S. 45).

Zentralisierung und Stärkung der Königsherrschaft

Bereits Isabella und Ferdinand war es gelungen, das Gewicht des Königtums gegenüber dem Hochadel zu vergrößern: Wachsende Einkünfte aus den neuen Kolonien ermöglichten es, anstelle des Adelsaufgebots ein stehendes Söldnerheer aufzubauen, in dem vor allem Kleinadlige („Hidalgos") Ruhm und Reichtum im Dienste der Krone erwerben konnten. Königliche Verwaltungsbeamte in den großen Städten („Corregidores") und eine gute funktionierende Landpolizei („Santa Hermandad") verbesserten Rechtssicherheit und Rechtsgleichheit vor allem der kleinen Leute und stärkten das Ansehen der Krone. Die Hochadligen („Granden") konnten nun auch mit Hilfe der Städte und ihrer Bürger gezwungen werden, unrechtmäßig angeeignetes Krongut zurückzugeben. Als äußeres Zeichen ihrer Unterwerfung hatten sie darin einzuwilligen, daß die Großmeisterwürde der drei kastilischen Ritterorden auf den Monarchen überging. Die Adelsrechte in den Cortes wurden ebenfalls beschnitten, und schließlich gelang der Aufbau einer zentralen königlichen Verwaltung, in der bürgerliche und kleinadlige Juristen zu Führungspositionen aufsteigen konnten.

Die Alleinherrschaft Philipps II.

Auf diesen Grundlagen aufbauend, setzte Karls Sohn und Nachfolger Philipp II. (1556–1598) nahezu schlagartig eine beinahe uneingeschränkte zentralisierte Königsherrschaft durch. Er selbst stellte sich an die Spitze einer alles umfassenden, gut organisierten Bürokratie, mit der er sein riesiges Reich (seit 1580 vergrößert um Portugal und seine Kolonien) überzog: Unermüdlich Berichte lesend und Anordnungen unterschreibend, wollte er vom Schreibtisch aus selbst kleinste Regierungs- und Verwaltungsangelegenheiten persönlich entscheiden. Das zweite wesentliche Merkmal seiner Regierungstätigkeit war eine leidenschaftliche per-

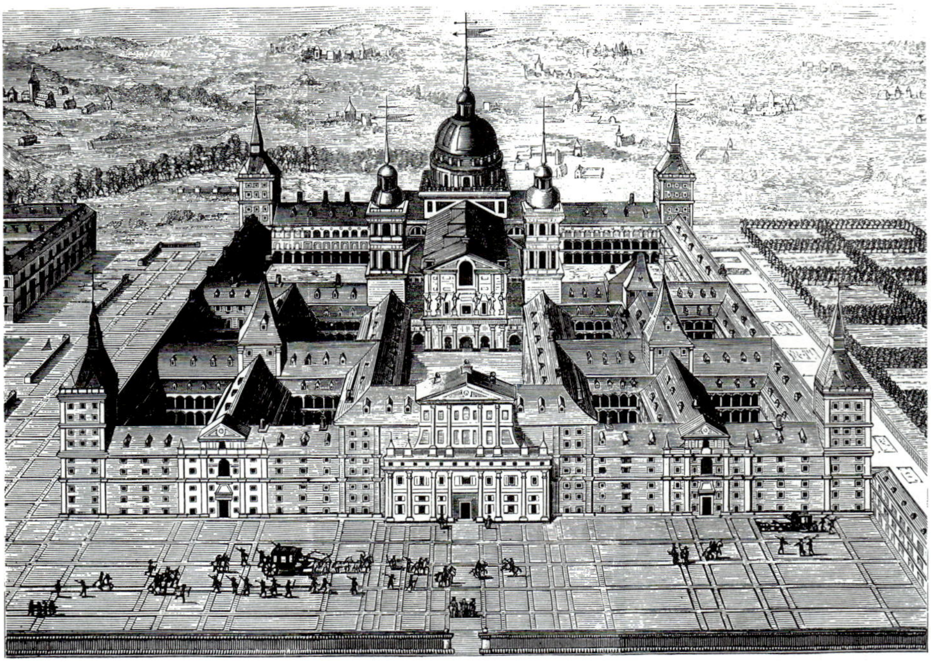

48 Der Escorial, Residenz, Kloster und Grabstätte Philipps II., erbaut 1563–1584 in einer einsamen Ebene nordwestlich der neuen Hauptstadt Madrid. Zeitgenössischer Stich. *Welche Vorstellungen von seinem Herrscheramt wollte Philipp II. in der Palastanlage zum Ausdruck bringen?*

sönliche Frömmigkeit, die er unerbittlich auf die Politik übertrug. Sein oberstes Ziel war es, Einheit und Reinheit des katholischen Glaubens zu sichern. So ließ er, wie bereits seine Vorgänger, Juden und Mauren ohne Rücksicht auf die wirtschaftlichen und sozialen Kosten durch die Inquisition verfolgen und führte einen ruinösen Krieg gegen die „Ketzer" in den Niederlanden (▷ Kap. III.3). Er verstand sich als politischer Vorkämpfer der Gegenreformation in Europa, aber nicht im Dienste des Papstes, sondern des Glaubens, und er scheute sich nicht, den jeweiligen Papst deutlich zu kritisieren, wenn er glaubte, die Kurie unterstütze ihn aus politischen Gründen nicht hinreichend in seinem Kampf gegen den Calvinismus in Frankreich, England und den Niederlanden. In den Augen der Spanier verkörperte er das, was man heute „Nationalcharakter" nennen würde: Stolz und Glaubenseifer. Damit wirkte er, auch wenn es ihm nicht gelang, Spanien organisatorisch-politisch zu einem Einheitsstaat zu formen, als eine politisch-moralische Intergrationsfigur seines Reiches. Nach außen hin wurde seine Regierungsweise Vorbild für viele europäische Fürsten, die eine Zentralisierung ihrer Herrschaft anstrebten. Überall in Europa ahmte man das „spanische Hofzeremoniell" nach, und die steife schwarze Hoftracht des Monarchen bestimmte die Mode an den Fürstenhöfen.

Inquisition: Gegenüber der mittelalterlichen Inquisition, die ein Kirchengericht gewesen war, stellte die 1478 in Spanien eingerichtete Inquisition den Versuch dar, ein „Staatskirchentum" aufzubauen: An der Spitze eines über ganz Spanien ausgebreiteten Systems von Inquisitionsgerichtshöfen stand ein Großinquisitor als Vorsitzender einer zentralen Ratsbehörde. Er wie die Ratsmitglieder wurden von der Krone ernannt. Ihre Aufgabe war es, Ketzerei, d. h. tatsächliche oder vermeintliche Abweichungen vom christlichen Glauben aufzuspüren und zu bestrafen. Betroffen waren in Spanien vor allem die zum Christentum übergetretenen Mauren und Juden, nach der Reformation aber auch Anhänger der evangelischen Kirchen in den Niederlanden. Die Gerichtshöfe arbeiteten nach dem Prinzip der Denunziation und geheimer Prozesse; der Grundsatz, daß nur ein geständiger Angeklagter verurteilt werden dürfe, wurde wegen der Androhung oder des Einsatzes der Folter zur Farce. Der Tod auf dem Scheiterhaufen („Autodafé = „Akt des Glaubens") war eine öffentliche Demonstration staatlicher Macht als Garant der Einheit und Reinheit des Glaubens.

1.2 Frankreich – ein langer Kampf zwischen Krone und Hochadel

„Einheit" und „Vielheit" als historisches Erbe

Im Gegensatz zu Spanien war Frankreich seit den Tagen der Karolinger ein einziges Königreich mit nur einem Monarchen, stets aus der Dynastie der Kapetinger (987–1328) oder deren nachfolgenden Verwandten (Valois, 1328–1589, Bourbon, 1589–1792). Seit Begründung des Frankenreiches durch die Merowingerkönige wurde dem Monarchen eine besondere „Geblütsheiligkeit" zugeschrieben und bei der traditionellen Krönung in der Kathedrale von Reims immer wieder erneuert. Lehnsrechtlich waren alle Vasallen seit dem Hochmittelalter durch einen Treueid direkt an den König gebunden, doch sagt dies noch nichts aus über die tatsächliche Macht der Könige oder die Einheit des Reiches.
Auch in Frankreich standen die Krone und die Großvasallen in einem immer wieder erneuerten Machtkampf. Entscheidend war dabei jeweils, ob es einem König gelang, die Einhaltung der Lehnsverpflichtungen gegenüber den Großen des Reiches durchzusetzen. Denn das Königsgut beschränkte sich auf die Stadt Paris und ihre nähere Umgebung („Île de France"), während viele Herzogtümer, Grafschaften und Lehnsbesitzungen der männlichen Verwandten („Prinzen von Geblüt") größer und wirtschaftlich bedeutender waren. So erklärte es sich, daß bis gegen Ende des 15. Jahrhunderts ganze Regionen des „Frankenreiches" („regnum Francorum") nur nominell der Krone unterstanden – z. B. die geographisch abgelegene Bretagne oder Flandern und Burgund. Der Süden Frankreichs war ohnehin durch Sprache („langue d'Oc") und Rechtsentwicklung (Römisches Recht) fast so etwas wie ein Reich im Reiche, und der gesamte Südwesten war seit Ende des 12. Jahrhunderts durch eine Erbheirat in Personalunion mit der englischen Krone verbunden. Die englischen Könige waren um vieles mächtiger als ihr französischer Lehnsherr; und sie waren die „natürlichen" Verbündeten anderer Großvasallen, die nach Unabhängigkeit strebten. Insofern bedeutete das Ende eines generationenlangen Erb- und Machtkrieges (Hundertjähriger Krieg, 1337–1453) zwischen den beiden rivalisierenden Dynastien auch einen Wendepunkt der Geschichte Frankreichs: Die englischen Besitzungen in Frankreich wurden – bis auf Calais – aufgegeben, und das war für den französischen König neben dem Sieg über einen äußeren Feind zugleich ein wichtiger Gewinn gegenüber den unbotmäßigen Großvasallen.

Ludwig XI.

Der erneute Machtanstieg der Krone und der Beginn des frühmodernen Fürstenstaates werden häufig mit der Person König Ludwigs XI. (1461–1483) verbunden. Besonders in älteren Geschichtsdarstellungen werden seine Bemühungen, die Vormacht der Krone gegenüber den Großen des Reiches mit Hilfe einer zentralisierten Verwaltung durchzusetzen, als „brutal und verschlagen, geschmeidig und zäh" charakterisiert. In der Tat erscheint Ludwig XI. als skrupelloser Machtpolitiker im Sinne Machiavellis, wenn er z. B. 1461 eine äußerst gefährliche Adelsrevolte dadurch überwand, daß er den Forderungen anfänglich weitgehend nachgab, dann aber die Gegensätze innerhalb der „Liga für das Gemeinwohl" („Ligue du Bien public") und zwischen der Liga und den Stadtbürgern und Kleinadligen ausnutzte. Bei seinem erfolgreichen Versuch, die königliche Justiz und Verwaltung auszubauen und dadurch die Einheit des Reiches zu stärken, kam ihm ein historischer Zufall zu Hilfe: Seine Hauptgegner unter den Fürsten schieden durch den Tod aus dem Ringen um die Macht aus. Am bedeutungsvollsten war die tödliche Verwundung, die der burgundische Herzog Karl der Kühne (1467–1477) in einer Schlacht gegen ein Heer unter Führung der Schweizer Eidgenossen erlitt. Denn nun erlosch im Mannesstamm das Fürstenhaus, das mehr als einhundert Jahre lang der mächtigste französische Konkurrent der Krone gewesen war. Der größte Teil des Herzogtums Burgund fiel allerdings auf dem Erb- und Heiratswege an Maximilian von Habsburg und wurde zum französisch-habsburgischen „Zankapfel" für die nächsten Generationen (▷ S. 45, 67).

Historische Grundlagen

In der neueren Geschichtsforschung werden sehr viel stärker als die persönlichen Eigenschaften Ludwigs XI. die historischen Bedingungen und Grundlagen hervorgehoben, die seine Erfolge erst ermöglichten:

– Die französischen Könige waren, da die Einkünfte der Krongüter nie zur Finanzierung ihrer Politik ausreichten, grundsätzlich darauf angewiesen, von den Ständeversammlungen Steuern bewilligt zu bekommen. Die Stände aber – Geistlichkeit, Adel und Vertreter des „Dritten Standes" der Stadtbürger – verfolgten nur selten gleichartige Interessen, zumal sie in der Regel als Provinzialstände und nicht als Generalstände von ganz Frankreich zusammentraten. Somit war es leicht möglich, Ständegruppen gegeneinander auszuspielen.

– Seit Beginn des 13. Jahrhunderts war die königliche Rechtsprechung und Verwaltung als Vorrecht gegenüber den adligen Sonderrechten durch gelehrte Juristen („Legisten") theoretisch abgesichert worden; die Räte an den königlichen Obergerichten („Parlements") hatten die Aufgabe, die Rechtmäßigkeit königlicher Gesetze zu überprüfen und die Rechte der Krone nach außen hin zu vertreten.

– Die Könige waren zu Herren einer französischen Nationalkirche geworden. Seitdem von 1309–1376 französisch gesinnte Päpste in Avignon residiert hatten, waren auch Selbstbewußtsein und Eigenständigkeit der französischen Bischöfe gewachsen. Ludwigs XI. Vater, Karl VII. (1422–1461), hatte 1438 eine Synode nach Bourges einberufen lassen, auf der in feierlicher Rechtssatzung („Pragmatische Sanktion") festgestellt wurde, daß die Besetzung der französischen Bistümer durch den König und die Prälaten zu erfolgen habe.

– Bereits Ludwigs XI. Vorgänger hatte sich um Förderung und Sicherung der städtischen Wirtschaft bemüht – selbstverständlich auch aus eigenem Interesse an regelmäßigen Steuereinkünften. Besonders der Hundertjährige Krieg hatte dazu beigetragen, die Krone als Garanten von Ruhe und Sicherheit – Voraussetzung jeder florierenden Wirtschaft – gegen die Friedlosigkeit und Sonderinteressen der Fürsten erscheinen zu lassen. Stadtbürger, bürgerliche Juristen und Verwaltungsbeamte bildeten die wichtigste soziale Stütze des Königtums gegen den Adel.

– Der Adel war in seiner militärischen Funktion durch die Entwicklung der Söldner-Infanterie und der Feuerwaffen bedeutungslos geworden und damit auch politisch-sozial geschwächt. So kam es, daß vor allem Kleinadlige zunehmend in den Dienst der Krone traten, als königliche Richter oder Provinzgouverneure, aber auch als Offiziere in den „Ordonanzkompanien", die bereits Karl VII. als stehendes köngliches Heer aufgestellt hatte.

– Das Ansehen der Krone und ein französisches Nationalgefühl gegenüber den Engländern war im Hundertjährigen Krieg vor allem durch das Auftreten der Jeanne d'Arc (1412–1431) gewachsen. Die religiöse Begeisterungsfähigkeit der „Jungfrau von Orléans" hatte militärische Erfolge gegenüber dem englischen Heer, vor allem aber die Krönung Karls VII. in Reims ermöglicht. Im Bewußtsein auch vieler kleiner Leute verkörperte der König seitdem die Hoffnung auf die innere und äußere Einheit des Reiches.

Stabilisierung der Grundlagen

Die Stabilität der Königsmacht zeigte sich bereits kurz nach dem Tode Ludwigs XI.: Eine Adelsrevolte gegen seinen minderjährigen Sohn im Jahre 1484 wurde durch die Loyalität der in Tours versammelten Stände zunichte gemacht. Um die Wende zum 16. Jahrhundert starben weitere oppositionelle Adelsfamilien aus, ihr Lehnsbesitz fiel an die Krone zurück. Den Kleinadligen in königlichen Diensten näherte sich eine neue gesellschaftliche Gruppe an, Männer bürgerlicher Herkunft, die in königlichen Diensten zu „Amtsadligen" („noblesse de la robe") aufgestiegen waren, die ihre Ämter pachten, kaufen oder sogar (gegen Geldzahlungen) innerhalb ihrer Familie vererben durften. Ihr Reichtum erlaubt es ihnen, in der Stadt Adelspaläste zu kaufen oder adlige Landgüter zu erwerben. Ihre Zahl stieg beträchtlich unter der Regierung Franz I. (1515–1547), der den Ämterverkauf forcierte, um seinen prächtigen Renaissance-Hofstaat unterhalten zu können und die Kriege gegen Karl V. (▷ S. 45) zu finanzieren. Zusammen mit einer starken Gruppe waffentragender Adliger von Geburt („noblesse de l'épée") vereitelten die Neuadligen alle Versuche habsburgischer Diplomaten, eine innerfranzösische Opposition gegen den König aufzubauen.

„Paris ist eine Messe wert"

Die Fundamente von Königreich und Königsherrschaft blieben auch erhalten, als Frankreich für eine ganze Generation in einen religionspolitischen Bürgerkrieg mit einer Kette überaus brutaler Kämpfe stürzte. In den Hugenottenkriegen (1562–1598) ging es vordergründig darum, die Ausbreitung des calvinistischen Glaubens in Frankreich einzudämmen bzw. die bestehenden Gemeinden der französischen Calvinististen, der Hugenotten („Eidgenossen"), gegen Übergriffe der Katholiken zu schützen. Tatsächlich aber wurden die sozialen und politischen Spannungen, die zwischen den Anhängern der beiden Konfessionen bestanden – hugenottisch waren vor allem Bürger und Kleinadlige in Südwestfrankreich –, verschärft durch den Versuch der beiden Religionsgruppen, Einfluß auf die Regierung zu gewinnen. Denn durch einen unglücklichen historischen Zufall waren zwei der Söhne Heinrichs II. und Katharinas von Medici (▷ S. 15) körperlich und geistig kränkelnde Männer, die als Kind zur Regierung kamen und jung ohne Erben starben. Vormundschaftsregierungen, Intrigen und Machtkämpfe bei Hofe waren die Folge; die Königinmutter bildete den beständigen Kern der anti-hugenottischen Partei, und sie wurde unterstützt durch Philipp II. von Spanien. Erst als Heinrich von Navarra, Führer der Hugenottenpartei und als Schwiegersohn Katharinas zur Thronfolge berechtigt, unter höheren politischen Gesichtspunkten zum Katholizismus übertrat („Paris ist eine Messe wert", soll er gesagt haben), konnte er 1589 den Thron besteigen und die innere Einheit des Königreiches schrittweise wiederherstellen. Als König Heinrich IV. (1589–1610) versuchte er vor allem, das Verhältnis zwischen seinen ehemaligen hugenottischen Glaubensbrüdern und der katholischen Staatsreligion auf eine dauerhafte rechtliche Grundlage zu stellen. Er erreichte 1598 mit einem in Nantes erlassenen Toleranzgesetz, daß die Hugenot-

49 Das Massaker an den Führern der Hugenotten in Paris in der Nacht des 24. August 1572 (Bartholomäusnacht); anonymer Druck, erschienen kurz nach dem Ereignis. Das Flugblatt kombiniert das Attentat auf Admiral Coligny, den Führer der Hugenotten, am 22. (linke Hälfte) mit der Ermordung des Verwundeten und vieler seiner Glaubensgenossen am 24. August. *Diskutieren Sie anhand des Bildes über den Zusammenhang von religiösem und politischem Fanatismus.*

ten ihre Religion frei ausüben und befestigte Plätze zu ihrem Schutz besitzen durften. Damit entstand in Frankreich eine Art von zweiter Staatskirche, allerdings minderer Rechtsstellung.

Die Krone als Garant der Einheit

Das Edikt von Nantes zeigte auch einen zunehmenden Konsens darüber, daß die Institution des Königtums und nicht mehr die Person des Königs Einheit und Frieden gewährleisten sollte. Heinrich IV. bewies nach Meinung vieler Historiker ein besonderes Geschick, die Chancen seines Neuanfangs zur Stärkung der Königsmacht zu nutzen. Vor allem sorgte er mit Hilfe fähiger Berater („Minister") dafür, daß Verwaltung und Finanzwesen wieder arbeitsfähig wurden, staatliche Unterstützung für die Wiederbelebung der Wirtschaft erfolgte und der königstreue, reformbereite Teil des katholischen Klerus gegen die fanatisch gegenreformatorischen Kräfte gestärkt wurde. Und nicht zuletzt bewirkte er durch eine kluge Kombination militärischer und diplomatischer Maßnahmen, daß Frankreich von der spanischen Intervention befreit und wieder zu einer wichtigen Macht in Europa wurde. Auch nachdem Heinrich IV. 1610 von einem religiösen Fanatiker ermordet worden war, blieb die Stärke des Königtums erhalten: 1614/15 wehrten bei einer Versammlung der Generalstände die Vertreter von Klerus und Bürgertum gemeinsam erneute Machtansprüche einer Adelsgruppe ab und schufen damit die Voraussetzung für die kraftvolle Regentschaft des Kardinals Richelieu (▷ S. 128, 133).

50 **Philipp II. – ein Alleinherrscher?** Gesandtenberichte über die Person und Regierungsweise Philipps II.

a) Der florentinische Gesandte schreibt 1587:

Mit den Untertanen ist er in dieser Weise verfahren, daß er, wohl wissend, daß die Königreiche von Kastilien die Grundlage seiner Macht seien, hier seine Residenz errichtet hat. Daher ist es gekommen, daß diese Provinz, gewohnt, den König mehr zum Kameraden als zum absoluten Herrn zu haben, den Nacken gebeugt hat und ihm wirklich unterwürfig und treu geworden ist, was zum Anfang nicht war, als ein Kondestable[1] von Kastilien es wagte, sich Kaiser Karl zu widersetzen. Aber was jener durch die Beschäftigung in den Kriegen nicht gekonnt hat, das hat der Sohn getan, indem er, Stück für Stück, den Großen die Autorität nahm, dadurch, daß er sie ganz den Gesetzen der anderen unterwarf[2] und Vergehen bei ihnen ebenso bestrafte wie bei Niedrigen, so daß die Wildesten, durch diese Schläge zu Boden geworfen, und weil sie nicht in wichtigen Angelegenheiten verwandt wurden[3], weder Gedanken noch Einfluß hatten, im Augenblick einen Aufstand zu machen. Und die Gegenwart des Königs, begleitet von Streitkräften der anderen Königreiche, ließ auch der Einbildungskraft keinen Raum, an Umsturz zu denken. Außerdem fand er schon mit der Krone verbunden[4] die drei Ritterorden von Santiago, Alcántara und Calatrava, die ihm die Möglichkeit gaben, Diener zu belohnen. Und die Erzbischöfe, so reich, daß sie früher mit dem König zu wetteifern wagten, heute von ihm ernannt und ausgewählt nicht mehr aus den Vornehmsten und Mächtigsten, sondern aus den Gebildetsten, Ruhigsten und Zuverlässigsten, sie sind diejenigen, die vor allen anderen seine Größe lieben und unterstützen [. . .].

Dieser König ist wenig den Leidenschaften unterworfen, sei es von Natur, sei es durch Gewöhnung; weder Freude noch Schmerz werden an ihm in unmittelbarer Regung sichtbar, und man erlebt es nie, daß er in irgendeinem Falle ein unrechtes Wort zu irgendeinem seiner Diener sagt. Immer erscheint er in Miene und Haltung gleich. Dies hat, wenn man die Unglücksfälle bedenkt, die ihm wiederfahren sind: den Tod seiner Kinder und Frauen, zu dem Glauben geführt, daß er grausam sei, aber wer auf der anderen Seite gesehen hat, daß er Beleidigungen nicht mit jener Schärfe des Hasses verfolgt hat, wie es sonst geschieht, außer bei demjenigen, der ihm noch einmal hätte schaden können, der meint, daß dies überlegene Verhalten allem Unglück gegenüber das Zeichen einer Seelenbeherrschung ist. Denn in Wahrheit sind die Liebe und der Haß, wenn es sich um ernste Dinge handelt, bei ihm in ihrem Maße bestimmt durch das Wohl der Krone.

b) Der venezianische Gesandte berichtet 1593:

„Er ist sehr sorgfältig in der Regierung des Staates und will, daß alle Sachen von irgendwelcher Bedeutung durch seine Hände gehen. Deshalb werden ihm alle wichtigen Schriftsachen von den Räten zugeschickt, auf ein Briefblatt geschrieben, so daß die Hälfte als Rand frei bleibt, auf dem S. M. ihre Meinung schreibt, hinzufügend, entscheidend, verbessernd nach ihrem Gutdünken. Und wenn er Zeit übrig hat, verwendet er sie ganz auf das Durchlesen und Unterschreiben von Bittschriften usw., wofür er drei oder vier Stunden opfert, so, daß seine Spannkraft nie auch nur im geringsten nachläßt."

Beide Texte aus: Detlef Albers, Der europäische Absolutismus, Stuttgart 1966, S. 3f.

1 Titel eines (hochadligen) Heerführers („Marschall")
2 Erst mit Beginn der Neuzeit traten in Europa allgemeine, mit Fachjuristen besetzte Gerichtshöfe an die Stelle der mittelalterlichen Standesgerichte.
3 Auch bei der Besetzung von Leitungsfunktionen in der Innen- und Außenpolitik trat die Bedeutung adliger Herkunft gegenüber der fachlichen Qualifikation zurück.
4 Der König ist Großmeister der drei genannten Ordensgemeinschaften. Wer in den Orden aufgenommen wird, bekommt die Abzeichen verliehen (daher noch heute „Ordensverleihung"), bezieht Einkünfte aus dem Ordensvermögen und verbessert seine soziale Position (vergleichbar der Adelserhebung im heutigen Großbritannien).

a) Erarbeiten Sie aus dem Bericht a) die Entwicklung der Machtverhältnisse, die sich im 16. Jahrhundert in Spanien vollzog.
b) Charakterisieren Sie auf der Grundlage beider Texte Herrschaftsauffassung und Regierungsstil Philipps II. und bewerten Sie sie unter den Aspekten „Zentralisierung" und „Effektivität".

51 „Philipp II., König von Spanien" als „Defensor fidei" (Verteidiger des Glaubens). Kupferstich Anfang des 17. Jahrhunderts.
Beschreiben und deuten Sie die allegorische Darstellung.

52 Religion und Politik – Orientierungspunkte Philipps II. Vor der Ständeversammlung (Cortes) von Kastilien Ende 1559 in Toledo sagte Philipp:

Bedenkt, welch religiöse Verwirrung in Deutschland und an anderen Orten entstanden ist durch das böse Tun der Ketzer, der Ungehorsamen und der Verfolger der römisch-katholischen Kirche, der ich, wie meine Vorgänger es taten, Gehorsam erweise und bis zu meinem Tode erweisen werde. Ich habe den Papst gebeten, das Konzil von Trient wieder einzuberufen und Geistlichkeit und Klöster in Spanien neu und besser zu ordnen, damit sie Gott in größerer Rechtschaffenheit, Reinheit und Vollkommenheit dienen können.
Was mich allein angeht, so habe ich Euch kommen lassen, um dafür zu sorgen, daß Ihr als gute Christen und als gute Untertanen lebt, denn je rechtschaffener Ihr seid, um so größer wird mein Ansehen und mein Ruhm sein. Zu diesem Zweck ist es nötig, daß Ihr in Einklang mit den Sitten Kastiliens und mit der Zeit Gesetze macht, mit denen alles, was schlecht ist, verbessert und nach dem Guten gestrebt wird, mit Strafen, die Furcht einflößen, aber nicht Unterdrückung bedeuten, denn zu strenge Gesetze zerrütten den Staat nicht weniger als die Verbrechen, gegen die sie erlassen werden [...]. Ändert nicht übereilt Dinge, die auch unverändert Eurem guten Ruf nicht schaden; denn sonst werden Eure Nachkommen nach Eurem Beispiel Eure neuen Gesetze ändern, wenn sie zu alten geworden sind. Laßt alles, was Ihr tut, mit dem Gesetz Gottes in Einklang stehen, als gutes Beispiel geeignet und für ein gutes Leben von Nutzen sein, in Einklang mit dem Naturgesetz.
Gesetze müssen für Untertanen geschaffen sein, so

wie eine Medizin jeweils für das Leiden und das Befinden des Kranken verschrieben wird. Sie dürfen nicht unverständlich sein, denn damit werden einer falschen Auslegung Tür und Tor geöffnet.
Mein königliches Erbteil ist durch Verkäufe und Zwangsanleihen seit der Zeit König Ferdinands, meines Großvaters, und während der ganzen Regierungszeit meines Herrn, des Kaisers [Karls V.], dessen Schulden, Verpflichtungen und Feinde ich geerbt habe, immer kleiner geworden. Beflügelt und geleitet durch sein Beispiel ist es mein Wunsch, die Hoffnung zu erfüllen, die Seine Kaiserliche Majestät der Welt machte, als er seine größten Besitztümer an mich abtrat, die Hoffnung, daß ich ein guter Fürst sein werde. Meine Siege werden viel gerechter sein, wenn sie nicht gegen Christen errungen werden und wenn meine Waffen gegen die Türken und Mauren gerichtet werden können [...].

Zit. nach: L. Cabrera de Córdoba, Felipe II Rey de España, Madrid 1877, Bd. 1, S. 278, Charles Petrie, Philipp II. von Spanien, Stuttgart 1965, S. 137 f.

a) Stellen Sie die Aufgaben, die Philipp den Cortes zuweist, und die Ziele, die er sich selber setzt, in einer Übersicht zusammen.
b) Erarbeiten Sie die „zwischen den Zeilen" stehenden tatsächlichen Ziele des Monarchen, und nennen Sie die rhetorischen Mittel, die er einsetzt.

53 Arbeits- und Schlafraum Philipps II. im Escorial. *Untersuchen Sie, inwiefern Gestaltung und Einrichtung des Raumes als Ausdruck des Selbst- und Herrschaftsverständnisses Philipps II. zu verstehen sind. Ergänzen Sie Ihre Überlegungen zu Bild M 48.*

54 Grundlagen der französischen Königsmacht. Über die innere Entwicklung Frankreichs in der zweiten Hälfte des 15. Jahrhunderts berichtet Philippe de Commynes (1447–1511), der zu den engsten Mitarbeitern zuerst des burgundischen Herzogs, Karls des Kühnen, und später der französischen Könige, Ludwigs XI. und Karls VIII., gehörte, in seinen etwa 1490 verfaßten Memoiren.

a) Die Stellung Karls VII. und Ludwigs XI.:

König Karl VII. war der erste gewesen, der es erreichte, seinem Land Steuern nach seiner Willkür ohne Bewilligung der Stände seines Reiches aufzuerlegen. [Dabei haben ihn mehrere Ritter unterstützt, die ihm bei der Eroberung der Normandie und des Guyenne geholfen hatten, zweier Gebiete, die die Engländer besetzt hielten.] Damals war es eine große Sache, da sowohl die eroberten Länder gesichert, als auch die Söldnertruppen verteilt werden mußten, die das Königreich plünderten. Hiermit erklärten sich die Herren [Adligen] Frankreichs um gewisse Pensionen [jährliche Geldzahlungen] einverstanden, die man ihnen für die Steuern, die man ihren Ländern auferlegte, versprochen hatte [. . .].

Zur Stunde seines Todes [1461] erhob König Karl VII. eine Million achthunderttausend Franken insgesamt in seinem Königreich und hielt ungefähr siebzehnhundert Ordonanzreisige [ständige königliche Truppe] [. . .] und hatte sie in guter Zucht zum Schutze seiner Provinzen und seines Reiches, [. . .] was eine große Beruhigung für das Volk war. Als der König, unser Herr [Ludwig XI.], starb [1483], erhob er vier Millionen siebenhunderttausend Franken, hatte einige vier- bis fünftausend [ständige] Reisige und mehr als fünfundzwanzigtausend für [. . .] die Reservekompanien. So darf man sich nicht wundern, wenn er sich viele Gedanken machte und sich manches einbildete und glaubte, man gönne ihm nichts Gutes, obgleich er unter denen, die er ernährt hatte und die von ihm Wohltaten empfangen hatten, eine große Zahl hätte finden können, die selbst im Tode ihm nichts Schlechtes hätten antun mögen.

Philippe de Commynes, Memoiren, übers. von Fritz Ernst, Stuttgart 1952, S. 260

b) Ludwigs XI. „Innenpolitik" im französisch-burgundisch-englischen Spannungsfeld. Nachdem Karl der Kühne 1477 gefallen war, stellte sich für Commynes die Lage Ludwigs XI. folgendermaßen dar:

Die Freude des Königs war sehr groß, sich allen denen, die er haßte und die seine Feinde waren, überlegen zu sehen. An einigen war er gerächt, wie [. . .] dem Herzog von Nemours[1] und mehreren anderen; der Herzog von Guyenne, dessen Erbe er angetreten hatte, war gestorben; das ganze Haus Anjou war tot, wie König René von Sizilien, die Herzöge Johann und Nikolaus von Kalabrien und dann der Vetter, der Graf Du Maine, nachmals Graf der Provence[2], und der Graf d'Armagnac [. . .], von allen diesen Genannten hatte der König die Nachfolge angetreten und ihre Güter empfangen. Aber ebenso wie dieses Haus Burgund viel größer und mächtiger als alle anderen war, ebenso viel mehr als bei allen anderen freute er sich; hatte es doch mit seinem Vater, König Karl VII., zweiunddreißig Jahre lang ohne Waffenruhe mit Hilfe der Engländer Krieg geführt; die burgundischen Herrschaften lagen dem Reich benachbart, und seine Untertanen waren geneigt, Krieg gegen ihn und sein Reich zu beginnen. Und es schien ihm wohl, daß er in seinem ganzen Leben niemanden finden würde, weder in seinem Reich noch in seiner Umgebung, der ihm Schwierigkeiten machen würde. Er befand sich [. . .] im Frieden mit den Engländern und arbeitete mit seiner ganzen Kraft daran, daß dieser Frieden aufrechterhalten würde.

Als er nun aus aller Furcht heraus war, erlaubte Gott ihm nicht, diese so wichtige Sache am richtigen Ende anzupacken. Denn durch Heirat oder Freundschaft hätte er leicht alle diese großen Herrschaftsgebiete [Burgunds] mit der Krone vereinigen können, auf die er anders kein Recht beanspruchen konnte; er hätte getan, was er wollte, und auf ihre Wünsche unter dem Vorwand und der Bedingung der Heirat Rücksicht genommen [. . .]: Dann hätte er sein Reich durch einen langen Frieden gestärkt und bereichert [. . .]; auf manche Art hätte er die Lastenbürde verringern können und besonders das Umherstreifen der Reisigen[3], die unaufhörlich in vergangenen und gegenwärtigen Zeiten von einem Ende des Königreiches ritten, ohne daß es oft sehr nötig gewesen wäre.

Als der Herzog von Burgund noch lebte, hatte der König mit mir mehrere Male über das gesprochen, was er tun würde, wenn der Herzog einmal stürbe; und er sprach sehr vernünftig. Damals sagte er, er würde versuchen, seinen Sohn, unseren jetzigen König, mit der Tochter des Herzogs zu vermählen, die dann die Herzogin von Österreich geworden ist[4]. Wenn sie damit nicht einverstanden sein würde (denn der Dauphin war damals viel zu jung für sie), würde er versuchen, ihr einen jungen Herrn des Königreichs zum Gatten zu geben, um sie und ihr

Volk in Freundschaft zu erhalten und um ohne Streit das wiederzuerlangen, was er für das Seine ansprach. Noch acht Tage, bevor der König den Tod des Herzogs erfuhr, hatte er diesen Vorsatz.

Commynes, a. a. O., S. 204

[1] Jakob von Armagnac, Herzog von Nemours, war wegen seiner Beziehungen zu den Feinden des Königs als Majestätsverbrecher hingerichtet worden.
[2] König René von Sizilien starb erst 1480, Graf Karl Du Maine 1481; Commynes faßt hier, vorausgreifend, alle für Ludwig günstigen Todesfälle zusammen.
[3] Seit dem Hundertjährigen Krieg stellten die entlassenen Söldner, die als umherziehende Trupps zusammenblieben, eine wahre Landplage dar.
[4] Maria von Burgund wurde 1477 mit dem österreichischen Erbprinzen Maximilian, dem späteren Kaiser Maximilian I., verheiratet (▷ Kap. II.1.). Nach ihrem Tod fiel Burgund an Habsburg.

c) Person und politische Grundsätze Ludwigs XI:

Von allen, die ich jemals gekannt habe, war König Ludwig XI., unser Herr, der weiseste, wenn es hieß, sich in schlechten Zeiten aus einem Mißgeschick herauszureißen, und der bescheidenste in Worten und Formen, der viel daran arbeitete, einen Mann zu gewinnen, der ihm dienen oder schaden konnte [...]. Seiner Veranlagung nach war er ein Freund des mittleren Standes und ein Feind aller großen Herren, die ohne ihn auskommen konnten. Niemand hörte die Leute so bereitwillig an, wie er es tat, kümmerte sich um so viele Dinge oder wollte so viele Menschen kennenlernen. Er kannte auch wirklich alle Leute von Einfluß und Ansehen in England und Spanien, in Portugal, in Italien und in den Ländern der Herzöge von Burgund und der Bretagne ebenso wie seine Untertanen. Diese besagte Art des Umgangs mit den Menschen war es, die ihm die Krone gerettet hat angesichts der vielen Feinde, die er sich bei seinem Regierungsantritt im Königreich geschaffen hatte [...].
Zu dieser Zeit [etwa 1479] war es sein besonderer Wunsch [...], in seinem Königreich eine Ordnung einzuführen, vor allem wegen der Länge der Prozesse [...]. Auch wünschte er sehr, daß man in diesem Königreich ein einheitliches Gesetz und ein einheitliches Maß hätte, und daß alle diese Ordnungen auf französisch in ein schönes Buch geschrieben würden, um die Aussaugereien und Plündereien der Advokaten zu vermeiden, die in diesem Reich so groß wie in keinem anderen waren; der Adel hier sollte es gut kennen. Hätte Gott ihm die Gnade gewährt, noch fünf oder sechs Jahre zu leben, ohne so sehr von der Krankheit bedrängt zu werden, dann hätte er noch viel Gutes in seinem Königreich tun können. Er hat es aber auch sehr mit Steuern gedrückt, mehr als jemals ein König es tat. Weder durch irgendeine Autorität noch durch Erkenntnis oder Vorhaltungen konnte er dazu gebracht werden, es ihnen zu erleichtern, sondern es mußte alles von ihm selbst kommen, wie es dann auch geschehen wäre, wenn Gott ihn nicht hätte in Krankheit fallen lassen.

Commynes, a. a. O., S. 34f.; 131; 255

d) Die Stände nach dem Tode Ludwigs XI.:

Könige und Fürsten sind sehr viel stärker, wenn sie etwas mit dem Rat ihrer Untertanen unternehmen, und auch bei ihren Feinden sehr viel mehr gefürchtet. Wenn man sich verteidigen muß, so sieht man dieses Unwetter schon von weitem, besonders wenn es Fremde sind; hierbei dürfen gute Untertanen nichts beklagen und nichts verweigern [...].
Um eine Probe auf die Güte der Franzosen zu machen, braucht man für unsere Zeit nur anzuführen, daß in Tours die drei Stände tagten nach dem Heimgang unseres guten Herrn, des Königs Ludwig, dem Gott gnädig sein möge, im Jahre 1483. Man konnte damals wohl glauben, diese Versammlung sei gefährlich, und einige Leute von geringem Stand und wenig Tüchtigkeit sagen und haben seitdem mehrere Male gesagt, es sei Majestätsverbrechen, von der Einberufung der Stände zu sprechen, und verminderе die Autorität des Königs [...].
In der Zeit, von der ich spreche, hielt jeder das Königreich für sehr kostspielig, sowohl die Großen, wie der Mittelstand, als auch die kleinen Leute, da sie zwanzig Jahre hindurch und länger unter großen und schrecklichen Steuern gelitten hatten. Und sicherlich mußte man Mitleid haben, wenn man die Armut des Volkes sah und erkannte; doch ein Gutes hatte unser Herr an sich: er legte nichts in den Schatz, nahm alles und gab alles aus. Er errichtete mehr als alle anderen Könige vor ihm große Bauwerke zur Stärkung und Verteidigung der Städte und festen Plätze des Reiches. Den Kirchen gab er viel [...].
Erhob sich nun etwa in diesem so sehr in vieler Art gequälten Reich nach dem Tode des Königs ein Aufruhr gegen den, der regiert? Griffen die Fürsten und Untertanen gegen ihren jungen König zu den Waffen? Wollten sie einen anderen? Wollten sie ihm seine Macht fortnehmen? Wollten sie ihn darin beschränken, sein Amt als König auszuüben und zu herrschen? Nein! Wenn es auch genug Ruhmsüchtige gegeben hat, die 'ja' sagten, so ist es doch nicht so gewesen. Sie taten das Gegenteil von dem, was ich fragte; denn alle kamen zu ihm, sowohl die Fürsten als auch die Herren und die Bürger der

guten Städte; alle erkannten ihn als König an und leisteten ihm den Huldigungseid; Fürsten und Herren brachten demütig, das Knie zur Erde geneigt, ihre Bitten vor und überreichten durch eine Bittschrift, was sie forderten; sie errichteten einen Rat von Zwölfen, die dort ernannt wurden. Seitdem befahl der König, der erst dreizehn Jahre alt war, nach dem Bericht dieses Rates. Auf dieser genannten Ständeversammlung wurden einige Forderungen und Vorhaltungen in großer Demut für das Wohl des Reiches vorgebracht, indem man immer alles dem Belieben des Königs und seines Rates anheimstellte; ihm bewilligten sie, was man von ihnen fordern wollte und ihnen geschrieben zeigte, was für die Sache des Königs notwendig sei, ohne etwas zu entgegnen. Es war die Summe von zwei Millonen fünfhunderttausend Franken gefordert, die völlig ausreichte, die Wünsche zu befriedigen, und eher zu viel als zu wenig war, ohne andere Erfordernisse. Die Stände baten, nach Ablauf von zwei Jahren wieder einberufen zu werden; wenn der König nicht genügend Geld hätte, würden sie es ihm nach seinem Wunsche geben, und wenn er Krieg hätte oder einer ihn beleidigen wolle, würden sie sich und ihr Gut einsetzen, ohne etwas zu verweigern, was er nötig hätte.

Commynes , a. a. O., S. 227 f.

a) Stellen Sie die politischen Maßnahmen und Entscheidungen Ludwigs XI. zusammen, die es gerechtfertigt erscheinen lassen, ihn als den Begründer des „modernen" Königtums in Frankreich zu bezeichnen.

b) Untersuchen Sie, wie Commynes die Haltung der französischen Stände charakterisiert. Bedenken Sie, daß er, nachdem er in den Dienst Ludwigs XI. getreten war, sicherlich nicht unparteiisch berichtete, und überprüfen Sie deswegen seine Urteile an den von ihm mitgeteilten Fakten zur Innen- und Außenpolitik.

55 Kardinal Richelieu, 1624–1642 erster Minister der Krone Frankreichs. Ausschnitt aus einem Gemälde von Philippe de Champaigne.

56 **Es soll keinen Widerspruch gegen den König geben!** Kardinal Richelieu, seit 1624 Leitender Minister König Ludwigs XIII. (1610/17–1643), ließ in einer königlichen Ordonnanz vom Januar 1629 feststellen:

Wir, Ludwig, von Gottes Gnaden König von Frankreich und Navarra [. . .], haben festgesetzt und befohlen, was folgt:

1. Alle die durch die Könige, Unsere Vorgänger, und durch Uns seit Unserer Thronbesteigung erlassenen Ordonnanzen, die sich auf die Stände Unseres Königreiches, deren Regeln und Ordnungen sowie auf die Amtsführung und die Rechte Unserer Beamten beziehen und nicht durch spätere Ordonnanzen oder durch diese hier ausdrücklich widerrufen oder durch entgegengesetzte Übung abgeschafft sind, sollen, soweit Wir oder Unsere Vorgänger sie angenommen und gebilligt haben, durch alle Unsere Parlamente[1], Unser Conseil [Ministerrat], Unsere Rechnungshöfe [. . .], Obersteueramt [. . .] und sonstige Gerichtshöfe, Richter, Magistrate, Beamte und Untertanen eingehalten und befolgt werden, und zwar ungeachtet aller Vorstellung[2] (remontrances), die gegen irgendeinen ihrer Artikel erhoben worden sind oder werden sollten, auch wenn einige dieser Ordonnanzen in den genannten Körperschaften nicht publiziert sein sollten. Wir erlauben je-

doch den Mitgliedern Unserer Parlamente und sonstigen obersten Gerichtshöfe [...], Uns innerhalb sechs Monaten nach Publikation dieser gegenwärtigen Ordonnanz über diejenigen Artikel, die ihrer Meinung nach gegen das gemeine Beste (commodité publique) verstoßen oder einer Interpretation oder Erklärung bedürftig sein könnten, nach ihrem Ermessen Gegenvorstellungen zu machen, damit Wir, soweit Wir es für nötig erachten sollten, Abhilfe schaffen können [...].

55. Wir befehlen allen Unseren Gerichtshöfen, sofort und unverzüglich die Publikation der Edikte, Ordonnanzen und Erlasse [...] vorzunehmen, die ihnen von Uns zugestellt werden, es sei denn, sie hätten Uns über einzelne Punkte [...] Gegenvorstellungen zu machen, was spätestens zwei Monate nach Erlaß dieser Edikte und Verfügungen [...] geschehen kann [...]. 170. Die häufigen Empörungen und leicht zu bewerkstelligenden Verschwörungen und privaten Rüstungen und Bewaffnungen, die unter dem Vorwand öffentlicher Bedürfnisse oder privater Streitigkeiten und Interessen organisiert werden, sind eine Schande für Unseren Staat, ein Schaden für die öffentliche Sicherheit, für Unser Ansehen und für die Rechtspflege und zwingen Uns, hierin eine bessere Ordnung zu schaffen, als bisher bestanden hat. Über die bereits in früheren Ordonnanzen verhängten Strafen hinaus verbieten Wir hiermit ausdrücklich Unseren Untertanen, welchen Standes oder Berufes sie auch seien, jede Vereinigung, jedem Umgang oder Vertrag mit irgendwelchen Fürsten, Potentaten, Republiken oder Gemeinwesen innerhalb oder außerhalb Unseres Königreiches, unter welchem Vorwand oder Anlaß auch immer. Wir verbieten ihnen, mit den Gesandten fremder Fürsten in Verkehr zu treten, sie zu sehen, zu besuchen oder zu empfangen, sei es in ihren Wohnungen oder an dritten Orten, oder ohne Unsere Anordnung oder Erlaubnis von ihnen Briefe und Geschenke anzunehmen oder ihnen solche zu schicken [...] bei den für Empörung [Aufstand] und Hochverrat angedrohten Strafen.

Isambert, Receuil Général des anciennes Lois francaises, Bd. 16, S. 225 ff., zit. nach: Geschichte in Quellen, Bd. III, Renaissance, Glaubenskämpfe, Absolutismus, bearb. von Fritz Dickmann, München, 1966, S. 292 f.

[1] „Parlamente" waren die obersten königlichen Gerichte in Paris und in weiteren großen Städten. Sie hatten das Recht und die Pflicht, Gesetze zu „registrieren" und damit rechtskräftig zu machen. Die vorliegende Ordonnanz wurde von den Parlamenten in Paris, Bordeaux, Toulouse und Dijon registriert.

[2] „Vorstellungen", d. h. Einwendungen gegen Beschlüsse von Ständeversammlungen oder königliche Anordnungen mit Gesetzeskraft („Ordonnanzen") waren ein altes Vorrecht des Adels oder der Ständevertreter. Die vorliegende Ordonnanz reagiert auf Klagen, die bei der Generalständeversammlung 1614 und bei Adelsversammlungen 1617 und 1626 vorgebracht worden waren.

a) Beschreiben Sie die Position Ludwigs XIII. gegenüber den Ständen und vergleichen Sie sie mit der Ludwigs XI. Beziehen Sie Ihre Erkenntnisse über die französische Geschichte im 16. Jahrhundert mit ein.

b) Richelieu gilt als wichtigster Begründer des Absolutismus in Frankreich. Setzen Sie sich mit dieser Einschätzung auseinander und beziehen Sie in Ihre Überlegungen auch die Materialien zu Philipp II. von Spanien (s. M 50, 52) und die Diskussionstexte des Kapitels I (o. S. 27 f.) mit ein.

2. Kolonialerwerb und frühmoderner Staat

Kolonialreiche entstehen

Im Jahre 1494 schlossen unter päpstlicher Vermittlung die Könige von Spanien und Portugal einen Vertrag, in dem sie die noch zu entdeckenden Gebiete der „Neuen Welt" untereinander aufteilten; 1529 wurden nach der Weltumsegelung des Portugiesen Fernao de Magalhaes in einem ergänzenden Vertrag auch die Länder Ostasiens in die Teilung einbezogen. Damit waren die Grundlagen für die Entwicklung zweier großer Kolonialreiche geschaffen. Denn die Entdeckungsfahrten begannen zu einer Zeit, in der auf der iberischen Halbinsel eine Machtkonzentration zugunsten der Krone erfolgte (▷ S. 67), und sie standen von vornherein im Dienste der Königsmacht. Sie waren auch nicht in erster Linie „Missionsunternehmungen", selbst wenn die spanischen Könige die Flotten von Priestern begleiten ließen; die wesentliche Triebkraft war vielmehr das Bemühen, einen Seeweg nach Indien zu finden, d. h. den Handel mit ostasiatischen Gewürzen, Stoffen und anderen Luxuswaren gewinnbringend fortführen zu können, nachdem der Karawanenweg durch den Mittleren und Vorderen Orient durch die Osmanen unterbrochen

57 „El Dorado" (wörtlich: der Vergoldete), Kupferstich in dem 1590 erschienenen Buch „America" von Theodor de Bry. De Bry illustriert Reiseberichte, wonach vor einem Gelage bei dem Inka-Herrscher die Gäste mit einer klebrigen Masse beschmiert und mit Goldstaub überpudert werden. *Erläutern und diskutieren Sie das Bild der Neuen Welt, das durch solche Reisebeschreibungen in den Köpfen der Leser erzeugt wurde.*

worden war. Frühkapitalistische Wirtschaftsinteressen (vor allem der großen Handelsstädte in Italien) und der Wunsch der iberischen Monarchen, Ruhm, Ehre und Macht vergrößern zu können, verbanden sich zu einer überaus erfolgreichen Aktionsgemeinschaft – das „El Dorado", das „Goldland", lockte Könige, Kaufleute und Abenteurer in gleicher Weise.

Unterschiedliche Formen der Kolonisierung

Die Eroberung der neu entdeckten Gebiete wurde in unterschiedlicher Weise durchgeführt. Während die portugiesischen Könige vor allem Handelsstützpunkte anlegen ließen, von denen das Um- und Hinterland auch politisch beherrscht wurde, gründeten die spanischen Könige in Amerika „neuspanische Reiche". Das heißt, sie ließen die großflächigen Eroberungen von Vizekönigen regieren, die einer zentralen spanischen Regierungsbehörde, dem „Indienrat", unterstanden. In den Vizekönigreichen entstanden spanische Städte, Dörfer und Klöster; Einwanderer und Abenteurer fanden die gleiche bürokratische Verwaltung vor wie im Mutterland; adliger und kirchlicher (Groß-)Grundbesitz ließen auch in Neu-Spanien eine feudale Gesellschaftsordnung entstehen. Die Wirtschaft der Königreiche wurde auf die Bedürfnisse der spanischen Krone ausgerichtet, d. h. ein überwiegend einseitiger Warenstrom von Edelmetallen und Landwirtschaftsprodukten floß nach Spanien in die Hände einer staatlichen Handelsgesellschaft.

In den portugiesischen Eroberungen entstanden im Hinterland der Handelsstützpunkte ausgedehnte Plantagenbetriebe. Als Arbeitskräfte für den Zuckerrohranbau in Brasilien wurden aus Afrika schwarze Sklaven importiert. Auch die Spanier gingen bald dazu über, Negersklaven in den staatlichen Bergwerken und in der Landwirtschaft einzusetzen, denn die Indiobevölkerung war innerhalb weniger Jahrzehnte durch Zwangsarbeit, willkürlichen Totschlag und europäische Infektionskrankheiten nahezu ausgerottet.

Konkurrenz für die iberischen Kolonialreiche

Etwa hundert Jahre nach der Entdeckung der Neuen Welt bekamen die iberischen Königreiche zunehmend die Konkurrenz englischer und niederländischer Kolonisatoren zu spüren. Lange Zeit waren es vor allem englische Piraten mit Freibriefen der Krone, die den spanischen Silber- und Gewürzflotten auflauerten. Gegen Ende des 16. Jahrhunderts entstanden in England und in den Niederlanden private Handelsgesellschaften. Sie wurden getragen von den wirtschaftlich und politisch führenden Schichten des Landes und konnten sich daher in Konfliktfällen auf die Unterstützung der heimischen Regierung verlassen. Diese Handelsgesellschaften kolonisierten Gebiete, die noch nicht im Besitz der Spanier oder Portugiesen waren, respektierten aber bestehende Einflußgebiete durchaus nicht immer. Der Schwerpunkt der englischen Aktivitäten lag in Vorderindien und in Nordamerika, die Niederländer konzentrierten sich auf die Inseln Hinterindiens. An der Ostküste Nordamerikas wurden schon zu Beginn des 17. Jahrhunderts Siedlungskolonien angelegt, die zwar privaten Ursprungs waren, aber dem Schutz der englischen Krone und der (lockeren) Aufsicht des Londoner Parlaments und eines englischen Gouverneurs unterstellt wurden.

Kolonialerwerb und frühmoderner Staat

Die Kolonialgeschichte des 16. Jahrhunderts zeigt, daß die Eroberung und Sicherung großer überseeischer Besitzungen die Existenz einer Kriegsflotte voraussetzte, diese aber nur geschaffen und durch Gewinne aus den Kolonien vergrößert werden konnte, wenn die Regierungsmacht im Mutterland hinreichend stabil war. Es ist also nicht das Ergebnis eines historischen Zufalls, daß seit dem Ende des 15. Jahrhunderts die „Seefahrernationen" auf der iberischen Halbinsel und den britischen Inseln zu „Seemächten" aufstiegen. Vielmehr schufen König Johann II. (1481–1495) in Portugal und Ferdinand und Isabella in Spanien (▷ S. 67) dafür die Voraussetzungen, indem sie mit Hilfe der Städte und ihres Bürgertums den Hochadel und die Kirche der Kontrolle der Krone unterwarfen. Und Heinrich VII. Tudor (1485–1509) nutzte die Chance, die sich ihm bot, als sich der englische Hochadel in einem grausamen Bürgerkrieg gegenseitig nahezu ausgerottet hatte: Gestützt auf Landadel und Stadtbürger setzte er einen unangefochtenen Führungsanspruch der Krone durch.

„Staatliche" Flottenpolitik wurde in allen drei Fällen auch zu einem Mittel, die Macht der Krone weiter zu stärken, denn sie diente dem Schutz des Landes gegen äußere Feinde, förderte die Handelsinteressen der Kaufleute und vermehrte die Zoll- und Steuereinnahmen der königlichen Kassen.

Wirtschaftlich-sozial und politisch waren die Seemächte zu Beginn der Kolonialzeit deutlich weiter entwickelt als die übrigen ständisch-feudalen Reiche in Europa. Im 17. Jahrhundert wirkte sich sodann die Kolonisation sehr unterschiedlich auf die Entwicklung in Westeuropa aus: In England (und später in den Niederlanden) erzeugte die von Privatinitiative getragene Kolonisation einen förmlichen Wirtschafts-„Boom", der den beiden Staaten eine bedeutende Machtstellung in

Großmacht. Während die Großmachtstellung antiker und mittelalterlicher Reiche vor allem auf der militärisch-diplomatischen oder rechtlichen Beherrschung großer Territorien beruhte, wird seit der beginnenden Neuzeit ein Staat als Großmacht bezeichnet, wenn er aufgrund seines wirtschaftlichen und militärischen Potentials in der Lage ist, in einem System etwa gleich starker Mächte eigene politische und ideologische Ansprüche erfolgreich durchzusetzen und/oder damit in diesem System eine Führungsposition zu erreichen.
Bis zum Ende des Ersten Weltkriegs war es fester Bestandteil des politischen Denkens in Europa, daß eine Großmacht zugleich Kolonial- und Seemacht sein müsse. Nach dem Zweiten Weltkrieg bildeten zwei Bündnisblöcke anstelle „einfachen" Kolonialbesitzes die Grundlage der Supermacht-Stellung von USA und Sowjetunion.

Tafel I Sandro Botticelli (1444–1510), Die Anbetung der Könige. Das Bild, geschaffen im Auftrage des Cosimo de' Medici, ist in Florenz in den Uffizien zu sehen. Im Zentrum des Bildes kniet Cosimo de' Medici, links und rechts sind Angehörige der Familie Medici und ihre Freunde und Anhänger zu sehen. Ganz links außen steht Cosimos Nachfolger Lorenzo de' Medici.
Untersuchen Sie, mit welchen künstlerischen Mitteln und mit welchem Ziel der Maler seinen Auftraggeber darstellt. Achten Sie besonders auf Haltung, Gestik und Mimik der beiden Repräsentanten der Medici-Familie.

Tafel II Die Wollfärberei. Gemälde von Mirabelle Cavalori, um 1570. Die Tuchproduktion war eine der Hauptsäulen der Wirtschaft in Florenz; die Wollarbeiter und Tuchfärber stellten eine sozial verachtete, politisch aber aktive und bedeutungsvolle Schicht der Bevölkerung dar.
Charakterisieren Sie die Art der Darstellung und schließen Sie auf die Haltung des Künstlers gegenüber den Arbeitenden.

Tafel 1

Tafel 2

Europa verschaffte. In Spanien dagegen verfügte die Krone über die Waren- und Edelmetallieferungen aus Übersee, die Gewinne wurden weitgehend in den religionspolitischen Kriegen des „konfessionellen Zeitalters" verbraucht, wodurch die spanische Wirtschaft nicht wesentlich befruchtet wurde. So ist es erklärbar, daß Spanien trotz seiner territorialen Größe seit der Mitte des 17. Jahrhunderts nicht mehr zu den europäischen Großmächten zählte.

58 **Eroberungen in der „Neuen Welt" – ein gutes Geschäft?** Der Vertrag der spanischen Krone mit dem Conquistador Pizarro vom 25. Juli 1529 legte fest:

Dem Offizier des spanischen Reiches, Francisco Pizarro, wird das Recht zugestanden, das Land Peru oder Neu-Kastilien zu entdecken und zu erobern.

Francisco Pizarro erhält den Rang und Titel eines Oberbefehlshabers des Landes Peru [...] auf Lebenszeit.

Sein Gehalt beträgt 725 000 Maravedis[1]. Er hat dieses Gehalt aus dem Lande selbst zu ziehen und verpflichtet sich, ein kriegerisches Gefolge zu unterhalten, das seinem Stande angemessen ist.

Es wird ihm das Recht verliehen, Festungen zu errichten, über die er uneingeschränkt befehligen kann.

Er genießt alle Vorrechte, die mit dem Rang eines Vizekönigs verbunden sind.

Diego de Almagro wird zum Befehlshaber der Stadt Tumbez[2] ernannt. Sein Gehalt beträgt jährlich 300 000 Maravedis, die er aus der Stadt Tumbez zu ziehen hat. Er erhält den Titel eines Hidalgo[3] und dessen Rechte. Pater Hernando de Luque erhält als Lohn für seine Dienste das Bistum von Tumbez und wird zum Beschützer aller peruanischen Indianer ernannt.

Bartolomé Ruiz wird zum Großlotsen des Südmeeres ernannt und erhält ein jährliches Gehalt von 100 000 Maravedis, die er aus dem Lande Peru zu ziehen hat.

Pedro de Candia wird an die Spitze des Geschützwesens gestellt. Christoval de Peralta [...] [und zehn weitere namentlich Genannte] werden zu Cavalleros[4] ernannt.

Der Rat von Indien wird Anordnungen treffen, welche zur Einwanderung in das Land Peru ermutigen. Alle Einwanderer werden zunächst von Abgaben befreit sein.

Pizarro verpflichtet sich, alle Anordnungen zu befolgen, welche der Rat von Indien hinsichtlich einer zweckmäßigen Beherrschung des Landes Peru und zum Schutz der Indianer erlassen wird. Er verpflichtet sich ferner, 40 Priester nach Peru mitzunehmen, die ihn bei seinen Bestrebungen, die Indianer zum Christentum zu bekehren, unterstützen sollen. Rechtsgelehrten ist es verboten, das Land Peru zu betreten.[5]

Pizarro nimmt schließlich die Verpflichtung auf sich, binnen 6 Monaten nach Ausstellung des Vertrages eine Streitmacht von 250 Mann aufzustellen, welche die Eroberung von Peru gewährleisten wird. 100 Mann dürfen aus den Pflanzstaaten entnommen werden. Der Rat von Indien verpflichtet sich, dem Pizarro eine Unterstützung zur Anschaffung von Geschützen zu gewähren, deren Höhe festgesetzt werden wird. Pizarro verpflichtet sich, 6 Monate nach seiner Rückkehr [aus Spanien] Panama zu verlassen und zur Eroberung von Peru aufzubrechen.

Von allen Einkünften aus dem Lande Peru, welcher Art auch immer sie sein werden, stehen dem Francisco Pizarro 10 Hundertstel zu. Die anderen 90 Hundertstel gehören der Krone. Diese Bestimmung gilt nicht für edle Metalle, gleichgültig, ob sie durch Tausch oder Gewalt erlangt werden. Hier stehen dem Francisco Pizarro 5 Hundertstel und der Krone 95 Hundertstel zu.

Tagebuch des Fray Celso Gargia, zit. nach: Robert und Evamaria Grün (Hg.), Die Eroberung von Peru, Tübingen, 2. Aufl. 1975, S. 27–29

1 Maravedi: maurische Münzeinheit, in Spanien bis 1848 kleinste Münzeinheit, im 16. Jahrhundert aus Silber
2 Tumbez: heute Provinzhauptstadt Tumbes
3 Hidalgo: Mitglied des niederen erblichen Adels („Don")
4 Cavallero: Mitglied des niederen, auf Kriegsdienst beruhenden Adels
5 Aus Gewinnsucht hatten Rechtsgelehrte Prozesse geschürt statt geschlichtet.

a) Beschreiben Sie den Charakter einer spanischen Kolonie anhand des Vertrages und mit Hilfe weiterer Informationen.
b) Erarbeiten Sie aus den Vertragsbestimmungen die Interessen der Krone und der Conquistadoren.

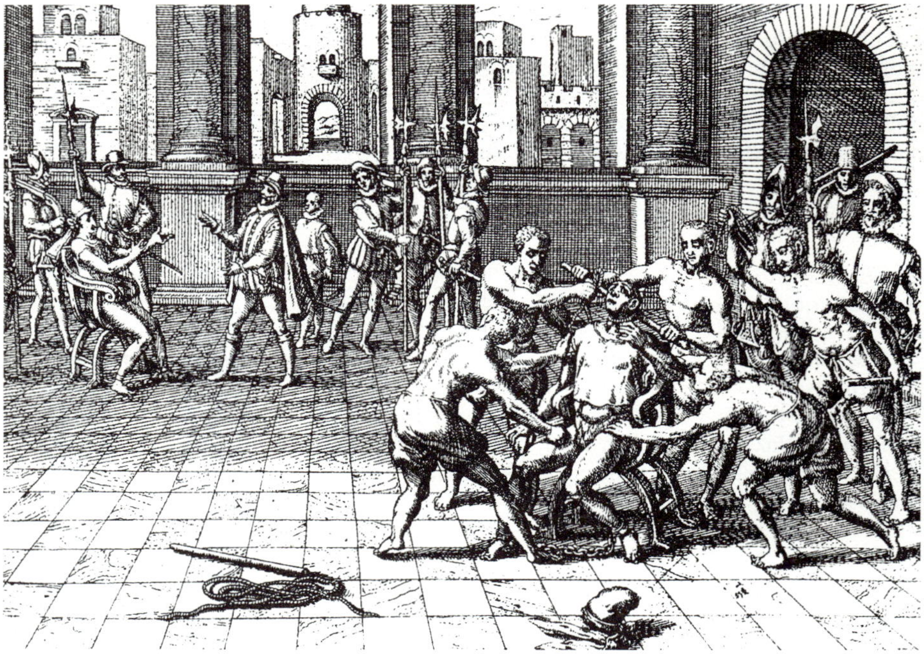

59 Das Ende Atahualpas, des letzten Inka-Herrschers, im August 1533. Der zeitgenössische Künstler kombiniert zwei Szenen: Im Hintergrund zeigt er den Beginn des Schauprozesses: Pizarro erklärt offenbar, daß die Goldmengen, die Atahualpa nach der Besetzung Perus lieferte, nicht ausreichten und nur die Vorbereitung eines Aufstandes verschleiern sollten; im Vordergrund wird die Hinrichtung durchgeführt.

60 **Auswirkungen der Kolonisation.** In einem Gutachten des königlichen Hofgeistlichen Las Casas vom Jahre 1519 heißt es:

Das größte Übel, das die totale Verwüstung jener Länder [der Kolonien] bedeutet hat und, wenn man nicht Abhilfe schafft, auch noch für den übrigen Rest bedeuten wird und welches man nach Recht und Vernunft gar nicht beibehalten kann und darf, ist die Dienstbarkeit [encomienda] der Indianer in ihrer jetzigen Form. Wir meinen damit, daß sie so, wie es zur Zeit geschieht, zur Dienstleistung verteilt und in der heute üblichen Weise ausgebeutet werden, so nämlich, daß der ganze Ertrag ihrer Arbeit ihren Dienstherren zufließt. Diese so geübte Art der Encomienda ist gegen das Wohl der Indianer und ihres Gemeinwesens, ist aber auch gegen alle menschliche Vernunft und Klugheit, gegen das Wohl und den Dienst des Königs, unseres Herrn, gegen jedes weltliche und geistliche Recht, gegen alle Grundsätze der philosophischen und christlichen Ethik, gegen Gott und seinen Willen, gegen die Kirche [. . .].

Was man zur Behebung der Schäden tun muß, ist, ihre Ursachen zu beseitigen; ist dies geschehen, dann ist der Weg frei für Verbesserungen. Die Ursachen des Elends und des Aussterbens der Indianer sind bisher drei gewesen [. . .]:

Die erste ist übermäßige Arbeit, die zweite Mangel an Fürsorge und Ernährung, die dritte Überdruß an der Arbeit und Verzweiflung, ihr jemals zu entrinnen. Wer diese Ursachen richtig ins Auge faßt, der wird zu dem Ergebnis kommen, daß sie ausreichen würden, um nicht nur schwächliche Indianer, sondern auch starke Riesen zu töten. Und es ist unbestreitbar, daß man in allen drei Dingen mit ihnen im Übermaß verfahren ist und ihnen mehr zugemutet hat, als ihre Kräfte leisten konnten. Demnach bleibt für das, was wir als notwendig ansehen, nur ein wirksames Mittel übrig, welches zuerst und von Rechts wegen nur darin bestehen kann, daß man sie [. . .] aus der harten Knechtschaft befreit.

Bartolomé de Las Casas, Historia de las Indias, III, Neudr. Madrid 1927, Kap. 135/136, zit. nach: Geschichte in Quellen, Bd. III, Renaissance, Glaubenskämpfe, Absolutismus, bearb. von Fritz Dickmann, München 1966, S. 79

a) Stellen Sie die Analyse der Ursachen, die Las Casas für die Verwüstungen gibt, seinen Vorschlägen zu einer Besserung der Verhältnisse gegenüber.

b) Überlegen Sie, welche Aussichten auf Verwirklichung der Vorschläge bestanden, indem Sie Ihre Erkenntnisse aus M 58 benutzen.

61 Die Entstehung von Handelsgesellschaften

a) Aus der Gründungsurkunde des königlich-spanischen Handelshauses „Casa de la Contraction de las Indias" vom 20. Januar 1503:

Ferdinand und Isabella, von Gottes Gnaden König und Königin von Kastilien [. . .], tun allen, die diesen Unseren Brief lesen werden, kund, daß Wir hiermit befehlen, in Unserer Stadt Sevilla ein Handelshaus zu errichten, worin besondere Beamte die Handelsangelegenheiten zu bearbeiten haben werden nach Maßgabe einiger darüber erlassener Anordnungen folgenden Inhalts:

In Sevilla wird ein Handelshaus errichtet, um darin nach Bedarf alle Waren, Lebensmittel und sonstige Artikel zu sammeln und zu lagern, die nötig sein könnten, um den Bedarf des Indienhandels oder nach Unserem Befehl etwaiger sonstiger Inseln und Gebiete zu decken, um den Export nach dort zu besorgen und die von dort hierher in Unsere Königreiche importierten Waren und sonstigen Dinge in Empfang zu nehmen, an Ort und Stelle zu verkaufen oder zum Verkauf an andere Stellen je nach Bedarf weiterzuleiten [. . .].

Martin Fernandez de Navarrete, Coleccion de los viajes y descubrimientos, Madrid, 2. Aufl. 1858ff., S. 316, zit. nach: F. Dickmann, Geschichte in Quellen, Bd. III, S. 65

b) Aus dem Protokoll der Gründungsversammlung der englischen Ostindischen Kompanie, 24./25. September 1599:

[. . .] Da die obengenannten Personen zusammen mit anderen, deren Namen im Anfang dieses Buches aufgezeichnet sind, die Absicht haben, mit des allmächtigen Gottes Zulassung und nach erlangter Zustimmung Ihrer Majestät der Königin [Elisabeth I.] und zur Förderung von Handel und Umsatz im Königreich England auf das Risiko eines jeden – entsprechend den einzelnen in Geld eingezahlten und eigenhändig gezeichneten Anteilen – in diesem Jahr eine Fahrt nach Indien und anderen dort herum gelegenen Inseln und Ländern ins Werk zu setzen und dort Handel zu treiben [. . .], haben sie es zum Zweck besserer Ordnung und Vorbereitung der beabsichtigten Reise sowie zur Ermutigung aller, die sich bereits entschlossen haben oder noch vor Beginn der Fahrt entschließen sollten, sich an dem Risiko derselben zu beteiligen, passend gefunden, sich selbst bestimmten und strikt zu befolgenden Regeln und Vorschriften zu unterwerfen, sowohl bei der Beschaffung der für diese Unternehmen geeigneten Schiffe wie auch aller Handelswaren, Tauschgüter, Edelmetalle und sonstiger Dinge, die dafür besorgt und dabei verwendet werden sollten [. . .].

Die Beauftragten, denen die Leitung der Angelegenheiten der Reise übertragen ist, haben bei ihrer Zusammenkunft die Geschäfte wie folgt verteilt: Einige sollen am Hof die Erlangung eines Privilegs nebst anderen dazugehörigen Freiheiten und Gerechtsamen betreiben, einige Schiffe mustern und aussuchen [. . .]. Es wurde beschlossen, im Namen der Unternehmer eine Petition an die Lords des Privy Council [Geheimen Rates] Ihrer Majestät zu richten und ihnen anzuzeigen, daß verschiedene Kaufleute durch die erfolgreiche Reise der Holländer [1595] veranlaßt und durch die Nachricht, daß die Holländer eine neue Fahrt vorbereiten [. . .] aufgerüttelt seien, mit nicht geringerem Eifer als die holländischen Kaufleute den Handel ihres Heimatlandes voranzubringen und sein gemeinsames Bestes zu fördern [. . .].

R. H. Tawney/Eileen Power (Hg.), Tudor Economic Documents, Bd. 2, London 1924, S. 83ff., zit. nach: F. Dickmann, Geschichte in Quellen, Bd. III, S. 402

c) Zulassungspatent für die niederländische Ostindische Kompanie, 20. März 1602:

Die Generalstaaten der Vereinigten Niederlande [. . .] tun zu wissen: In Anbetracht, daß der Wohlstand der Vereinigten Niederlande hauptsächlich auf Schiffahrt, Handel und Verkehr beruht, die aus diesen Landen seit alter Zeit getrieben und mit der Zeit löblich vermehrt worden sind, nicht allein mit den benachbarten Königreichen und Ländern, sondern auch mit solchen, die weit von diesen Landen entfernt in Europa, Asien und Afrika liegen, und daß derselbe in den letzten zehn Jahren von einigen für Schiffahrt, Handel und Verkehr nach dem Ausland interessierten Kaufleuten der Vorlande [Küstenlande] mit Hilfe einer in Amsterdam zu diesem Zweck gegründeten Kompanie, nämlich der löblichen Ostindischen Handels- und Schiffahrtskompanie, mit großen Kosten, Mühen und Gefahren in die Hand genommen worden ist [. . .], worauf unlängst verschiedene andere Kaufleute in Seeland, an der Maas wie auch im Norderquartier und Westfriesland gleichartige Kompanien gegründet [. . .] haben – haben Wir miteinander überlegt und reiflich erwogen, wieviel den Vereinigten Landen und deren Bürgern daran gelegen sei, daß derselbe Schiffs-, Handels- und Warenverkehr unter eine tüchtige Oberleitung [. . .] gestellt und dadurch erhalten und gemehrt werde. Wir haben für gut befunden, zu diesem Zweck die Direktoren der genannten Kompanien vor Uns kommen zu lassen und denselben vorzuhalten, daß es gut, dienstlich und nützlich [. . .] sein dürfte, die genannten Kompanien zu vereinigen [. . .], welches die Beauftragten derselben Kompanien wohl verstanden haben und worüber es nach verschiedenen Verhandlungen [. . .] zur Vereinigung gekommen ist. Auf Grund dessen haben Wir nach reiflicher Beratung [. . .] die vorgenannte Vereinigung genehmigt und anerkannt [. . .]. Ferner verbriefen und bewilligen wir, daß die von der genannten Kompanie ostwärts des Kaps der Guten Hoffnung wie auch jenseits der Magellanstraße das Recht haben sollen, mit Fürsten und Potentaten Bündnisse und Verträge im Namen der Generalstaaten der Vereinigten Niederlande kraft deren Souveränität zu schließen, dort Festungen und feste Stützpunkte anzulegen, Gouverneure, Kriegsvolk und Beamte zur Wahrnehmung der Justiz und anderer nötiger Dienste, zur Erhaltung der Festungen und zur Aufrechterhaltung von Ordnung, Sicherheit, Polizei und Rechtspflege [. . .] zu bestellen unter dem Vorbehalt, daß die genannten Gouverneure, Beamten, Justizpersonal und Kriegsvolk den Generalstaaten und ihrer Oberhoheit sowie auch der Kompanie – was die Geschäfte und den Handel betrifft – den Treueid leisten sollen [. . .].

Groot Placaet-Boek inhoudende de placaten ende ordonnantien van de Hoogh-mog. Heeren Staten General der Vereenighende Nederlanden, Bd. 1, s'Gravenhage 1658, S. 529 ff., zit. nach: F. Dickmann, Geschichte in Quellen, Bd. III, S. 404 f.

a) Erarbeiten Sie die Merkmale der jeweiligen Handelsgesellschaft.
b) Untersuchen und vergleichen Sie das jeweilige Verhältnis von privaten und öffentlichen („staatlichen") Interessen.

62 Auseinandersetzung zwischen den Engländern und den Niederländern um die „Freiheit der Meere"

a) Der Gedanke eines „Naturrechts" auf freien Seehandel war bereits 1538 von dem spanischen Dominikaner Franziscus de Vitoria und in seiner Nachfolge 1564 von dem Völkerrechtslehrer Fernando Vásquez systematisch behandelt worden. Der niederländische Völkerrechtslehrer Hugo Grotius (1583–1645) verfaßte 1609 eine zusammenfassende Schrift „Mare liberum" („Von der Freiheit des Meeres"). Darin heißt es:

Es ist [. . .] erwiesen, daß weder ein Volk noch ein Privatmann ein Eigentumsrecht auf das Meer geltend machen kann, da Natur und öffentliche Nutzung die Beschlagnahme nicht zulassen. Gerade deswegen war diese Untersuchung angestellt worden, um klar zu machen, daß die Portugiesen das Meer, auf dem man nach Indien fährt, nicht zu ihrem Eigentum gemacht haben [. . .]. Was sonst schon schwer scheint, kann hier gar nicht geschehen; was wir sonst für unbillig erklären, ist hier barbarisch und unmenschlich. Hier handelt es sich nicht um ein Binnenmeer, das überall von Ländern umsäumt manchmal nicht einen Fluß an Breite übertrifft [. . .]. Hier handelt es sich um den Ozean, den das Altertum unermeßlich, unendlich, Schöpfer der Dinge, Nachbarn des Himmels nennt, aus dessen Naß sich, wie die Alten glaubten, nicht nur die Quellen, Flüsse und Meere, sondern auch die Wolken [. . .] speisten, der im ständigen Wechsel der Fluten die Erde, den Wohnsitz des Menschengeschlechts, umwandelt und nicht gehalten und eingeschlossen werden kann, der eher uns besitzt, als daß wir ihn besitzen [. . .]. Die Portugiesen beanspruchen für sich den Raum zwischen zwei Welten, einen Raum, so weit, daß von ihnen in all den Jahrhunderten kaum eine Kunde hat herüberdringen können. Und wenn gar der Anteil Kastiliens, das in demselben Falle ist, noch hinzutritt, dann ist der Ozean so gut wie ganz von zwei Völkern beschlagnahmt, alle anderen Völker sind auf einen kleinen Teil im Norden verwiesen. Die Natur sieht sich arg betrogen, die dieses Element für alle um die Welt ergossen hat und glaubt, es würde allen genügen. Schon wenn sich jemand auf dem großen Meere nur Macht und Gewalt über unterschiedliche Nutzung anmaßt, würden wir seine Ansprüche als maßlos bezeichnen; wenn jemand andere am Fischfang hinderte, würde er dem Vorwurf sinnloser Begehrlichkeit nicht entgehen. Was aber sollen wir von jemand halten, der uns hindert, auf der See zu fahren, wobei er selbst gar keinen Schaden leidet? [. . .] Was in privaten Dingen Mißgunst ist, ist Ungeheuerlichkeit in Sachen der Allgemeinheit. Es ist das empörendste Unrecht, das, was nach der Satzung der Natur, der Stimme der Völker mir ebensogut wie dir gehört, in der Weise zu beanspruchen, daß du mir nicht einmal die Nutzung gönnst [. . .].

Hugo Grotius, Von der Freiheit des Meeres, übers. v. R. Boschan, Leipzig 1919

b) Der schottische Gelehrte John Selden (1584–1654) verfaßte 1636 im Auftrag des englischen Königs (Karls I.) eine Abhandlung mit dem Titel „Mare clausum" („Geschlossenes Meer"). Darin heißt es:

[...] Diese Abhandlung beschäftigt sich mit dem Eigentumsrecht am Meer [„dominium maris"] und hat zum Ziel den bündigen Nachweis jenes Rechtes, kraft dessen seit unvordenklichen Zeiten das Britische Meer [„Oceanus Britannicus"] zu Deinem [des Königs] geheiligtem britischen Erbe gezählt wird [...]. Es gibt ausländische Schriftsteller, die die südlich und östlich gelegenen Teile Deines Meeres kühnlich für ihre Fürsten in Anspruch nehmen. Es gibt auch nicht wenige, die alle Meere als Gemeineigentum der gesamten Menschheit kraft Natur- und Völkerrecht erklären und darin in der Hauptsache einigen alten Lehrern des kaiserlichen [römischen] Rechts folgen [...]. Um diese Leute von der einen wie von der anderen Art zu widerlegen und Eurer Majestät Sache als wahr zu erweisen, habe ich die weit verstreuten Zeugnisse dafür aufgespürt und die Gründe, die ich dafür aus allen Rechtsgebieten zusammenbringen konnte, abgewogen, ausgewählt und zusammengestellt [...].
Was die Probleme der Seeherrschaft angeht, so werden hier zwei Thesen unter Beweis gestellt. Die erste heißt: Das Meer ist nach Natur- und Völkerrecht nicht Gemeineigentum aller Menschen, sondern kann genau so wie das feste Land der Herrschaft eines einzelnen unterworfen oder zum Eigentum gemacht werden. Die zweite lautet: Seine Majestät der König von Britannien ist Herr des [die Insel] umgebenden Meeres als eines untrennbaren und unveräußerlichen Bestandteils des Britischen Reiches [„Imperii Britannici"]. Es werden hier also keine anderen Rechtsgrundlagen und Wirkungen der Seeherrschaft zur Erörterung zugelassen als solche, die auch für die Herrschaft über Inseln, Festlandsgebiete, Häfen oder irgendwelche anderen Territorien und Provinzen, die man zum geheiligten Erbgut der Fürsten zu rechnen pflegt, zutreffen. Denn die Herrschaft über das Meer beruht genau wie die über das feste Land auf den Grundsätzen, die im Völkerrechte [„jus inter gentes"] für die Begründung und Rechtfertigung einer Herrschaft überhaupt anerkannt sind, und ihre Wirkungen sind keine anderen als die der Herrschaft über das feste Land. Sie unterliegen wie diese von Fall zu Fall der Bestimmung durch Verträge, Abkommen, Bündnisse [...] und dergleichen mehr [...]. Das leuchtet meines Erachtens den Verständigen auch ohne besonderen Hinweis ein, wohl aber bedürfen die eines solchen, die immer wieder die gewagte Behauptung aufstellen, Seeherrschaft beruhe allein auf einer überlegenen Kriegsflotte, vielleicht gar einer Piratenflotte, und auf der tatsächlichen Macht, alle anderen faktisch und auf die Dauer von der See zu vertreiben, ohne Rücksicht auf Verträge, Grundsätze oder irgendwelche Rechtserwägungen.
Der Titel des Buches bedarf allerdings einer Rechtfertigung [...]. Mit dem einfachen Wortsinn soll deutlich gemacht werden, daß ein Meer, nicht anders als ein Land oder eine Bucht, in jeder möglichen Form Rechtens durch Grenzen, Linien und andere Herrschaftszeichen und -merkmale derart gesperrt und in besondere Herrschaftsgebiete aufgeteilt werden kann, daß alle anderen von der Benutzung ausgeschlossen werden, es sei denn mit Zustimmung des Herrn oder auf Grund zufälliger, vorübergehender Umstände oder besonderer Ausnahmen [...].

John Selden, Mare clausum seu de dominio maris libri duo, London 1636, zit. nach: F. Dickmann Bd. III, S. 412–414

a) Stellen Sie die Kernaussagen und Begründungen der Texte jeweils tabellarisch zusammen und vergleichen Sie die theoretischen Grundansätze und die Absichten.

b) Stellen Sie eine Verbindung her zwischen den Zielen der Autoren und den in diesem Heft aufgezeigten Interessen der britischen und niederländischen Regierung.

3. Staatlichkeit und internationale Politik am Beispiel der Niederlande

Die Union von Utrecht

Im Jahre 1579 schlossen sich die Grafschaften und Herzogtümer Holland, Friesland, Geldern, Groningen, Zeeland, Utrecht und Overijssell in Utrecht zu einem Verteidigungsbündnis gegen ihren Landesherrn, König Philipp II. (▷ S. 68), zusammen, 1581 kündigten sie ihm den geleisteten Treueid auf. Von diesem Zeitpunkt an beanspruchten sie die Rechte eines souveränen Staates und setzten ihren Anspruch in einer fast achtzigjährigen Folge von Kriegen durch. Im Kampf gegen Spanien entwickelten sie sich zu einem Nationalstaat ganz besonderer Prägung: Im Gegensatz zu Spanien und Frankreich konzentrierte sich die Staatsmacht nicht in den Händen eines Monarchen, sondern in einem Regierungsgremium, den Generalständen, die aus Vertretern der Ständeversammlungen in den einzelnen Provinzen bestanden. Die Generalstände oder „Herren Generalstaaten", wie man im 17. und 18. Jahrhundert zu sagen pflegte, bestimmten vor allem die Außenpolitik einschließlich der Kolonialpolitik, während die Innenpolitik – insbesondere die Finanzen – weitgehend in den Händen der Provinzialstände lag.

Die Entstehung der Niederlande

Die Generalstaaten bildeten vor 1579 die nördlichen Provinzen der Spanischen Niederlande, eines Territoriums, das etwa die Gebiete der heutigen Beneluxländer und des nordöstlichen Frankreich umfaßte. Die Fürstentümer dieses Raumes hatten lehnsrechtlich ursprünglich zum Deutschen Reich gehört, waren aber im Spätmittelalter teilweise in das burgundische Großreich eingegliedert und dadurch in die englisch-französisch-burgundischen Kriege verwickelt worden (▷ Kap. III.1.2). Nach dem Zerfall des Burgunderreiches waren sie aufgrund von Heirats- und Erbverträgen weitgehend an das Haus Habsburg gefallen; Karl V. hatte den Besitz erweitert und als „Niederlande" zu einem einheitlich und zentral geleiteten Landesteil des habsburgischen Hausbesitzes gemacht. 1556 fielen die Niederlande an

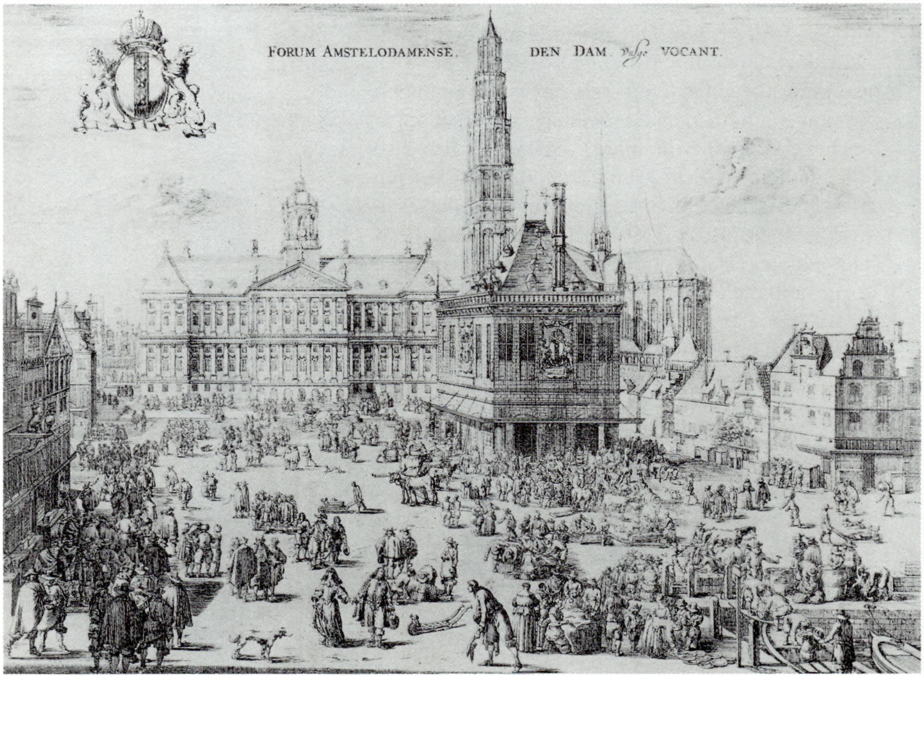

63 Marktplatz von Amsterdam, den man gewöhnlich ‚Den Dam' nennt. Szene vor dem neuen Rathaus und der Waage. Kupferstich des 17. Jahrhunderts.
Welchen Eindruck von Amsterdam vermittelt diese Darstellung?

Spanien und wurden im Auftrag des Königs von einem Generalstatthalter in Brüssel verwaltet und regiert.

Eine der fortschrittlichsten Regionen Europas

Die Region zählte neben Oberitalien zu den wirtschaftlich und sozial fortschrittlichsten in Europa. Sie war, wie Italien, geprägt von einer sehr großen Zahl blühender Städte, deren Bürger durch Seehandel und vielfältige Manufakturen – vor allem für Tuche – zu beträchtlichem Reichtum gelangten. Dadurch war die Vormachtstellung des grundbesitzenden Hochadels sehr viel früher und nachhaltiger geschwächt worden als im übrigen Europa. Pauschal gesehen, waren im 16. Jahrhundert nur noch einige Provinzen des Südens mittelalterlich-feudal geprägt, während in den Stadtregionen und den nördlichen Provinzen Bürgertum und wirtschaftlich erfolgreicher Kleinadel vorherrschten. Reichtum und Wirtschaftskraft gingen einher mit wachsendem Selbstbewußtsein – es entwickelte sich eine regelrechte „Tradition des Ungehorsams", sei es als Aufruhr von Bürgern gegen Stadt- und Landesherren, sei es als Durchsetzung und Behauptung ständischer Mitwirkungsrechte bei der Regierung und Verwaltung der Provinzen.

Auswirkungen der Reformation

In den politischen Auseinandersetzungen des 15. Jahrhunderts waren die Provinzialstände selbstbewußt politische Verbindungen und Bündnisse je nach eigenen Interessen eingegangen. Ähnlich verhielten sie sich in der Zeit der Reformation: Entgegen der Politik des Landesherrn, Karls V., der als König von Spanien und als Kaiser des Deutschen Reiches für die Erhaltung des Katholizismus kämpfte, wandten die niederländischen Städte und Stände sich mehrheitlich der evangelischen Lehre zu, in den nördlichen Provinzen häufig dem Luthertum und der Täuferbewegung, überwiegend jedoch dem Calvinismus. Der aktive, non-konformistische Charakter des Calvinismus förderte die Bereitschaft der Niederländer, sich gegen Eingriffe in ihre Eigenständigkeit zu wehren.

Vielfältige Ursachen des Freiheitskampfes

In der Auseinandersetzung zwischen den Niederländern und dem spanischen König ging es also auf beiden Seiten um politische, wirtschaftliche und religiöse Grundfragen: Wäre es Philipp II. gelungen, die evangelische Lehre wieder zu beseitigen, so wären auch die Freiheitsrechte der Stände geschwächt oder vernichtet worden; und der uneingeschränkte Zugriff auf die wirtschaftlichen Ressourcen der Niederlande hätte es ihm ermöglicht, als Vorkämpfer der Gegenreformation eine Hegemonialstellung vor allem gegenüber Frankreich und England zu erringen. So betrachtete er die von ihm in den Hugenottenkriegen (▷ S. 71) unterstützte katholische Liga als sein Werkzeug. Denn ein katholisches, von Spanien abhängiges Frankreich war in seinen Augen die Voraussetzung für einen Sieg über die calvinistischen „Ketzer". Und als in England die von Heinrich VIII. (1509–1547) durchgesetzte „anglikanische" Staatskirche im Thronfolgestreit zwischen Heinrichs Tochter Elisabeth I. (1558–1603) und der katholischen schottischen Königin Maria Stuart in Gefahr geriet, konnte Philipp II., der mit Elisabeths Halbschwester Maria (Königin von England 1553–1558) verheiratet gewesen war, seine Unterstützung für Maria Stuart mit religiösen und dynastischen Gründen rechtfertigen.

Etappen des Freiheitskampfes

Die Freiheitsbewegung der Niederländer begann als hochadlige Rebellion zur Verteidigung ständischer Freiheitsrechte gegen den spanischen Zentralismus (1564–1566) und erweiterte sich zu einem Kampf kleinadliger Calvinisten gegen kirchliche Zwangsmaßnahmen und die Inquisition (1566). Diese zweite Phase wurde begleitet von tumultuarischen „Bilderstürmungen", d.h. der Zerstörung von Bildern und Kunstwerken in den Kirchen durch städtische Unterschichten. Die – im Bewußtsein der Niederländer – „heroische" Phase setzte 1567 ein, als Philipp II. den Herzog von Alba als Militärstatthalter mit unbeschränkten Vollmachten in die Niederlande entsandte. Dieser ließ durch ein Sondergericht („Blutrat") in einer Art von Schauprozeß führende Männer der Adelsopposition zum Tode verurteilen, unter ihnen die Grafen Egmont und Hoorn. Sie wurden zu Märtyrern des folgenden Freiheitskampfes. Politischer Kopf eines zermürbenden Guerillakrieges gegen die Spanier war seit 1572 Graf Wilhelm von Oranien-Nassau (ermordet

64 „Bildersturm" radikaler Calvinisten im Sommer 1566; Radierung aus einem historisch-topographischen Handbuch des 16. Jahrhunderts.
Wie beschreibt und bewertet der Künstler den Beginn des Volksaufstandes gegen die spanische Herrschaft?

1584). Den Widerstand leisteten vor allem bürgerliche Kämpfer (von den Spaniern verächtlich „Geusen", d.h. „Bettler", genannt). Obwohl Alba alle militärischen Zwangsmittel einer Großmacht einsetzte, konnte er die Geusen, die breiten Rückhalt in der Bevölkerung fanden und zeitweise von Glaubensgenossen aus Deutschland und Frankreich unterstützt wurden, nicht vernichten. Doch ebensowenig gelang es den Niederländern, die spanischen Truppen zu vertreiben, obwohl sie in Einzelfällen als letzte verzweifelte Maßnahme künstliche Überschwemmungen durch Öffnen der Seedeiche herbeiführten. Politisch schien sich sogar eine Niederlage abzuzeichnen, als Ende der 1570er Jahre die Einheitsfront der Niederländer an wirtschaftlichen und sozialen Gegensätzen zerbrach und die südlichen Provinzen unter die Herrschaft Philipps II. zurückkehrten.

Entscheidung gegen Spanien

Langfristig gesehen fiel die Entscheidung über die Existenz der freien Niederlande in Frankreich und England. Nachdem das Königtum Heinrichs IV. (▷ S. 71) den französischen Bürgerkrieg 1589 beendet hatte, wurden im Jahre 1598 die letzten spanischen Truppenteile aus Frankreich vertrieben. Wie mit Frankreich ging auch der Machtkampf mit England für Philipp verloren. Nachdem Elisabeth ihre Rivalin 1587 hatte hinrichten lassen, entsandte Philipp eine riesige Invasionsflotte („Armada") gegen England, doch wurde diese nach verlustreichen Kämpfen im Ärmelkanal in die Gewässer nördlich von Schottland abgedrängt und dort von Stürmen weitgehend vernichtet (1588). Damit war Spanien zwar nicht als militärische Großmacht ausgeschaltet, verlor aber rasch die Überlegenheit zur See. England und die Niederlande wurden die führenden Handelsmächte, Frankreich rückte als Hegemonialmacht auf dem Kontinent langsam an die Stelle des wirtschaftlich ausgebluteten Spanien.

Das „Goldene Zeitalter" der Niederlande

Für die Vereinigten Niederlande begann um die Jahrhundertwende ein „Goldenes Zeitalter". Ein stetiges Wachstum von Binnen- und Kolonialwirtschaft bildete die Voraussetzung für Macht und Reichtum von Städten und Bürgern, die Niederlande wurden für Jahrzehnte das wirtschaftliche und finanzielle Zentrum Europas. Der Reichtum ermöglichte es, Künste und Wissenschaften großzügig zu fördern. Nie-

derländische Universitäten und Gelehrte genossen hohes Ansehen in ganz Europa, ebenso die „Niederländischen Meister“ der Malerei; sie werden in unserer Zeit auf Kunstauktionen zu fast unerschwinglichen Preisen gehandelt.
Einzigartig für das damalige Europa war die Toleranz, mit der lange Zeit die unterschiedlichen Glaubensgruppen in den Niederlangen zusammenlebten – Einflüsse des Naturrechts wie die Erinnerung an den Ursprung des Staates und auch die Notwendigkeit, weiterhin die Existenz des kleinen Landes zu verteidigen, erzwangen ein „vernünftiges“ Miteinander. Staunenswert für die damaligen Zeitgenossen war schließlich, wie kontinuierlich und erfolgreich die „Herren Generalstaaten“ im Vergleich zu den Monarchen regierten.
Unter der Oberfläche allerdings lagen Strukturprobleme, die häufig für Spannungen und Unruhen sorgten. Politisch ging es z. B. darum, ob die Macht bei den Generalständen oder bei den Provinzialständen konzentriert sein sollte; ob die Provinz Holland mit der Stadt Amsterdam ein – auch wirtschaftlich begündetes – Vorrecht vor den anderen Provinzen besitzen durfte; ob die Position des Statthalters (aus dem Hause Oranien) eher repräsentativ auszufüllen oder in Richtung auf eine königliche Stellung hin aufzuwerten sei. Hintergrund sozialer und politischer Spannungen war die Tatsache, daß eine zahlenmäßig kleine Gruppe mächtiger Kaufmanns- und Bankiersfamilien als „Regenten“ in ihrer Stadt, aber auch in den Gremien der Provinz- und Generalstaaten die Macht an sich brachte und einen zunehmend aristokratischen Lebensstil pflegte. Sie wählten sich gegenseitig in die wichtigsten Spitzenämter, verkauften nachgeordnete Amtsstellen an Männer ihres Vertrauens und sorgten durch feste Regeln dafür, daß „von unten“ ein Aufstieg in die Regentenschicht immer schwieriger wurde. Diese oligarchisch-plutokratische Entwicklung erregte den Widerstand von Kaufleuten und Kleinbürgern und bewirkte darüberhinaus eine lebhafte staatsphilosophische Diskussion über die „wahre Freiheit“.
In dem neu entstehenden System der europäischen Mächte (▷ Kap. V, VI) fand die Republik keinen Platz, obwohl der Kolonialhandel auch im 17. Jahrhundert noch beträchtliche Gewinne abwarf. Dagegen verloren Fischfang und europäische Handelsschiffahrt zunehmend an Bedeutung gegenüber der staatlich gestützten Konkurrenz in England, Frankreich und Schweden/Dänemark; und da die niederländische Wirtschaft einseitig auf diese Zweige konzentriert war, ergaben sich Folgeprobleme von allgemeiner Einkommensminderung, Arbeitslosigkeit, Schwierigkeiten der Landwirtschaft und des (Manufaktur-)Gewerbes. Zwischen den Großmächten aber behaupteten die Generalstaaten bis zur Französischen Revolution den Rang einer finanzkräftigen, politisch wichtigen Republik.

Naturrecht. Bereits in der Antike entwickelte sich die Vorstellung, daß es über dem von Menschen gesetzten Recht ein übergeordnetes, für jeden Menschen und jede staatliche Instanz verbindliches Recht gebe. Im Sinne eines sittlichen Fundaments und unverrückbaren Normengefüges für individuelles und vor allem staatliches Handeln stellte es einen Schutz gegen die Willkür von Regierenden dar. Der Naturrechtsgedanke begründete in der frühen Neuzeit die Forderung nach einem Widerstandsrecht gegen eine ungerechte Obrigkeit; seit der Mitte des 18. Jahrhunderts wurde zunehmend die Idee individueller Menschenrechte aus dem Naturrechtsgedanken entwickelt und seit der amerikanischen Unabhängigkeitserklärung zu einem unverzichtbaren Bestandteil einer demokratischen Verfassung erhoben.

65 Das Problem der Niederlande aus spanischer Sicht

a) Kardinal Granvelle, Erzbischof von Mecheln (1561–1581) und Berater (1559–1564) der Generalstatthalterin Margarete von Parma, berichtete vor Ausbruch der Unruhen in den Niederlanden König Philipp:

Sie [die niederländischen Adligen] haben einen Bund gegen mich geschlossen und bedrohen mein Leben; aber über diesen Punkt mache ich mir wenig Sorge, denn ich glaube, sie sind viel zu klug, um etwas Derartiges zu versuchen. Sie beklagen sich darüber, daß ich sie von hohen Ämtern ausschließe, daß ich versuche, mir für Eure Majestät absolute Autorität zu sichern. All dies erzählen sie auch offen bei ihren Banketten, was auf das Volk keine gute Wirkung hat. Und doch hat es niemals Provinzgouverneure gegeben, die so viel Macht besaßen wie sie oder die alle Ernennungen so sehr in ihrer Hand hatten. In Wahrheit ist ihre Absicht einzig und allein, Eure Majestät und die Generalstatthalterin zu bloßen Nebenfiguren der Regierung zu machen [...].

Der Prinz [Wilhelm von Oranien] ist ein gefährlicher Mann, raffiniert, berechnend, der dem Volk vorheuchelt, er stehe auf seiner Seite und verfechte seine Interessen, aber nur die Gunst des Pöbels gewinnen will, indem er sich manchmal als Katholik, manchmal als Kalvinist oder Lutheraner ausgibt. Er ist ein Mann, der insgeheim alles unternehmen würde, was ihm sein großer Ehrgeiz und sein übermäßiges Mißtrauen eingeben. Laßt einen solchen Mann besser nicht in Flandern. Gebt ihm ein glanzvolles Amt als Botschafter oder Vizekönig, oder ruft ihn vielleicht an Euren eigenen Hof. Was Egmont angeht, so hat er sich von Oranien verleiten lassen; aber er ist rechtschaffen, ein guter Katholik und kann leicht umgestimmt werden, wenn man ihn bei seiner Eitelkeit und seiner Eifersucht auf den Prinzen zu packen versteht.

Ch. Weiss (Hg.), Papiers d'état de Granvelle, Paris 1841 ff., Bd. 6, S. 562 und F. Harrison, William the Silent, Brüssel 1861, S. 34, zit. nach: Charles Petrie, Philipp II. von Spanien, Stuttgart 1965, S. 192, 194

[1] Wilhelm v. Oranien (1533–1584) gehörte neben den Grafen Egmont und Hoorn zu den führenden Adligen in der Frühphase des Aufstandes. Nach seiner Ermordung blieben die politische Führung und die spätere Statthalterwürde in seiner Familie.

b) Aus dem Briefwechsel zwischen König Philipp und seinem Halbbruder Don Juan d'Austria, den er 1576 als neuen Generalstatthalter in die Niederlande entsandte. Zum Hintergrund sollte man wissen, daß Philipp mit der Berufung seines Bruders diesen auch politisch „kaltstellen" wollte, während Don Juan sich Hoffnungen machte, durch eine Heirat mit Maria Stuart König von Schottland, England und Irland zu werden.

Philipp schreibt dem Prinzen vor dessen Abreise:

Ich würde selbst gehen, wenn meine Anwesenheit in diesen Königreichen nicht unerläßlich wäre, um hier das Geld aufzutreiben, das zur Erhaltung aller anderen erforderlich ist. Andernfalls hätte ich gewiß mich und mein Leben, wie ich es oft gewünscht habe, einer Sache gewidmet, die von so großer Bedeutung und mit dem Dienst an Gott so eng verwoben ist [...]. Ich vertraue darauf, mein Bruder, daß ihr über die Lage der Dinge in den Niederlanden unterrichtet seid [...], und da kein anderer vorhanden ist [...], Eure Kraft und Euer Leben und alles, was Euch teuer ist, einer Sache widmen werdet, die so wichtig ist und Gott so sehr zur Ehre und Seiner Religion so sehr zum Wohle gereicht, denn von ihrer Erhaltung in den Niederlanden hängt ihre Erhaltung in allen übrigen Ländern ab [...].

Don Juan antwortet:

Jedermann ist der Meinung, daß sich in den Niederlanden nur wirklich Abhilfe schaffen ließe, wenn England in der Hand einer Persönlichkeit wäre, die Eurer Majestät ergeben dient, und man ist überzeugt, daß die Niederlande, wenn dies nicht eintritt, vernichtet, zugrunde gerichtet und für die Krone verloren sein werden. In Rom und überall geht das Gerücht, daß bei diesen Gedanken Eure Majestät und Seine Heiligkeit an mich als das beste Werkzeug gedacht haben, das Ihr zur Ausführung Eurer Pläne wählen könntet, erzürnt wie Ihr seid wegen der schlimmen Unternehmungen der Königin von England und dem Unrecht, das sie der Königin von Schottland angetan hat, insbesondere, indem sie in ihrem Königreich gegen ihren Willen die Ketzer unterstützt hat.

L. P. Gachard (Hg.), Correspondance de Philipp II., Brüssel 1848–1851, Bd. 4, S. 38–52, 161–166, zit. nach: Ch. Petrie, a. a. O., S. 217 f.

a) Nennen Sie die Motive, die aus spanischer Sicht den Unruhen in den Niederlanden zugrunde lagen.

b) Untersuchen Sie persönliche und strukturelle Antriebskräfte bei den einzelnen Akteuren, die in den Texten genannt werden.

66 Niederländische Darstellungen des Konflikts

a) Aus einem Aufruf Wilhelms von Oranien an die Bevölkerung, 1568:

Es ist allen Einwohnern der Niederlande bekannt genug, wie die Spanier seit langem versucht haben, das Land nach ihrem Belieben zu regieren. Sie haben die niederländischen Untertanen bei Seiner Majestät [Philipp II.] unter dem Vorwande der Ketzerei so verleumdet, daß der Fürst die Einführung der Inquisition in den Niederlanden zugestanden hat. Infolgedessen ist in einigen Städten Aufruhr durch den unüberlegten Zorn der Bevölkerung entstanden. Aus diesem Grund haben die Spanier die Angelegenheit bei dem König so zu entstellen verstanden, daß er den Herzog von Alba mit einer spanischen Armee ins Land geschickt hat. Die Absicht des Herzogs ist keine andere, als die Untertanen ohne Unterschied mit ganzer Brutalität zu behandeln, Gute und Schlechte gleichmäßig zu verjagen, zu berauben und zu massakrieren. Um ohne Hindernis ihre tyrannischen Pläne durchführen zu können, haben die Spanier und andere Blutmenschen den lange versprochenen Besuch Seiner Majestät in den Niederlanden zu durchkreuzen verstanden, damit Seine Majestät nichts von der Unschuld der Untertanen erführe. Es ist nicht notwendig, hier die Folgen der unerträglichen Inquisition zu erwähnen. Denn es ist offenkundig, daß durch sie Ehre, Leben, Hab und Gut eines jeden abhängig gemacht ist von der Habsucht, dem Haß und dem Übelwollen irgendeines Lumpenhundes oder bösartigen Angebers [Denunzianten]. Und der Herzog von Alba hat die geschriebenen Rechte und Privilegien des Landes unterdrückt und sogar die von Seiner Majestät selbst beschworenen Eide gebrochen. Was können die guten Untertanen des Königs anderes von Alba erwarten, als gezwungen zu werden, entweder Jesus Christus zu verleugnen oder zum Märtyrertode verdammt zu werden, mindestens aber Besitz und Vaterland zu verlieren? Deshalb müssen mit vollem Recht diejenigen als Wahnsinnige angesehen werden, die sich auf Albas betrügerische Versprechungen verlassen. Dafür sind bejammernswürdige Zeugen die Herren Grafen [Egmont und Hoorn] und so viele Edelleute und andere ausgezeichnete Männer, welche die barbarische Grausamkeit des Herzogs am eigenen Leibe erfahren haben und unmenschlicherweise hingerichtet worden sind.

Da Wir nun sehen, daß alles vergeblich ist, daß die Wahrheit nicht zu den Ohren des Königs kommt, und da Wir inständig gebeten worden sind von den getreuen Untertanen Seiner Majestät, der einen wie der anderen Religion, haben Wir die Waffen ergriffen, zur Ehre Gottes, zur Ausbreitung seines Wortes, zum Schutze der Gläubigen, im Dienste des Königs, zum Schutze des Landes, zur Aufrechterhaltung seiner Freiheit und seiner Privilegien. Mit der Gnade des gütigen Gottes, der feind ist allen Tyrannen und Blutmenschen, wollen Wir der grausamen Tyrannei der Spanier entgegentreten und Gut und Blut nicht sparen [...] [Es folgt ein Hinweis auf bereits erfolgte Rüstung]. Und Wir ermahnen allen und jeden getreuen Untertan Seiner Majestät, sich den allgemeinen Ruin des Vaterlandes, ihre und ihrer Kinder Knechtschaft, das entsetzliche Blutvergießen des Tyrannen, die bemitleidenswerte Vernichtung der evangelischen Lehre zu Herzen zu nehmen. Deshalb ist es notwendig, daß alle guten Untertanen sich selbst helfen und sich jetzt [...] als wahre Diener Gottes, des Königs und des Vaterlandes und als opferbereite Verteidiger ihrer Freiheit zeigen. Wer aber den Ausgang abwarten will, ohne sich für das Vaterland einzusetzen, den wird Gott nicht unbestraft lassen, den wollen Wir als Feigling und als Königs- und Vaterlandsverräter ansehen [...].

Otto Haintz, Gegenreformation und Dreißigjähriger Krieg, 4. Aufl. Berlin 1929, S. 12 f.

b) In einem Geschichtswerk aus dem Jahre 1612 heißt es:

Als Duc de Alba nun [1567] ins Regiment kommen, legte er sein Kriegsvolck rundt um sich her in die nechsten Stätt und nam den Bürgern die Schlüssel ab. Und als er nun sahe, daß er in der Regierung befestigt, ernewert er an statt einer Lindterung der strengen Mandaten die alten Placata unnd Inquisition unnd befestigte dieselben auf ein newes. Aber an statt der Versamblung deß Rahts der allgemeinen Landtstände: verordnet er einen newen Rath von zwölff Personen, welchen er Vollmacht gab uber alles, was die vorgeloffenen [vorgefallenen] Empörungen einiger massen anlangete, zu erkennen [untersuchen] und Urtheil zu geben. Dieser Rath ward auff Französisch „Le Conseil des Troubles", auff Teutsch aber der Blutraht genant. Er war vermischt mit Inheimischen und Außländischen: uber welche President seyn wolt der Hertzog selbst; aber hernach ward President Vargas, ein Tyrann uber alle Tyrannen, welcher nichts dann Geldt und Blut suchte; aber die Spanier sagten, daß der Niederländer räudige Köpff einer solch scharpffen Laugen bedörfften [...]. Durch diesen Raht, ja den

Hertzogen allein, ward allen anderen Landrähten ihre Autoriät und Macht gäntzlich benommen unnd die Einwohner aller ihrer ordentlicher Jurisdiction unnd Rechten beraubt [. . .]. In Summa, zogen alles an sich, ob sie schon meisten Theils Fremdt waren, alles dahin richtendt, daß sie endtlich mochten über Leib und Gut herrschen unnd den König bereichen [bereichern], fürgebendt, daß auß Niderlandt ein größerer Schatz dann auß Indien könnte gesamblet werden. In gleichem war durch diesen Blutraht die Authorität oder Ansehen deß Raths der Staaten gäntzlich aufgehoben und vernichtiget.

Im anfang deß Jars 1568 hub Duc de Alba durch seinen Blutraht sehr grewlich an zu prozedieren wider die, welche der verlauffenen Lärmen [vergangenen Unruhen] nur etliche massen mochten beschuldigt werden [. . .]. Diese alle ließ er in großer Menge nach grausam angelegter Marter und Pein inner- und ausserhalb den Stätten enthaupten und hencken. Reichen Bürgern, die viertzig-, sechtzig-, hundertausend Gülden vermochten, ließ er die Händ auff den Rucken binden unnd sie also an einem Pferdeschwantz zum Galgen hinauß schleiffen. Diese strenge Handlung erweckt allenthalben von Tag zu Tag größeren Schrecken unter dem Volck und verursacht grosse Flucht. Daher entstunde eine menge wüster unbesunnener Leut, welche all ihr Gut, auch etliche Weib und Kind dahinden ließen, sich ins Gewildtnus in West-Flandern oder anderswohin begaben und sich an den Pfaffen und München recheten, welche sie bey nächtlicher Weil ertappen konndten; namen ihnen all ihr Gut und schnitten ihnen darzu Ohren und Nasen ab. Derowegen sie wilde Jeusen genennet werden. Als dieser nun ein zimliche Menge worden war, must Duc de Alba Kriegsvolck wider sie außsenden, aber mit seinem kleinen Vortheil, dann er bekam ihrer wenige.

Emanuel von Meteren, Niederländische Historien 1612, zit. nach: Materialien für den Geschichtsunterricht, Bd. 2: Die Neuzeit, Frankfurt a. M., 4. Aufl. 1978, S. 80f.

a) Skizzieren Sie die spanische Politik gegenüber den Niederlanden und ergänzen Sie die in Text b) genannten Ereignisse durch weitere Informationen.
b) Versuchen Sie, in Text a) Fakten und Zweckrhetorik zu unterscheiden, indem Sie Text b) und Ihre Zusatzinformationen heranziehen.

67 Staatsrechtliche Argumente zum Widerstand der Niederländer

a) Aus der Unabhängigkeitserklärung der niederländischen Generalstände vom Juli 1581:

Ein Volk ist nicht wegen des Fürsten, sondern ein Fürst um des Volkes willen geschaffen, denn ohne das Volk wäre ja kein Fürst. Er ist dazu vorhanden, daß er seine Untertanen nach Recht und Billigkeit regiere und sie liebe, wie ein Vater seine Kinder, daß er treu walte, wie ein Hirt über seine Herde. Behandelt er sie aber nicht so, sondern bloß wie Sklaven, dann hört er auf, ein Fürst zu sein, und ist ein Tyrann. Die Untertanen aber haben das Recht, nach gesetzlichem Beschluß ihrer Vertreter, der Stände, wenn kein anderes Mittel mehr übrig ist, wenn sie durch keine Vorstellung ihrer Not irgend eine Versicherung der Freiheit für Leib und Gut, für Weib und Kind von dem Tyrannen erwerben können, diesen zu verlassen. Dies ist der Fall in den Niederlanden. Seit uralten Zeiten wurden sie nach beschworenen Bedingungen regiert, deren Bruch den Fürsten der Herrschaft verlustig machte. Unter dem Vorwand der Religion hat der König von Spanien hier eine Tyrannei einzurichten versucht und, ohne auf irgend eine Vorstellung des Landes zu achten, dessen Privilegien verletzt, den Eid gebrochen, den er auf deren Erhaltung geschworen. Und so erklären denn die Gemeinstände [allgemeine Ständeversammlung] jetzt den König von Spanien verlustig jeden Anspruchs auf die Herrschaft in den Niederlanden, sie erkennen ihn von nun an nicht mehr als Landesherren an, sie entbinden hiermit alle Amtleute, Obrigkeiten, Herren, Vasallen und Einwohner von dem einst Philipp dem Zweiten von Spanien geleisteten Eid des Gehorsams und der Treue.

Georg Weber, Allgemeine Weltgeschichte, Bd. XI, 2. Aufl. 1886, S. 630

b) Aus der Schrift „Vindiciae contra tyrannos", 1580. Angestoßen von Calvins Lehrsatz, daß gegen eine ungerechte Obrigkeit Widerstand erlaubt und sogar geboten sei (Institutio Christianae Religionis), entwickelte sich in Frankreich während der Religionskriege eine umfangreiche und kontroverse Diskussion über die Frage, ob „Tyrannenmord" erlaubt sei oder nicht. Der hugenottische Edelmann Philippe du Plessis-Mornay verfaßte (pseudonym) eine weit verbreitete und wirkungsreiche Abhandlung „Rechtsansprüche gegen Tyrannen". Darin heißt es:

[. . .] da niemand als König geboren wird, niemand durch sich selbst König sein, niemand ohne das Volk herrschen kann, das Volk hingegen durch sich selbst sein kann und eher vorhanden war als der König, so steht es auf das bestimmteste fest, daß alle Könige zuerst vom Volk eingesetzt wurden [. . .]. Das Volk ließ sich also vom König angeloben, ob er gerecht und den Gesetzen gemäß regieren wollte. Dieser gelobte, er würde es tun. Und dann erst antwortete das Volk, es würde ihm, wenn er gerecht regiert, getreulich gehorchen. So versprach denn der König schlechterdings, das Volk hingegen unter einer Bedingung, bei deren Nichterfüllung das Volk von Rechts wegen von aller Verbindlichkeit befreit sein sollte [. . .].

Darum sollen die, welche das Volk vertreten, sobald sie bemerken, daß etwas Gewalttätiges und Hinterlistiges gegen den Staat unternommen wird, zuerst den Fürsten warnen. Indes, dabei mögen sie nicht abwarten, bis das Übel ärger wird und überhand nimmt. Denn die Tyrannei ist einem hektischen Fieber zu vergleichen, welches im Anfang leicht zu behandeln und schwer zu erkennen, im Fortgange aber leicht zu erkennen und außerordentlich schwer zu behandeln ist. Man muß also das Übel im Keim ersticken und nichts, auch das Geringste nicht, übersehen. Wenn er nun ferner aber fortfährt und auf öftere Warnung sich nicht eines Besseren besinnt, sondern nur dahin strebt, alles ungestraft verüben zu können, dann ist er in der Tat der Tyrannei überführt, und alle und jede Hilfe, welche uns Recht und gerechte Gewalt gegen Tyrannen an die Hand geben, kann dann gegen ihn angewandt werden. Die Tyrannei ist nicht nur Verbrechen, sondern das größte aller, ist gleichsam ein Haufen Verbrechen. Der Tyrann stürzt den Staat um, er plündert von dem Allgemeinen; allen trachtet er nach dem Leben, allen bricht er das Wort, alle Scheu vor dem Eidschwur und dem Heiligen legt er ab. Er ist weit verruchter als irgendein anderer Räuber, Freibeuter, Mörder und Gotteslästerer, weil es schmählicher ist, mehrere, ja alle zu verletzen als nur einzelne [. . .]. Ferner haben wir ja bewiesen, daß alle Könige die königliche Würde vom Volk empfangen, daß das gesamte Volk mächtiger ist und höher steht als der König, daß der König des Königtums und der Kaiser des Kaisertums erster Diener und Geschäftsführer, das Volk aber eigentlicher Herr ist. Daraus folgt, daß ein Tyrann an dem Volk, als dem Lehnsherrn, eine Felonie [Treuebruch] begeht, daß er des Königtums und Kaisertums geheiligte Majestät verletzt und ein Empörer ist, und deswegen den betreffenden Gesetzen verfällt, ja noch schwerere Strafe verdient.

Carl Bernhard Hundeshagen, Calvinismus und staatsbürgerliche Freiheit, Zürich 1946, zit. nach: Geschichte in Quellen, Bd. III, Renaissance, Glaubenskämpfe, Absolutismus, bearb. von Fritz Dickmann, München 1966, S. 261f., 264

a) Stellen Sie die Argumentationsketten der beiden Texte in ihrer logischen Abfolge dar und vergleichen Sie die jeweiligen Grundansätze.

b) Erörtern Sie den Zusammenhang von Natur- und Widerstandsrecht; ziehen Sie dabei auch die Texte M 62a und M 52 heran.

68 „Geusenpfennig", geprägt im Jahre 1566. Auf der Vorderseite das Porträt Philipps II. mit der Umschrift „In allem Treue dem König"; auf der Rückseite die Öffnung eines Sacks, in dem zwei Hände einander ergreifen, dazu die Umschrift „bis zum Bettelsack". Am Rande der Münze hängen Gefäße für erbettelte Speisen und Getränke.

Erläutern und diskutieren Sie das Selbstverständnis und die Absicht der Aufständischen in den Niederlanden.

69 Sind die Niederlande ein „freier" Staat? Offenkundige Mißstände in der Verfassung der Niederlande führten seit Ende des 17. Jahrhunderts zu einer lebhaften staatsphilosophischen Diskussion. Simon van Slingelandt, ein hoher Beamter des Staatsrates, verfaßte im Januar 1716 einen „Discours over de defecten in de Jeegenwoordige Constitutie". Darin sagt er über die „ware vrijheid" (echte Freiheit) als Grundlage einer funktionierenden republikanischen Verfassung:

Nur *das* Volk und *die* Regierung sind frei, wo die Macht, Gesetze zu erlassen, Steuern festzusetzen, Kriege zu erklären und Frieden zu schließen oder die Regierungsform zu ändern, in den Händen des Volkes oder der Stände liegt, die das Volk vertreten. Dagegen liegt die Freiheit nicht dort, wo jedes Mitglied [des Staates] dem Volk oder den Ständen die Hände binden und die dringlichen und nützlichen Beschlüsse verhindern kann.

Zweitens sind nur *das* Volk und *die* Regierung frei, wo Gesetze und Verordnungen über die Steuererhebung ohne Ansehen der Person ausgeführt werden und wo nur das Volk oder die Stände die Macht haben, sich oder andere davon zu eximieren [auszunehmen]. Dagegen sind Volk und Regierung nicht frei, wo jedes Mitglied [s. o.] die Absichten der Verordnungen und Erlasse nach eigenem Gutdünken interpretiert für den Teil des Volkes, den es vertritt [...].

Schließlich sind nur *das* Volk und *die* Regierung frei, wo derjenige, dem die Ausführung der Gesetze und Verordnungen übertragen ist, einerseits die nötige Macht und Autorität besitzt, um diese Durchführung in vollem Umfang und ohne Ansehen der Person zu garantieren und Gesetzesbrecher zu strafen, andererseits diese Macht und Autorität nicht zur Unterdrückung des Vokes mißbrauchen kann. Dagegen liegt die Freiheit nicht dort, wo der Grund, daß Mißbrauch nicht zu fürchten ist, einfach der ist, daß der Exekutive die erforderliche Macht fehlt, so daß weder guter noch schlechter Gebrauch davon gemacht werden kann.

Alle Regierungsprinzipien, die nicht diese drei Merkmale enthalten, zielen nicht auf freie Regierung oder fördern die Anarchie.

Horst Lademacher, Geschichte der Niederlande. Politik, Verfassung, Wirtschaft, Darmstadt 1983, S. 169f.

a) Erarbeiten Sie in einem „indirekten" Verfahren aus den Definitionen des Autors Merkmale der politischen Entwicklung in den Niederlanden seit der Unabhängigkeitserklärung.

b) Überlegen Sie, welche Aussichten zu Beginn des 18. Jahrhunderts dafür bestanden, daß die Thesen des Textes praktische politische Wirksamkeit erlangen konnten. Berücksichtigen Sie dabei die staats- und verfassungsrechtlichen Theorien im 16. und 17. Jahrhundert.

Zur Diskussion

Merkmale des frühmodernen Staates in Westeuropa

Wenn es darum geht, die Entwicklung der Reiche in Westeuropa zu bewerten, ergeben sich, ähnlich wie bei der Beurteilung der Entwicklung im Deutschen Reich, Unterschiede vor allem aus dem Ansatz der Fragestellung. Jüngere Historiker, die nach dem Zweiten Weltkrieg ihre prägende historisch-politische Ausbildung erhielten, fragen viel stärker nach den Strukturen, die die Entwicklung hemmten oder vorantrieben, während in der älteren Geschichtsforschung eher die Frage nach dem „Wesen" des Staates untersucht wurde; dabei flossen selbstverständlich die im 19. Jahrhundert herrschenden Theorien über Staat und Staatsgewalt in die Bewertung mit ein.

70 Gerhard Ritter (▷ S. 27, M 16), einer der maßgebenden deutschen Historiker der Nachkriegszeit, urteilt 1950:

Die Anhäufung von Macht, nicht mehr die Wahrung von Friede, Recht und Herkommen erschien jetzt als die nächste und dringlichste Aufgabe der Monarchie. Dabei kam es ihr zustatten, daß Machtverstärkung der Krone fast immer auch gleichzeitig Sicherung des inneren Friedens und damit des öffentlichen Wohls bedeutete. In allen großen Ländern Westeuropas, in England, Frankreich und Spanien, ist der neue Absolutismus von der Masse des Volkes, besonders des neuen Bürgertums, als Erlösung aus den schrecklichsten inneren Fehden mit Aufatmen begrüßt worden. Das feudale System hatte sich selbst überlebt, in anarchische Willkür aufgelöst. Die Monarchie konnte sich darauf berufen, daß ihre Forderungen dem „gemeinen Nutzen" (so lautete das neue Schlagwort der Zeit) entsprächen. Fürstliche Ehre und Reputation, Glanz des königlichen Hauses und „gemeiner Nutzen" schienen sich weithin zu decken. Praktisch kam es freilich schon bald dahin, daß dem ersten dieser beiden Ziele ohne allzuviel Rücksicht auf das zweite nachgejagt wurde.

Wo der „gemeine Nutzen" als Leitstern der Politik erscheint, ist der Anfang zur modernen „Staatsräson" gemacht. Rationales, das heißt zweckmäßiges Handeln wird oberstes Gebot; Zweckmäßigkeit der Mittel vermag auch wohl moralische Bedenken und Hemmungen des Rechtsbewußtseins niederzuschlagen. Die Rechtsvorstellungen des früheren Mittelalters verblassen [. . .]. Allgemeine, schriftlich festgelegte Normen der Rechtsprechung treten an die Stelle unsicherer Überlieferung; eine allgemeine Gesetzgebung ergänzt allmählich die bloße Einzelentscheidung und Privilegierung [. . .]. Es wird mehr Raum frei für neue Rechtsschöpfung. Aber freilich wird diese Befreiung mit Opfern erkauft. Nicht ohne eine Unsumme von offenbaren Rechtsbrüchen, von härtester Willkür, Schrecken und Grausamkeiten aller Art ist der neue Machtstaat ins Leben getreten. Die Dämonie der Gewalt, die aller irdischen Größe wie ihr Schatten folgt (um so dunkler, je strahlender die Sonne des Erfolges scheint), hat sich auch hier – schreckensvoll genug – offenbart.

Nicht ohne tiefe Gemütserschütterung haben denn auch die Zeitgenossen das Werden dieser neuen Staatsgesinnung, das langsame Absterben oder doch Verblassen der alten Ideale von Ritterlichkeit, Ehre und Treue miterlebt. Besonders anschaulich spiegelt sich die unruhvolle, zwischen Abscheu und Bewunderung hin und her gerissene Stimmung der Epoche in den berühmten Denkwürdigkeiten des Ritters Philippe de Commines, der, wie so viele seines Standes, als Beamter, Offizier und Diplomat in den Solddienst König Ludwigs XI. von Frankreich getreten war. Wie sich in der Person dieses Königs strengste kirchliche Devotion mit kältester Grausamkeit, launenhafte Willkür des großen Feudalherren mit nüchternster Rechenhaftigkeit verbindet, das schildert er mit immer neuem Staunen.

Gerhard Ritter, Die Neugestaltung Europas im 16. Jahrhundert, Berlin 1950, S. 26f.

a) Nennen Sie die historisch-politischen Kategorien, von denen Ritter ausgeht, und geben Sie an, worin er das Wesen des frühmodernen Staates sieht.

b) Setzen Sie sich mit der Wertung Ritters auseinander; berücksichtigen Sie auch sprachliche Merkmale der Darstellung.

71 Horst Gründer (geb. 1939), Professor für Neue und Neueste Geschichte, skizziert im Zusammenhang mit den spanischen Entdeckungszügen die Situation Spaniens folgendermaßen:

Die „Conquista" – die „Eroberung" Amerikas – war *nicht* in erster Linie ein religiös-missionarisches Unternehmen. Missionswille und Kreuzzugsgedanke sind zwar nicht vom iberischen Expansionismus zu trennen. Sie stellen aber nicht – wie man früher gemeint hat – die Hauptantriebskräfte der „Conquista" dar. Wenn die Kirche auch zu den treibenden Kräften des spanischen Kolonialexpansionismus gehörte, war es doch primär der aufsteigende europäische Handelskapitalismus, der hinter dem „Zeitalter der Entdeckungen", der frühneuzeitlichen Expansion Europas nach Übersee, stand. Alle Entdekkungszüge, Handels- und Kolonisationsunternehmungen besaßen denn auch einen direkten oder indirekten *staatlichen* Charakter und sollten nach *merkantilistischen* Grundsätzen vorzugsweise den staatlichen Reichtum mehren. Höfische Finanzkreise, d. h. fiskalische Überlegungen, gaben ja auch den Ausschlag dafür, daß die spanische Krone schließlich den Plänen des Kolumbus zustimmte! Es war mithin nicht die *Kirche,* die sich zur Erlangung ihrer Ziele des Staates bediente; es war vielmehr der *Staat,* der es „geradezu meisterhaft verstand, sich die Religion und durch sie auch die Kirche zur Verwirklichung seiner Politik dienstbar zu machen". Zu sehen ist dieses Vorgehen im Zusammenhang mit der Ausbildung des frühneuzeitlichen, absolutistischen Staates, der mit Hilfe des römischen Rechtssystems, durch den Aufbau einer abhängigen Bürokratie und nicht zuletzt einer gefügigen Kirche den Weg zur modernen Nationalmonarchie beschritt; sah der von den neuen staatspolitischen Ideen der Souveränität und Staatsräson geleitete moderne Anstaltsstaat doch in der Religion ein ideales Herrschaftsinstrument, mit dessen Hilfe sich innenpolitische „Einheitlichkeit" herstellen ließ. Nicht zufällig brachte das Jahr 1492, in das die „Entdeckung" Amerikas durch Kolumbus fiel, die Vertreibung der Juden vom Territorium der spanischen Monarchie. Im Edikt vom 31. März 1492 wurden die Juden gezwungen, entweder das Christentum anzunehmen oder Spanien zu verlassen. Die Mauren, denen die „Katholischen Könige" noch 1492 in Granada freie Ausübung ihrer Religion garantiert hatten, wurden nur ein Jahrzehnt später vor dieselbe Wahl gestellt.

Horst Gründer, Conquista und Mission, in: Aus Politik und Zeitgeschichte, Beilage zur Wochenzeitung „Das Parlament", B 37/92, 4. September 92, S. 4

72 Jean Favier (geb. 1932), Professor für mittelalterliche Wirtschaftsgeschichte an der Sorbonne, erörtert die Frage nach dem mittelalterlichen „Vermächtnis" Frankreichs zu Beginn der Neuzeit:

Zunächst einmal ein zusammenhängendes Staatsgebiet in Form eines Sechsecks, in dem aus der beginnenden Überlagerung von politischem Bewußtsein und wirtschaftlichen Interessen ein mehr oder minder starkes, jedenfalls im Inland wie im Ausland bereits als solches empfundenes Nationalgefühl erwuchs. Durch seine großzügige Öffnung nach drei Meeren wie nach Kontinentaleuropa hin brachte dieses Sechseck alle Voraussetzungen für weitgespannte Auslandsbeziehungen mit. Es deckte seinen Eigenbedarf an Nahrungsmitteln und gewerblichen Erzeugnissen überwiegend selbst, war dadurch gegen die schlimmsten Spannungen und Krisen gesichert und konnte eine auf den Handelsverkehr über mittlere Entfernungen gestützte Wirtschaft aufbauen.

Das im Verlauf dieser Jahrhunderte entstandene, über die praktischen Vertragsbindungen des Lehnswesens hinausgreifende Staatsgefüge beruhte auf einer öffentlichen Ordnung, die mehr Sicherheit für den einzelnen, seine Güter und Geschäfte garantierte: einer öffentlichen Ordnung, die nun nicht mehr als Verwirklichung des göttlichen Schöpfungsplans, sondern als natürliche Aufgabe der für das Gemeinwohl Verantwortlichen erscheint. Ein Stab von Verwaltungsfachleuten und Richtern, eine dem Gerichtsuntertan und Regierten zur Seite stehende Helfer- und Vermittlerschar trug zu dieser Sicherheit bei, ohne die es weder bindende Vorschriften noch Vertrauen in die Justiz geben konnte. Damit aber gewann der Staatsdienst nicht nur für den persönlichen Werdegang einzelner und das Schicksal ganzer Familien vorrangige Bedeutung, sondern beeinflußte auch die unmittelbaren Verhaltensweisen des Alltags. Da man in allem große Erwartungen auf den Fürsten setzte, trugen auch alle zu den Fortschritten des Absolutismus bei. Ein festgefügtes Privatrecht – und damit eng verzahnte Gesellschaftsbeziehungen – und eine auf die gemeinsamen Wirtschaftsinteressen abgestimmte Politik dienten diesem Absolutismus, den jeder als Schiedsrichter für seine Zwecke einzuspannen versuchte, als Kö-

der beim Aufbau einer einheitlichen Zentralgewalt, über die man sich andererseits wiederum beklagte, der man aber gleichwohl Vorschub leistete.
Auch die Kirche war in diesen Prozeß einbezogen. Ihr langes Schwanken zwischen päpstlichem Führungsanspruch und Autonomiebestrebungen samt den daraus folgenden Strukturreformen und Maßnahmen zur Hebung der Moral führten auf direktem Weg zur Definition der Hoheitsrechte des Königs.

Jean Favier, Frankreich im Zeitalter der Lehnsherrschaft 1000–1515, Geschichte Frankreichs Bd. 2, Stuttgart 1989, S. 471 f.

a) Fassen Sie die Merkmale von Staat und Politik der beiden westeuropäischen Königreiche in der frühen Neuzeit zusammen.
b) Vergleichen Sie den Staatsaufbau Spaniens und Frankreichs mit dem des Deutschen Reiches.

1. Vergleichen Sie die verschiedenen Auffassungen von „Staat" und „Herrschaft" im 16. und 17. Jahrhundert.
2. Fassen Sie – vergleichend – die staatliche Entwicklung Westeuropas unter den Aspekten „Innen- und Außenpolitik", „Zentralisierung und Widerstand", „Religion und Politik" zusammen.
3. Erörtern Sie die „Notwendigkeit" der europäischen Kolonialpolitik.
4. Skizzieren Sie, wie die Zeitgenossen des 15. und 16. Jahrhunderts und wie spätere Historiker die Triebkräfte für politisches Handeln sahen und gewichteten.
5. Prüfen Sie, welche Merkmale heutigen staatlich-politischen Handelns bereits in der Entwicklung der westeuropäischen Staaten seit dem 16. Jahrhundert angelegt sind, und wo andererseits deutliche strukturelle Unterschiede bestehen.

IV. Königtum und Parlament in England: Bürgerkrieg und Revolutionen im 17. Jahrhundert

Die blutigen und die unblutigen Auseinandersetzungen, die stürmischen und die allmählichen Veränderungen, die Britannien im 17. Jahrhundert erlebte, werden in der Geschichtsschreibung unterschiedlich gekennzeichnet: als „Große Rebellion", „Puritanische Revolution", „Bürgerkrieg", „Konflikt zwischen Königtum und Parlament". Über den Ablauf des Geschehens, seine Höhe- und Wendepunkte, sind sich die Historiker im großen und ganzen einig, nicht aber über seine Triebkräfte und seinen Charakter. Waren die verfassungsrechtlichen, innen- und außenpolitischen, sozialen, religiösen, geistigen Kämpfe und Wandlungen ein Machtwechsel, ein Umsturz, eine Revolution? Wer waren die Gewinner und Verlierer? Was war auf den britischen Inseln am Ende des Jahrhunderts anders als am Anfang? Woran lag es, daß die Republik so wenig Widerhall fand und die Rückkehr der Stuart-Monarchie nach nur elf Jahren allgemeine Freude auslöste? Wie kam es, daß die restaurierte Monarchie nach 28 Jahren bereits wieder abgewirtschaftet hatte und eine erneute, die „Glorreiche Revolution" die Monarchie endgültig schwächte und England auf den Weg zum parlamentarischen Regierungssystem brachte?

1628	Petition of Right: König Karl I. erkennt Grundrechte des „freien Engländers" und des Parlamentes an.
1637	Der Versuch, die anglikanische Kirchenverfassung mit Gewalt in Schottland einzuführen, verwickelt den König in einen Krieg mit den Schotten.
1641	Strafford, leitender Minister Karls I., wird vom Parlament zum Hochverräter erklärt und hingerichtet. König und Parlament überwerfen sich im Streit um die Kontrolle über das Heer.
1642–1648	Bürgerkrieg zwischen Königstreuen und Parlamentsanhängern: Das Parlamentsheer gewinnt die entscheidenden Schlachten.
1647/48	Aus den Auseinandersetzungen zwischen Parlament und Heer geht das Militär unter Oliver Cromwells Führung als Sieger hervor.
1649	Prozeß und Hinrichtung Karls I., England wird Republik.
1651	Mit der „Navigation Act" eröffnet England den Kampf um die Vormacht im Welthandel.
1653–1658	Oliver Cromwell regiert das Land als Lord Protector mit zeitweise diktatorischen Mitteln.
1660	„Restauration" der Stuart-Monarchie unter großer Zustimmung der Bevölkerung. Krone und Parlament einigen sich auf eine Teilung der Macht.
1685–1688	Jakobs II. katholisierende und absolutistische Bestrebungen führen Whigs und Tories im Widerstand gegen den König zusammen.
1688/89	Die „Glorious Revolution" beendet die Stuart-Ära und legt die Grundlagen für eine „parlamentarische Monarchie".

1. Königliche Herrschaft und parlamentarische Mitwirkung

England um 1600

Beim Regierungsantritt des Sohnes der Maria Stuart, Jakobs I. (1603–1625), der die Königreiche England/Wales und Schottland in Personalunion vereinigte und die Oberhoheit über Irland ausübte, lebten in England und Wales rund 4 Millionen, in Schottland und Irland je eine Million Menschen. Vier Fünftel von ihnen waren von der Landwirtschaft abhängig, und hier insbesondere von der Schafzucht, die die Tuchmanufaktur belieferte, die damals der wichtigste Gewerbezweig war, vor dem ebenfalls schon bedeutenden Kohlebergbau. Wolltuche waren der Hauptexportartikel und die Grundlage für den sich schnell entwickelnden britischen Außenhandel.

Gesellschaftsstruktur

Wie im übrigen Europa war auch in Britannien der Adel die tonangebende Gesellschaftsklasse. Er hatte ein Monopol auf die öffentlichen Ämter, am Hof, im Parlament und insbesondere im „local government". Man unterschied den hohen und den niederen Adel. Der Hochadel („Peers", „Lords") umfaßte kaum mehr als 130 Familien, die dank ihres Großgrundbesitzes durchweg sehr reich waren und einen erblichen Sitz in der ersten Kammer des Parlaments, dem Oberhaus, besaßen.

Gentry

Auch der niedere Adel, die Gentry, lebte hauptsächlich vom Grundbesitz, daneben auch von gewerblichen Unternehmen, Handels- und Finanzgeschäften oder vom Anwaltsberuf. Darin unterschied er sich vom zeitgenössischen kontinentaleuropäischen Adel, der „bürgerliche" Erwerbszweige mied. Die Grundlage seines beträchtlichen politischen Einflusses war seine lokale Machtstellung: als Kirchenpatrone, Befehlshaber der örtlichen Miliz, Friedensrichter und Unterhausmitglieder verfügten die Landadligen („squires") über alle wichtigen Funktionen des öffentlichen Lebens. Sie waren entschiedene Verfechter einer dezentralisierten Staatsordnung und erbitterte Gegner eines Berufsbeamtentums und als Repräsentanten des „country" die geborenen Widersacher des Hofes („court") und eines „central government". Der große Konflikt zwischen der Krone und dem Unterhaus, der das 17. Jahrhundert erfüllte, war nicht zuletzt ein Machtkampf zwischen dem Zentralstaat und der „Squirearchy". Zur Dynamik der Gentry trug nicht zuletzt ihre Offenheit für soziale Aufsteiger bei. Erfolgreiche Unternehmer, Kaufleute, Reeder, Richter, Anwälte, die ihr Vermögen in Grundbesitz anlegten, fanden ohne weiteres Eingang in die unteren Adelsränge, zumal wenn Heiratsverbindungen dazukamen. Diese im damaligen Europa einzig dastehende soziale Mobilität verhinderte eine Erstarrung der Oberschicht und förderte den Wettbewerb. Für den Hochadel traf dies auch zu, obzwar nicht in gleichem Umfang. Vom König für beträchtliche Geldsummen verliehene Adelstitel, vor allem in Zeiten vermehrten Geldbedarfs der Krone, sorgten für den Zustrom neuer Familien; doch hatten diese es schwer, vom alten Hochadel als ebenbürtig anerkannt zu werden.

Yeomen

Unterhalb der Gentry, deren Anteil an der Gesamtbevölkerung damals bei höchstens 1,5 Prozent gelegen haben dürfte, standen die Yeomen, die freien Landbesitzer und großen Pächter, mit etwa dem zehnfachen Bevölkerungsanteil. Wegen der stetig steigenden Preise für landwirtschaftliche Produkte lebten sie zumeist in wirtschaftlich guten Verhältnissen, so daß sie das Wahlrecht besaßen. Im Parlament waren sie vor 1640 und nach 1660 kaum vertreten; nur in den zwei Jahrzehnten des Bürgerkrieges und der Republik spielten sie, die zu einem beträchtlichen Teil „Puritaner" waren, in der Politik eine größere Rolle.

Common People

80 Prozent der Briten waren „einfache Leute". Als kleine Pächter oder Handwerker hatten sie, solange sie von schlimmeren Schicksalsschlägen verschont blieben, durchweg ihr leidliches Auskommen. Arbeiteten sie als ländliche Tagelöhner oder städtische Lohnarbeiter, als Gesinde, Haus- und Dienstboten, drohte ihnen ständige Armut und Hunger, zumal bei Arbeitslosigkeit, Krankheit und Alter. Bis zu einem Fünftel der „common people" fiel ständig oder zeitweise der Armenhilfe zur Last. Als Lohnabhängige hatten sie keinerlei politische Rechte. Verhältnismäßig viele von ihnen gehörten non-konformistischen Sekten an; nur hier erfuhren sie ein gewisses Maß sozialer Gleichheit und Anerkennung. Während der turbulenten 1640er Jahre gingen die Londoner Unterschichten, darunter viele Lehrlinge, oft auf die Straße, zumeist von politischen und religiösen Führern organisiert, um die Mächtigen unter Druck zu setzen.

Frauen

Wie die common people hatten auch die Frauen wenig Chancen, am politischen Leben teilzunehmen oder sonstwie gesellschaftliche Anerkennung zu erlangen. Nur die Religion eröffnete einige Möglichkeiten. Vor allem in den Sekten taten sich Frauen auffällig häufig hervor; das urchristliche Gleichheitsideal und die mancherlei Endzeit-Hoffnungen übten offenkundig eine besondere Anziehungskraft aus.

Die Krone

Die Machtbefugnisse der englischen Könige unterschieden sich nur wenig von denen auf dem Kontinent. In kirchlichen Dingen waren sie eindeutig größer: Der englische Monarch gebot als Oberhaupt der anglikanischen Staatskirche nicht nur, wie in den evangelischen Staaten auf dem Kontinent üblich, über die äußeren Angelegenheiten der Kirche, sondern auch über Fragen des Glaubens und Kultus. Auf der anderen Seite gab es in England weder ein stehendes Heer noch eine zentralistische Bürokratie, in Staaten wie Spanien, Frankreich (▷ Kap. III.1.), Rußland oder Brandenburg (▷ Kap. V.2. u. 3.) die Stützen der auf den Absolutismus hinarbeitenden Monarchie. Im übrigen verfügte die britische Krone über alle herkömmlichen monarchischen Herrschaftsrechte. Diese erstreckten sich vor allem auf die Exekutive: den Oberbefehl über die Streitkräfte, die Führung der Außenpolitik, die Ernennung und Entlassung aller Staatsbediensteten, die Lenkung aller Regierungs- und Verwaltungsgeschäfte (soweit sie nicht lokalen Instanzen überlassen waren). Auch die Gesetzgebung war, ungeachtet der Mitwirkung des Parlaments, weithin Sache des Monarchen: Vom Parlament beschlossene Gesetze bedurften der Zustimmung des Königs (der insoweit ein Vetorecht besaß); er konnte Verordnungen (proclamations) erlassen, die in ihrer Geltung Gesetzen gleichkamen, solange kein Parlament tagte; er vermochte Einzelpersonen von bestimmten Gesetzen freizustellen (dispensation) oder – was ihm das Parlament freilich bestritt – ganze Gesetze außer Kraft zu setzen (suspension); nur der König durfte Parlamentswahlen ausschreiben, Parlamente einberufen, vertagen oder auflösen. Oppositionelle Abgeordnete mußten gewärtig sein, nach Ende der Sitzungsperiode vom Herrscher zur Rechenschaft gezogen und hart bestraft zu werden. Auch auf die Unterhauswahlen nahm die königliche Regierung Einfluß: Sie entzog mißliebigen Wahlberechtigten das Wahlrecht und lenkte die Stimmabgabe durch Vergünstigungen oder durch Einschüchterung in die ihr genehme Richtung.

Rechtsprechung

Auch die Gerichte standen unter der Kontrolle der Krone. Da diese die Richter ernannte, aber auch jederzeit wieder absetzen konnte, zeigten sich die meisten Richter beflissen, den Wünschen des Königs zu willfahren. Das galt besonders für die königlichen Gerichte, wie die „Sternkammer" oder den „Rat des Nordens", sowie für den „Gerichtshof der Hohen Kommission", der für Religionsfragen zuständig war. Gleichwohl war die Idee eines über allen Menschen stehenden Rechts – in England gern auf das „common law" bezogen – stets lebendig, und auch der König verstand sich als Treuhänder des Rechts. Im Bürgerkrieg beriefen sich beide Seiten auf die „wahren Rechte" des Königreiches, die es wiederherzustellen gelte.

> **Common Law.** Das Common Law bildet den Kern des britischen Rechtswesens; es hebt sich in dreifacher Weise von konkurrierenden Rechtsauffassungen ab. Das Common Law ist (1.) Juristenrecht, im Unterschied zum Gesetzesrecht des römischen Rechtskreises. An seiner Ausformung wirken die Gerichte durch ihre Entscheidungen maßgebend mit; erst die richterliche Interpretation gibt den Gesetzen ihren fortan gültigen Sinn. Berühmte Common Law-Juristen wie Edward Coke (1552–1634) leiteten daraus die Lehre von der Überordnung des Common Law über die gesetzgebenden Instanzen König und Parlament ab („rule of law"). Das Common Law ist (2.) „strenges Recht", das buchstabengetreu gilt, und unterscheidet sich vom „Billigkeitsrecht" (equity), das Ausnahmen von der strikten Rechtsanwendung gestattet. Schließlich ist das Common Law (3.) „Fall-Recht" (Case Law), das sich an Präjudizien (Musterfällen) orientiert, im Gegensatz zum „Statute Law", das generelle Normen festlegt. Insoweit steht das Common Law dem Gewohnheitsrecht und dem „historischen Recht" nahe, während das Statute Law auf Neuschöpfung beruht, die aus dem (politischen) Willen des Gesetzgebers hervorgeht.

Finanzen

Ein zweiter Brennpunkt der Auseinandersetzungen waren die Finanzen. Der Geldmangel der Krone, ein ständiger Gast auch schon unter der Tudor-Dynastie, wurde für die Stuart-Könige deswegen so drückend, weil eine unaufhörliche Inflation den Wert der in festen Beträgen fixierten Einkünfte des Hofes – Verpachtungen von Kronland und eine Reihe von Zöllen und Abgaben – minderte, während die allgemein zu beobachtende Ausdehnung der Tätigkeit des frühneuzeitlichen Staates gleichzeitig die Ausgaben steigen ließ. Die ersten Stuart-Herrscher suchten darum Kriege zu vermeiden und neue Einnahmequellen zu erschließen. Sie griffen auf fast vergessene Feudalrechte zurück (wie die Verwaltung der Güter unmündiger Erben), vermehrten den Verkauf von Adelstiteln, Produktions- und Handelsmonopolen oder führten, unter Berufung auf eine Notlage des Staates, neue Zölle und Abgaben ein.

Konfliktstoffe zwischen Krone und Parlament

Es war gerade diese Berufung auf die Prärogative (die allgemeine Handlungsvollmacht des Monarchen im Interesse der Wohlfahrt und Sicherheit des Landes), die den oppositionellen Flügel des Unterhauses herausforderte. Dessen Streben ging dahin, den Umfang der königlichen Macht eindeutig festzulegen und dabei nach Möglichkeit einzuengen. Der Spielraum dafür war beträchtlich, weil im frühmodernen Staat noch vieles im Flusse war. Bei den Stuarts kam erschwerend hinzu, daß sie katholischer Neigungen verdächtigt wurden, was für die von einem entschiedenen Protestantismus geprägte englische Führungsschicht besonders alarmierend war. Als Zeitgenossen des Dreißigjährigen Krieges sahen sie das Gespenst einer europäischen Gegenreformation vor sich.

Das Parlament

Die verfassungsrechtliche Stellung des in Westminster tagenden englischen Parlaments war um 1600 keineswegs stabil. Nicht einmal die beiden Hauptbefugnisse, die Mitwirkung an der Gesetzgebung und die Bewilligung außerordentlicher Abgaben, waren in jeder Hinsicht eindeutig festgelegt. So war man sich nicht einig, welche Abgaben der parlamentarischen Zustimmung bedurften und welche der König von sich aus erheben durfte. Am drückendsten für das Parlament war das Fehlen jeglicher Periodizität; es stand ganz im Belieben des Königs, ob und wann er ein Parlament einberufen und wie lange er es tagen lassen wollte. Auch der Streit darüber, welche Gegenstände die Parlamentsmitglieder erörtern durften und welche nicht, hörte nie auf.

Aus dem Gesetzgebungs- und Steuerbewilligungsrecht leitete die Parlamentsopposition den Anspruch ab, die Ausführung der Beschlüsse zu überwachen und gegen Zuwiderhandelnde einzuschreiten. Die Hauptwaffe dafür war das „im-

Parlament. Der Ursprung des englischen Parlaments (von frz. parler = reden) liegt in der „curia regis", einer mittelalterlichen Ständeversammlung, wie es sie in ähnlichen Formen in den meisten europäischen Ländern gab. In ihr waren die Geistlichkeit, der Adel und das Stadtbürgertum vertreten. Sie hatten ihrem obersten Lehnsherrn „auxilium et consilium", Hilfe und Rat, zu leisten. Daraus entstand die Befugnis, über die Erhebung außerordentlicher Steuern und Abgaben zu entscheiden und bei der Schaffung neuer Gesetze mitzuwirken. Seit dem 14. Jahrhundert pflegten der hohe Klerus und der hohe Adel einerseits, der niedere Adel und das Stadtpatriziat andererseits getrennt zu verhandeln; es entstanden das House of Lords, das aus Mitgliedern kraft Amtes und kraft Geburt bestand, und das House of Commons, dem von einer kleinen Besitzerschicht gewählte Abgeordnete angehörten. Einen bedeutenden Kompetenzzuwachs erhielt das Parlament während der Reformation, als es auch für Fragen der Kirchenverfassung zuständig wurde. Eine Besonderheit des Unterhauses, die es von allen kontinentalen Ständeversammlungen unterschied, war seine soziale Homogenität, die gemeinsame Interessen nach sich zog. Den größten Machtzuwachs seiner Geschichte erlebte das Parlament, genauer: das Unterhaus, das nunmehr das Oberhaus überflügelte, im 17. Jahrhundert. Endgültig mit der „Glorius Revolution" 1688/89 sicherte es seine maßgebliche Mitwirkung an der Bestellung und Kontrolle der Exekutive sowie seine eigene Unabhängigkeit. Damit vollzog es den Übergang vom konstitutionellen zum parlamentarischen Regierungssystem. Doch repräsentierte das britische Parlament bis zu den Wahlrechtsreformen des 19. Jahrhunderts ausschließlich die Oberschicht.

peachment", die Anklage des Unterhauses gegen Regierungsmitglieder, über die das Oberhaus entschied. Aber auch hier konnte der König eingreifen, indem er die Abgeordneten nach Hause schickte.

Liberty, property, religion

Das Unterhaus gab sich gern als Interessenvertretung des Volkes aus. Das war nur bedingt richtig. Da das passive Wahlrecht an ein hohes Einkommen geknüpft war, gelangten nur Angehörige der vermögenden Oberschicht ins Unterhaus, das deshalb eine exklusive Adelsversammlung war. In der Hauptsache vertrat dieses Parlament sich selbst und neigte dazu, seine Standes- mit den Landesinteressen gleichzusetzen. Im Vordergrund seiner Politik stand die Sicherung des Eigentums und seiner lokalen Machtbasis. Damit verband sich freilich das Eintreten für Freiheits- und politische Mitwirkungsrechte aller „freien Engländer", d. h. aller, die wirtschaftlich selbständig waren und nicht von Lohnarbeit lebten, dazu für die Erhaltung der angestammten Religion. Liberty, property, religion – das waren die Säulen des politischen Selbstverständnisses der Parlamentsaristokratie.

Religion

Die Auseinandersetzung zwischen der Krone und dem Parlament war ein Konflikt innerhalb der Herrschaftselite, an dem in Wahlzeiten vielleicht noch die Wähler, aber nicht die Volksmassen teilnahmen. Soweit sich größere Bevölkerungsgruppen engagierten, war stets die Religion im Spiel. Sie war das Feld, auf dem auch viele „einfache Leute" Stellung bezogen, und das Medium, in dem sich für die meisten Zeitgenossen der politische Streit darstellte. Glaube und Religion waren allgegenwärtige Instanzen, die fast jedermanns Leben bestimmten.

Die Hochkirche

Die anglikanische High Church war eine Staatskirche, der jeder Engländer und jede Engländerin von Gesetzes wegen angehörte. Wöchentlicher Kirchenbesuch war Pflicht und wurde kontrolliert. Die Kirche überwachte den Unterricht in Schulen und Universitäten und übte eine Zensur über alle Druckerzeugnisse aus. Staatliche Anweisungen wurden von den Kanzeln verlesen. Für religiöse Toleranz und konfessionelle Abweichungen war in den Landes- und Staatskirchen des konfessionellen Zeitalters kein Platz. Die katholische Religion war in England verboten, praktizierenden katholischen Priestern drohte die Todesstrafe; die letzte solcher Hinrichtungen fand 1680 statt. Aber auch nicht-anglikanische protestantische Glaubensrichtungen – „Dissenters" und „Non-Konformisten" – wurden nicht geduldet; Geistliche mit puritanischen Anschauungen verloren ihr Amt.

Gegner der Hochkirche

Trotz aller Verfolgungen und Benachteiligungen behauptete sich eine starke religiöse Opposition. Die Iren waren ohne Ausnahme und mit besonderem Glaubenseifer Katholiken; zwischen ihnen und den Engländern bestand unversöhnlicher Haß, der sich in mehreren irischen Aufständen und englischen Rachefeldzügen

Puritaner. Eine von den Gegnern geprägte Sammelbezeichnung (von lat. purus = rein) für diejenigen britischen Protestanten, die die Anglikanische Kirche wegen ihrer Nähe zum Katholizismus ablehnten. Die Puritaner, durchweg den Mittel- und Unterschichten zugehörig, waren in der Hauptsache Calvinisten und insoweit Anhänger des Erwähltheitsglaubens: Sie unterschieden streng zwischen den wahren, von Gott erwählten Christen und den Laien und Mitläufern. Sie bemühten sich um eine gottgefällige, diszipliniert-asketische Lebensweise: Vergnügungen aller Art waren verpönt, der Feierabend und Sonntag dem Gottesdienst (mit starker Betonung der Predigt), der häuslichen Bibellesung und dem Gebet gewidmet. Wichtig war ihnen die reformatorische Lehre vom allgemeinen Priestertum aller Gläubigen: Rangunterschiede zwischen Geistlichen und Laien ließen sie nicht gelten.
Unter den Puritanern gab es zahlreiche Denominationen. Während des Bürgerkrieges taten sich vor allem zwei Richtungen hervor: die Presbyterianer und die Independenten („Unabhängige", auch „Kongregationalisten" genannt). Die Presbyterianer (in Schottland die maßgebende Gruppierung) legten die Kirchenleitung in die Hände gewählter Ältestenräte (Presbyterien, Synoden), aufsteigend von den Gemeinderäten bis zur Gesamtsynode, die weitgehende Weisungsbefugnisse besaß. Im Gegensatz dazu beharrten die Independenten auf der Unabhängigkeit jeder Gemeinde („Kongregation") und lehnten eine zentrale Kirchenleitung (wie bei den Anglikanern, aber auch Presbyterianern) ab.
Wegen ihres Eintretens für Denk- und Gewissensfreiheit können sie als Wegbereiter der Naturrechts- und Demokratiebewegung gelten.

73 Die Verschwörergruppe des „Gunpowder-Plot“ um Guy Fawkes. Druck von Crispin van der Passe. Der Anstifter des Anschlags war der spanische König, der damit einen Aufstand der britischen Katholiken auszulösen hoffte.
Überlegen Sie, warum sich dieses Ereignis so stark in die geschichtliche Erinnerung der Engländer eingrub.

entlud. Seit dem im letzten Augenblick vereitelten Versuch katholischer Fanatiker, im November 1605 das Parlament samt dem König in die Luft zu sprengen (Gunpowder-Plot), war das Ansehen des Katholizismus in England auf den Tiefpunkt gesunken. Das Mißtrauen traf auch die Königsfamilie; denn Karl I. (1625–1649) war mit der militant katholischen Bourbonenprinzessin Henrietta Maria verheiratet.
Die Puritaner und andere nicht-anglikanische Gruppierungen (wie die Baptisten oder Quäker) hielten die High Church nicht ohne Grund für eine evangelisch-katholische Mischform und forderten die Vollendung der englischen Reformation. Sie verdammten das Bischofsamt als eine unbiblische Einrichtung und verlangten dessen Abschaffung, zumal viele der 26 britischen Bischöfe einen aufwendigen Lebensstil pflegten und sich mehr um weltliche als um geistliche Dinge kümmerten. Ein Ärgernis für die Puritaner war auch die durchschnittlich schlechte theologische Bildung der anglikanischen Pfarrer. Sie selbst zeichneten sich durch ein eifriges Bibelstudium und eine streng christliche, oft asketische Lebensführung aus und zogen eine scharfe Trennungslinie zwischen den wirklich Frommen, den „Auserwählten“ und „Heiligen“, und der Masse der bloß nominellen Christen.

Außenpolitik

Spannungen zwischen Krone und Parlament ergaben sich immer wieder aus unterschiedlichen außenpolitischen Interessen. Während Jakob I. und Karl I. sich aus den europäischen Konfessions- und Machtkonflikten herauszuhalten versuchten, forderten viele Parlamentarier ein Eingreifen zugunsten der bedrängten Protestanten, aber auch die Wahrnehmung handels- und kolonialpolitischer Interessen (▷ Kap. III.2), vornehmlich gegenüber den katholischen Mächten Spanien und Frankreich. Etliche kriegerische Unternehmungen, die Karl I. halbherzig begann, endeten mit Debakeln und verschärften die Kritik an der königlichen Regierung.

Zusammenstöße zwischen König und Parlament

Waren Monarch und Parlament zu Zeiten Jakobs I. trotz einiger heftiger Auseinandersetzungen um die Zuständigkeiten beider Seiten noch leidlich miteinander ausgekommen, verschlechterten sich die Beziehungen mit der Thronbesteigung Karls I. schnell. Im Unterschied zu seinem Vater, der es, ungeachtet seines ausgeprägten königlichen Selbstbewußtseins, immer verstanden hatte, die Kontakte zum Parlament zu pflegen, lehnte der herrische Sohn jegliches Entgegenkommen ab. So weigerte sich das Parlament, einen zuvor stets für die gesamte Regierungszeit bewilligten Einfuhrzoll, das Pfund- und Tonnengeld, für länger als ein Jahr zu genehmigen. Über diesen Bruch des Herkommens verärgert, löste der König das Parlament augenblicklich auf und erhob den Zoll auch ohne parlamentarische Zustimmung. Als im nächsten Jahr die Commons ein Impeachment gegen den engsten Berater des Königs, Buckingham (1592–1628), einleiteten, vereitelte Karl dies durch eine erneute Parlamentsauflösung; der führende Abgeordnete, John Eliot (1592–1632), wanderte in das Staatsgefängnis, den Tower. Mit allen Mitteln versuchte der König die widerspenstige Gentry gefügig zu machen, vor allem mit Einquartierungen und Zwangsanleihen. Als fünf Ritter die Bezahlung dieser Anleihen verweigerten, stellte der König sie vor ein Gericht, das harte Strafen verhängte.

Petition of Right

Als die Geldnot Karl zwang, erneut ein Parlament einzuberufen, war dieses zwar zum Entgegenkommen bereit, knüpfte seine Finanzhilfe aber an die Bedingung der Unterschrift des Königs unter eine Erklärung, die die jüngsten Übergriffe der Krone rügte und eine Reihe fundamentaler Freiheitsrechte der Untertanen aufführte. Dem König blieb keine andere Wahl, als diese „Petition of Right" zu unterzeichnen, wobei er sie, wie sich später herausstellte, nicht als ein Gesetz, sondern als allgemeine Absichtserklärung verstand, die ihn nicht förmlich verpflichtete. Folglich kehrte er bald wieder zu seiner das Parlament mißachtenden Politik zurück. Als dieses im März 1629 erneut den königlichen Auflösungsbefehl erhielt, hinderten einige Abgeordnete den „Speaker", der als Bevollmächtigter des Königs die Unterhaussitzungen leitete, gewaltsam an der Verlesung des Schreibens, und das Unterhaus verabschiedete in aller Eile eine Entschließung, die die Einziehung und Entrichtung des Pfund- und Tonnengeldes sowie religiöse Neuerungen zu staatsfeindlichen Handlungen erklärte. In den folgenden elf Jahren regierte Karl ohne Parlament.

Schiffsgeld

Um an das dringend benötigte Geld zu kommen, drehte der König weiter an der Abgabenschraube. Als er das „Schiffsgeld", eine seit langer Zeit in Kriegszeiten von den Küstengebieten erhobene Steuer zur Finanzierung der Flotte, nunmehr auch in einer Friedenszeit und sogar für das Binnenland anordnete, kam es zu Zahlungsverweigerungen. John Hampden (1594–1643), ein bekannter Oppositionsführer der letzten Parlamente, blieb einen Betrag von einem Pfund schuldig, wofür ihn ein Gericht, das sich auch in diesem Streit auf die Seite des Monarchen stellte, hart bestrafte. Dieses Urteil, eines von vielen ähnlichen, steigerte den Haß auf die königliche Justiz.

Kirchenpolitik

Böses Blut schuf auch die Kirchenpolitik des dem Herrscher eng verbundenen Primas der Hochkirche (1633–1645), Erzbischof William Laud (1573–1645). Laud wollte die „Schönheit der Heiligen" im Gottesdienst stärker zur Geltung bringen und ordnete eine Verstärkung der sakramentalen und kultischen Elemente zu Lasten der Predigt an. Das empfanden die Puritaner als „Rekatholisierung". Als Laud den Bogen überspannte und die streng presbyterianische schottische Staatskirche („Kirk") anglikanisieren wollte, kam es zum offenen Widerstand. Der König setzte Soldaten ein, die jedoch nichts auszurichten vermochten. Um den Krieg gegen die Schotten erfolgreicher führen zu können, brauchte er neue Geldmittel, und die Einberufung eines neuen Parlaments wurde unvermeidlich.

74 Älteste bekannte Abbildung des Unterhauses. Stich von 1624. Der Tagungsort ist eine Kapelle. Der die Verhandlungen leitende „Speaker" amtiert im Namen des Königs. *Erörtern Sie, im Hinblick auf die Rolle des Speakers, das damalige Verhältnis von Monarch und Parlament.*

75 Streit um die Mitwirkungsrechte des Parlaments

a) Aus einer „Protestation" des Unterhauses, 1621:

Die im Parlament versammelten Gemeinen [. . .] erheben die folgende Protestation: Daß die Freiheiten, Gerechtsame, Privilegien und Jurisdiktionen des Parlaments das alte, unzweifelhafte Geburts- und Erbrecht der Untertanen von England sind, und daß die wichtigen und dringenden Angelegenheiten, die den König, den Staat, die Verteidigung des Königreiches und der Kirche von England, die Beobachtung der Gesetze und die Gesetzgebung, die Abstellung der täglich im Königreich vorkommenden Mißgriffe und Beschwerden zu den eigentlichen Gegenständen und Angelegenheiten der Beratung und Diskussion im Parlament gehören, und daß bei Behandlung und Beratung dieser Angelegenheiten jedes Mitglied des Parlamentes von Rechts wegen Freiheit der Rede, Antragstellung, Verhandlung, Begründung und Beschlußfassung hat; daß die Gemeinen im Parlament die gleiche Freiheit und Befugnis haben, diese Angelegenheiten in der ihnen am geeignetsten erscheinenden Weise zu behandeln, und daß jedes Mitglied des genannten Hauses in gleicher Weise Sicherheit vor Anklage, Verhaftung und Behelligung [. . .] genießt hinsichtlich dessen, was er sagt, begründet oder erklärt bei Beratung der Gegenstände der Parlamentsverhandlungen.

J. R. Tanner, Constitutional Documents of the Reign of James I. A. D. 1603–1625, 2. Aufl., London 1952, S. 288 f., zit. nach: Geschichte in Quellen, Bd. III, Renaissance, Glaubenskämpfe, Absolutismus, bearb. von Fritz Dickmann, München 1966, S. 362 f.

b) Annullierung durch den König, 1621:

Seine erhabene Majestät kam heute in den Rat. [. . .] Der Sekretär des Unterhauses wurde hereingerufen und ihm befohlen, sein Journal vorzulegen, worin Notizen und Einträge über die meisten Vorgänge im Unterhaus gemacht waren. Darin war unter anderen Dingen auch die Formel einer Protestation über verschiedene Freiheiten, Privilegien und Gerechtsame des Parlamentes eingetragen, durch welche Protestation Seine Majestät sich mit Recht beleidigt fühlte. Nichtsdestoweniger brachte Seine Majestät in sehr gnädiger Form zum Ausdruck, daß er niemals dem Unterhause irgendwelche gesetzmäßigen Privilegien, deren es sich seit jeher erfreut habe, streitig machen wolle. Solche Privilegien oder Freiheiten, die sie nach Gewohnheit oder nach unvordenklichem und gesetzlichem Herkommen hätten, wolle er sorgsam bewahren, aber diese Protestation des Unterhauses, so wie sie entworfen und ausgeführt war, hielt Seine Majestät für wert, aus allen Akten getilgt und vollständig annulliert zu werden, sowohl wegen der Art, wie sie verfaßt sei, als auch wegen ihres Inhalts. [. . .] In Erwägung dieser Umstände erklärte Seine Majestät am heutigen Tage vor seinem vollständig versammelten Rat und in Gegenwart der Richter die genannte Protestation für ungültig, nichtig und unwirksam und riß sodann manu sua propria (mit eigener Hand) die besagte Protestation aus dem Journal des Sekretärs des Unterhauses heraus.

Edward R. Turner, The Privy Council of England in the 17th and 18th centuries 1603–1784, Bd. 1, Baltimore 1927, S. 204 f., zit. nach: F. Dickmann, Geschichte in Quellen, Bd. III, S. 363

a) Stellen Sie den Katalog der vom Unterhaus in Anspruch genommenen Rechte zusammen und vergleichen Sie ihn mit heutigen parlamentarischen Gepflogenheiten.
b) Woran nimmt der König Anstoß? Diskutieren Sie seine verfassungsrechtlichen Argumente.

76 **Für „die Gesetze und die Freiheiten des Landes".** Aus der „Petition of Right", 1628:

So legen wir hiermit Eurer Durchlauchtigsten Majestät untertänig die Bitte vor, daß niemand in Zukunft gezwungen werden soll, eine Gabe (gift), ein Darlehen (loan), eine Spende (benevolence), eine Steuer (taxe) oder eine ähnliche Abgabe herzugeben oder darzubringen, ohne die gemeinschaftliche Zustimmung durch einen Parlamentsbeschluß, und daß niemand wegen einer derartigen Forderung oder der Verweigerung derselben aufgefordert werden soll, sich darüber zu rechtfertigen oder sich persönlich zu stellen, und daß niemand deswegen verhaftet oder auf andere Weise belästigt und beunruhigt werden soll. Und daß kein freier Mann in irgendsolcher Weise, als vorher erwähnt ist, verhaftet und ins Gefängnis gesetzt werden soll. Und daß es Eurer Majestät gefallen möge, die besagten Soldaten und Seeleute zu entfernen, und daß Euer Volk in Zukunft nicht mehr so überbürdet werden möge. Und daß die vorhergenannten Beauftragungen von Personen zur Rechtsprechung nach dem Kriegsrecht zurückgenommen und aufgehoben werden. Und daß in Zukunft keine ähnlichen Beauftragungen von Personen zum Verfahren in der vorerwähnten Weise erfolgen sollen, damit nicht unter dem Vorwande dieser Beauftragungen einige von Eurer Majestät Untertanen zugrunde gerichtet oder mit dem Tode bestraft werden, ganz gegen die Gesetze und die Freiheiten des Landes.

Ivor W. Jennings/Gerhard A. Ritter, Das britische Regierungssystem, Köln/Opladen 1970, S. 125

a) Vergleichen Sie den vorliegenden Text mit der Protestation von 1621 (M 75a) hinsichtlich der Tonart und der Forderungen.
b) Erörtern Sie die historische Bedeutung dieses Dokuments. Warum wird es in nahezu jedem Geschichtsbuch erwähnt?

77 **„Der König ist das Recht".** Aus dem Gerichtsurteil im Verfahren gegen John Hampden wegen Verweigerung des Schiffsgeldes, 1638:

Wenn Mr. Holborne (ein Verteidiger Hampdens) der Verfassung dieses Königreiches den Grundsatz unterstellte, der Monarch von England sei in seine Schranken zu verweisen, falls er auf den Gedanken käme, nach seinem Gutdünken Abgaben von seinen Untertanen zu erheben, weil er von ihnen nichts ohne die gemeinsame Zustimmung des Parlaments beanspruchen könne, so befindet er sich in einem völligen Irrtum. Ich stimme mit Mr. Holborne darin überein, daß das Parlament eine altehrwürdige Körperschaft höchsten Ranges ist, der der König und die Peers als Richter in Person angehören und die Mitglieder des Unterhauses als Repräsentanten. Dort mögen die Peers und die Commons in angemessener Form ihre Meinung sagen und sich über den Zustand aller Teile des Königreiches informieren; und neben anderem mögen sie ihrem Souverän ihre Beschwerden vortragen (falls es solche gibt) und ihn ergebenst um Abstellung der Mißstände bitten.

Aber das erwähnte, bloß ausgedachte Verfassungsprinzip muß ich entschieden zurückweisen. Das Recht kennt keinen den Willen des Königs fesselnden Grundsatz. Das Recht ist als solches ein alter und zuverlässiger Diener des Königs; es ist das Werkzeug und Mittel, mit dem er sein Volk regiert. Ich habe nie gehört oder gelesen, das Gesetz sei König; wohl aber ist es eine geläufige Wahrheit, daß der König das Recht ist: denn er ist der Mund des Gesetzes, ein lebendes, sprechendes, handelndes Recht.

Es gibt zwei Maximen des englischen Rechts, die Mr. Holbornes Annahmen eindeutig widerlegen. Die erste lautet, „der König ist die Person, die für den Zustand des Gemeinwesens verantwortlich ist". Die zweite besagt, „der König kann kein Unrecht tun". Auf diese zwei Maximen gründen sich die höchsten Majestätsrechte, über die allein der König verfügt, wie z. B. Krieg und Frieden, die Festsetzung des Münzwertes, die Einberufung des Parlaments, die Macht, von Strafgesetzen freizustellen, und einige andere; darunter rechne ich auch die königliche Vollmacht, im Notfall Unterstützung von den Untertanen zu verlangen, die zusammen mit den Mitteln des Königs zur Verteidigung des Gemeinwesens benötigt wird, um des Wohles des Staates willen. Andernfalls verstände ich nicht, wie man sagen kann, des Königs Majestät besitze Recht und Macht eines freien Monarchen.

J. P. Kenyon, The Stuart Constitution 1603–1688. Cambridge 1973, S. 113. Übers. von J. Rohlfes.

a) Erläutern Sie die zwei Maximen des „Majestätsrechtes" und vergleichen Sie sie mit den Grundsätzen des Common Law.

b) Das hier wiedergegebene richterliche Votum beruft sich auf die königliche Prärogative. Wie läßt sie sich bestimmen? Gibt es dergleichen auch in unserer heutigen Verfassung?

2. Revolution und Bürgerkrieg

Rückschläge des Königs

Das im Frühjahr eröffnete Parlament tagte nur drei Wochen; dann schickte es der König nach Hause. Es hatte sich darauf versteift, vernichtende Kritik an der königlichen Regierung zu üben, aber die dringend benötigten Gelder für den Krieg gegen die Schotten nicht bewilligt. Im geheimen Einvernehmen mit der Parlamentsopposition in London gingen jetzt die Schotten zum Angriff über und drängten die schwache königliche Streitmacht zurück. Karl sah sich zu einem Waffenstillstand gezwungen, der den Schotten die Besetzung nordenglischen Territoriums und Soldzahlungen der englischen Krone einbrachte.

Verurteilung und Hinrichtung Straffords

Erneut mußte der König Wahlen ausschreiben, die in erregter politischer Atmosphäre stattfanden und ein selbstbewußtes Unterhaus nach Westminster brachten. Dessen Wortführer war John Pym (1584–1643), ein redegewaltiger Jurist, der die günstige Gelegenheit zu nutzen und die Rechte des Parlaments zu Lasten der Krone auszudehnen gedachte. Der Hebel dafür war das Impeachment gegen den

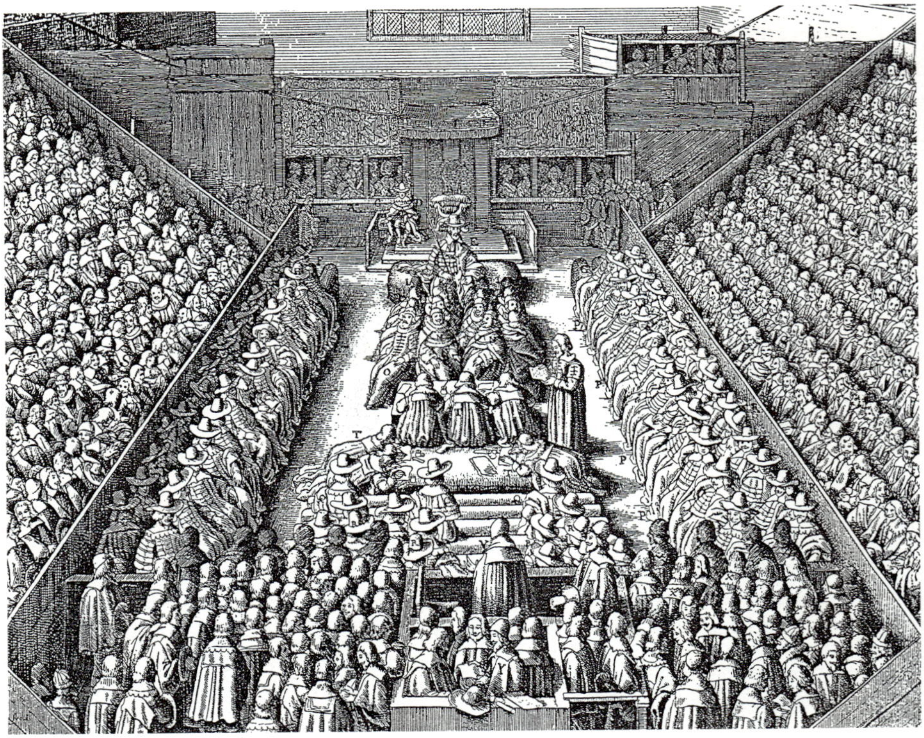

78 Das Unterhaus verhandelt gegen Lord Strafford, der der Verletzung der Parlamentsrechte beschuldigt wird. Der Angeklagte kniet im Vordergrund. *Diskutieren Sie, inwieweit ein Angeklagter vor diesem Tribunal auf unparteiische Gerechtigkeit hoffen durfte.*

Earl of Strafford (1593–1641), die rechte Hand des Königs. Bald nach ihm wurde auch der Erzbischof Laud verhaftet. Als sich abzeichnete, daß das Oberhaus Strafford freisprechen würde, weil der Vorwurf des Hochverrats nicht zu halten war, schreckten die Commons auf Betreiben Pyms vor einem Justizmord nicht zurück: Sie beschlossen eine „Bill of Attainder" (die Ausschließung eines Menschen aus der Rechtsgemeinschaft), die den Beschuldigten ohne weitere Beweiserhebung dem Schafott preisgab. Um den König und das Oberhaus, die dem Gesetz zustimmen mußten, gefügig zu machen, mobilisierte die Gruppe um Pym die Londoner Unterschichten. Deren Petitionen, Demonstrationen und Gewalttätigkeiten hatten den gewünschten Erfolg, und der unschuldige Strafford, der fähigste Kopf am königlichen Hof, starb vor 200 000 jubelnden Zuschauern unter dem Schwert des Scharfrichters. Vier Jahre später folgte ihm Laud, den die neuen Machthaber ohne jedes Gerichtsverfahren umbringen ließen.

Zugeständnisse des Königs

Dem eingeschüchterten Hof preßte das Unterhaus weitere Konzessionen ab. Die königlichen Gerichtshöfe verschwanden, das Pfund- und Tonnen- sowie das Schiffsgeld wurden abgeschafft. Im „Triennial Act" verpflichtete sich die Krone, mindestens einmal in drei Jahren ein Parlament einzuberufen und dieses nicht vor Ablauf von 40 Sitzungstagen aufzulösen. Das gegenwärtige Parlament erhielt das außergewöhnliche Recht, nur dann vertagt oder aufgelöst zu werden, wenn es selbst damit einverstanden war; so ging es als „Langes Parlament" (1640–1660) in die Geschichte ein. Die von der Kirche ausgeübte Zensur wurde bis auf wenige Ausnahmen aufgehoben. Bald ergoß sich ein Strom von Flugschriften und Traktaten, überwiegend religiösen Inhalts, in ein lesehungriges Publikum; die Zeitung wurde zu einem wichtigen Bestandteil des privaten und öffentlichen Lebens. Die Jahre der Revolution und des Bürgerkrieges waren auch literarisch und geistig eine besonders bewegte und produktive Zeit.

Endgültiges Zerwürfnis

Die Kluft zwischen Parlament und König, der sich mit den Veränderungen keinesfalls abfinden wollte, wurde unüberbrückbar, als im Oktober 1641 die Iren rebellierten und Tausende englischer Protestanten hinmordeten. Das zur Niederschlagung des Aufstandes benötigte Heer glaubte die Unterhausmehrheit nicht dem Kommando des Königs anvertrauen zu dürfen, und sie verlangte deshalb eine Mitwirkung des Parlaments bei der Ernennung und Kontrolle der Generäle. Das verstieß gegen alles Herkommen und war ein unerhörter Eingriff in die königliche Prärogative, den der König nicht hinnahm. Wieder schickten die Drahtzieher des Parlaments die Londoner Unterschichten vor das Königsschloß und das House of Lords. Geschickt nutzten sie dabei die weitverbreitete Katholikenfurcht. In einer langen Entschließung („Grand Remonstrance") forderte das Unterhaus zugleich mit der Kontrolle über die für Irland bestimmte Armee die Abschaffung der Bischöfe, des Symbols der anglikanischen Hinneigung zum Katholizismus. Karl I. wollte diesmal ein Exempel statuieren und beschloß die Verhaftung von fünf führenden Abgeordneten, darunter Pym und Hampden. Aber der Anschlag wurde verraten. Als der König mit einer Abteilung Soldaten ins Unterhaus eindrang, waren „die Vögel ausgeflogen" und in der Londoner City untergetaucht. Diesmal war es der König, der das Recht brach und die Immunität der Parlamentsmitglieder mißachtete. Da er sich nach diesem Vorfall in London nicht mehr sicher fühlte, wich er mit dem Hof und seinen Anhängern nach Oxford aus.

Initiativen des Parlaments

Während eine Minderheit des Unterhauses die Verhandlungen mit dem Hof fortsetzte, griff die von Pym dirigierte Mehrheit entschlossen nach der Regierungsmacht: Sie vertrieb die Bischöfe aus dem Oberhaus, schloß ein Bündnis mit den Schotten und stellte ihnen die Einführung der presbyterianischen Kirchenverfassung auch in England in Aussicht, erließ eine Flut neuer Gesetze, erhob höhere Abgaben und Steuern, als sie jemals dem König zugebilligt hatte, und betrieb die Aufstellung einer Armee. Im Juni 1642 stellten beide Seiten ihre Standpunkte ein letztes Mal dar. Das Parlament forderte in den „Nineteen Propositions" seine umfassende Beteiligung an der Regierung, die Mitwirkung bei der Auswahl der königlichen Ratgeber, der Prinzenerzieher, der Richter, der Offiziere, sowie die Kontrolle der staatlichen Ausgaben. Der König wies diese Forderungen zurück und beschwor die Öffentlichkeit, die alte Staatsordnung mit ihrem Gleichgewicht zwischen König, Ober- und Unterhaus zu verteidigen; nicht ohne Geschick malte er das Gespenst eines Parlaments-Absolutismus an die Wand.

Bürgerkrieg und Bürgerkriegsparteien

Angesichts der Machtausdehnung des Parlamentes sammelten sich nun auch die königstreuen Kräfte („Royalisten"). Ihnen schlossen sich nach und nach 236 der 507 Unterhausmitglieder an. In dem Bürgerkrieg, der 1642 ausbrach und bis 1646/1648 währte, überwogen, ohne daß man klare Trennungslinien zwischen den Bürgerkriegsparteien ziehen könnte, bei den „Kavalieren" die Bewohner der westlichen und nördlichen Grafschaften (also der wirtschaftlich schwächer entwickelten Gebiete), der grundbesitzende höhere und niedere Adel, die Anglikaner. Auf der Seite der „Rundköpfe" (benannt nach ihrer vorherrschenden Haartracht) standen mehr Menschen aus dem Süden und Osten (den Gewerbe-, Schiffahrts- und Handelszentren), aus den einfacheren Kreisen der Handwerker, kleinen Bauern und Pächter, aber auch des wohlhabenden Großbürgertums der Kaufleute und freien Berufe, und viele von ihnen waren Puritaner. Die wirtschaftlich einflußreiche und finanzkräftige City von London unterstützte fast geschlossen die Sache des Parlaments.

Kräfteverhältnisse

Daß schließlich das Parlamentsheer, in dem Oliver Cromwell eine führende Rolle spielte, die entscheidenden Siege bei Marston Moor (1644), Naseby (1645) und Preston (1648) errang, war mehreren Umständen zuzuschreiben:

– Das Parlament verfügte über mehr Geld als die Gegenseite; es trieb rigoros hohe Steuern und Abgaben ein, belastete besonders die Wohlhabenden und hielt sich an den Vermögen der Royalisten schadlos.

– Die Armee erhielt, wiederum im Unterschied zur Gegenseite, pünktlich ihren Sold und betrieb das Waffenhandwerk professioneller als das Kavaliersheer. Das war vor allem das Verdienst eines einfachen Gentleman vom Lande, Oliver Cromwell (1599–1658), der erstmalig im „Langen Parlament" wegen seiner radikalen Ansichten aufgefallen war und der sich nach Kriegsausbruch als genialer militärischer Organisator, Truppenführer und Stratege erwies. Sein Werk war die Umbildung des Parlamentsheeres in die „New Model Army", die ein Berufsheer darstellte, in dem die Kommandostellen nach Tüchtigkeit und nicht nach der sozialen Herkunft vergeben wurden. Die „New Model Army" bestand zwar nicht aus „Heiligen", wie eine zeitgenössische Legende vorgab, war aber eine Truppe, in der Disziplin herrschte und viele Puritaner sich als Kämpfer für Gottes Sache fühlten. Solche Glaubensgewißheit erfüllte auch Cromwell, in dem religiöse, mitunter sogar schwärmerische Eingebungen und ein nüchtern kalkulierender Verstand, eiserner Wille, aber auch Augenmaß für das Mögliche und Zumutbare eine nicht leicht zu ergründende Verbindung eingegangen waren.

Die Armee als stärkste politische Kraft

Gestützt auf seine Autorität in der Armee, die sich nach ihren Schlachtensiegen immer mehr zur ausschlaggebenden politischen Kraft entwickelte, stieg Cromwell zum unbestrittenen Führer der „Revolution" auf. Er und die Armeeführung hatten sich dabei mit vier Widersachern auseinanderzusetzen:

(1) Der König, der nach der Niederlage bei Naseby kapituliert hatte, besaß nach seiner Gefangennahme und Überstellung an das Parlament 1647 zwar keine handgreifliche Macht mehr, blieb aber doch eine ernstzunehmende politische Größe. Der gemäßigte Teil des Unterhauses bemühte sich nach wie vor um eine Verständigung mit ihm. Hartnäckig (und uneinsichtig?) lehnte er jedoch alle Kompromißangebote ab, die auf eine Teilung der Exekutivgewalt zwischen Krone und Parlament hinausliefen, und bestand auf einer Wiedereinsetzung in die alten Rechte.

(2) Die Schotten verfolgten vor allem das Ziel einer Ausweitung der presbyterianischen Synodalverfassung auf England. Solange das Parlament, zwischen 1643 und 1648, Entgegenkommen signalisierte, war die Allianz intakt. Als jedoch die den Independenten (▷ S. 102) zuneigende Armeeführung das Heft übernahm, wechselten die Schotten das Bündnis und suchten mit dem Stuartherrscher ins reine zu kommen. Sie nahmen den König nach dessen Flucht aus dem Parlamentsgewahrsam Ende 1647 auf, mußten ihn aber nach ihrer Niederlage gegen Cromwell 1648 an die Armee ausliefern und hatten sich um alle Chancen gebracht.

(3) Nach dem Tod Pyms 1643 steuerte die Parlamentsmehrheit zumeist einen mittleren Kurs. Sie wollte nicht völlig mit dem König brechen und hielt die Kontakte bis zum September 1648 aufrecht. Zugleich suchte sie die Armee in Abhängigkeit zu halten. Nachdem diese den militärischen Sieg über die Royalisten erfochten hatte, sollte sie aufgelöst werden. Dies wußten die Generäle zu vereiteln. Am 6. Dezember 1648 fühlten sie sich stark genug, die presbyterianischen Abgeordneten aus dem Unterhaus auszuschließen und dem verbleibenden „Rumpf", der in der Hauptsache aus Independenten bestand, ihren Willen aufzuzwingen.

Die Armee und die Leveller

(4) Ein Jahr zuvor hatte sich die Armeeführung einer radikalen Opposition in einer Reihe von Regimentern zu erwehren. Dieser radikale Flügel bestand vornehmlich aus einfachen Soldaten, umfaßte aber auch etliche Offiziere. Im Armeerat, einer teils ernannten, teils aus gewählten Regimentsvertretern („agitators") bestehenden Körperschaft mit freiem Rederecht, stellte diese Gruppe einen Verfassungsentwurf vor, das „Agreement of the People". Er basierte, alle bisherigen Reformvorschläge weit hinter sich lassend, auf dem demokratischen Prinzip der Volkssouveränität. Alle „freien", d.h. wirtschaftlich unabhängigen Männer sollten das Wahlrecht erhalten, das Parlament jährlich neu gewählt, der Zehnte und die Monopole abgeschafft werden; König und Oberhaus waren nicht mehr erwähnt. Dieser Plan entstammte dem Gedankengut der „Levellers" (Gleichmacher). Die Levellers waren eine religiös-soziale Bewegung, die sich hauptsächlich aus den einfachen

Leuten Londons und Intellektuellen rekrutierte. Die bekanntesten Wortführer waren John Lilburne (1614–1657) und Gerald Winstanley (1609 bis nach 1660). Sie strebten eine neue, die gottgewollte Gleichheit aller Menschen verwirklichende Gesellschaftsordnung an, in der es keine Privilegien für die Adligen und Reichen geben sollte. Damit stellten sie die herrschende Eigentumsordnung in Frage, und ihr radikaler Flügel, die „True Levellers" oder „Diggers" („Grabeleute"), wollte nur mit den eigenen Händen erarbeitetes Eigentum anerkennen.

Putney-Debatten

Die Armeeführung hatte einen eigenen Verfassungsentwurf, die „Heads of the Proposals", erarbeitet, der das Zensuswahlrecht und ein parlamentarisches Regierungssystem vorsah. Sie fand sich aber zu einer großen Generaldebatte im Oktober 1647 in Putney, einem Londoner Vorort, bereit. Ein großer Teil dieser außerordentlich freimütigen Aussprache konzentrierte sich auf das Wahlrecht. Oberst Henry Ireton (1611–1651), Schwiegersohn Cromwells und Hauptsprecher der Armeespitze, bestand auf der Ausschließung aller Nichtbesitzenden, weil er nur denen politisches Verantwortungsgefühl zutraute, die durch ihren Besitz mit dem Staat verbunden waren, während er den Armen anarchische, auf eine Umverteilung des Besitzes gerichtete Absichten unterstellte. Am Ende ging man auseinander, ohne einer Einigung nähergekommen zu sein.

„Besitzindividualismus"

Die Sicherheit des Eigentums hatte für die Generäle den absoluten Vorrang vor der politischen Mitbestimmung. Obwohl die Führungsgruppe um Cromwell sich in ihrer Feindschaft gegen das Königtum und die monarchisch-aristokratische Gesellschaftsordnung sehr radikal gezeigt hatte, lehnte sie einen sozialen Umsturz entschieden ab. Am Prinzip des „Besitzindividualismus" (Macpherson) ließ sie nicht rütteln. Als es bald nach Putney zu Meutereien in zwei Regimentern kam, griff sie mit aller Härte durch.

Hinrichtung des Königs

Mit dem Staatsstreich der Armee gegen das Parlament war das Schicksal Karls I. besiegelt. Dennoch hatte Cromwell alle Mühe, das Rumpfparlament zu bewegen,

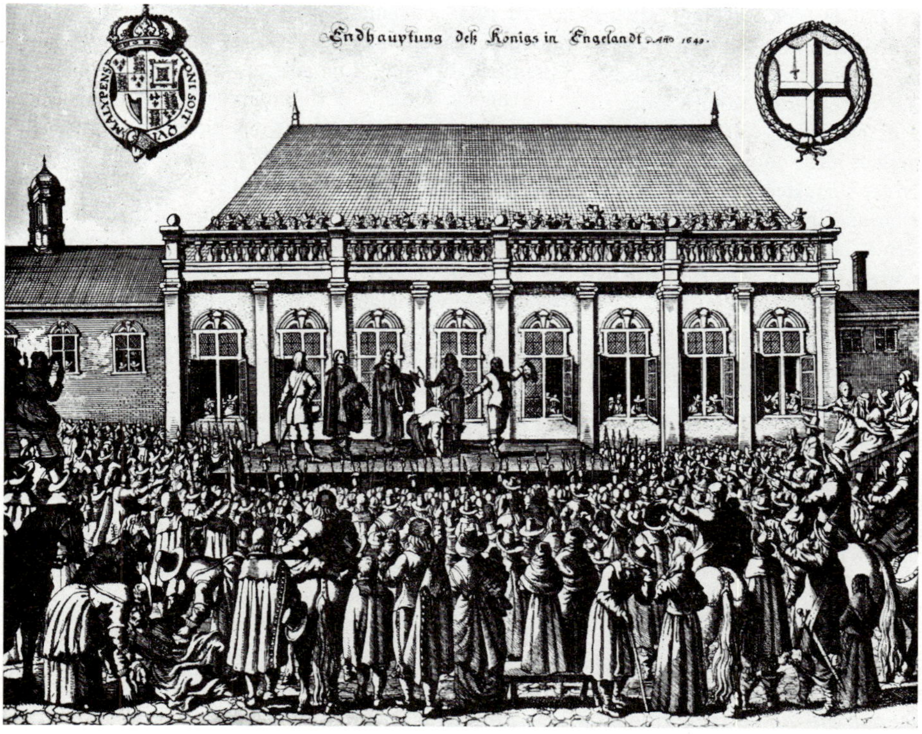

79 Enthauptung König Karls I. vor dem königlichen Palast Whitehall. Zeitgenössischer Stich.
Beschreiben und deuten Sie die Reaktionen der Zuschauer. Erkennen Sie Zusammenhänge mit dem Ablauf des gegen den König geführten Prozesses im Unterhaus?

Anklage gegen den König zu erheben. Viele weigerten sich, dem Tribunal anzugehören, und während der Prozeßtage im Januar 1649 blieb stets ein volles Drittel der Tribunalmitglieder der Verhandlung fern. Karl verteidigte sich wirkungsvoll, und mit Würde ging er am 30. Januar 1649 auf das Blutgerüst. Als sein Kopf fiel, herrschte beklommenes Schweigen.

80 Hochverrat oder Justizmord? Der Prozeß gegen Strafford

a) Aus der Anklagerede John Pyms, April 1641:

Wir haben unser Beweismaterial überprüft, und das Resultat ist, daß der Earl of Strafford durch seine Worte, Handlungen und Ratschläge bestrebt war, die grundlegenden Gesetze Englands und Irlands umzustoßen und eine willkürliche und tyrannische Regierung einzuführen. [...] Das Gesetz ist die Grenzlinie, das Maß zwischen der Prärogative des Königs und der Freiheit des Volkes; solange sich diese beiden in ihrem eigenen Bereich bewegen, gewähren sie einander Unterstützung und Sicherheit; [...] wenn jedoch die Grenzen dieser Bereiche so verschoben werden, daß sie miteinander in Konflikt und Streit geraten, muß sich daraus eines von zwei Übeln ergeben: wenn die Prärogative des Königs die Freiheit des Volkes niederzwingt, verwandelt sie sich in Tyrannei; wenn die Freiheit die Prärogative untergräbt, entwickelt sie sich zur Gesetzlosigkeit. Soll es Verrat sein, des Königs Geld zu entwerten, und sei es nur ein Zwölf- oder Sechspennystück? Und muß es nicht notwendig die Folge eines größeren Verrates sein, den Geist seiner Untertanen zu entwerten und ihnen den Stempel und Charakter der Knechtschaft aufzuzwingen, der sie außerstande setzen wird, irgend etwas zum Nutzen des Königs und des Commonwealth zu tun? [...] Auf Grund unseres Gesetzes büßt man für Verrat mit Leben, Ehre und Besitz, mit allem also, was man einbüßen kann. Und dieser Gefangene, der so viel Verrat begangen hat, wird, obwohl er all diese Bußen wird zahlen müssen, immer noch ein Schuldner des Commonwealth bleiben: Nichts könnte gerechter sein, als daß er durch die Gerechtigkeit jenes Gesetzes umkommt, das er selber umstürzen wollte.

Janko Musulin (Hg.), Proklamationen der Freiheit, Frankfurt a. M. 1959, S. 41 f.

b) Aus Straffords Verteidigungsrede vor dem Oberhaus, April 1641:

Es ist hart, auf Grund eines Gesetzes zur Rechenschaft gezogen zu werden, das überhaupt nicht vorhanden ist. [...] Daß die Strafe der Verkündung des Strafgesetzes vorausgeht; daß jemand bestraft werden sollte auf Grund eines Gesetzes, das der Tat folgt, ist äußerst hart: Welcher Mann kann seines Lebens noch sicher sein, wenn das zugelassen wird? Meine Lords, es ist aber hart auch noch in anderer Hinsicht, daß kein Zeichen gesetzt sein sollte, woran wir dieses Verbrechen erkennen können, keine Warnung, die uns ermöglicht, es zu vermeiden. Wenn jemand die Themse entlang fährt in einem Boot und dieses von einem Anker aufgeschlitzt wird, ohne daß eine Boje da war, ihn anzuzeigen, so muß der Eigentümer des Ankers Schadensersatz leisten; ist aber eine Boje gesetzt, so fährt jedermann auf eigene Gefahr dort entlang. Wo ist hier das Merkmal, wo das Zeichen, das dieses Verbrechen als Hochverrat erklärte? Meine Lords, ich bitte euch, übt so viel Rücksicht auf den Adel Englands, daß ihr euch niemals so zweifelhaften Prozeduren, so gewagten Gesetzesinterpretationen aussetzt. [...] Legt, meine Lords, den Staatsdienern nicht solche Schwierigkeiten auf, daß künftig kein Mann von Weisheit, Ehre und Vermögen mehr frohen Herzens und im Gefühl der Sicherheit dem Staat zu dienen vermag! Wägt und meßt ihr sie nach Lot und Zoll, so werden die öffentlichen Angelegenheiten des Königreiches bald brachliegen; niemand, der etwas zu verlieren hat, wird sich mit ihnen befassen wollen.

Cobbett's Parliamentary History of England, Bd. 2, London 1807 ff., S. 737 f., zit. nach: Geschichte in Quellen, Bd. III, Renaissance, Glaubenskämpfe, Absolutismus, bearb. von Fritz Dickmann, München 1966, S. 371

a) Auf welche Argumente stützt sich Pym? Äußern Sie sich zu deren Stichhaltigkeit.
b) Kennzeichnen Sie die Verteidigungsstrategie Straffords. Wem der beiden geben Sie recht?

81 Parlamentsherrschaft statt Königsherrschaft?

a) Aus den „Neunzehn Propositionen" des Unterhauses, 1642:

1. Die Lords und sonstigen Mitglieder des Privy Council Eurer Majestät und die hohen Beamten und Staatsminister im Mutterland oder in Übersee sollen aus dem Privy Council und aus ihren Ämtern und Stellungen entfernt werden mit Ausnahme derer, die von beiden Häusern des Parlamentes bestätigt werden. Alle, die an ihre Stelle treten, bedürfen gleichfalls die Bestätigung durch beide Häuser des Parlamentes. [. . .]

2. Die großen Angelegenheiten des Königreiches dürfen nicht nach dem Rat privater, unbekannter und unvereidigter Ratgeber verhandelt und beschlossen werden, sondern alle Gegenstände, die die Öffentlichkeit angehen und sich für den Hohen Gerichtshof des Parlamentes, Eurer Majestät größten und höchsten Rat, eignen, dürfen nur im Parlament erörtert, verhandelt und beschlossen werden, und nicht anderswo. [. . .]

4. Der oder die Erzieher der Kinder des Königs sind mit Zustimmung beider Häuser des Parlamentes auszuwählen.

5. Keine Heirat der Kinder des Königs darf [. . .] ohne Zustimmung des Parlamentes vereinbart oder geschlossen werden.

6. Die Gesetze gegen Jesuiten, Priester und papistische Rekusanten (Geistliche, die den Eid auf die Anglikanische Kirche verweigerten) sind strikt durchzuführen.

8. Eure Majestät wolle einer Reform der Kirchenverfassung und der Liturgie gemäß dem Rat beider Häuser des Parlamentes zustimmen.

9. Eure Majestät wolle sich bis zu einer gesetzlichen Regelung mit der von den Lords und Gemeinen getroffenen Regelung der Militärverfassung zufrieden geben.

15. Festungen und Schlösser dieses Königreiches sollen dem Kommando und der Obhut solcher Männer anvertraut werden, die Eure Majestät mit Zustimmung des Parlamentes ernennen werden.

Samuel R. Gardiner, The Constitutional Documents of the Puritan Revolution 1625–1660, 3. Aufl., Oxford 1951, S. 250 ff., zit. nach: F. Dickmann, Geschichte in Quellen, Bd. III, S. 376

b) Aus der Antwort des Königs, 1642:

Da es drei Regierungsformen unter den Menschen gibt, die absolute Monarchie, die Aristokratie und die Demokratie, und da alle diese Formen ihre besonderen Vorzüge und Nachteile haben, hat die Erfahrung und Weisheit eurer Vorfahren daraus eine Mischform gebildet, um diesem Königreich [. . .] die Vorteile aller drei Formen zu verschaffen und die Nachteile zu ersparen, solange das Gleichgewicht zwischen den drei Instanzen besteht und sie gemeinsam, aber jede in ihrem eigenen Kanal, sich fortbewegen, wobei sie Wachstum und Fruchtbarkeit in den Wiesen auf beiden Seiten erzeugen, und solange ihre Bugwelle keine Überschwemmung oder Sintflut verursacht. Die Entartung der absoluten Monarchie ist Tyrannei, die der Aristokratie Parteigeist und Zwietracht, die Übel der Demokratie sind Tumulte, Gewalt und Zügellosigkeit. Der Vorzug der Monarchie ist die Einigung der Nation unter einem Oberhaupt, um dem Angriff von außen und der Rebellion im Innern zu widerstehen; der Gewinn der Aristokratie ist das Zusammenwirken der fähigsten Menschen eines Staates zum Nutzen der Allgemeinheit; die Tugend der Demokratie ist die Freiheit, und der Mut und Fleiß, den Freiheit hervorbringt.

Da die Macht, die nach unseren Gesetzen beiden Häusern zukommt, mehr als ausreicht, um Tyrannei zu verhindern, und da wir ohne die Macht, die man uns jetzt abnehmen will, nicht in der Lage sein werden, die Aufgaben zu erfüllen, die der Zweck der Monarchie sind, und da dies eine totale Umkehrung der fundamentalen Rechte wäre und eine Aufhebung der wundervollen Verfassung dieses Königreiches, die unsere Nation viele Jahre lang berühmt und glücklich gemacht hat, [. . .] so werden wir für uns nichts mehr übrig behalten. Denn Übergriffe einer der Instanzen auf die Befugnisse einer anderen sind in ihren Wirkungen für sie selbst und alle anderen verhängnisvoll. [. . .] Alle großen Veränderungen sind außerordentlich nachteilig und erzeugen fast unvermeidlich noch größere Veränderungen, die wiederum noch größere Nachteile nach sich ziehen.

P. Kenyon (Hg.), The Stuart Constitution 1603–1688, Cambridge 1973, S. 21 f. Übers. von J. Rohlfes

a) Arbeiten Sie die Grundtendenz der Forderungen des Parlaments heraus. Vergleichen Sie sie mit heutigen parlamentarischen Verfassungen.

b) Worin sieht der König die Stärke der bisherigen Verfassung? Inwieweit können Sie seinen Argumenten folgen?

82 **Eine „blühende Saat von Erkenntnis und neuer Einsicht“.** Der Dichter und Schriftsteller John Milton (▷ M 131), später Sekretär Cromwells, setzte sich in einer Petition an das Parlament für die Erhaltung der ein Jahr zuvor eingeführten Pressefreiheit ein, 1644:

Ich bestreite keineswegs, daß es für Staat und Kirche von größter Wichtigkeit ist, die Haltung der Bücher ebenso wachsam wie die der Menschen zu beobachten. Denn Bücher sind nicht schlechthin tote, leblose Sachen, sondern sie enthalten eine Lebenskraft, die sich als ebenso zeugungskräftig erweisen kann wie der Geist, dessen Kinder sie selbst sind. [...] Geht ihr nicht behutsam zu Werk, so könntet ihr, wenn ihr ein gutes Buch erschlagt, beinahe ebensogut einen Menschen totschlagen. Wer einen Menschen erschlägt, tötet ein vernünftiges, geistiges Wesen, Gottes Ebenbild. Wer aber ein gutes Buch vernichtet, erschlägt den Geist selber und tötet Gottes Ebenbild gewissermaßen vor aller Welt. [...] Ganze Ewigkeiten sind oft nicht imstande, den Verlust einer einzigen Wahrheit auszugleichen, die man nicht anerkennen wollte.

Blickt nun auf London, diese mächtige, ausgedehnte Stadt! Eine Stadt der Zuflucht ist sie, ein Wohnsitz der Freiheit. [...] Sinnend und forschend sitzen sie bei ihren Studierlampen und erwägen neue Gedanken und Ideen. Andere wiederum lesen ebenso eifrig, prüfen alles und jedes und weichen nur der Gewalt der Vernunft und der Überzeugung. Wo man sehr darauf aus ist, etwas zu lernen, dort wird zwangsläufig viel hin und her gestritten, viel Tinte vergossen, und es werden verschiedene Ansichten aufeinander prallen. Die Meinungen, zu denen gute Menschen kommen, sind nämlich nichts anderes als werdende Erkenntnis. Wollt ihr die ganze blühende Saat von Erkenntnis und neuer Einsicht zertreten, die in dieser Stadt bereits aufgegangen ist und täglich neu emporsprießt? Wollt ihr eine Oligarchie von zwanzig Menschen über sie einsetzen, die alles für sich in Beschlag nehmen, und dadurch unsere Geister erneut in eine Hungersnot stürzen, daß wir dann nichts kennenlernen sollten, als was diese uns mit dem Scheffel zumessen? [...] Gebet mir lieber als alle Freiheiten die Freiheit zu forschen, zu sprechen und mich mit allem so auseinanderzusetzen, wie es mir mein Gewissen befiehlt!

Gottfried Guggenbühl/Hans C. Huber (Hg.), Quellen zur Geschichte der Neueren Zeit, Zürich, 4. Aufl. 1976, S. 203 f.

a) Was spricht nach Milton gegen eine Zensur?
b) Stellen Sie Zusammenhänge zwischen englischer Revolution und Pressefreiheit her.

83 **Eigentum – „fundamentalster Teil der Verfassung“?** Aus den Putney-Debatten, 1647:

Oberst Rainborough: Ich glaube fürwahr, daß der ärmste Mann in England ein Leben zu leben hat wie der größte; und deshalb denke ich wahrhaftig, Sir, es ist klar, daß jeder Mann, der unter einer Regierung leben muß, sich als erstes durch seine eigene Zustimmung dieser Regierung unterstellen sollte. [...] Ich habe meine Zweifel, ob der ein Engländer ist, der an diesen Dingen zweifelt.

General Ireton: Niemand hat das Recht auf Einfluß oder Beteiligung an der Lenkung der Angelegenheiten des Königreiches, [...] der keinen dauerhaften, gesicherten Einfluß auf dieses Königreich hat. [...] Das Hauptsächlichste, wofür ich spreche, ist, daß ich den Besitz achten will. Ich hoffe, daß wir uns nicht um den Sieg streiten müssen, doch soll jedermann mit sich selbst zu Rate gehen, daß er nicht den Weg beschreite, alles Eigentum abzuschaffen. Denn hier haben wir es mit dem fundamentalsten Teil der Verfassung des Königreichs zu tun. Wenn Sie dies preisgeben, geben Sie alles andere mit preis. [...] Wenn Sie jeden, der überhaupt am Leben ist, zulassen, kann leicht eine Mehrheit ins Unterhaus gewählt werden, die über keinen lokalen und dauerhaften Einfluß verfügt. Weshalb sollten solche Leute nicht gegen jegliches Eigentum votieren? [...] Zeigen Sie mir, wo Sie haltmachen wollen! Wie wollen Sie jemanden, der Eigentum hat, angesichts dieser Regelung schützen?

Sexby: Viele Tausende von uns Soldaten haben ihr Leben aufs Spiel gesetzt. Wir hatten kaum Eigentum im Königreich, jedenfalls insofern es Landbesitz betrifft; aber wir hatten ein Geburtsrecht. Nun freilich scheint es, daß ein Mann, der über kein festes Grundeigentum in diesem Königreich verfügt, kein Recht habe. [...] Ich wundere mich, daß wir so betrogen worden sind.

Rainborough: Ich sehe, Sir, es ist unmöglich, Freiheit zu haben, wenn nicht alles Eigentum aufgehoben wird. Wenn man daran festhält [...], muß es wohl so sein. Doch ich wüßte gern, wofür der Soldat die ganze Zeit gekämpft hat. Er hat dafür gekämpft, sich selbst zu versklaven, um reichen Männern, Männern mit Grundbesitz, die Macht zu verschaffen, ihn zum ewigen Sklaven zu machen.

Edward P. Thompson, Die Entstehung der englischen Arbeiterklasse. Bd. 1, Frankfurt a. M. 1987, S. 24 f.

a) Erläutern Sie die hier zutage tretenden unterschiedlichen Auffassungen anhand der Begriffe Geburtsrecht und Eigentumsrecht.

b) Wie beurteilen Sie den Vorwurf Rainboroughs und Sexbys, die Armeeführung habe die Soldaten betrogen?

84 **Wünsche der „einfachen Leute".** Aus einer Petition der Leveller an das Unterhaus, 1648:

Die Wahrheit ist (und wir sehen, wir müssen sie jetzt aussprechen oder für immer schweigen): Wir haben lange Maßnahmen anderer Art von euch erwartet, und zwar solche Maßnahmen, die, wie wir sicher sind, alle vernünftigen Menschen aller Parteien zufriedengestellt hätten:

1. Daß ihr die oberste Autorität des Volkes in diesem ehrenwerten Hause gegenüber allen Einsprüchen des Königs oder der Lords sichergestellt hättet.

2. Daß ihr Gesetze für jährliche Wahlen der Repräsentativorgane beschlossen hättet, und zwar ohne jeweilige Einberufungsschreiben.

4. Daß ihr Fragen der Religion und des Evangeliums von jeder Zwangs- und Einschränkungsgewalt irdischer Obrigkeiten freigestellt hättet [...].

5. Daß ihr für euch selbst und alle Zukunft die Macht beseitigt hättet, Menschen zum Kriegsdienst zu zwingen. [...]

10. Daß ihr den Handel von allen Monopolen und anderen Privilegien befreit hättet. [...]

11. Daß ihr die Akzise [eine Verbrauchssteuer] abgeschafft hättet. [...]

13. Daß ihr euch der vielen tausend Menschen angenommen hättet, die durch endlose Schuldhaft ruiniert sind. [...]

14. Daß ihr wirksame Maßnahmen verfügt hättet, um Menschen das Betteln in einer so wohlhabenden Gesellschaft zu ersparen, wie es durch Gottes Segen die unsrige ist.

15. Daß ihr die Strafen mehr den Vergehen angepaßt hättet, damit Leben und Besitz der Menschen nicht wegen harmloser und nichtiger Vorfälle verwirkt würden.

16. Daß ihr die verhaßte Bürde des Zehnten beseitigt hättet. [...]

21. Daß ihr volle und großzügige Wiedergutmachung an allen den Personen geleistet hättet, die durch Urteile der Hohen Kommission und der Sternkammer [...] geschädigt worden waren oder durch alle Arten von Monopolisten und Spekulanten, und dies aus dem Vermögen derer, die Anstifter, Akteure oder Nutznießer dieser unerträglichen Ungerechtigkeiten waren.

23. Daß ihr nicht dem Beispiel früherer tyrannischer und abergläubischer Parlamente gefolgt wäret, indem ihr Verordnungen oder Gesetze erließt oder Strafen festlegtet, die Meinungen oder übernatürliche Dinge betrafen, [...] und daß göttliche Wahrheiten keiner menschlichen Hilfe bedürfen. Denn solche Vorkehrungen dienen im allgemeinen dazu, Zwietracht unter den Menschen zu schaffen und die Leute von der freien Diskussion abzuschrecken, durch die Korruption und Tyrannei schnell aufgedeckt würden.

P. Kenyon (Hg.), The Stuart Constitution 1603–1688, Cambridge 1973, S. 321 ff., Übers. von J. Rohlfes

a) Ordnen Sie die Forderungen nach politischen, sozialen, wirtschaftlichen, religiösen, evtl. auch kulturellen Gesichtspunkten.

b) Welche Aufschlüsse über die Lebensumstände der „einfachen Leute" gibt dieser Text?

85 **„Auf die Wege der Vorsehung achten."** Aus einem Brief Cromwells an seinen Freund Oberst Hammond, 1648:

Mein Lieber, laß uns auf die Wege der Vorsehung achten, denn sicherlich haben sie ihre Bedeutung. Sie hängen so untereinander zusammen, sie waren so anhaltend, so klar und unverhüllt. Bosheit war es, aufgeblasene Bosheit, das Volk Gottes, jetzt Heilige genannt, ausrotten zu wollen, aber sie hatten von der Vorsehung Waffen bekommen und waren darum so glücklich, sich verteidigen zu können, und mehr als das. Ich möchte, daß der, welcher den Grundsatz des leidenden Gehorsams vertritt, solches nicht allzu gering schätzt. Ich verachte den nicht, der diesen Grundsatz hat; aber wir müssen uns in acht nehmen, daß nicht fleischliche Erwägungen uns diesen Grundsatz sicherer scheinen lassen als das Handeln. Ist denn der, der handelt, nicht bereit, mit Gottes Hilfe alles für ihn zu opfern? Unser Herz trügt uns leicht, nach der einen wie nach der andern Seite. Warum hätte denn die Vorsehung die Herzen so vieler aus dem Volke Gottes hierzu geneigt gemacht, besonders in dieser kleinen Armee, deren sich der große Gott so gnädig bediente, um sich kund zu tun? Ich wüßte nicht einen einzigen Offizier unter den unsrigen, der nicht nach dieser Seite neigte. Und ich sage dir: wir hier im Norden sind nach langem Harren zur Überzeugung gekommen, daß der gleiche Gott, der unser Tun leitete, auch hierin mit uns ist.

Oliver Cromwell, Briefe und Reden. Aus dem Englischen übersetzt von M. Stähelin, Basel 1911, S. 146ff.

a) Zeichnen Sie nach diesem Brief ein Persönlichkeitsbild Cromwells.
b) Inwieweit finden sich in dem Text puritanische Auffassungen?

86 Karikatur von 1656. Links Cromwell auf einer Glückskugel, in der Mitte Cromwells Leute beim Fällen der „königlichen Eiche", rechts das Volk als Helfer. *Deuten Sie die Aussage des Bildes! Wie steht der Künstler zu Cromwells Republik?*

3. Republik und Protektorat

Parlamentsregierung

Gleich nach dem Tode Karls I. schaffte das Rumpfparlament die Monarchie und das Oberhaus ab, brauchte aber ein Vierteljahr, bis es England zum „Commonwealth and Free State" erklärte. Am politischen System änderte sich zunächst wenig. Das dezimierte Unterhaus vereinigte alle Staatsfunktionen in seiner Hand: Es beschloß nicht nur Gesetze und Steuern, sondern übte durch Kommissionen auch Regierungsgewalt aus und mischte sich in die Rechtsprechung ein. An Neuwahlen dachte es nicht. Die wirkliche Macht lag aber weiter bei der Armee, die in dem aus ihrer Mitte gebildeten 40köpfigen „Staatsrat" das kollektive Staatsoberhaupt stellte.

Außenpolitik

In den ersten Jahren der Republik waren Cromwell und die Generäle hauptsächlich durch auswärtige Kriege in Anspruch genommen. Unter Cromwells Oberbefehl unterwarf das Heer in einem grausamen Rachefeldzug das aufständische Irland; Tausende katholischer Priester und Adliger fielen dem Haß der protestantischen Soldaten zum Opfer. Cromwell ließ den Großteil des irischen Grundbesitzes enteignen und englischen Großagrariern und Freibauern zuteilen. Auch die Schotten, die die Abschaffung der Monarchie nicht hinnahmen und den Sohn des hingerichteten Königs, den späteren Karl II. (▷ S. 118 f.), als rechtmäßigen Nachfolger anerkannten, wurden mit Krieg überzogen und mußten nach zwei verlorenen Schlachten in die Vereinigung mit dem ungeliebten England einwilligen. Zur See und in der Handelspolitik ging die Republik ebenfalls in die Offensive. Auf Betreiben und mit starker finanzieller Unterstützung der Londoner City beschleunigte sie den Ausbau der Kriegsflotte; mehr als die Hälfte der Staatsausgaben wurde dafür verwendet. 1651 erließ das Commonwealth die „Navigationsakte": Dieses gegen den niederländischen Rivalen gerichtete Gesetz untersagte die Einfuhr ausländischer Güter nach England auf anderen als englischen Schiffen oder denen der Erzeugerländer. Britische Kriegsschiffe eröffneten auch einen See- und Kolonialkrieg gegen Spanien, der zum Erwerb neuer Kolonien, darunter Jamaica und Surinam, führte (1655).

Verfassungsprobleme

So erfolgreich die Republik in ihrer Kriegs- und Expansionspolitik war und so sehr sie damit den Wünschen vieler Engländer entsprach, so schwer hatte sie es, Anerkennung und Zustimmung im Innern zu finden. Die Opposition von „links" wie von „rechts" kam nicht zur Ruhe. Die Armeeführung ließ mehrere von den Levellers angefachte Unruhen mit Gewalt unterdrücken und schickte deren Wortführer Lilburne 1651 in die Verbannung. Die wohlhabenden Kreise empörten sich über ihre Ausschließung von der politischen Mitbestimmung und die hohen Steuern. 1653 versuchte es Cromwell, nicht zum letzten Mal, mit einem Verfassungsexperiment. Er ließ das Rumpfparlament auseinandertreiben und durch eine Versammlung ersetzen, deren 140 Mitglieder die Kirchengemeinden vorgeschlagen und der Staatsrat ausgewählt hatten, wobei das Merkmal der Frömmigkeit und christlichen Lebensführung ausschlaggebend war. In keinem Parlament vorher und nachher saßen so viele common people und Sektenmitglieder wie in dieser „Versammlung der Heiligen". Sie führten lange Grundsatzdebatten, aber als sie sich anschickten, das adlige Kirchenpatronat und den Zehnten abzuschaffen und die bestehende Gesellschaftsordnung umzukrempeln, schickte Cromwell sie nach Hause.

Stattdessen setzte der Staatsrat das „Instrument of Government", die erste europäische Verfassung überhaupt, in Kraft. Sie war ganz auf die Person Cromwells zugeschnitten, der als Lord Protector auf Lebenszeit Befugnisse erhielt, die in vieler Hinsicht die der Stuart-Könige übertrafen. Er hatte einen festen, an keine parlamentarische Zustimmung gebundenen Etat zur Verfügung, mit dem er die Kriegsflotte und ein stehendes Heer von 30 000 Mann unterhielt, und durfte Verordnungen mit Gesetzeskraft erlassen, die das Parlament frühestens in der nächsten Legislaturperiode widerrufen konnte. Dennoch war er kein Diktator; er hatte ein durchaus gebrochenes Verhältnis zur Macht (mehr als einmal erwog er seinen Rücktritt) und verstand sein Amt als Auftrag Gottes, nicht als Selbstzweck. Seine Politik stimmte er stets mit dem Staatsrat ab; die Rechte des Parlamentes und die Unabhängigkeit der Richter respektierte er.

Die politische Ordnung

Cromwells Protektorat war von widersprüchlichen Absichten und Maßnahmen bestimmt. Dem Lordprotektor war es mit dem Mitwirkungsrecht der Volksvertretung ernst, aber das Wahlrecht blieb wie früher an ein hohes Einkommen gebunden. Parlamentswahlen fanden pünktlich statt, aber alle Parlamente verfielen zum frühestmöglichen Zeitpunkt der Auflösung, weil sie Cromwells Politik kritisierten. Toleranz und Religionsfreiheit waren dem neuen Herrscher wichtig und teuer; sogar die Katholiken durften, wenn auch nicht in der Öffentlichkeit, ihre Religion ausüben, und den Juden wurde, nach fast 300jähriger Ausschließung, die Rückkehr nach Britannien gestattet. Andererseits aber durften nicht einmal Presbyterianer und Anglikaner öffentliche Ämter bekleiden. Die Pflicht des wöchentlichen Gottesdienstbesuches fiel zwar fort, aber die öffentliche Moral wurde streng überwacht: Gastwirtschaften und Theater mußten schließen, Pferderennen und Hahnenkämpfe waren verboten; auf Schwören und Fluchen, Trunkenheit und Ehebruch standen drakonische Strafen. Für das allgemeine Wohl und die einfachen Leute geschah eine Menge: Folter und Schuldhaft durften nicht mehr verhängt werden, es galt die unbedingte Gleichheit vor dem Gesetz; die Aufwendungen für die Schulen stiegen; Gewerbe- und Handelsmonopole verschwanden. Dennoch blieb die ständische Ungleichheit unangetastet; nicht einmal die Hoffnung der Pächter, freie Grundeigentümer zu werden, ging in Erfüllung.

Ende der Republik

Alle Bemühungen des Regimes, Rückhalt bei der Bevölkerung zu finden, blieben letztendlich vergebens. Als Cromwell 1658 unerwartet starb, empfanden die meisten ein Gefühl der Erleichterung. Sie sehnten sich nach Ruhe, Sicherheit und etwas mehr Freiheit, und schnell wuchs die Bereitschaft, es doch wieder mit der Monarchie zu versuchen. Oliver Cromwells Nachfolger, sein Sohn Richard, war seinem Amt nicht im mindesten gewachsen, und nach seinem baldigen Rücktritt diskreditierten sich die Generäle durch Uneinigkeit und Ziellosigkeit. Da sich der Thronanwärter Karl II. (1660–1685) in seinem holländischen Exil sehr kompromißbereit zeigte, kamen sich beide Seiten schnell näher. In seiner „Deklaration von Breda" versprach der Stuart Nachsicht gegenüber der Vergangenheit und Zusammenarbeit in der Zukunft, und zwar auf der Grundlage der Reformen von 1641. Darauf beschloß ein eigens gewähltes „Convention Parliament", in dem die republikanische Machtelite keine Rolle mehr spielte, die Wiedereinführung der Stuart-Monarchie. Am 29. Mai 1660 zog der neue Monarch unter dem Jubel der Londoner Bevölkerung in seine Hauptstadt ein. Die Republik war sang- und klanglos abgetreten, weil sie es nie verstanden hatte, eine Mehrheit der Briten für sich zu gewinnen.

Toleranz, von lat. tolerare = „ertragen": Die Bereitschaft, fremde Denkweisen und Glaubensüberzeugungen zu dulden, wenn nicht sogar zu respektieren. Toleranz war ursprünglich und zumeist eine Herausforderung an die Religionen, die von ihrem Wesen her Ausschließlichkeit zu beanspruchen pflegen und sich nur schlecht mit der Existenz anderer Religionen abzufinden vermögen. Geschichtlich begegnet in der Neuzeit das Toleranzangebot zuerst in der Reformation, als ein Kräftegleichgewicht zwischen altem und neuem Glauben entstand und Friede nur durch wechselseitige Anerkennung möglich war: Es ging den Religionsparteien freilich nur um Rechtssicherheit; zur „inneren" Anerkennung des fremden Glaubens waren sie kaum bereit. Im England des 17. Jahrhunderts waren es vor allem die jeweils Schwächeren, die sich für Glaubensfreiheit einsetzten: die Puritaner, solange die Anglikaner herrschten, die letzten Stuart-Könige, als die Katholiken bedrängt wurden. Nur die Puritaner blieben dem Toleranzgedanken auch dann treu, als sie die Macht hatten, wenngleich mit deutlichen Einschränkungen für die Katholiken. Toleranz im vollen Sinne vertraten erst die Aufklärer des 18. Jahrhunderts; sie hatten begriffen, daß Menschen irren können und daß alle Religionen sich historisch erklären lassen, also relativ sind.

87 **Britischer Handelsimperialismus.** Aus der Navigationsakte von 1651:

Zur Vergrößerung des Schiffsbestandes und zur Förderung der Schiffahrt Englands, die durch Gottes gütige Vorsehung von so großem Nutzen für Wohlfahrt und Sicherheit dieser unserer Republik sind, wird von dem gegenwärtigen Parlament beschlossen, daß vom 1. Dezember 1651 an Güter oder Erzeugnisse jeder Art aus Asien, Afrika oder Amerika nach England, Irland oder irgendwelchen dazugehörigen Ländern, Inseln oder Kolonien nur noch auf Schiffen eingeführt werden dürfen, die einwandfrei Leuten unseres Volkes gehören und deren Kapitäne und Matrosen zum größten Teil Leute unseres Landes sind, bei Strafe des Verlustes sowohl der Ware als auch des Schiffes. Und es ist ferner [. . .] verboten, Güter oder Erzeugnisse irgendwelcher Art, die in Europa gewachsen sind oder dort erzeugt oder auf gewerbliche Weise hergestellt wurden, in England oder Irland oder den dazugehörigen Gebieten auf anderen Schiffen einzuführen als auf solchen, die entweder einwandfrei Leuten unseres Volkes oder Angehörigen derjenigen Länder und Orte zu eigen sind, in denen die besagten Güter gewachsen sind, erzeugt oder hergestellt wurden, oder die aus Häfen stammen, in denen die erwähnten Güter ausschließlich oder üblicherweise verschifft werden.

Gottfried Guggenbühl/Hans C. Huber (Hg.), Quellen zur Geschichte der Neueren Zeit. Zürich 4. Aufl. 1976, S. 206

a) Warum werden Importe aus Europa anders behandelt als die aus anderen Kontinenten?
b) Äußern Sie sich zu der These, dies sei Handelsimperialismus.

88 **Cromwells Religionspolitik.** Aus einer Parlamentsrede von 1656:

Seit dem letzten Parlament ist es unser Bestreben gewesen, dem Lande zu zeigen, daß alle Frommen, welcher Art ihre Religion auch sei, volle Gewissensfreiheit haben sollen, wenn sie nur ruhig und friedlich leben, und daß wir nicht die Religion einen Grund zu Kampf und Blutvergießen wollen sein lassen; darunter haben wir genug gelitten und gern gelitten, damit sie diese Freiheit genießen. Falls dem etwas widerstrebt, mag der Grund sein, welcher er will, so werden wir, wenn es zu Zusammenrottungen, zu Parteiungen und Spaltungen führt, weiß Gott, nicht danach fragen, wen er trifft, er mag noch so schön tun und so ruhig sich sonst verhalten! [. . .] Wenn der Vertreter eines Bekenntnisses das eines andern schmäht, wenn z. B. ein Independent einen, der Anabaptist ist, verachtet, ihn schlecht macht, schilt und ärgert, so werde ich dies nicht dulden. [. . .] Der Herr schenke uns Herzen, die allen gerecht werden. Dies ist, ich kann es euch versichern, mein Bestreben gewesen. Ich habe Püffe und Stöße erlitten von allen Seiten; etliche beschuldigten mich des Presbyterianismus, andere, daß ich die Pforte für alle Sekten und Ketzereien im Lande sei. Ich habe die Vorwürfe ertragen; es hat mir durch Gottes Gnade gelingen dürfen, daß eine Religion sich über die andere erhob, zu verhindern.

G. Guggenbühl/H. C. Huber (Hg.), a. a. O., S. 205 f.

a) Was versteht Cromwell unter Toleranz, wo liegen für ihn ihre Grenzen?
b) Nehmen Sie Stellung zu seiner Behauptung, keine Religion erhebe sich unter seiner Herrschaft über die andere.

89 **Amnestie und Gewissensfreiheit.** Aus Karls II. „Deklaration von Breda", 1660:

Damit niemand, der sich seiner dunklen Vergangenheit bewußt ist, aus Furcht vor Bestrafung in Zukunft in Schuld beharrt dadurch, daß er gegen die Ruhe und das Glück dieses Landes bei der Wiedereinsetzung von König, Peers und Volk in ihre gerechten, alten und begründeten Rechte ist, erklären Wir hiermit, daß Wir eine freie und allgemeine Amnestie gewähren [. . .]. Wir amnestieren alle Unsere Untertanen, welchen Ranges und welchen Standes auch immer, die innerhalb von 40 Tagen nach der Veröffentlichung dieser Erklärung diese Unsere Gnade und Gunst ergreifen und öffentlich erklären, daß sie zur Loyalität und zum Gehorsam guter Untertanen zurückkehren. Davon ausgenommen sind nur solche Personen, die vom Parlament ausgenommen werden. [...] Unsere Untertanen sollen weder an Leben, Freiheiten oder Gütern Schaden erleiden noch [soweit es in Unserer Macht liegt] in ihrem Ruf durch Vorwürfe [...] geschädigt werden. Wir wünschen und befehlen, daß von nun an alle Zwietracht, Trennung und aller Parteienhader unter all Unseren Untertanen aufgehoben wird [...]. Und da die Leidenschaft und Unbarmherzigkeit der Zeiten mehrere Meinungen in der Religion hervorgebracht haben [...], erklären wir Freiheit für alle Menschen mit empfindsamem Gewissen. Kein Mensch soll wegen Glaubensdifferenzen in Sachen der Religion, welche nicht den Frieden des Königreiches stören, beunruhigt oder vor Gericht gezogen werden.

Samuel R. Gardiner, The Constitutional Documents of the Puritan Revolution 1625–1660, 3. Aufl., Oxford 1951, S. 465 ff., zit. nach: Geschichte in Quellen, Bd. III, Renaissance, Glaubenskämpfe, Absolutismus, bearb. von Fritz Dickmann, München 1966, S. 491

a) Charakterisieren Sie Stil und Ton dieser Erklärung.
b) Was für ein Verständnis der Glaubensspaltung läßt der König erkennen?

4. Restauration und „Glorreiche Revolution"

Restauration

Die Restauration war ein Kompromiß zwischen der vorrevolutionären Verfassung des Königreiches und den konstitutionellen Reformen von 1641 (▷ S. 108). Die Königsgerichte blieben abgeschafft, die Gesetzgebung und Steuererhebung an die Zustimmung des Parlaments gebunden, dem auch der Anspruch auf regelmäßige Einberufungen (mindestens einmal in drei Jahren) und Freiheit der Verhandlungen erneut verbrieft wurde. Auch das Mitspracherecht des Parlaments in Religionsfragen, in der Vergangenheit hart umkämpft, wurde bekräftigt. Zwar erhielt der König die alleinige militärische Kommandogewalt zurück, was aber nur für Kriegszeiten ins Gewicht fiel, weil stehende Heere im Frieden verboten wurden. Das House of Lords wurde wiederhergestellt, selbstverständlich mit Einschluß der Bischöfe. Das „local government" oblag wieder dem grundbesitzenden Adel, der dafür sorgte, daß nur seinesgleichen ins Unterhaus gelangte.

Vergangenheitsbewältigung

Die schwierige Auseinandersetzung mit dem Vergangenen gelang erstaunlich reibungslos. Ein allgemeines Amnestiegesetz unterband eine strafrechtliche Verfolgung der Vorgänge zwischen 1640 und 1660, und ein weiteres Gesetz verbot sogar die öffentliche Erörterung des Verhaltens einzelner Personen in jenen Jahren. Vor Gericht gestellt wurden allein diejenigen, die am Todesurteil gegen Karl I. mitgewirkt hatten; 13 dieser „Königsmörder" starben durch die Hand des Henkers. Die Leichname Cromwells und Iretons exhumierte man und henkte und köpfte sie am Hinrichtungstag des jetzt als Märtyrer verehrten Königs. Während der Bürgerkriegs- und Protektoratszeit enteigneter Besitz sowie alle damals konfiszierten Kron- und Kirchengüter waren zurückzuerstatten, alle sonstigen Eigentumswechsel (auch unter Druck getätigte Verkäufe) blieben unangetastet.

Repressionen

Die wieder zur Macht gelangte alte Herrschaftsklasse war ängstlich bedacht, einem Wiederaufleben revolutionärer Regungen vorzubeugen. Das 1661 gewählte „Kavaliersparlament" verbot alle Petitionen mit mehr als 10 Unterschriften und stellte nicht nur tatsächliche Widerstandshandlungen gegen den Staat, sondern auch deren öffentliche Befürwortung unter Strafe. Erneut übte die Kirche eine Vor-Zensur aller Druckerzeugnisse aus. Eine Serie von Gesetzen („Clarendon Code") schloß alle, die nicht nachweislich Anglikaner waren, von den öffentlichen Ämtern und den Universitäten aus, vertrieb die Geistlichen, die den Eid auf die Staatskirche verweigerten („recusants"), aus ihren Pfarrstellen (betroffen waren 2000) und verbot nonkonformistische Gottesdienste mit mehr als fünf Personen (soweit sie nicht einem einzigen Haushalt angehörten). Nach den Erfahrungen der Cromwell-Zeit behandelte die regierende Oberschicht alle Dissenters mit besonderem Mißtrauen.

Katholiken

Auch die Katholikenfurcht schwelte weiter. Des Königs Sympathien für die „Papisten" war kein Geheimnis (im Sterbebett noch trat er zum katholischen Glauben über); er war mit einer katholischen Prinzessin verheiratet, sein Bruder und möglicher Nachfolger Jakob (II.) bekannte sich seit 1669 offiziell zum Katholizismus. Versuche des Parlaments, ihn deswegen von der Thronfolge auszuschließen (exclusion bill), scheiterten dreimal, weil entweder der König das Unterhaus auflöste oder das Oberhaus die Zustimmung versagte. Dagegen hatte Karl II. mit zwei „Indulgenzerklärungen" (die Katholiken wie Dissenters von den gesetzlichen Strafbestimmungen freistellen sollten) keinen Erfolg. Vor dem scharfen Protest des Unterhauses und den Gerichten, die sein Vorgehen als rechtswidrig beurteilten, wich der Stuart zurück. Er ließ auch die 1673 vom Parlament verabschiedete „Test Act" passieren, die erneut allen Katholiken die Bekleidung öffentlicher Ämter untersagte und scharfe Kontrollverfahren („tests") vorschrieb.

Jakob II.

Solche Selbstbeschränkung des Monarchen war seinem Bruder Jakob II., der 1685 König wurde, fremd. Ohne Gespür für die Empfindlichkeiten des protestantischen Parlaments begünstigte er die Katholiken: Er ernannte sie bevorzugt zu Offizieren und Friedensrichtern und hatte schließlich sogar die Dreistigkeit, einen heimlichen Papisten zum anglikanischen Bischof zu machen. In zwei neuerlichen Indulgenzerklärungen hob er die Strafbestimmungen gegen Katholiken (und Dissenters) auf und ließ sich weder durch das Parlament noch durch die Gerichte davon abbringen. Das Maß war voll, als er den anglikanischen Klerus anwies, die Indulgenzerklärungen von den Kanzeln zu verlesen, und sieben Bischöfe verhaften ließ, die dagegen protestiert hatten. Der Freispruch der Sieben brach den Bann. Jetzt waren auch die Tories, die bis dahin an der Gehorsamspflicht der Untertanen festgehalten hatten, bereit, mit ihren Widersachern, den Whigs, zusammen Front gegen den König zu machen. Eine Gruppe von Lords nahm Kontakt mit dem Generalstatthalter der Niederlande, Wilhelm von Oranien (1650–1702), auf, Enkel Karls I. und Ehemann Marias, der Tochter Jakobs II., der schon des längeren seine Bereitschaft zum Eingreifen hatte erkennen lassen.

Thronwechsel

Wilhelm landete mit seiner kleinen Streitmacht am 15. November 1688 in Südengland und zog am 18. Dezember in London ein, nachdem Jakob, von allen seinen Untertanen im Stich gelassen, nach Frankreich geflohen war. Das Parlament, dem vorübergehend die gesamte Staatsgewalt zugefallen war, erklärte den Stuart für abgesetzt und übertrug die Königswürde auf Wilhelm und Maria gemeinsam (1689). Dieser Machtwechsel, schon bald als „Glorious Revolution" bezeichnet und von den Whigs als ihr Triumph gefeiert, vollzog sich ohne Blutvergießen, aber auch ohne Beteiligung des „Volkes". Er war das Werk der Parlamentsoligarchie, die in der „Declaration of

90 Wilhelm von Oranien und seine Gattin Maria empfangen von Vertretern des Ober- und Unterhauses die englischen Königskronen. Kupferstich (1790) nach einem Gemälde von J. Northcote (1746–1831).
Welche bis dahin an den Krönungen maßgeblich beteiligte Institution fehlt bei dieser Zeremonie? Erörtern Sie die Hintergründe dieses Wandels.

Rights“ (in der späteren Gesetzesform: Bill of Rights) dem neuen Königspaar eine Art Wahlkapitulation abnötigte, die einen entscheidenden Schritt zum parlamentarischen Regierungssystem darstellte.

Herrschaftsvertrag

In der neuen, parlamentarischen Monarchie war das Parlament der eigentliche Träger der Souveränität. In dieser Funktion vergab es die englische Krone, die seitdem nicht mehr ein Herrschaftstitel eigenen („göttlichen“) Rechtes war, sondern auf einem Vertrag mit der Volksvertretung beruhte. Daraus ging eine Neuverteilung der politischen Macht hervor. Der König bestellte weiter die Regierungsmitglieder und lenkte die Regierungsgeschäfte, führte die Außenpolitik, berief das Parlament ein und löste es auf, ernannte die Richter, befehligte Heer und Flotte, war das Oberhaupt der Hochkirche. Aber fast überall besaß die Parlamentsaristokratie beträchtliche Mitwirkungsrechte. Die Lokalherrschaft war fester denn je in ihrer Hand. Auswärtige Kriege durfte das Land nicht ohne ihre Zustimmung führen. Im Frieden waren stehende Heere verboten, und die Miliz gehorchte de facto den örtlichen Befehlshabern. Zwar hatte der König noch das Vetorecht gegen vom Parlament beschlossene Gesetze, aber seit 1708 machte er davon keinen Gebrauch mehr. Das Steuerbewilligungsrecht des Parlamentes hatte sich zum Budgetrecht erweitert: Geldbewilligungen für die Regierung erfolgten nicht mehr pauschal, sondern spezifiziert und zweckgebunden, und ihre Verwendung wurde genau kontrolliert. Richter waren, solange sie ihre Pflicht taten, unabsetzbar, es sei denn, Unter- und Oberhaus verlangten gemeinsam die Abberufung.

Kirche und Gesellschaft

Die Rechtsstellung der Dissenters besserte sich entscheidend. In Schottland wurde wieder die presbyterianische Kirchenverfassung eingeführt. In England durften alle nicht-anglikanischen Protestanten eigene Gottesdienste abhalten. 1718 erlangten sie die Wiederzulassung zu öffentlichen Ämtern, sofern niemand Widerspruch einlegte, seit 1727 konnten sie auch ins Unterhaus gewählt werden. Dagegen blieben die diskriminierenden Bestimmungen der Test Act für Katholiken bestehen, und zwar bis 1829. Die Vorzensur wurde abgeschafft, eine Nachzensur konnte in Einzelfällen jedoch weiterhin angeordnet werden. Sämtliche Monopole verschwanden, Manufaktur und Handel erlebten weiterhin einen stürmischen Aufschwung. Um 1700 waren in der Landwirtschaft 3 Millionen Briten tätig, die jährlich 25 Millionen Pfund erwirtschafteten, und 300 000 in Handel und Gewerbe, die es auf 10 Millionen Pfund brachten. England war auf dem Weg zu einer Industrie- und Handelgesellschaft auf liberal-konkurrenzwirtschaftlicher Grundlage. Aber ein großer Teil der Bevölkerung, vor allem das Fünftel, das ständig oder zeitweise unter der Armutsgrenze lebte, blieb von diesem Fortschritt noch lange ausgeschlossen.

91 **Restauration – aus privater Perspektive.** Aus dem Tagebuch des Samuel Pepys, der damals Sekretär im Flottenamt war, 1660/61:

1660. 1. Juni: Abends kommt Mr. Cooke aus London mit Briefen. Er berichtete, daß das Parlament den 29. Mai, den Geburtstag des Königs, als Gedenktag festgesetzt hat, an dem wir unsere Erlösung von der Tyrannei und die Rückkehr des Königs sowie seinen Einzug nach London feiern sollen. Zu Bett. Als ich ins Bett ging, kam der Kapitän an Bord, schwer angeschlagen; er erzählte mir am nächsten Morgen, daß er mit dem Vizeadmiral und dem Konteradmiral den ganzen Tag getrunken habe.

2. Juni: Morgens in Geschäften in Mylords Kabine. Ich ergriff die Gelegenheit, ihm für die Güte zu danken, mit der er mich bei der Verteilung der königlichen und herzoglichen Gelder bedacht hatte. Er sagte mir, daß er mir noch dauerhaftere Dienste erweisen zu können hoffe, wenn zwischen ihm und dem König alles so bleibe, wie es jetzt sei. „Wir müssen etwas Geduld haben, dann werden wir zusammen vorwärtskommen, bis dahin werde ich Euch zu Geschäften verhelfen, so gut ich kann.“

24. September: Zusammen mit Sir W. Batten als

Friedensrichter von Middlesex, Essex, Kent und Southampton vereidigt. Sehr erfreut über die Ehre, aber gänzlich im unklaren über meine Pflichten als Friedensrichter. Mit Monsieur L'Impertinent zu einer Tanzveranstaltung in Broadstreet. Gute Tänze. 13. Oktober: Nach Charing Cross, um zuzuschauen, wie Major Harrison (einer der „Königsmörder") gehängt, ausgedärmt und gevierteilt wurde. Er sah sehr vergnügt dabei aus. Anschließend mit Kapitän Cuttance und Mr. Sheply in die „Sonne", wo ich ihnen Austern spendierte.

Samuel Pepys, Tagebuch, Stuttgart 1980, S. 28, 40, 42

a) Vergegenwärtigen Sie sich das Lebensgefühl, das aus diesen Notizen spricht?
b) Was erfährt man über die Existenz von Staatsbediensteten?

92 **Schutz der Religion, Rechte und Freiheiten.** Aus der „Bill of Rights" 1689:

Und indem hierauf die genannten geistlichen und weltlichen Lords und die Commons [...] sich nun zu einer vollen und freien Repräsentation dieses Volkes versammelt haben [...], geben sie zuvörderst [wie ihre Vorfahren in gleichen Fällen gewöhnlich getan haben] zur Aufrechterhaltung und Zusicherung ihrer alten Rechte und Freiheiten die Erklärung ab:

Daß die angemaßte Gewalt, durch königliche Autorität Gesetze oder die Ausführung der Gesetze ohne Zustimmung des Parlaments aufzuheben, ungesetzlich ist.

Daß die angemaßte Gewalt, durch königliche Autorität Dispensation von den Gesetzen oder deren Ausführung zu erteilen, wie dies in der letzten Zeit unternommen und ausgeübt worden ist, ungesetzlich ist. [...]

Daß die Erhebung von Geld für und zum Gebrauch der Krone unter dem Vorwande prärogativer Rechte des Monarchen ohne Bewilligung des Parlaments für längere Zeit oder in anderer Weise, als dieselbe gewährt ist oder gewährt werden sollte, ungesetzlich ist.

Daß es ein Recht der Untertanen ist, Petitionen an den König zu richten, und daß alle Verhaftungen und gerichtlichen Verfolgungen wegen solcher Petitionen ungesetzlich sind. [...]

Daß die Wahl zu Mitgliedern des Parlaments frei sein muß.

Daß die Freiheit der Rede und der Debatten oder Verhandlungen im Parlament nicht angefochten oder zum Gegenstand von Untersuchungen in irgendeinem Gerichtshof [...] gemacht werden dürfen.

Daß weder eine übertriebene Bürgschaftssumme gefordert noch zu große Geldstrafen auferlegt noch grausame oder ungewöhnliche Bestrafungen verfügt werden dürfen. [...]

Und daß zur Abstellung aller Beschwerden und zur Verbesserung, Stärkung und Aufrechterhaltung der Gesetze häufig Parlamente abgehalten werden sollen. [...]

Indem sie daher voll darauf vertrauen, daß Seine Hoheit der Prinz von Oranien die Befreiung vollenden wird, die von ihm schon so weit gefördert ist, und daß er sie immer schützen wird gegen die Verletzung ihrer Rechte, die sie hier in Anspruch genommen haben, und gegen alle anderen Angriffe auf ihre Religion, Rechte und Freiheiten: fassen die genannten geistlichen und weltlichen Lords und die Commons, hier zu Westminster versammelt, den Beschluß, daß Wilhelm und Maria, Prinz und Prinzessin von Oranien, König und Königin von England, Frankreich und Irland und den dazugehörenden Besitzungen sein sollen und als solche erklärt sind.

Iwor W. Jennings/Gerhard A. Ritter (Hg.), Das britische Regierungssystem, Köln/Opladen 1970, S. 130f.

a) Zeigen Sie auf, inwiefern zahlreiche dieser Bestimmungen auf vorangegangene Rechtsverstöße und Mißbräuche bezogen sind.
b) Erläutern Sie das durch diese Bill of Rights begründete neue Verhältnis zwischen Parlament und Krone.

93 **Sozialschicht, Beruf und Einkommen.** Aus einer Tabelle für das Jahr 1688 (geschätzte Werte):

Rang/Qualifikation	Anzahl der Personen (einschl. Familienmitglieder)	Jahreseinkommen pro Kopf in Pfund
Weltliche Lords	6400	70
Geistliche Lords	520	65
Baronets	12800	55
Ritter	7800	50
Esquires	30000	45
Gentlemen	96000	35
Amtsinhaber	70000	25
Kaufleute	64000	37
Juristen	70000	20
Geistliche	52000	9
Grundbesitzer	980000	11
Bauern	750000	8
Wissenschaftler/Künstler	80000	12
Krämer	180000	10
Handwerker	240000	10
Offiziere	36000	18
Seeleute	150000	7
Arbeiter/Bedienstete	1275000	4
Häusler/Arme	1300000	2
Soldaten	70000	7
Landstreicher/Bettler	30000	2

B. Macpherson: Die politische Theorie des Besitzindividualismus, Frankfurt a. M. 1973, S. 312 f.

a) Welche Aufschlüsse über die wirtschaftliche Struktur Englands gibt diese Tabelle?
b) Erörtern Sie die Grenzen zwischen Reichen, in gesicherten finanziellen Verhältnissen Lebenden und Armen.

94 **Die Legislative als höchste Gewalt.** John Locke (▷ M 132) über Legislative und Exekutive, 1689:

Solange die Regierung besteht, ist die Legislative in allen Fällen die höchste Gewalt. Was nämlich einem anderen Gesetze zu geben vermag, muß ihm notwendig übergeordnet sein. Da aber die Legislative nur insofern Legislative der Gesellschaft ist, als sie das Recht hat, für alle Teile und alle Glieder der Gesellschaft Gesetze zu geben, indem sie ihren Handlungen Vorschriften setzt und die Vollziehungsgewalt verleiht, wo diese Regeln verletzt werden, muß die Legislative notwendigerweise die höchste Gewalt sein, und jegliche andere bei irgendwelchen Mitgliedern oder Teilen der Gesellschaft liegende Gewalt muß von ihr abgeleitet und ihr untergeordnet sein.

In einigen Staatswesen, wo die Legislative nicht dauernd im Amt ist und die Exekutive in der Hand eines einzelnen liegt, der zugleich teilhat an der legislativen Gewalt, kann dieser einzelne in einem sehr weiten Sinne ebenfalls als höchste Gewalt bezeichnet werden. Er ist zwar nicht im Besitz der gesamten höchsten Gewalt, nämlich der gesetzgebenden, da aber bei ihm die höchste Exekutivgewalt liegt [...] und es außerdem keine Legislative gibt, die ihm übergeordnet wäre – weil nämlich keine Gesetze ohne seine Zustimmung erlassen werden [...] –, so ist er in diesem Sinne recht eigentlich die höchste Gewalt. Obwohl aber dem Träger dieser Gewalt Untertanen- und Lehnseide abgelegt werden, muß man doch sehen, daß sie ihm nicht als oberstem Gesetzgeber abgelegt werden, sondern als dem höchsten Vollzieher jenes Gesetzes, welches von ihm mit anderen zusammen durch vereinigte Macht erlassen wurde. Untertanentreue ist nichts anderes als Gehorsam nach dem Gesetz. Wenn er das Gesetz verletzt, hat er auch kein Recht auf Gehorsam [. . .] – denn die Mitglieder der Gesellschaft schulden lediglich dem öffentlichen Willen der Gesellschaft Gehorsam.

John Locke, Über die Regierung (The Second Treatise of Government), Stuttgart 1974, S. 115 f.

a) Locke gilt als der politische Philosoph der „Glorious Revolution". Spiegelt sich das in diesem Text wider?
b) Inwieweit sind Lockes Lebenserfahrungen (er lebte von 1632 bis 1704) in seine Gedanken zur Exekutive eingegangen?

Zur Diskussion

Mehr Freiheit für die Briten? Die Errungenschaften der englischen Revolutionen

95 Der rechtsliberale britische Historiker George M. Trevelyan, 1934:

Die Ordnung von 1689 erwies sich als dauerhaft. Sie brachte dem einzelnen Engländer größere Freiheit, als er je genossen hatte, und verlieh Staat und Reich neue Kraft und Macht. Die zermürbende Eifersucht zwischen Krone und Parlament wich einer Zusammenarbeit, in der das Parlament der führende Teil war. Im 17. Jahrhundert hatte England nur eine schwächliche äußere Politik treiben können. Nun erhob es sich [. . .] zur anerkannt ersten Macht der Erde, zum waffenstarken Handels- und Kolonialstaat, zu höchster geistiger Leistung, zum Hort religiöser und politischer Freiheit. [. . .] Auch hat kein König je wieder versucht, die freie englische Lokalverwaltung aufzuheben. Im Gegenteil, die Zentralregierung wurde im 18. Jahrhundert gegen die Friedensrichter allzu nachsichtig; auch duldete sie viele Mißbräuche in alten Gilden und ähnlichen bevorrechtigten Körperschaften. Der Sieg des Gesetzes über die Willkür war ein großer Fortschritt für die ganze Menschheit, aber in den nächsten hundert Jahren und noch darüber hinaus führte der Sieg des Gesetzes und der alten Rechte zu einer übertriebenen Verherrlichung der bestehenden Zustände. [. . .] Da Jakob II. versucht hatte, die überkommenen Einrichtungen des Landes zu zerstören, so blieb es nun lange für jedermann ausgeschlossen, sie umzuformen.

Der weithin sichtbare Sturz Jakobs II. [. . .] bedeutete einen großen Schritt vorwärts auf dem Weg zu Recht und Menschlichkeit, die nun über aller Politik standen. Der König konnte die Richter nicht mehr willkürlich absetzen. Die Prozesse wurden sauber und im ganzen unparteiisch geführt. Grausame Züchtigungen und übermäßige Geldstrafen hörten auf, übliche Waffen im Kampfe der Parteien zu sein. Seit 1695 wurde die Pressezensur gelockert, so daß Miltons Traum von der „Freiheit des gedruckten Wortes" in England Wirklichkeit wurde. [. . .] Nach einer tausendjährigen Entwicklung wurde die Religion endlich der Pflicht ledig, grundsätzlich grausam zu sein, und man gab zu, daß es zu der unveränderlichen Natur der Menschen gehört, in Fragen des Geistes verschiedene Meinungen zu haben. An dieser harten Tatsache hatte sich nun auch der moderne Staat gleich der Kirche des Mittelalters seine Zähne ausgebissen.

George M. Trevelyan: Geschichte Englands. München/Berlin 1936, S. 535 ff.

96 Der „linke" britische Sozialhistoriker Christopher Hill, 1967:

Von 1688 an war England, für die besitzende Klasse, nach zeitgenössischen europäischen Maßstäben eine außergewöhnliche freie Gesellschaft. 1688 schuf die Sicherheit, daß es hinfort unmöglich sein würde, ohne Parlament zu regieren, wie es in Mißachtung des Gesetzes Karl zwischen 1681 und 1685 und Jakob nach 1686 getan hatten. Es durfte nunmehr keine stehenden Heere geben, weder radikale noch papistische. Die Hoheit des Common Law setzte sich mit der Abschaffung der Gerichtshöfe der Krone durch [. . .]. Die Habeas Corpus-Akte des Whig-Parlaments von 1679 schützte jeden gegen willkürliche Inhaftierung, der das Geld und das Selbstvertrauen hatte, sich dieses Mittels zu bedienen. Nach 1701 waren Richter nicht mehr von der Regierung abhängig: Geschworenengerichte konnten für ihre Urteile nicht zur Rechenschaft gezogen werden. Es gab kein Verwaltungsrecht; Friedensrichter verwalteten ihre Gebiete entsprechend ihrer Auffassung der örtlichen Gegebenheiten. Die Presse war die freieste in Europa. Aber nur wenige dieser Vorzüge kamen der unteren Bevölkerungshälfte zugute. Die Abschaffung der feudalen Besitzverhältnisse garantierte das Eigentum der Grundherren. Das Scheitern der Versuche während des Interregnums, die Nutzungsrechte der Pächter gesetzlich zu sichern, machte den Weg dafür frei, daß die Besitzrechte der Armen die Eigentumskonsolidierung der Reichen nicht behinderten. So half die Niederlage der Radikalen während der Revolution die Entstehung einer Zwei-Nationen-Gesellschaft in England zu fördern. Vor 1640 war die große soziale Trennungslinie zwischen den Privilegierten und den Nichtprivilegierten verlaufen; nun lag sie zwischen Reichen und Armen, Freien und Unfreien, den Waffenträgern und den Waffenlosen, denen, die die Miliz kommandierten, und jenen, die Kriegsdienst in Übersee leisten mußten, denen, die das Armengesetz finanzierten, und jenen, die ihm unterworfen waren. Die unbeschränkte Autorität der Friedensrichter, die sich aus der Arbeitgeberklasse rekrutierten, bedeutete schwerlich Freiheit für deren Arbeitnehmer.

Freiheiten waren für die Menschen mit Eigentum bestimmt, und begüterte Engländer waren tatsächlich freier als zuvor, geistig so gut wie physisch. [. . .] Moses Wall hatte in einem Schreiben an Milton 1659 das Scheitern der radikalen Revolution so erklärt: „Solange Menschen in der Befriedigung ihrer Lebensbedürfnisse nicht frei, sondern beschränkt sind, wird ihr Geist niedergedrückt und knechtisch sein." Industrielles und agrarisches Wachstum, das „der Masse des Volkes hinreichenden Lebensunterhalt verschaffte", war nötig, bevor Freiheit für die Bevölkerungsmehrheit zu erreichen war.

Christopher Hill, From Reformation to Industrial Revolution. Harmondsworth 1975, S. 144f., Übers. v. J. Rohlfes

a) Erläutern Sie den Standpunkt der beiden Autoren hinsichtlich der Errungenschaften der englischen Revolutionen und versuchen Sie, gemeinsame oder abweichende Urteile zu erklären.
b) In allen Revolutionen der Weltgeschichte hat es Sieger und Verlierer gegeben. Arbeiten Sie die Meinung der beiden Autoren zu der Bilanz der englischen Revolutionen heraus und vergleichen Sie dieses Ergebnis mit dem Ausgang anderer großer Revolutionen.

1. *Vergleichen Sie das England von 1600 mit dem um 1700! Beziehen Sie sich dabei auch auf die „Petition of Right" und die „Bill of Rights".*
2. *Erläutern Sie das Ineinandergreifen politischer, sozialer und religiöser Momente im Verlauf der englischen Revolutionen!*
3. ♦ *Die Leveller empfanden Cromwell als Verräter an der Revolution. Wie beurteilen Sie diesen Vorwurf?*
4. *Für manche Historiker ist 1688/89 ein Rückschritt gegenüber 1641/42. Nehmen Sie dazu Stellung!*
5. *Wie restaurativ war die Restauration?*
6. *Welche Rolle spielten demokratische Ideen im England des 17. Jahrhunderts?*

V. Absolutismus und Großmachtpolitik in Europa

Mit dem Begriff „Absolutismus", der Epoche zwischen dem Dreißigjährigen Krieg und der Französischen Revolution, ist häufig die Vorstellung verbunden, daß die europäischen Monarchen und die deutschen Fürsten eine uneingeschränkte – absolute – Macht gegenüber ihren Untertanen durchsetzten und eine Regierung nach dem Prinzip von Befehl und Gehorsam praktizierten. Angesichts der Vielfalt von historischen, geographischen und wirtschaftlichen Bedingungen in den Reichen und Fürstentümern des Alten Europa ist es die Auffassung neuerer Forschung, daß es „den" Absolutismus gar nicht, sondern nur recht unterschiedliche Ausprägungen dieser Herrschaftsform gegeben hat. Und zum anderen ist zu fragen, ob und in welchem Umfang es im 17. und 18. Jahrhundert überhaupt möglich war, einen „absoluten" Führungsanspruch durchzusetzen. Denn noch nirgendwo gab es die uns heute selbstverständliche staatliche Geschlossenheit nach außen, und es fehlten die technischen Möglichkeiten einer allgegenwärtigen schnellen Kommunikation, eines annähernd gleichmäßigen allgemeinen Bildungssystems oder eines allumfassenden bürokratischen Staatsapparates, mit denen die Regierungen unserer Zeit das Leben ihrer Bürger bestimmen.
Es muß also bei der historischen Betrachtung des Absolutismus darum gehen, an Einzelbeispielen zu zeigen, wieweit einzelne Fürsten im „Trend" ihrer Zeit Staatsmacht in ihrer Hand konzentrieren konnten und damit die Grundlagen für den modernen „allmächtigen" Staat formten oder weiterbildeten.

1661–1715	Ludwig XIV. regiert Frankreich als erster absoluter Herrscher und erkämpft für Frankreich eine Großmachtstellung in Europa.
1689–1725	Zar Peter I. modernisiert Rußland nach westeuropäischem Vorbild und führt sein Land an die Schwelle zu einer Großmachtstellung in Europa.
1740–1786	Friedrich II., der Große, von Preußen begründet seine Stellung als absoluter Monarch mit Gedanken der Aufklärung („aufgeklärter Absolutismus"). In drei Kriegen (1740–1763) erobert er das habsburgische Schlesien für Preußen; dadurch verschafft er Preußen innerhalb des Deutschen Reiches eine mit Österreich gleichberechtigte Stellung und innerhalb Europas den Rang einer Großmacht.

Absolutismus. Der Begriff entstammt der staatsrechtlichen Diskussion des 15. Jahrhunderts. Danach ist der König „losgelöst von den Gesetzen" („legibus absolutus"), d. h. er ist nicht verordnetem („positivem") Recht unterworfen, sondern nur dem göttlichen und natürlichen Recht verpflichtet. Entscheidende Ansätze dieser Staatstheorie wurden im 16. Jahrhundert in Spanien entwickelt und verwirklicht. Im 17. und 18. Jahrhundert verbreitete sich der Absolutismus über Frankreich in ganz Europa. Die Durchsetzung des Absolutismus bedeutete vor allem eine fortschreitende „Verstaatung" aller Lebensbereiche. Die immer unzeitgemäßere Privilegierung des Adels bewirkte im 18. Jahrhundert eine sich verschärfende Systemkrise des Absolutismus. Der Versuch reformbereiter, der Philosophie der Aufklärung huldigender Herrscher, Elemente dieser bürgerlichen Philosophie in die absolutistischen Grundsätze zu integrieren, scheiterte – die Devise „Alles für das Volk" wurde aufgehoben durch die Politik „Nichts durch das Volk". Die radikal auf die Idee der Volkssouveränität zurückgreifenden bürgerlichen Freiheitsbewegungen in Nordamerika und Frankreich zerstörten gegen Ende des 18. Jahrhunderts die gedanklichen und tatsächlichen Fundamente des feudalen Absolutismus.

1. Der „Sonnenkönig" – Ludwig XIV. von Frankreich

Voraussetzungen der Alleinherrschaft

In Frankreich endete 1661 wieder einmal – wie so häufig während der Zeit der Religionskriege im 16. Jahrhundert – die Vormundschaft einer Königinmutter und eines „starken Mannes" über einen minderjährigen König. Der 22jährige Ludwig XIV. erklärte sofort, von nun an allein regieren, d. h. alle wichtigen politischen Entscheidungen in letzter Instanz selber treffen zu wollen. Und er konnte dies, im Gegensatz zu seinen Vorgängern, bis zum Ende seiner langen Regierungszeit (1715) auch tun.

Es ist selbstverständlich, daß diese Machtübernahme nicht allein dem Willen und der Tatkraft des jungen Monarchen zu verdanken war. In Wahrheit errichtete er seine Herrschaft auf Fundamenten, die in dem vorangegangenen Jahrhundert gelegt worden waren:

– Aus der Zeit der Hugenottenkriege und der Regierung Heinrichs IV. stammte die Rechtfertigung eines über den Parteien stehenden starken Königtums, das Frieden, Sicherheit, Ordnung und wirtschaftliche Wohlfahrt garantieren sollte. Kirche und Bürgertum waren zu festen Stützen der Monarchie geworden, wie z. B. bei der Versammlung der Generalstände 1614/15 deutlich wurde, als diese beiden Stände den noch minderjährigen König Ludwig XIII. (1610–1643) gegen den Adel verteidigten (▷ S. 128).

Häufig ist die Tatsache, daß die Generalstände seitdem (bis zum Jahre 1789) nicht wieder zusammentraten, als Selbstaufgabe ständischer Macht eingeschätzt worden; sie zeigt auf jeden Fall, wie gefestigt die Monarchie war, daß sie auch die Regentschaften während der Minderjährigkeit Ludwigs XIII. und später Ludwigs XIV. ohne tiefgehende Beschädigung überstand.

– Mit den Kardinälen Richelieu (1624–1642) und Mazarin (1642–1661) stellten sich zu Beginn des 17. Jahrhunderts zwei zugleich machtbewußte und loyale „Erste Minister" der Krone zur Verfügung. Sie setzten alles daran, Frankreich im Inneren zu festigen (durch Zurückdrängung der ständisch-partikularen Kräfte) und nach außen zu stärken (durch das Bündnis des katholischen Königs von Frankreich mit der protestantischen Krone von Schweden gegen den katholischen Kaiser des Deutschen Reiches). Die Erfolge der französischen Politik im Frieden von Münster

97 Das Ende des Fronde-Aufstandes 1649. Zeitgenössischer Stich, der die Vertreter der drei Stände vor dem noch unmündigen Ludwig XIV. und seiner Mutter zeigt. *Erarbeiten Sie anhand einer genauen Bildbeschreibung, wie der Künstler den politischen Umschwung in Frankreich sieht.*

(▷ S. 58) kamen dem Prestige des Königtums zugute, so daß auch eine breit angelegte bürgerkriegsähnliche Revolte des Adels und der von ihm beherrschten Obergerichte („Parlamente") die Machtkonzentration der Krone nicht aufhalten konnte. Mazarin als Leiter der Regentschaft beendete den „Fronde"-Aufstand (1648–1653) teils mit Waffengewalt, teils mit sozialen und finanziellen Zugeständnissen an den Adel.

„L'Etat c'est moi"

Nach Mazarins Tod verzichtete Ludwig XIV. darauf, einen neuen Ersten Minister zu ernennen und den aus Hochadligen bestehenden Kronrat weiterhin zu berufen; auf das Steuerbewilligungsrecht der Generalstände mußte er keine Rücksicht nehmen, da es seit 1614 ruhte. Ludwig regierte also in alleiniger Machtvollkommenheit, aus seinem Arbeitszimmer, dem „Kabinett". Nach heutigem Sprachgebrauch war der König zugleich Staatsoberhaupt und Premierminister. Seine Regierung bestand aus bürgerlichen Fachministern, die in ihrem Ressort eigenverantwortlich handelten, aber dem König direkt unterstellt waren. Auf den König ausgerichtet wurde auch die übrige Verwaltung. Denn jede Provinz wurde geleitet von einem königlichen „Intendanten" (zumeist bürgerlicher Herkunft), dem der rasch wachsende Behördenapparat gehorchte; der adlige Gouverneur besaß nur noch den Titel (und die Einkünfte). Ferner verfügte der König über eine fast uneingeschränkte Gesetzgebungsgewalt; die Parlamente hatten zwar das Recht, königliche Gesetze in Kraft zu setzen (oder abzulehnen), doch wurde dies als Kampfmittel gegen den König erst gegen Ende des 18. Jahrhunderts verwandt. Und schließlich weitete Ludwig XIV. auch das königliche Vorrecht der Gerichtsbarkeit aus; königliche Gerichtshöfe traten zunehmend an die Stelle adliger oder kirchlicher Gerichte. Für die meisten Franzosen wurde der König zur Verkörperung des Staates; Staatswohl und persönlicher Ruhm des Königs wurden – propagandistisch, aber auch im tatsächlichen Bewußtsein – gleichgesetzt. Die bekannte Devise „L'Etat c'est moi" („Der Staat, das bin ich") ist in dieser Formulierung nicht von Ludwig XIV. benutzt worden, drückt aber sehr genau das Herrschaftsgefühl des Königs und seiner Zeitgenossen aus.

Modernisierung der Armee

Ausdruck der neuen Staatsmacht wurde die Armee in Form eines im 15. Jahrhundert geschaffenen (▷ S. 70) und nun ständig vergrößerten stehenden Heeres („miles perpetuus" in dem gelehrten Sprachgebrauch der Zeit): Nicht mehr Söldnertruppen unter dem Kommando adliger „Kriegsunternehmer" bildeten das Heer, sondern Einheiten, die dem König über die von ihm ernannten Offiziere direkt unterstanden. Die Soldaten wurden überwiegend unter den französischen Untertanen angeworben, waren je nach Truppengattung und Einheit gleichförmig gekleidet und ausgerüstet („uniformiert") und wurden in ihren Garnisonen ständig militärisch „gedrillt". In Manövern wurde die taktische Zusammenarbeit der einzelnen Waffengattungen nach komplizierten „Regeln der Kriegskunst" systematisch geübt. Die Garnisonsstandorte waren vor allem Festungen an den Grenzen; für den Ausbau der Festungen nach einem einheitlichen Grundriß entwickelte Ludwigs langjähriger Baumeister Sébastien de Vauban die zu seiner Zeit fortschrittlichsten Grundsätze. Sie wurden, ebenso wie die Struktur des Heeres, Vorbild für die Fürsten in Europa. Zu den französischen Streitkräften gehörte auch eine rasch vermehrte Kriegsflotte in den Häfen am Atlantik und im Mittelmeer. Sie sollte dem Schutz des Landes dienen, aber auch dem Kampf gegen die benachbarten (und konkurrierenden) Seestaaten England und die Niederlande und dem Erwerb und Schutz französischer Kolonien in Nordamerika und Vorderindien.

Reform der Staatsfinanzen

Voraussetzung für die enormen Militärausgaben waren hinreichende staatliche Einnahmen. Für die Aufgabe, das System der Staatsfinanzen so zu gestalten, daß es von der Mitwirkung der Stände befreit blieb, fand Ludwig XIV. seinen bedeutendsten Minister in Jean Baptiste Colbert. Er vereinigte für mehr als zehn Jahre die Befugnisse eines Finanz- und Wirtschaftsministers und gilt als der Schöpfer eines staatlich gelenkten Finanz- und Wirtschaftssystems („Colbertismus").

Finanzpolitischer Kerngedanke des Systems war es, den „Reichtum des Staates" – d. h. ständige, gesicherte und möglichst wachsende Staatseinnahmen – durch steigende Steuer- und Zolleinkünfte zu garantieren. Die Grundlage des Systems war eine exportorientierte Volkswirtschaft mit Ausfuhrüberschüssen („positive Handelsbilanz"); wegen der Konzentration auf den Handelsverkehr wird diese Form der Staatswirtschaft auch „Merkantilismus" (Kaufmannswirtschaft) genannt.

Wichtigste Voraussetzung für eine positive Handelsbilanz war nach der Überzeugung Colberts die möglichst kostengünstige Produktion und ein möglichst hoher Verkaufspreis der Waren. Damit begründete er ein ganzes Bündel flankierender wirtschaftspolitischer Maßnahmen, die sich auf die Förderung von Manufakturen („Fabriken") konzentrierten. Er erreichte damit einen Innovationsvorsprung, der tatsächlich für mehrere Jahrzehnte Frankreich zur führenden Wirtschaftsmacht in Europa werden ließ und den Ausbau des absolutistischen Regierungssystems ermöglichte. Die Grenzen des Colbertismus zeigten sich, als die europäischen und deutschen Fürsten das Beispiel Frankreichs nachahmten und zum Schutz eigener Manufakturen genau wie der französische Minister hohe Zölle auf die Einfuhr von Fertigwaren und die Ausfuhr von Rohstoffen erhoben (oder derartigen Handel gänzlich verboten). Vor allem aber wurden die Planungen Colberts rasch zunichte gemacht durch die fast ins Unermeßliche wachsenden Ausgaben des Königs für die Kriegführung und die Hofhaltung.

Der „Sonnenkönig"

Eine ganz neu erbaute Residenz Ludwigs XIV. in Versailles wurde zum Sinnbild seiner Herrschaft und des Absolutismus überhaupt. Sie verkörperte architektonisch die von Ludwig selbst bestimmte Devise, als „Sonnenkönig" („Le roi soleil") im Mittelpunkt des Staates zu stehen. Die weitläufige Anlage benötigte eine Bauzeit von knapp 30 Jahren und verschlang etwa 70 Millionen Livres (ungefähr die Summe aller Staatseinnahmen eines Jahres). Sie war so konzipiert, daß die Schlaf- und Arbeitsräume des Königs im Zentrum eines symmetrischen Systems von Vorhöfen und Seitentrakten lag. Der Tageslauf des Königs bestimmte das Leben der rund 20 000 Höflinge, und ebenso war sein Leben – ein „Privatleben" in unserem Sinne gab es nicht – vom Aufstehen bis zum Schlafengehen, vom Kirchgang bis zur Hofjagd, von den vielen Stunden täglicher Schreibtischarbeit bis zu den abendlichen Festen immer zugleich auch eine öffentliche „Schaustellung", ein Stück staatlicher Repräsentation. Die Gunst, dem König bei diesen Gelegenheiten nahe zu sein und von ihm bemerkt zu werden, bedeutete für die Höflinge alles; Ungnade und Verbannung aus Versailles empfanden die meisten von ihnen als das größte Unglück.

Manufakturen. Das wichtigste Instrument merkantilistischer Wirtschaftspolitik, um Produkte möglichst kostengünstig erzeugen zu lassen, war die Förderung von fabrikähnlichen Großwerkstätten. In ihnen wurde zwar immer noch ein erheblicher Teil der Arbeit nicht von Maschinen, sondern von Facharbeitern erledigt („Manu-faktur" = „Hand-Arbeit"), jedoch waren bereits die einzelnen Arbeitsgänge in viele Teilschritte zerlegt, die immer von den gleichen Kräften durchgeführt wurden. Diese Arbeitsteilung ermöglichte es, die Geschwindigkeit und Qualität der Produkte erheblich zu vergrößern und durch große Stückzahlen die Herstellungskosten zu senken. Damit Rohstoffe und Fertigwaren leichter und billiger transportiert werden konnten, wurden Flüsse und Kanäle ausgebaut und Staatsstraßen angelegt; Kolonialerwerb sollte für billige Rohstoffquellen sorgen. Die überwiegende Zahl der Manufakturen wurde von privaten Unternehmern betrieben, aber aus der Staatskasse mit Gründungszuschüssen, rechtlichen Privilegien und Steuervergünstigungen subventioniert; sie stellten vorwiegend Luxusgüter her (z. B. Spiegel, edle Stoffe, Gobelins, Spielkarten u. ä.). In direkter Regie der Krone wurde neben den Uniformen und Waffen für die Armee vor allem das kostbare neue Porzellan hergestellt. Hauptleidtragende des Systems waren die Bauern, die Getreide nur zu festgesetzten Höchstpreisen verkaufen durften: Die Arbeiter in den Manufakturen sollten billiges Brot kaufen können, damit man ihnen niedrige Löhne zahlen konnte.

98 Gedenkmünze des Sonnenkönigs aus dem Jahre 1674. Die Umschrift „nec pluribus impar" läßt sich nur frei übersetzen: Alles andere überragend.
Deuten Sie die Symbolik der Münze im Hinblick auf das Selbstverständnis absolutistischen Herrschertums.

„Ein Glaube, ein Gesetz, ein König"?

So war das Hofleben auch ein Mittel, die Alleinherrschaft gegen Machtansprüche des Adels zu sichern. Für unsere Vorstellungen unfaßbar schnell hat sich der Hochadel daran gewöhnt, den Hofdienst als Ehrenpflicht anzusehen und die immensen Ausgaben dafür teilweise aus der königlichen Kasse erstattet zu bekommen. Ähnliche Ehren-Vorzugsstellungen waren die gut bezahlten, aber funktionslosen Ämter als Provinzgouverneur oder Parlamentspräsident. Dem Adel insgesamt war die überwiegende Zahl der Offiziersstellen vorbehalten. Als Grundherren hatten die Adligen weitgehende feudale Rechte einschließlich der niederen Gerichtsbarkeit gegenüber den ihnen untergebenen Bauern. Und zusammen mit dem Klerus war der Adel fast vollständig von den direkten Steuern befreit.
Diese Privilegien, die den Verlust der politischen Macht ausgleichen sollten, bewirkten eine deutliche soziale Ungleichheit, und auch in anderen Bereichen war der Staat Ludwigs XIV. anders als einer der einheitlichen Nationalstaaten unserer Zeit. Denn die zentrale königliche Verwaltung, Rechtsprechung und Wirtschaftslenkung war in der Realität immer wieder durchbrochen durch Kompromisse, die historische, regionale oder soziale Sonderrechte berücksichtigten. So bestanden sogar weiterhin Zoll-Binnengrenzen zwischen dem Norden des Königreichs und dem südlichen Langue d'Oc.
In einem Punkt aber setzte Ludwig XIV. mit größter Unnachgiebigkeit die Zentralisierung durch, die sich in der Devise „Ein Glaube, ein Gesetz, ein König" manifestierte: in der Frage der Glaubenseinheit. Im Jahre 1685 hob er das Edikt von Nantes (▷ S. 71) auf und machte Frankreich gewaltsam wieder zu einem katholischen Land. Viele Tausende von Hugenotten entzogen sich der Zwangstaufe durch die Flucht ins Ausland, vor allem in die Territorien des Deutschen Reiches. Als wirtschaftlich aktive und kundige Neubürger waren sie dort hochwillkommen; die französische Wirtschaft dagegen wurde durch die Massenflucht schwer geschädigt.

Frankreich – Führungsmacht Europas?

Unnachgiebig und ohne Rücksicht auf die Kosten verfolgte Ludwig XIV. auch seine außenpolitischen Ziele, Frankreich nach Osten bis an den Rhein auszudehnen, dabei die Wirtschaftskonkurrenz der Niederländer auszuschalten und vor allem die Macht der deutschen und spanischen Habsburger zu schwächen. Auf diese Weise sollte Frankreich die politische Vormachtstellung („Hegemonie") in Europa errei-

chen. Zwischen 1667 und 1713 entfesselte er vier langjährige Kriege (allein der letzte dauerte 12 Jahre), in denen er angebliche Erbansprüche der französischen Ostgrenze und in Spanien durchsetzen wollte. Vor allem die Niederlande und der Westen des Deutschen Reiches wurden schwer verwüstet, viele Tausende von Soldaten, die von deutschen und europäischen Fürsten in wechselnden Koalitionen gegen die französischen Truppen ins Feld geschickt wurden, mußten ihr Leben lassen.
Trotzdem erreichte Ludwig – um den Preis eines riesigen Haushaltsdefizits – nur verhältnismäßig geringe Gebietsgewinne in Flandern, Lothringen und im Elsaß; sein Hegemonialanspruch scheiterte vor allem am Widerstand der britischen Regierungen, die den Grundsatz eines „Gleichgewichts der Kräfte" in Europa propagierten.
Allerdings wurde das Frankreich Ludwigs XIV. zur unbestrittenen geistigen Führungsmacht in Europa: Französisch war die Sprache der Diplomaten und Gebildeten, französische Malerei, Musik, Dichtkunst und Mode wurden stilbildend; der Absolutismus als Staats- und Regierungsform, der Merkantilismus als derzeit fortschrittlichste Wirtschaftsform und das Hofleben von Versailles wurden Leitbilder für viele Fürsten in Europa und im Deutschen Reich.

99 „Der König ist absolut"

a) Jacques Béninge Bossuet, Bischof von Meaux, war von Ludwig XIV. beauftragt worden, die Erziehung des Thronfolgers zu leiten. Dafür verfaßte er 1682 eine Schrift mit dem Titel „Politique tirée des propres paroles de l'Ecriture Sainte" (Politik, abgeleitet unmittelbar aus den Worten der Heiligen Schrift). Darin heißt es in Buch II u. a.:

Die Monarchie ist die älteste und naturgemäßeste Staatsform, denn sie ist aus der väterlichen Gewalt hervorgegangen. Alle Menschen werden als Untertanen geboren, und schon die Herrschaft des Vaters, in dessen Gehorsam sie aufwachsen, gewöhnt sie, nur ein Oberhaupt zu verehren. [Daraus folgt:]
1. Satz: Der Fürst ist niemand Rechenschaft schuldig von dem, was er anordnet. Ohne diese bedingungslose Autorität kann er das Gute nicht tun und das Böse nicht beseitigen. Seine Gewalt muß so groß sein, daß niemand sich ihr entziehen kann. Die einzige Zuflucht des Bürgers vor der öffentlichen Gewalt ist seine Unschuld.
2. Satz: Hat der Fürst gesprochen, so gibt es kein anderes Urteil. Man muß dem Fürsten gleichwie der Gerechtigkeit selbst gehorchen, sonst kann Ordnung und eine Ende der Streitigkeiten nicht entstehen. Denn er ist von Gott und sozusagen ein Stück der göttlichen Unabhängigkeit. Gott allein kann über seine Entscheidungen befinden und seine Person richten. Wer daher dem Fürsten den Gehorsam verweigert, hat gar keinen Anspruch, einem anderen Richter zugeführt zu werden, vielmehr wird er ohne Gnade zum Tode verdammt als ein Friedensstörer und Feind der menschlichen Gesellschaft.
3. Satz: Es gibt keine Gewaltausübung gegen den Fürsten. Gewaltausübung bedeutet eine Macht, die rechtmäßig ergangene Befehle vollstreckt. Rechtmäßige Befehle aber vermag nur der Fürst zu geben. Somit gebührt ihm allein die Gewaltausübung. Ihm allein obliegt die allgemeine Volkswohlfahrt. Und aus dieser wichtigen Befugnis folgt alles übrige: Er teilt die öffentlichen Arbeiten aus, er verfügt über Ämter und Waffen, er vollzieht Erlasse und Befehle, er bestimmt Ehrungen. Wo Macht erscheint, hängt sie von ihm ab, und so ist auch keine Versammlung ohne seinen Vorsitz.
4. Satz: Das bedeutet aber nicht, der Fürst wäre von den Gesetzen befreit. Er ist gleich allen anderen Recht und Gesetz unterworfen, ja er vor allen soll gerecht sein und seinem Volk ein Beispiel in Erfüllung der Gesetze geben. Aber den Strafen der Gesetze ist er nicht unterworfen.

Jacques-Bénigne Bossuet, Oeuvres complètes, La Politique tirée des propres paroles de l'Ecriture Sainte, Bd. 23 u. 24, Paris 1862, zit. nach: Ricardo Krebs, Der europäische Absolutismus, Stuttgart 4. Aufl. 1975, S. 25 f.

b) Kardinal Richelieu, 1624–1642 Erster Minister Ludwigs XIII. (▷ S. 72), schreibt in seinem „Politischen Testament", einer 1629–1638 abgefaßten Aufzeichnung seiner politischen Grundsätze:

Die öffentlichen Interessen müssen das einzige Ziel des Fürsten und seiner Minister sein, oder sie beide müssen sie sich wenigstens so angelegen sein lassen, daß sie sie allen Sonderinteressen vorziehen. Es ist unmöglich, das Gute zu begreifen, das ein Fürst und die, deren er sich bei seinen Angelegenheiten bedient, tun können, wenn sie gewissenhaft diesem Grundsatz folgen, und man kann sich nicht das Übel vorstellen, das einem Staat zustößt, wenn man die Sonderinteressen den öffentlichen vorzieht, und wenn die letzteren durch die ersteren bestimmt werden. Die wahre Philosophie, das christliche Gesetz und die Politik lehren so klar diese Wahrheit, daß die Minister eines Fürsten diesem nicht zu oft ein so nötiges Prinzip vor Augen führen und auch der Fürst nicht streng genug diejenigen Minister strafen kann, die elend genug sind, nicht danach zu handeln [. . .].

Da die Macht eines der notwendigsten Erfordernisse für die Größe der Könige und für ihre glückliche Regierung ist, so sind die Staatsminister in ganz besonderer Weise verpflichtet, alles aufzubieten, die Autorität ihres Herrn so zu erheben, daß er bei aller Welt in höchstem Ansehen steht [. . .].

Die Macht, die Fürsten mit Liebe fürchten und hochschätzen läßt, hat mehrere verschiedene Gattungen. Sie ist einem Baum gleich mit vier verschiedenen Zweigen, die alle ihre Nahrung und Substanz aus ein und derselben Wurzel ziehen: der Fürst muß mächtig durch seine Reputation sein; durch eine der Räson entsprechende Anzahl von ständig unterhaltenen Kriegsleuten; durch ein genügendes Einkommen zur Deckung der ordentlichen Ausgaben, wie durch eine beträchtliche Geldsumme in seinen Schränken für unvorhergesehene überraschende Gelegenheiten; schließlich dadurch, daß er das Herz seiner Untertanen besitzt [. . .].

Wenn es stimmt, daß die monarchische Regierung mehr der Gottes entspricht, als irgendeine andere, wenn alle geistlichen und weltlichen Staatsmänner lehren, daß diese Art von Herrschaft alle die Arten übertrifft, die je praktiziert worden sind, wenn der Herrscher selbst nicht immer seine Augen auf die Karte oder den Schiffskompaß richten will, dann verlangt es der Verstand, daß er diese besondere Aufgabe einem überträgt, der über allen anderen steht [. . .].

Richelieu, Politisches Testament, Berlin 1926, S. 170, 196 f.

c) König Ludwig XIV. verfaßte für seine Nachfolger eine Schrift mit Erfahrungsregeln für die Ausübung der Herrschaft, die unter dem Titel „Memoiren" veröffentlicht wurde. Darin heißt es:

Ich begann meine eigene Regierung damit, daß ich die vier Staatssekretäre nichts mehr unterzeichnen ließ, worüber sie mit mir nicht vorher gesprochen hatten. Ebenso stand es mit dem Finanzintendanten, und es wurde in seinem Bereiche nichts vorgenommen, was nicht in einem Hauptbuche verzeichnet wurde, das mir zugleich mit einem kurzen Auszug zuging und aus dem ich in jedem Augenblick eine klare Übersicht über die Staatsgelder, über die geleisteten oder noch zu leistenden Staatsausgaben gewinnen konnte. Ein gleicher Befehl ging an den Kanzler [Leiter der Kanzlei]. Jedes Schriftstück, das versiegelt von ihm ausging, mußte meine Zustimmung gefunden haben [. . .].

Im zehnten Jahr verfolge ich jetzt, wie mir scheint, ziemlich standhaft den gleichen Weg, und mein Fleiß ist immer noch der gleiche geblieben. Ich bin über alles unterrichtet, ich leihe dem geringsten meiner Untertanen Gehör, ich kenne zu jeder Stunde die Zahl und den Wert meiner Truppen, den Zustand meiner befestigten Plätze. Ich treffe dauernd meine Anordnungen für alle Bedürfnisse der Truppe, ich verhandele direkt mit den fremden Gesandten, ich empfange und lese die Depeschen [Berichte der frz. Gesandten), ich verfasse selbst einen Teil der Antworten und erkläre bei den übrigen meinen Sekretären kurz den Inhalt des Antwortschreibens. Ich regele selbst Einnahmen und Ausgaben des Staates, ich lasse mir von den Männern, denen ich wichtige Posten anvertraut habe, direkt Rechenschaft ablegen. Ich halte meine Angelegenheiten so geheim, wie es nur irgend jemand vor mir getan hat, ich verteile Gnadenbezeigungen nach meiner eigenen freien Wahl, und doch halte ich, wenn ich mich nicht täusche, meine Diener, mögen sie auch für sich und die Ihrigen mit Wohltaten überhäuft sein, in einer bescheidenen Stellung, die weit von den hohen Machtbefugnissen eines Premierministers entfernt ist [. . .].

Die zu große Machtstellung der Parlamente [Obergerichte] war während meiner Minderjährigkeit dem ganzen Königreiche gefährlich geworden [. . .]. Es darf nicht wieder so werden wie im vergangenen Jahrhundert, als es zum Begriff der richterlichen Unbestechlichkeit zu gehören schien, dem Louvre [Königspalast in Paris] fernzubleiben, und dies etwa nicht aus Böswilligkeit, sondern aus einem falschverstandenen Freiheitsbegriff heraus, aus der Vorstellung vom Volke im Gegensatz zum Fürsten. Sie machten sich zu Verteidigern dieser angeblichen

Volksrechte, ohne zu bedenken, daß es hier nicht zwei Interessen, sondern nur *eines* geben kann, daß die Ruhe der Untertanen nur durch ihre Unterwerfung unter den Willen des Fürsten gewährt werden kann, daß es stets ein geringeres Übel für das Volk bedeutet, wenn es eine schlechte Regierung erträgt, als wenn es sie unter seine Kontrolle nimmt. Denn über die Könige ist Gott allein Richter, und wenn sie gegen das allgemeine Gesetz zu verstoßen scheinen, so beruht ihr Handeln zumeist auf der Staatsraison, die, wie allgemein zugegeben wird, das höchste aller Gesetze ist; aber sie ist zugleich für alle diejenigen, die nicht regieren, das am wenigsten bekannte und dunkelste Gesetz [. . .]. Schließlich, mein Sohn, müssen wir das Wohl unserer Untertanen weit mehr im Auge behalten als unser eigenes. Man kann sagen, daß sie ein Teil unserer eigenen Person sind; wir sind gleichsam das Haupt des Körpers, dessen Glieder sie sind. Wenn wir ihnen Gesetze geben, so geschieht dies nur zu ihrem eigenen Nutzen; die Macht, die wir über sie haben, darf uns nur dazu dienen, mit um so größerem Eifer für ihren Wohlstand zu arbeiten.

Ludwig XIV., Memoiren, hg. von Leopold Steinfeld, Basel 1931, zit. nach: Volker Dotterweich, u. a. (Hg.), Grundriß der Geschichte, Dokumente Bd. 1, Stuttgart 1985, S. 118 f.

a) Erarbeiten Sie die in den Texten gegebenen Begründungen für das absolute Königtum in Frankreich, indem Sie die Grundlagen und Kompetenzen der drei Staatsgewalten (Legislative, Exekutive, Jurisdiktion) untersuchen.
b) Stellen Sie die Konsequenzen für die praktische Umsetzung dieser Gedanken zusammen.

100 Theorie des „Colbertismus". Am 3. August 1664 verfaßte Jean Baptiste Colbert, seit 1661 für über zehn Jahre zugleich Finanz-, Wirtschafts- und Marineminister, eine Denkschrift für das erste vom König abgehaltene „Conseil de Commerce", eine Art von wirtschaftlichem Sachverständigenrat, und schrieb darin u. a.:

Ich glaube, man wird ohne weiteres in dem Grundsatz einig sein, daß es einzig und allein der Reichtum an Geld ist, der die Unterschiede an Größe und Macht zwischen den Staaten begründet. Was dies betrifft, so ist es sicher, daß alljährlich einheimische Erzeugnisse [. . .] für den Verbrauch im Ausland im Wert von 12 bis 18 Millionen Livres hinausgehen. Das sind die Goldminen unseres Königreiches, um deren Erhalt wir uns sorgfältig bemühen müssen [. . .]. Je mehr wir die Handelsgewinne, die die Holländer den Untertanen des Königs abnehmen, und den Konsum der von ihnen eingeführten Waren verringern können, desto mehr vergrößern wir die Menge des hereinströmenden Bargeldes und vermehren wir die Macht, Größe und Wohlhabenheit des Staates. Denselben Schluß können wir hinsichtlich des Zwischenhandels ziehen, d. h. derjenigen Waren, die wir aus Ost- und Westindien holen und nach Nordeuropa bringen können, von wo wir die zum Schiffbau nötigen Materialien selber heranführen können, worauf zum anderen Teil Größe und Macht des Staates beruhen. Außer den Vorteilen, die die Einfuhr einer größeren Menge Bargeld in das Königreich mit sich bringt, wird sicherlich durch [. . .] Manufakturen eine Million zur Zeit arbeitsloser Menschen ihren Lebensunterhalt gewinnen. Eine ebenso beträchtliche Anzahl wird in der Schifffahrt und in den Seehäfen Verdienste finden, und die fast unbegrenzte Vermehrung der Schiffe wird im gleichen Verhältnis Größe und Macht des Staates vermehren. Dies sind die Ziele, nach denen der König meines Erachtens aus guter Gesinnung und Liebe zu seinem Volk streben sollte.

Jean Baptiste Colbert, Lettres, Instruction et Mémoires, Bd. II,1, Paris 1863, S. 263, 266 ff., zit. nach: Geschichte in Quellen, Bd. III, Renaissance, Glaubenskämpfe, Absolutismus, bearb. von Fritz Dickmann, München 1966, S. 448

a) Erarbeiten Sie Ziele und Mittel der von Colbert geforderten Wirtschaftspolitik.
b) Leiten Sie die hier geforderte Finanzpolitik aus den Ansprüchen des absoluten Königtums her (▷ M 99 a–c).

101 „Die Truckene Trunckenheit“ – Kupferstich des 17. Jahrhunderts gegen das Tabakrauchen.
Erläutern Sie, inwieweit und warum hinter dem scheinbar gesundheitspolitischen Appell gegen das Rauchen wirtschaftspolitische Ziele zu sehen sind.

102 Die Praxis staatlicher Wirtschaftspolitik

a) Der venetianische Gesandte in Frankreich, Giustiniani, äußert sich am Ende der 1660er Jahre folgendermaßen:

M. Colbert [...] unterläßt nichts, um in Frankreich die Industrien der anderen Länder heimisch zu machen. [...] Er versucht auf englische Art die französischen Rinderhäute zu gerben, damit sie denselben Nutzen gewähren wie die englischen Felle und sie ersetzen. Holland hat man die Art der Tuchmacherei entlehnt, wie auch den Käse, die Butter und andere Besonderheiten. Deutschland hat man die Hutmacherei und die Fabrikation des Weißblechs und viele andere industrielle Arbeiten abgesehen, Italien die Spitzen und die Spiegel. Fünf- oder sechstausend Frauen arbeiten hier in der Mehrzahl der Provinzen verteilt, und viele Werkmeisterinnen aus Venedig sind hierher gekommen [...]. Das Beste, was man in allen Weltteilen hat, stellt man jetzt in Frankreich her, und so groß ist die Beliebtheit dieser Erzeugnisse, daß von allen Seiten Bestellungen einlaufen [...]. Um ein lästiges Wechseln zu vermeiden, muß man Geld in das Königreich schikken zu völliger Befriedigung der Wünsche Colberts, der nur danach trachtet, die anderen Staaten dessen zu berauben, um Frankreich damit zu bereichern.

Otto Tschirch (Hg.), Zeitalter des Absolutismus I, 4. Aufl. Leipzig 1930, S. 14

b) Die Arbeit in einer Spiegelmanufaktur um die Mitte des 18. Jahrhunderts wird von einem kritischen Beobachter folgendermaßen beschrieben:

Wer zählt die bitterlichen Seufzer, welche so vielen Arbeitern von jenen Spiegeln entrissen werden, die wir als hauptsächlichen Luxus unserer Wohnungen überall anbringen? Man möge mit mir die Werkstätten besuchen, wo der Mensch Arbeiten verrichtet, zu denen ihn kein Tyrann verurteilen würde. Die Halle überrascht durch ihre Größe und die vielen Räder und Schleifsteine, welche mehr als vierhundert Arbeiter – in Reihen nebeneinander stehend – zum Polieren auf den Spiegeln kreiseln lassen. Man bewundert die Ordnung und Symmetrie des Ganzen; aber bald wird auch das verhärtetste Gemüt von Teilnahme und Mitleid erfaßt angesichts der lärmend in Bewegung gesetzten Räder, der Plackerei und schrecklich anzusehenden Gliederverrenkung des Arbeiters, der sich keuchend, stöhnend und schwitzend damit abplagt, einer aus Sand gewonnenen Glasmasse Glanz und Durchsichtigkeit zu verleihen [...]. Hier ist auch der Ort, von den Gefahren zu sprechen, die den Arbeitern beim Auflegen der Spiegelfolie drohen. Sie müssen jedesmal den Atem anhalten, weil sonst das unmerklich verdampfende Quecksilber [...] in den Körper eindringt. Um seine Wirkung wenigstens teilweise abzuschwächen, müssen sie jedesmal Hände, Mund und Augen mit frischem Wasser waschen und solches auch durch die Nasenlöcher einziehen. Trotz dieser Vorsichtsmaßnahmen werden bald alle Glieder von einem ständigen Zittern erfaßt [...]. Hat ein Arbeiter das Pech, einen Spiegel zu zerbrechen, so begradigt man die Stücke und zieht ihm den Minderwert vom Lohn ab. Welch unbarmherziges Kalkül! [. . .] Die Manufaktur besitzt ein Exklusiv-Privileg. Sie verdient Millionen, denn heutzutage werden zur Ausschmückung eines Schlosses kaltblütig Spiegel im Wert von fünfzigtausend Talern aufgewendet.

Louis Sébastian Mercier, Paris am Vorabend der Revolution, übers. von Günter Metken, Karlsruhe 1967, S. 118ff., zit. nach: Hermann de Buhr, Die Entstehung des modernen Staates im Absolutismus, Frankfurt a. M. 1975, S. 36

a) Stellen Sie die Wirklichkeit des Manufakturwesens und die Probleme der frühen „Industrialisierung" dar.
b) Überlegen Sie, ob hinter der kritischen Beschreibung der tatsächlichen Zustände eine grundsätzliche Kritik an der bestehenden Staats- und Wirtschaftsordnung steht.

103 Am Hofe des „Sonnenkönigs" in Versailles: Der König hat kein „Privatleben". Louis Herzog von Saint-Simon (1675–1755) lebte seit 1691 am Hofe von Versailles und beobachtete das Hofleben äußerst kritisch. So schreibt er in seinen Memoiren über das morgendliche Aufstehen („Lever") Ludwigs XIV.:

Der König ist gehalten, eine ganze Aristokratie zu beschäftigen; daher muß er sich fortwährend zeigen und seine Person zur Schau tragen, selbst während der intimsten Momente, selbst beim Verlassen des Bettes, sogar im Bette selbst. Des Morgens weckt ihn der erste Kammerdiener zu der von ihm bestimmten Stunde, und der Reihe nach treten fünf Gruppen von Leuten ein, um ihre Aufwartung zu machen. Zuweilen sind die geräumigen Wartesäle nicht genügend, die Menge der Höflinge zu fassen. Zuerst kommt die „vertrauliche Gruppe" [entrée familière] bestehend aus den königlichen Kindern, den Prinzen und Prinzessinnen von Geblüt, dem ersten Arzt, dem ersten Chirurgen und anderen nützlichen Personen. Dann folgt die „große Gruppe" [grandes entrée]; dabei befinden sich der Großkämmerer, der Großmeister und der Meister der Garderobe, die Kammer-Edelleute, [. . .] und verschiedene Diener. Man gießt dem König aus einer vergoldeten Schale Franzbranntwein auf die Hände und reicht ihm den Weihkessel [Gefäß mit Weihwasser]; er bekreuzigt sich und betet. Dann erhebt er sich vor der ganzen Gesellschaft aus dem Bette, zieht die Pantoffeln und den ihm vom Großkämmerer und vom ersten Kammer-Edelmann gereichten Schlafrock an und setzt sich auf den Ankleidesessel. In diesem Augenblick wird die dritte Gruppe hereingelassen (entrée des brevets], die teils aus Günstlingen, teils aus einer Menge von Dienstleuten [. . .] zusammengesetzt ist. Auch die Nachtstuhlinspektoren fehlen nicht [. . .]. Im Moment, da man den König anzukleiden beginnt, nähert sich diesem der [. . .] erste Kammer-Edelmann und nennt ihm die Namen der vor der Tür wartenden Edlen. Diese treten als vierte Gruppe [entrée de la chambre] ein, die zahlreicher ist als die vorhergehenden [. . .]. Der König wäscht sich die Hände und entkleidet sich allmählich. Zwei Pagen ziehen ihm die Pantoffeln aus; das Hemd wird beim rechten Ärmel vom Großmeister der Garderobe, beim linken vom Diener der Garderobe entfernt und einem anderen Garderobe-Beamten übergeben, während noch ein anderer Garderobe-Diener das frische Hemd [. . .] herbeibringt. In diesem feierlichen Augenblick, dem Gipfelpunkt der Handlung, wird die fünfte Gruppe eingelassen, die alles umfaßt, was bisher fehlte [. . .]. Endlich ist das Hemd überreicht – ein Diener entfernt das alte; der erste Kammerdiener ergreift den rechten, der erste Diener der Garderobe den linken Ärmel, während zwei andere Diener den Schlafrock als Vorhang vorhalten, bis das Hemd festsitzt. [Die übrigen Kleidungsstücke werden einem ähnlichen Zeremoniell unterworfen]. Nach alldem erteilt jener [der König] Tagesbefehle [. . .].

Hippolyte Taine, Die Entstehung des modernen Frankreich, Bd. 1, bearb. von L. Katscher, Leipzig 1893, S. 148ff., zit. nach: Wolfgang Kleinknecht/Herbert Krieger, Handbuch des Geschichtsunterrichts, Bd. IV: Die Neuzeit. Materialien für den Geschichtsunterricht, 4. neubearb. Aufl., Frankfurt a. M. 1978, S. 129f.

a) Beschreiben und diskutieren Sie die Funktion des geschilderten Zeremoniells, indem Sie den Bericht mit der Selbsteinschätzung des Königs vergleichen.
b) Der Berichterstatter gilt als Kritiker des Absolutismus. Prüfen Sie, in welcher Weise in diesem Text auch das Problem der „Korrumpierbarkeit von Eliten" angesprochen wird.

104 „Das wahre Gesicht des Absolutismus". Karikatur des Engländers William Makepeace Thackeray (1811–1863), veröffentlicht 1840. Unter der Karikatur steht (von links nach rechts): „Rex", „Ludovicus", „Ludovicus Rex".
Analysieren Sie, in welcher Weise und mit welchem Ziel sich Thackeray mit dem Staatsporträt Ludwig XIV. auseinandersetzt (▷ Umschlag).

105 Außenpolitik Ludwigs XIV.

a) Nach einer Folge langer, blutiger Kriege zur Erweiterung des französischen Staatsgebietes faßte Vauban um 1700 die wünschenswerten Ziele französischer Außenpolitik folgendermaßen zusammen:

Alle ehrgeizigen Wünsche Frankreichs sollen sich zwischen den Gipfeln der Alpen und den Gipfeln der Pyrenäen, zwischen der Schweiz und den beiden Meeren bewegen; dort soll es sich bestreben, auf legitimem Wege je nach Zeit und Gelegenheit seine Grenzen zu errichten. Folglich müßte es sich Genf, Savoyen und die Grafschaft Nizza eingliedern, ebenso Lothringen, das Herzogtum Zweibrücken, das Fürstentum Montbéliard, die Pfalz, das Erzbistum Trier und Mainz und Köln mit den Gebieten diesseits des Rheins, die Herzogtümer Cleve und Jülich, das Land von Lüttich und endlich den Rest der katholischen Niederlande einschließlich Flanderns und des holländischen Brabant. Auf diese Länder sollte Frankreich seine Ambitionen beschränken. Und falls die ganze übrige Christenheit sich ihm unterwerfen wollte, sollte Frankreich, wenn es seine Ruhe und Sicherheit liebt, diesen Erwerb, der ihm nur eine Last werden kann, niemals annehmen; denn es kommt ihm nicht zu, weder in Italien noch jenseits des Rheins oder der Pyrenäen einen Zollbreit Boden zu besitzen.

Vauban, Intérêt présent des Etats de la Chrétienté, in: Werner Hahlweg (Hg.), Klassiker der Kriegskunst, Darmstadt 1960, S. 155/156, zit. nach: R. Krebs, a. a. O., S. 5

b) In einer 1702 erschienenen Schrift mit dem Titel „Die verarmte Subtilität von Frankreich" wird unter dem Abschnitt „Wie Frankreich zum Kriege verfallet und sehr geldarm und von Volk entblößt wird" folgendes festgestellt:

Bei so einem herrschsüchtigen Gemüthe, wie daß von Ludovico dem XIV. ist, schiene es wohl anders nicht müglich, als daß die Benachbarten an ihme einen gefährlichen Feind haben, und dieser König zu großem Blutvergießen Ursach geben wurde, wozu er das Zeichen auf die Welt gebracht hat; indem er mit zweyen Zähnen gebohren worden, als eine Vorbedeutung, daß mit einem Zahn er seine, und mit dem anderen, fremde Völker verzehren solte [. . .]. Die von selbiger Zeit an geführten Kriege sind auch noch gar in frischem Gedächtnis, gegenwärtiger [der Spanische Erbfolgekrieg 1701–1713/14] aber scheinet der hefftigste von allen zu werden, und von Franckreich Rechnung von so vielem unschuldig vergossenem Christenblut abzufordern; Dann nicht allein die Französische Finanzen; sondern auch das ganze Reich in seinen drey Ständen, ist ganz erschöpft. Die Geistlichkeit ist matt, der Adel verderbt, und am Bettelstab, der Burger hat das Brot nicht, und der Bauer ist geschunden. Kurz um: in Franckreich ist Schmahlhans Kuche-Meister, und wird versichert, zwar von denen dies es wohl wissen wollen, daß die unter Ludwig dem XIV. geführte Kriege, der Schiff-Bau und die Fortificationes, die Verräthereyen und das Divide [Verteilen von Bestechungsgeldern] unter frembden Potentaten, Franckreich mehr, als um fünfzehnhundert Millionen Gulden geschwächt haben, die auser Lands geblieben, und nicht mehr zurück kommen. Nicht weniger ist die beste Mannschaft von Franckreich aufgerieben, daß die Marckt-Flecken und Dörffer ziemlich öde aussehen, und fast alles von junger Mannschaft lähr ist.

R. Krebs, a.a.O., S. 88f.

a) Skizzieren Sie Ziele und Mittel der französischen Außenpolitik.
b) Setzen Sie sich mit dem Urteil des Textes M 105b auseinander, indem Sie auf die Ziele der königlichen Politik (▷ M 99) zurückgreifen.

106 **Frankreich am Ende des 17. Jahrhunderts.** 1698 verfaßte der königliche Festungsbaumeister Vauban eine Schrift, in der er auf die soziale und politische Lage seines Landes hinwies:

[Ich] bin zu der Wahrnehmung gelangt, daß in der letzten Zeit fast ein Zehntel der Bevölkerung an den Bettelstab gelangt ist und sich tatsächlich durch Betteln erhält; daß von den übrigen neun Zehnteln fünf nicht in der Lage sind, das erste Zehntel durch Almosen zu unterstützen, weil sie selber diesem Elendszustand um Haaresbreite nahe sind. Von den verbleibenden vier Zehnteln sind drei außerordentlich schlecht gestellt und von Schulden und Prozessen bedrängt. In dem zehnten Zehntel, zu dem ich alle Angehörigen des Schwert- und Amtsadels [...], Geistliche wie Laien, den ganzen Hochadel, den besseren Adel [...], die Inhaber militärischer und ziviler Chargen [Staatsämter], die Großkaufleute, die wohlhabendsten und von ihren Renten [Pachterträgen aus Grundbesitz] lebenden Bürger rechne, gibt es keine hunderttausend Familien, mit denen man rechnen könnte, und ich glaube mich nicht zu irren, wenn ich sage, daß es keine zehntausend geringe oder große Familien gibt, von denen man sagen könnte, daß es ihnen wirklich gut geht [...].
Ich fühle mich bei Ehre und Gewissen verpflichtet, Seiner Majestät vorzutragen, daß man nach meinem Eindruck in Frankreich von jeher nicht genug Rücksicht auf das niedere Volk genommen [...] hat. Daher ist es denn auch die am meisten ruinierte und elendste Schicht im Königreich, andererseits aber durch seine Zahl und durch die wirklichen und nützlichen Dienste, die es dem Staat leistet, die bedeutendste Schicht. Denn das Volk ist es, das alle Lasten trägt, das immer am meisten gelitten hat und noch leidet [...]. Die Einkünfte von Privatpersonen fließen aus dem Boden, dem Handel, der Industrie; die wahren Grundlagen der Einkünfte der Könige sind die Menschen selber: Von ihnen beziehen sie ja nicht nur ihre gesamten Einnahmen, sondern über sie verfügen sie auch in allen anderen Angelegenheiten. Die Menschen sind es, die ihr Geld hergeben, die [...] sich allen möglichen Gefahren aussetzen, um Güter und Leben ihres Herrschers zu schützen, die Kopf, Arm und Glieder zu seinem Dienst verwenden, ja nicht einmal heiraten und Kinder zeugen können, ohne daß der Fürst einen Vorteil davon hat, denn er gewinnt ja dabei ebenso viele neue Untertanen [...]. Dieses Kapital gilt es sorgfältig zu behandeln und sein Anwachsen mit allen gesetzlichen Mitteln zu fördern [...].

Sébastien de Vauban, Projet d'une Dixieme Royale, Paris 1933, zit. nach: F. Dickmann, Geschichte in Quellen, Bd. III, S. 460f., 463

a) Vergleichen Sie Vaubans Definition von „Reichtum" mit der Colberts (M 100).
b) Überlegen Sie, ausgehend von Ihren Erkenntnissen zu den Texten M 99a, b, welche Aussichten dafür bestanden, daß Vaubans Denkschrift vor die Augen des Königs gelangte und von diesem ernst genommen wurde.

2. Autokratie und Reformen – Peter I., Zar von Rußland

St. Petersburg – eine neue Hauptstadt in Europa

Im Jahre 1703 befahl der russische Zar Peter I. (1672–1725, Zar seit 1682, Alleinherrscher seit 1689), in der Niederung der Newa-Mündung eine neue Hauptstadt für sein Reich zu erbauen. Bis zu 40 000 Zwangsarbeiter jährlich wurden in den nächsten zwanzig Jahren eingesetzt, um die Stadt im wahrsten Sinne des Wortes „aus dem Boden zu stampfen": Ähnlich wie in Venedig mußten alle Fundamente mit Pfählen in den sumpfigen Boden gegründet werden. Viele tausend Arbeiter starben an Krankheiten und Mangelernährung. Um eine rasche Besiedlung der Stadt durchzusetzen, odnete der Zar an, daß die Großen des Hofes dort Steinhäuser zu errichten hätten, und deshalb durfte jahrelang in anderen Städten nur mit Holz gebaut werden. Als Zar Peter starb, hatte er die neue Hauptstadt so weit gefördert, daß sie einer der attraktivsten Regierungssitze in Europa wurde („Venedig des Nordens"); die von ihm begründete Stadtarchitektur ist auch heute, nachdem die Zerstörungen des Zweiten Weltkriegs beseitigt sind, einer der Hauptanziehungspunkte für Rußlandreisende.

Symbol und Regierungsprogramm

Im Bewußtsein des Zaren wie seiner aufgeklärten Zeitgenossen war die Stadtgründung ein „Regierungsprogramm" mit vielfältigem Symbolcharakter:

– Die Verlegung der Hauptstadt war eine Absage an den alten Regierungssitz Moskau, das historische Zentrum des moskowitischen Reiches. Die Stadt sollte

107 Territoriale Ausdehnung Rußlands bis zur Zeit Peters des Großen.

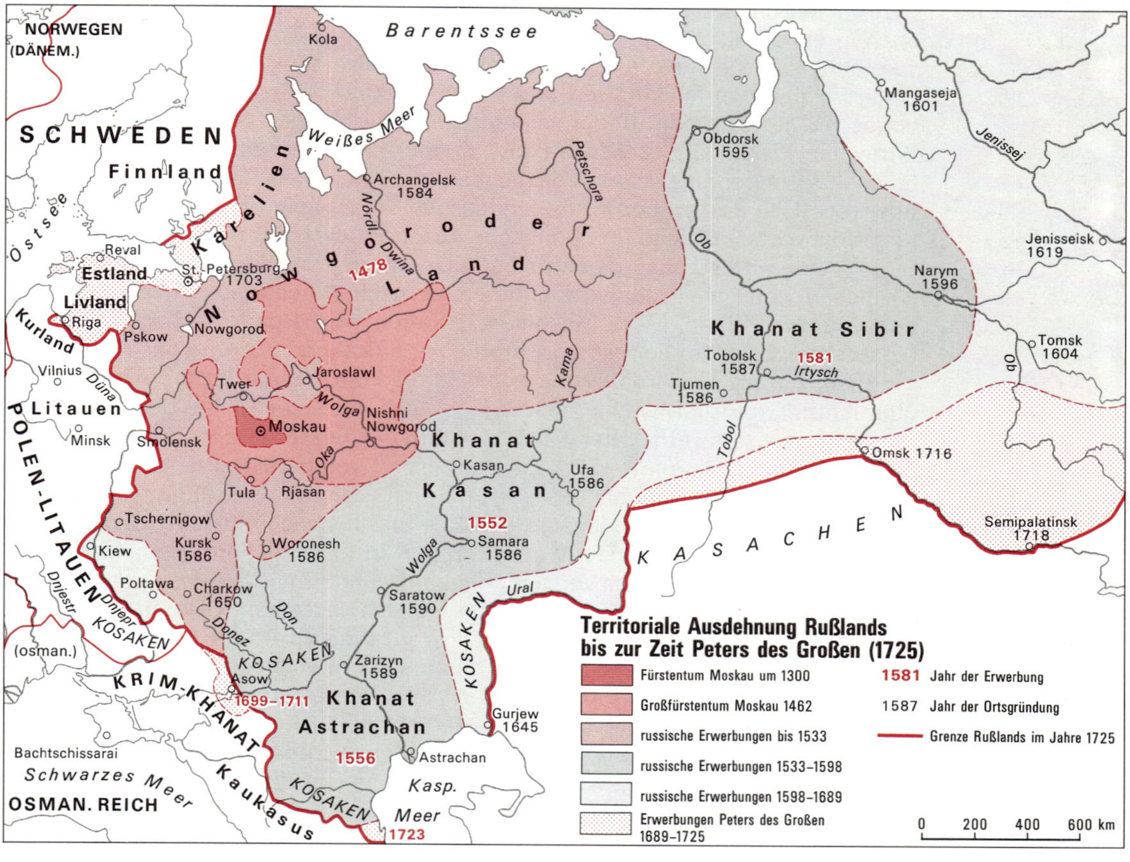

einen Neuanfang dokumentieren und einen Sieg ihres Gründers (der sich hinter dem Namen des Heiligen kaum versteckte) über die Natur und das „russische Wesen".

– Zar Peter wollte ein „Tor zur Ostsee" haben, einen weitgehend eisfreien Hafen für den Handel, der die Entwicklung der russischen Wirtschaft fördern sollte, aber auch einen Flottenstützpunkt, der den russischen Anspruch auf die Herrschaft über die Ostsee dokumentierte. Denn zum Zeitpunkt der Gründung war das Gebiet der Newa-Mündung erst kürzlich den Schweden entrissen worden; bis zum endgültigen Sieg in dem langen Nordischen Krieg (1700–1721) war nicht sicher, ob die bisherige Ostseegroßmacht Schweden oder die neue Macht Rußland die baltischen Provinzen beherrschen würde.

– St. Petersburg sollte eine „westliche" Stadt sein, wie bereits die lateinische Form des Namens andeutete. Sie war gedacht als ein Sammelpunkt westeuropäischer Zivilisation in einem Land der Dörfer und kleinen Städte, das nach seiner geschichtlichen und kulturellen Entwicklung, aber auch wegen der mangelhaften Verkehrsverbindungen, für viele Westeuropäer gar nicht mehr zu Europa zählte.

Rußland – ein Fremdling in Europa

Der russische Sonderweg begann bereits mit der Christianisierung, die wie überall in Osteuropa den Beginn des mittelalterlichen Staates bedeutete. Während aber die Polen, Tschechen und Ungarn um die Jahrtausendwende Mitglieder der römisch-katholischen Völkerfamilie wurden, gehörten die Reiche von Kiew und Nowgorod zum Missionsgebiet des griechisch-orthodoxen Patriarchen von Byzanz. Sie waren im 9. Jahrhundert von Wikingern gegründet worden (daher der Name „Rus" = „Ruderer"), ihre Einbeziehung in den byzantinischen Religions- und Kulturkreis verwickelte sie in die unüberbrückbaren Spannungen zwischen den beiden christlichen Kirchen, die seit der Spätantike bestanden, damit aber auch in die politische Spaltung des Abendlandes. Die Trennung von Westeuropa verstärkte sich, als die russischen Fürstentümer sich der Herrschaft der Mongolen (Tataren) unterwerfen mußten (etwa 1240–1480). Für fast 250 Jahre waren sie abgeschnitten von den modernisierenden Entwicklungen der westeuropäischen Wirtschaft, Technik, Gesellschaft und Kultur; sie verharrten auf einer Entwicklungsstufe, in der eine schmale Schicht adliger Krieger als Vasallen der Mongolen über rechtlose Bauern herrschte; städtischen Siedlungen im Schutze von Burgen fehlte die wirtschaftliche und politische Autonomie der Bürger in Westeuropa.

Den Fürsten von Moskau gelang es, die Oberherrschaft der Tataren schrittweise abzulösen und gleichzeitig die anderen russischen Teilfürstentümer unter ihre Kontrolle zu bringen. Diese Machtkonzentration wurde dadurch begünstigt, daß Moskau das Zentrum der orthodoxen Kirche in Rußland war und nach der Eroberung von Byzanz durch die Osmanen 1453 die Führung der orthodoxen Christen übernahm. Großfürst Iwan III. (1462–1505), der mit einer Nichte des letzten oströmischen Kaisers verheiratet war, übernahm den byzantinischen Doppeladler als Staatswappen und nannte sich „Zar" („Kaiser") von ganz Rußland; seit Iwan IV. (1533–1584) galt Moskau als das „Dritte Rom", der Zar vereinigte, wie einst der byzantinische Kaiser, die höchste politische und kirchliche Macht in seiner Hand („Theokratie"). Unter Iwan IV. wurde Sibirien in lockerer Form dem moskowitischen Reich unterstellt; der Versuch, die baltischen Provinzen des Ordensstaates zu erobern, endete mit der Intervention des schwedischen Königs, und Livland wurde bis 1725 eine schwedische Provinz. Im Inneren führte Iwan IV. mit Hilfe einer terrorisierenden Geheimpolizei einen erbarmungslosen Kampf gegen die Bojaren, den alten Krieger-Adel, dessen Aufgaben er einem neuen Dienst-Adel übertrug. Um seine Macht weiter zu stärken, versuchte er, nach westeuropäischem Vorbild eine effektivere Zentralverwaltung aufzubauen, das Heer zu modernisieren und die neuen gewerblichen Techniken einzuführen. Dazu bediente er sich einer wachsenden Zahl von ausländischen Spezialisten und Abenteurern, die in Moskau in einem eigenen Stadtviertel wohnten, der „deutschen Vorstadt".

108 Reformpolitik in der Karikatur; zeitgenössische Abbildung zur „Bartreform" Peters des Großen. Die wenigen Lesekundigen erfahren aus dem Text folgendes: Der Barbier will dem Raskolnik (= Altgläubiger, Verteidiger altrussischer Frömmigkeit) den Bart abschneiden. (Text rechts) Der Raskolnik sagt: Höre, Barbier. Ich will den Bart nicht schneiden lassen. Ich werde bald mit dem Gesetz gegen dich vorgehen. (Text links)
Deuten Sie die Karikatur vor dem Hintergrund der Auseinandersetzung um Modernisierung.

Ein „neues Rußland"

In dieser Ausländersiedlung hatte sich der junge Peter Alexejewitsch, bevor er Zar wurde, immer wieder aufgehalten, viele persönliche Bekanntschaften geknüpft und die Überzeugung gewonnen, daß nur eine vollkommene Übernahme westeuropäischer Technik und Zivilisation das russische Reich zu dem ihm angemessenen Rang einer Großmacht führen könne. Zeitgenossen berichteten voller Bewunderung von der raschen Auffassungsgabe des jungen Prinzen, der sich in kurzer Zeit Grundkenntnisse und -fertigkeiten in zahlreichen Sparten westlichen Handwerks und moderner Technik aneignete.
Nachdem er die Alleinherrschaft gegenüber der Mitregierung seines geisteskranken Bruders und seiner älteren Schwester durchgesetzt hatte, begann er die „Europäisierung" seines Reiches mit einer Reise nach Westeuropa (1697–1698). Zum Schein als Mitglied einer russischen Gesandtschaft hinterließ er an den deutschen Fürstenhöfen, in den Niederlanden und in England den Eindruck eines exotischen Barbaren. Es gelang ihm, zahlreiche Spezialisten vor allem für Schiffbau und Nautik anzuwerben, denn er war bei seinen Besuchen in der deutschen Vorstadt auch zu der Überzeugung gekommen, daß eine künftige Großmacht Rußland sich auf eine starke Flotte stützen müsse.

Eine „Erziehungsdiktatur"?

Bereits während seiner Gesandtschaftsreise hatte sich Widerstand gegen die Herrschaft Peters und seine neue Politik erhoben. Er ließ diesen nach seiner Rückkehr mit äußerster Härte unterdrücken und begann eine fast ununterbrochene Kette von Reformen. Besonderes Aufsehen erregte sein Befehl, wenigstens in seiner Umgebung und in den großen Städten westliche Kleidung und Barttracht zu tragen, denn der lange kaftanartige Überrock und ein ungestutzt wallender Bart galten den Russen als Zeichen heiliger Tradition. Eigenhändig soll Zar Peter vornehmen Würdenträgern Bart oder Rockschöße abgeschnitten haben, jedenfalls belegte er den herkömmlichen Bart mit einer speziellen Bart-Steuer. Ähnliche Signalwirkung sollte die Einführung des julianischen Kalenders haben (der freilich in Westeuropa bereits schrittweise durch den reformierten Gregorianischen Kalender ersetzt wurde). Gerade diese symbolischen Maßnahmen erweckten erbitterten und viele Jahre andauernden Widerstand bei den Bojaren, den Führern der

109 Kleiderreform. Am Stadttor ist ein Modell der neuen vorgeschriebenen Kleidung ausgestellt. Wer gegen die Vorschrift handelt, wird gewaltsam „zurechtgestutzt" und hat ein Bußgeld zu zahlen (Fußgänger, also einfache Menschen: 40 Kopeken; Reiter, also Bojaren und Reiche: 1 Rubel).
Vergleichen Sie die zeitgenössische Abbildung mit dem Flugblatt, Bild M108.

orthodoxen Kirche, und bei den gläubigen, aber ungebildeten Massen. Die substantiellen Reformen dagegen wurden eher gleichgültig hingenommen. So ersetzte ein modernes stehendes Heer die alten Bojaren- und Strelitzen (= Schützen)-Aufgebote, die neu entstehende Kriegsflotte wurde Voraussetzung für langdauernde Kämpfe mit den Osmanen auf der Krim, eine merkantilistische Wirtschaftsordnung sollte die Mittel schaffen für die Aufrüstung und für ein modernes Verwaltungssystem mit regionaler Gliederung. Alle Staatsbediensteten und Soldaten wurden seit 1722 in ein System einer Dienst- und Rangtabelle eingeordnet, auch einfache Menschen konnten durch Beförderung in die oberen Ränge als Dienstadelige eine hohe gesellschaftliche Position erlangen. Da die Geistlichen eine wesentliche Kraft der Aufstände gewesen waren, entmachtete der Zar den Patriarchen, indem er 1721 als oberste Kirchenbehörde den Heiligen Synod schuf, ein Gremium, das gänzlich seinem Willen unterworfen war.
Allerdings blieben seine Reformmaßnahmen weitgehend an der Oberfläche des riesigen Reiches stecken, d. h., sie wurden nur von einer dünnen Schicht der Gebildeten und der Staatsbeamten getragen. Die Mehrzahl der Russen lebte weiterhin in Unbildung, äußerster Armut und politischer Rechtlosigkeit.

Julianischer Kalender. Die heutige Form des Kalenders – Koppelung an das Sonnenjahr, Monatseinteilung in dreißig Tage, Schaltjahre u. ä. – geht zurück auf eine Kalenderreform C. Julius Caesars („Julianischer Kalender"). Wegen der immer stärkeren Differenz zwischen den tatsächlichen Sonnenjahren und den rechnerischen Kalenderjahren (jährlich 11 Minuten, 12 Sekunden), verordnete Papst Gregor XIII. eine Kalenderreform. Dieser verbesserte, mit Übergang vom 4. zum 15. Oktober 1582 in dem größten Teil Italiens, in Spanien und Portugal eingeführte und bis heute gültige „Gregorianische Kalender" wurde bis zur Mitte des 18. Jahrhunderts in allen Ländern Westeuropas übernommen. In Rußland dagegen wurde bis zum Jahre 1700 die Zeit „von der Erschaffung der Welt an" (d. h. vom 1. September 5508 v. Chr.) berechnet. Zar Peter führte am 20. Dezember 1699 den Julianischen Kalender ein und verlegte den Neujahrsbeginn vom 1. September auf den 1. Januar. Dieser Julianische Kalender blieb in Rußland bis zur Entstehung der Sowjetunion gültig. Er wies ab 1900 einen „Rückstand" von 13 Tagen auf (weswegen die sowjetische Führung die kommunistische „Oktoberrevolution" nach dem Gregorianischen Kalender im November feierte).

Eine aufsteigende Großmacht

Auch außenpolitisch verband Zar Peter in seiner Person traditionell russische mit westlich-modernen Elementen. Er begann eine Eroberungspolitik mit drei Stoßrichtungen: Nach Süden, gegen die schwächer werdende osmanische Großmacht, versuchte er seit 1695 die Nordküste des Schwarzen Meeres zu erobern; der Kampf konzentrierte sich auf den Hafen Asow. Nach Westen griff er die Expansionsziele Iwans IV. gegen das polnisch-litauische Großreich auf, das unter zunehmendem inneren Machtverfall litt. Am wichtigsten für ihn wurde seine Auseinandersetzung mit der Ostseevormacht Schweden. Bereits 1655–1660 hatten sich die Herrscher Dänemarks, Polens und Rußlands zu einer Koalition gegen Schweden verbunden (1. Nordischer Krieg), waren aber in ihren Zielen gescheitert. 1699 wurde die Koalition gegen den gerade erst auf den Thron gekommenen schwedischen König Karl XII. erneuert. Dieser besiegte in rascher Folge alle seine Gegner und verfolgte mit seinem Heer die russischen Truppen bis tief in die Ukraine, wurde aber dort 1709 vernichtend geschlagen. Auch nach seiner Rückkehr aus dem Exil im Osmanischen Reich blieben ihm militärische Erfolge versagt; 1718 fiel er im Kampf. Durch die Friedensbeschlüsse, die 1721 den 2. Nordischen Krieg beendeten, gewann Zar Peter die baltischen Provinzen und Finnland – Voraussetzung dafür, daß sich St. Petersburg ungestört entwickeln und die neue russische Flotte von Kronstadt aus die Ostsee beherrschen konnte.

Durch die Erfolge gegen Schweden hat Zar Peter Rußland den Rang einer europäischen Großmacht verschafft. Die Zarinnen Elisabeth (1741–1762) und Katharina II. (1762–1796) führten seine außenpolitische Grundkonzeption fort und setzten sie durch, indem sie einen großen Teil Polens, Litauens und der Gebiete nördlich des Schwarzen Meeres eroberten.

Zar Peter – ein orientalischer Despot?

Bereits zu Lebzeiten trug Zar Peter den Beinamen „der Große“, sicherlich berechtigt nach den Maßstäben seiner Zeit, die die Vergrößerung des Reiches und die inneren Reformen der Namensgebung zugrunde legten. Unberücksichtigt blieben die maßlose Überforderung der russischen Bevölkerung, die unterdrückte Verzweiflung der einfachen, gläubigen Bauern, die über 90% der Bevölkerung stellten und überwiegend Leibeigene von Gutsherren waren.

Verglichen mit den Möglichkeiten westeuropäischer Herrscher, erreichte der Zar eine kaum noch zu überbietende Machtfülle – der „Herrscher aller Reußen“ konnte Willkür und Schrecken verbreiten wie ein tatarischer Großkhan; er war durch die Unterwerfung der Kirche noch „gottähnlicher“ als der byzantinische Kaiser; und er besaß durch die nach westlichem Vorbild modernisierte Wirtschaft, Verwaltung und Armee ein wirkungsvolles Instrumentarium, um die Herrschaft zu sichern. Seine Zeitgenossen hätten wahrscheinlich den Begriff „Entwicklungsdiktatur“ zur Kennzeichnung seiner Herrschaft nicht als negative Bewertung aufgefaßt. Denn auch in Westeuropa gab es Herrscher, wie z. B. den preußischen König Friedrich Wilhelm I. (▷ Kap. IV.3), die versuchten, „mit harter Hand“ die Wirtschaft des Landes zu entwickeln, das Staatswohl zu mehren und die Macht nach außen zu vergrößern.

110 **Das Moskowiterreich – ein unbekanntes Land.** In den Gesandtschaftsberichten des englischen Gesandten Carlisle aus dem Jahre 1672 heißt es:

Die Zaren haben den Grundsatz, ihre Untertanen in Unwissenheit zu erhalten; sonst würden sie nicht Skalven bleiben wollen [. . .]. Es ist den Russen verboten, außer Landes zu gehen, weil sie sonst die Sitten und Anschauungen anderer Völker kennenlernen und darauf bedacht sein könnten, die Ketten ihrer Knechtschaft zu sprengen [. . .]. Wenigstens haben sie die Freiheit, sich in ihrem Lande des Handels mit den Ausländern zu erfreuen. Das läßt mich hoffen, daß sie sich mit der Zeit bessern wer-

den, denn sie lieben die Konversation gebildeter Leute und fangen auch schon an, sich in ihrer Lebensweise zu gefallen [...].
Der Botschafter [Graf Carlisle] bat um die Erlaubnis, der Großfürstin [Sofja] und auch den beiden jungen Prinzen [Peter und Iwan] seine Aufwartung machen zu dürfen. Der Hofbeamte [...] antwortete ihm hinsichtlich der Großfürstin, es sei nicht üblich, daß sie sich vor irgendeinem Gesandten blicken ließe. Als sodann seine Exzellenz bemerkte, die Gesandten des Zaren hätten sehr häufig Audienz bei der Königin gehabt, wußte der Beamte nichts anderes darauf zu erwidern, als daß eine solche Freiheit am russischen Hofe nicht bestehe und daß dergleichen nicht üblich sei. Dasselbe galt von den Prinzen, welche man erst sehen dürfe, wenn sie das Alter von zwölf Jahren erreicht hätten, und anderes sei eben nicht üblich. So lautet das Hauptargument der Moskowiter, so oft sie alle ihre Absurditäten rechtfertigen wollten.

Valentin Gitermann, Geschichte Rußlands, Bd. II, Frankfurt a. M. 1965, S. 403 f.

a) Erarbeiten Sie die sichtbaren und eher versteckten Werturteile, die hinter diesem Bericht stehen.
b) Diskutieren Sie mögliche Schwierigkeiten, die dem Verständnis der fremden Kultur Rußlands entgegenstanden.

111 Empfang einer ausländischen Gesandtschaft am Hofe des Zaren; Abbildung vermutlich vom Beginn des 17. Jahrhunderts.
Beschreiben Sie die dargestellte Szenerie. Wie wird das Zeremoniell auf Besucher gewirkt haben? Vergleichen Sie die Abbildung mit M 108.

Tafel III „Das hailig Römisch reich mit seinen gelidern." Dieser Holzschnitt des Augsburger Künstlers Hans Burgkmair d. Ä. steht in der Nachfolge von mittelalterlichen Darstellungen der „Heerschild"-Ordnung, d. h. einer genau geregelten Rangfolge hoher und niederer Territorialfürsten: Hier stehen in der obersten Reihe die Wappen der Kurfürsten, darunter (in Auswahl) die der Herzöge, Markgrafen, Landgrafen, Burggrafen, Grafen, Bannerherren, Freiherren, Ritter, Städte und Dörfer.
Entschlüsseln Sie die politische Symbolik der Darstellung.

Das hailig Römisch reich mit seinen gelidern
H. BVRGKMAIR ZV AVGSPVRG. 1510.

Tafel 4

112 **Anwerbung westlicher Fachkräfte.** Im April 1702 erließ Zar Peter I. folgendes Manifest:

In allen Ländern, die der Allmächtige unserer Regierung untertan gemacht hat, ist es zur Genüge bekannt, daß wir seit der Besteigung dieses Thrones alle unsere Bemühungen und Maßnahmen darauf gerichtet haben, diesen Staat so zu verwalten, daß alle unsere Untertanen, dank unserer Fürsorge für das allgemeine Wohl, mehr und mehr in einen besseren und glücklicheren Zustand gelangen sollten.
Zu diesem Zwecke haben wir eifrig danach getrachtet, die innere Ruhe zu wahren, den Staat vor fremden Angriffen zu schützen sowie den Handel zu verbessern und auszudehnen.
Zu eben diesem Zwecke mußten wir während unserer Regierung einige notwendige und dem Wohl des Landes dienende Veränderungen durchführen, damit unsere Untertanen desto leichter und gründlicher ihnen bisher fremde Kenntnisse erwerben und alle ihre Handelsgeschäfte desto geschickter betreiben könnten.
Deshalb haben wir insbesondere den Handel mit dem Ausland durch die notwendigen Befehle, Anordnungen und Einrichtungen gefördert, und wir sind gewillt, es auch künftighin zu tun.
Da wir aber befürchten, daß diese Angelegenheiten sich noch nicht so gut entwickelt haben, als wir es wünschen; und da unsere Untertanen die Früchte unserer Bemühungen noch nicht in vollkommener Ruhe genießen können, so haben wir noch nach weiteren Mitteln getrachtet, um unsere Grenzen vor feindlichen Überfällen zu sichern, die Rechte und Vorzüge unseres Reiches sowie die Ruhe der Christenheit zu wahren, wie es einem christlichen Monarchen geziemt.
Um diese heilsamen Ziele zu erreichen, haben wir uns vor allem bemüht, das Heer, da es eine Stütze unseres Staates ist, in bestmöglichen Zustand zu bringen, damit unsere Truppen nicht nur aus gut ausgebildeten Leuten bestehen, sondern auch in Disziplin und guter Ordnung leben.
Um aber in dieser Hinsicht größtmögliche Vollkommenheit zu erreichen und jene Fremden, welche in der Lage sind, bei solchen Bestrebungen mitzuwirken und die Verbesserungen zu fördern, dazu zu bewegen, daß sie, gemeinsam mit sonstigen, für das Staatswesen nützlichen Fachleuten zu uns kommen und in unserem Dienst wie auch in unserem Lande verbleiben, haben wir befohlen, dieses Manifest mit untenstehenden Punkten[1] überall bekanntzugeben und durch Drucklegung in ganz Europa zu publizieren.

V. Gitermann, a. a. O., S. 417 f.

[1] Die genannten Punkte betrafen: Garantie freier Einreise, Sicherheit und Reiseunterstützung jeder Art; Glaubensfreiheit; Immunität der Ausländer gegenüber russischen Gerichten und Gesetzen; besondere Gerichtsbarkeit für die Fremden nach göttlichem, römischem und sonstigem ausländischen Recht usw.

a) Das Manifest ist zugleich eine Selbstdarstellung des Zaren. Fassen Sie die hier sichtbar werdenden Regierungsgrundsätze Peters I. zusammen.
b) Untersuchen Sie das Verhältnis von Programm und Realität mit Hilfe des Darstellungstextes und anderer historischer Informationen.

Tafel IV Ludwig XIV. im Kreise seiner Familie. Gemälde von Nicolas de Largillière, um 1710. Die Marquise de Maintenon, Erzieherin der königlichen Kinder und seit 1683 heimlich angetraute Gemahlin Ludwigs XIV., hält am Gängelband Ludwig von Bretagne, den ältesten Urenkel Ludwigs XIV. Links hinter Ludwig XIV. steht der Dauphin (Thronfolger), rechts der Enkel des Königs, der Herzog von Burgund. Das Relief an der Wand zeigt Apollo auf dem Sonnenwagen, die Bronzebüsten stellen Heinrich IV. (links) und Ludwig XIII. (rechts) dar.
Interpretieren Sie die Symbolik der Darstellung und die Details des Hofzeremoniells, die der Maler bei der Komposition des Bildes beachten mußte.

113 Auch Zar Peter betreibt staatliche Wirtschaftsförderung

a) Der hannoversche Gesandte Fr. Chr. Weber berichtete aus St. Petersburg:

16/27. Juli 1716

Vor drei Tagen sind hier 200 Lakenmacher und 5 Schäfer, die alle in Schlesien angenommen [angeworben], angelanget und kampieren auf dem Felde. Sie werden ihren Weg nach Moskau und dem Königreiche Kasan, das sehr viel Schafe trägt, fortsetzen. Die letzteren sollen daselbst die Schafe scheren, auch wie man damit umgehet, den Russen zeigen, die ersteren aber solche Wolle verarbeiten und Fabriken anlegen. Es ist dies ein Projekt von großer Wichtigkeit, welches, wenn es zustande kommen sollte, sowohl den Engeländern als anderen Nationen, die mit Laken nach Rußland handeln, großen Nachteil in ihrem Commercio tun würde. Diejenigen aber, so die Sache genauer ansehen und in dem Kasanschen sich aufhalten, wollen an dem baldigen Sukzeß dieser Sache aus folgender Ursache zweifeln: Man hat seit undenklichen Zeiten die Ziegen- und Schafherden durcheinander gehen und die Ziegenböcke bei den Schafen gelassen, wodurch die letzteren ganz abatardieret [entartet] und sehr kurze, harte und spröde Wolle tragen, von welcher niemals gutes Laken wird verfertiget werden können. Weil nun alle Herden [...] von solcher verdorbenen Rasse sind, so werden die Lakenmacher, wenn sie dort hinkommen, die Unmöglichkeit, solche Wolle zu verarbeiten, vorstellen und um etliche tausend Schafböcke aus andern Ländern anhalten müssen, [...] und möchte solchergestalt es mit dieser Lakenmanufaktur sich noch in die Länge ziehen.

10. August 1716

Es kommen wöchentlich mehr Künstler und Handwerker an diesem Orte an, und da aus Holland und Frankreich noch etliche hundert Familien von solchen Leuten erwartet werden, so sehen die in das russische Commercium eingeflochtenen auswärtigen Kaufleute schon voraus, daß, wenn solche Manufakturen dermaleinsten hier zustande kommen sollten, ihre Handlungen [Geschäfte] dadurch in großes Abnehmen geraten würden. Alle Bemühungen seiner Zarischen Majestät gehen vornehmlich dahin, Dero Länder wegen ihrer glücklichen Gelegenheit [günstigen Voraussetzungen] durch den Handel in Flor zu bringen. Hiezu ist sowohl die Auferbau- und Vollendführung als auch die Erhaltung einer vollkommenen und bequemeren Handelsstadt an diesem Orte und bei Cronslot [Kronstadt] von Nöten. Wenn nun seine Zarische Majestät hieran mit unaufhörlichem Eifer arbeiten lassen, auch die Bemittelte und Vornehme des Landes nötigen, einen großen Teil ihrer Vermögen auf diesen Ort zu verwenden, so gehet hierunter Dero Absicht dahin, diese dem Commercio so wohl gelegene Residenz bei Dero Lebzeiten noch auszuführen und in solchen Stand zu setzen, da Dero Herr Sukzessor [Nachfolger] und die Großen des Landes dadurch aufgemuntert werden mögen, hieselbst zu bleiben und Dero wohl angefangenes Projekt zu vollenden, weil ein jeder dasjenige nicht gerne verlassen würde, was er mit dem Verlust seiner in Rußland gehabten Güter hier erbauen lassen, dahingegen, wenn der Zar das Werk in unvollkommenem Stande hinterlassen sollte, ein jeder seine gemachten Unkosten verschmerzen und wieder nach Moskau gedenken würde, zumalen dieses gewiß ist, daß die meisten hier mit Unwillen wohnen und die schweren Baukosten ungern anwenden.

Wie nun einesteils des Zaren Endzweck mit dieser Stadt Petersburg dahin abzielet, vermittelst der Ostsee eine vorteilhafte und reziproke Handlung [gegenseitiger Warenaustausch] mit den europäischen Nationen von hier aus aufzurichten, so gehet anderntheils Dero Absicht auch dahin, Dero Commercio mit denen asiatischen Königreichen sowohl fernerhin zu unterhalten als auch noch auf einen bessern Fuß zu setzen und dadurch eine nutzbare Communication zwischen Europa und Asia sich zu- und nach diesem Orte zu ziehen.

V. Giterman, a. a. O., S. 425 f.

b) Gesetz über die Einrichtung von Manufakturen vom 4. August 1724:

Da seine kaiserliche Majestät sich eifrig bemüht, zur Förderung des allgemeinen Wohles und zur Bereicherung der Untertanen im Russischen Reich allerlei Manufakturen und Fabriken zu gründen, wie sie in anderen Staaten bestehen, so befiehlt sie gnädigst dem Manufaktur-Kollegium [Abteilung des Wirtschaftsministeriums], fleißig darüber nachzuforschen, auf welche Weise solche und andere kuriose Künste im Russischen Reich, mit möglichst geringen Verlusten, neu eingeführt und verbreitet werden könnten, und insbesondere solche, für die im Russischen Reich Rohstoffe zu finden sind. Und jene Leute, die Manufakturen und Fabriken gründen wollen, soll man mit entsprechenden Privilegien ausstatten.

Seine kaiserliche Majestät gestattet allen Personen, welchen Standes und Ranges sie auch sein mögen, an allen Orten, wo sie es für gut erachten, Manufakturen und Fabriken zu gründen, und wenn solche

Leute sich melden, so hat das Manufaktur-Kollegium zuerst ihr Vermögen und ihre persönliche Eignung zu prüfen, und nachher soll es nicht nur rasch darüber Beschluß fassen, sondern auch allerlei Methoden zeigen, wie man bei der betreffenden Manufaktur am besten verfährt, und wie man sie in gutem Zustand erhält, damit keine Verluste entstehen.

Das Manufaktur-Kollegium soll darauf achten, wenn jemandem für die Gründung irgendeiner Fabrik ein Privilegium erteilt wird, so soll man andere, die mit der Zeit ebensolche Fabriken zu gründen wünschen, nicht ausschließen, sie nicht davon abhalten, denn durch den Wettbewerb unter den Fabrikanten kann nicht nur eine Vermehrung der Betriebe zustande kommen, sondern auch eine Verbesserung ihrer Leistungsfähigkeit, und die hergestellten Waren werden zu gemäßigten Preisen verkauft werden, und das kann für die Untertanen seiner Majestät nicht ohne Nutzen sein.

[Es folgen Anweisungen, wie der Betrieb der Manufakturen überprüft und notfalls mit Subventionen gestützt werden soll.]

Da diese Sache [Gründung eines Betriebs] am Anfang nicht ohne Mühen und Verluste bewerkstelligt werden kann, so befiehlt seine Majestät allergnädigst, sobald man sich vom Eifer eines Unternehmers einwandfrei überzeugt hat, ihn damit zu belohnen, daß seine Sachen [. . .] einige Jahre lang zollfrei verkauft und die von ihm benötigten Rohmaterialien zollfrei eingekauft werden dürfen [. . .]. Es wird gestattet, für solche Fabriken und Manufakturen Lehrlinge und sonstige Arbeiter anzustellen, wie es in den Ukasen [Befehlen] seiner Majestät vorgesehen ist, mit Vereinbarung eines angemessenen Lohnes, unter Mitteilung an das Kollegium. Und sollte einer von ihnen [. . .] vor Ablauf der vertraglich abgemachten Jahre in eine andere Farbrik oder zu sonst jemandem fortlaufen, und jener nimmt ihn an, in Kenntnis [des Vertragsbruchs], so soll man von jenen [. . .] eine Buße nehmen, und zwar für jeden Mann 100 Rubel pro Jahr [. . .]. Manufakturen und Fabriken, die vom Staate gegründet worden sind oder in Zukunft noch gegründet werden, soll man, nachdem sie in guten Zustand gebracht worden sind, an Privatpersonen übergeben, und das Kollegium soll sich eifrig darum bemühen.

Obwohl es nützlich ist, allerlei Fabriken zu gründen und zu verbreiten, so sind doch die Untertanen seiner Majestät noch nicht gewohnt, für die Gründung [. . .] auf einmal [ein größeres Kapital] hinzulegen, da sie nicht von Anfang an wissen, was für ein Gewinn sich daraus ergeben kann. Und deswegen soll man ihnen nach Möglichkeit mit allerlei leichten Manieren Lust dazu machen, ohne sie zu zwingen, von Anfang an große Kapitalien zu investieren, denn wenn sie auch mit kleinen Summen beginnen, so können sie doch mit der Zeit, wenn sie den Nutzen selbst erkennen, Kapital hinzufügen und ihre Fabriken ausdehnen.

V. Gitermann, a. a. O., S. 429–431

a) Zeigen Sie Merkmale, Schwierigkeiten und Chancen des russischen „Industrialisierungsprogramms“ auf.

b) Diskutieren Sie die Problematik staatlicher Entwicklungsprogramme auch in Kenntnis der Situation des heutigen Rußland.

114 Ausländische Stimmen zur Bedeutung Peters des Großen

a) Ein unbekannter Engländer verfaßte 1716 eine Schrift mit dem Titel „The Northern Crisis, or impartial reflections on the policies of the Czar“; darin urteilt er:

Er [Peter d. Gr.] wird dann [nach dem Sieg über Schweden] gewiß unser Rivale und uns ebenso gefährlich werden, wie wir ihn jetzt unterschätzen. Zu spät wohl werden wir uns dann ins Gedächtnis zurückrufen, was unsere eigenen Minister und Kaufleute uns von seinen Projekten berichten, die ihm dazu dienen sollen, sich des ganzen nördlichen Handels allein zu bemächtigen und mit Hilfe der Flüsse, welche er miteinander in Verbindung setzt und vom Kaspischen und Schwarzen Meer bis nach seinem Petersburg hin schiffbar macht, auch den türkischen und persischen Handel ganz in seine Hände zu bringen. Dann werden wir unsere Blindheit unbegreiflich finden, die uns seine Pläne verkennen ließ, nachdem wir doch von all dem Großartigen gehört, das er in Petersburg zustande gebracht hat.

V. Gitermann, a. a. O., S. 427

b) In einer politischen Wochenzeitung mit dem Titel „Europäische Fama“ wurde im Jahre 1721 über die russischen Erfolge im Nordischen Krieg geurteilt:

Es ist mit Rußland jetzt ganz anders als es in den

vorigen Zeiten war, und wer davon die augenscheinlichsten Beweistümer zu sehen verlangt, der darf nur zwischen dem gegenwärtigen Zustand dieser Monarchie und derselben ehemaligen Beschaffenheit eine Vergleichung anstellen. Wenn die „Europäische Fama" Panegyricos ausbliese [Lobeshymnen anstimmte], so hätte sie nunmehr, da die Moskowitische Macht beinahe auf dem höchsten Gipfel steht, die vortrefflichste Gelegenheit, den Ruhm seiner Zarischen Majestät auszubreiten, die zu derselben zuerst recht den Grund geleget und ein so großes Werk in so kurzer Zeit von einem ziemlich mittelmäßigen Anfang bereits zu einer solchen Höhe geführt haben [...].

Einen Krieg mit nicht allzu geübten Truppen wider ein solches Volk [Schweden] anzufangen, an dem sich andre Nationen, die das Kriegshandwerk seit langer Zeit aus dem Grunde [von Grund auf] verstanden, wenig Ehre erjagt hatten, denselben, da er anfänglich ziemlich unglücklich zu laufen schiene, dennoch mit besonderm Mut fortsetzen und so fortsetzen, daß dabei des Landes Wohlfahrt besorget der Handlung Vorteile regulieret [Vorteile für den Außenhandel durchgesetzt], die Wissenschaften in einem Reiche, da sie vorher niemals zu Hause gewesen, in Flor gebracht worden, das sind fürwahr insgesamt solche Sachen, die der ganzen Welt Verwunderung mit dem allergrößten Rechte verdienen. Nun fehlte es Muskau noch an einem vorteilhaften Frieden, der dem Werk gleichsam den Kranz aufsetzen sollte [...].

Aber darum durfte es sich Se. Czar. Maj. nicht sauer werden lassen, denn Schweden war froh, daß man ihm Frieden geben wollte, und ließ lieber etliche seiner schönsten Provinzen fahren, als daß es länger einen Krieg fortsetzen wollte, der ihm ohnfehlbar höchst verderblich sein mußte.

[...] Die Einrichtung des Commercii, die sich Se. Maj. von Anfang ihrer Regierung bis auf diese Stunde höchst angelegen sein lassen, hat in diesen Tagen nicht allein durch den Friedensschluß mit Schweden, sondern auch dadurch großen Vorteil erhalten, daß der Kaiser von China denen nach seinen Landen handelnden Russen Erlaubnis gegeben, des Jahres zweimal mit ihren Karawanen in seine Staaten zu kommen.

Das ist aber eine andere Frage, was hierzu Sr. Majestät Nachbarn und andere sagen werden, denen es freilich nicht gefallen kann, daß Se. Maj. auf der Ostsee so mächtig geworden. Sie fangen es zum Teil jetzt schon an zu empfinden, was die Russische Seemacht, in einem solchen Zustande, als sie jetzo ist, denen, die auf der Ostsee handeln, vor empfindlichen Abbruch tun kann [...].

Se. Czarische Majestät aber haben sich, um das Beste Ihrer Reiche zu befördern, keine Kosten und Mühe dauern lassen, Sie haben das getan, das von Ihren Vorfahren kein einziger zu tun sich jemals gewagt hätte, Sie haben selbst die beschwerlichste Reise in fremde Länder angetreten und aus deren Verfassung ein Muster zur Einrichtung der Ihrigen genommen. Aber Sie haben auch davor [dafür] das Vergnügen gehabt, daß Ihre Bemühungen nicht vergebens gewesen sind. Sie haben es selbst erlebt, wie vollkommen wohl Ihre Vorsorge bei Ihren Untertanen größtenteils angeschlagen.

Otto Tschirch, Das Zeitalter des Absolutismus II, Leipzig, 4. Aufl. 1930, S. 2f.

a) Stellen Sie die Urteile über Peter den Großen zusammen.
b) Benennen und erklären Sie die Standpunktbezogenheit, die jeweils hinter den Urteilen steht.

3. „Alles für das Volk" – Friedrich II. von Preußen

3.1. Thronwechsel in Preußen und Österreich

Friedrich II. – Maria Theresia

Das Jahr 1740 brachte in den beiden wichtigsten Territorien des Deutschen Reiches einen auch für die damalige Zeit bemerkenswerten Thronwechsel: Anfang Juni trat in Brandenburg-Preußen, einem vom Niederrhein quer durch Norddeutschland bis an die Memel locker verteilten Fürstentum, mit Friedrich II. ein König sein Amt an, den die politisch interessierte Öffentlichkeit als einen musisch und philosophisch begabten Kronprinzen kennengelernt hatte, das ganze Gegenteil seines nüchternen und arbeitsbesessenen Vaters. Im Oktober trat an die Spitze der habsburgischen Besitzungen, eines ebenfalls locker-weiträumig von den Niederlanden über Süddeutschland bis nach Böhmen, Ungarn, Italien und Kroatien

115 Preußen und Österreich im 18. Jahrhundert

verteilten Herrschaftskomplexes, eine junge Frau, Maria Theresia. Ihre Erbfolge war trotz aller diplomatischen Bemühungen ihres Vaters, Kaiser Karls VI. (1711–1740), umstritten, vor allem, weil sie als Frau die Tradition des habsburgischen Kaisertums nicht fortsetzen konnte. Von ihren Lebensdaten her gehörten Friedrich (geb. 1712, gest. 1786) und Maria Theresia (geb. 1717, gest. 1780) derselben Generation absolutistischer Herrscher an; ihre lange gemeinsame Regierungszeit bildete eine wesentliche Etappe in der Entwicklung deutscher und europäischer Politik. Von Biographie und Persönlichkeit her ließen sich kaum größere Gegensätze denken.

Zwei unterschiedliche Biographien

Maria Theresia, ältere von zwei Töchtern Karls VI., galt schon den Zeitgenossen als temperamentvolle, fröhliche und warmherzige Frau mit einer ganz ungekünstelten Liebe zu ihrem Mann und den sechzehn aus dieser Ehe hervorgegangenen Kindern. Mit Charme und unvorhersehbarer Zähigkeit behauptete sie im Österreichischen Erbfolgekrieg (1740–1745) den Thron und die Existenz des habsburgischen Gesamtstaates gegen eine französisch-bayrisch-sächsisch-preußische Koalition. Nachdem Kaiser Karl VII. (1740–1745) aus dem Hause Wittelsbach gestorben war, erreichte sie 1745 ohne größere Schwierigkeiten die Wahl ihres Ehemannes Franz Stephan von Lothringen zum Kaiser. Selbstbewußt regierte sie als Königin (von Böhmen und Ungarn) und versuchte, eine straffe zentrale Verwaltung ihrer höchst unterschiedlichen Besitzungen durchzusetzen. Als „Kaiserin" – d.h. als Ehefrau und Witwe Franz' I. und als Mutter Kaiser Josephs II. (seit 1765) – war sie die unbestrittene Verfechterin einer österreichischen Großmachtstellung in Europa.

Das Leben des neuen Preußenkönigs dagegen war geprägt von einer tragischen Jugend. Denn während seine Mutter, Sophie Dorothea aus dem Hause Hannover, ihn zu einem glanzvollen Herrscher nach Art der französischen Könige heranzubilden hoffte und alle schöngeistigen und künstlerischen Neigungen des Kronprinzen unterstützte, versuchte sein Vater, Friedrich Wilhelm I. (1713–1740), ihn zu einem asketischen Arbeitsethos im wahrsten Sinne des Wortes „hinzuprügeln". Die Tyrannei des Vaters und die ständigen Spannungen zwischen den Eltern vergifteten die Lebensatmosphäre des jungen Mannes und seiner vier Geschwister.

1730 versuchte Friedrich, sich dem unerträglich scheinenden Druck durch die Flucht zu entziehen, wurde aber unmittelbar nach dem Aufbruch verhaftet und mit seinem Freund, dem Leutnant Katte, der die Vorbereitungen organisiert hatte, wegen Fahnenflucht vor ein Kriegsgericht gestellt. Im Falle des Kronprinzen erklärten sich die Richter für nicht befugt, die vom König geforderte Todesstrafe auszusprechen. Katte wurde zum Tode verurteilt; die Vollstreckung des Todesurteils an Katte mußte Friedrich mit ansehen. Nach einer äußerlichen Aussöhnung mit dem Vater bewährte Friedrich sich als Verwaltungsbeamter und Offizier und konnte die letzten Jahre als Kronprinz einen kleinen „Musenhof" in dem ihm vom Vater übereigneten Schloß Rheinsberg einrichten. In seiner Freizeit ging er seiner Liebe zum Flötenspiel und der Lektüre französischer Philosophen nach. Insbesondere setzte er sich mit der Kritik an dem höfischen Absolutismus auseinander und verfaßte selbst Abhandlungen zur Politik im Geiste der Aufklärung. Er verwarf das Gottesgnadentum als Legitimationsgrundlage von Königsherrschaft; als „Freigeist", wie man damals philosophisch gebildete Atheisten nannte, forderte er eine an den Grundsätzen der Vernunft orientierte Regierungsweise zum Wohle der Untertanen.

Aufklärung. Mit dem Begriff „Aufklärung" oder „Zeitalter der Vernunft" wird seit der Mitte des 19. Jahrhunderts eine neue rationale Art des Fragens und Denkens bezeichnet, die sich in der Gelehrtenwelt der Renaissance entwickelt hatte und in der zweiten Hälfte des 18. Jahrhunderts die wissenschaftliche Diskussion der Gelehrten und der gebildeten Laien bestimmte. „Rationalität" bedeutet, daß auf der Grundlage vernunftgemäßer Schlußfolgerungen alle bestehenden Gedankengebäude, Wissenschaften und Institutionen kritisch auf ihre Existenzberechtigung hin geprüft und ggf. verworfen werden. Entgegen dem mittelalterlichen Denken wurde die Religion als oberste Legitimationsinstanz ersetzt durch die der Natur und Vernunft innewohnenden Gesetze. Auch wenn die Aufklärer sich keineswegs als eine homogene Gruppe mit gleichen Ansichten verstanden, wurde ihre Kritik an den gesellschaftlichen und politischen Zuständen von den Verfechtern des absoluten Fürstenstaates als „revolutionär" eingeschätzt. Der Kampf zwischen den kritischen Intellektuellen und den Staatsorganen um die Verbreitung aufgeklärter Staatstheorien – mit ihren Kernforderungen Volkssouveränität, Gewaltenteilung und Widerstandsrecht – beherrschte die Jahrzehnte vor der Französischen Revolution, aber auch noch die erste Hälfte des 19. Jahrhunderts.

3.2 Brandenburg-Preußen

Das Erbe Friedrich Wilhelms I.

Von seinem Vater erbte Friedrich II. einen Staat, dessen innere Ordnung auf dem Kontinent einmalig war: Ein erfolgreiches merkantilistisches Wirtschaftssystem und eine breit angelegte Kolonisation von landwirtschaftlichen Problemgebieten hatten es ermöglicht, eine hervorragend ausgerüstete und ausgebildete Armee von 83 000 Mann aufzubauen, die viertstärkste in Europa. Auf 1000 Einwohner kamen im Jahre 1740 40 Soldaten (in Frankreich 10, in Österreich 8); über 80 Prozent der Staatsausgaben flossen direkt oder indirekt in das Militärbudget; ein umfangreicher Kriegsschatz lagerte in der Festung Spandau. Friedrich Wilhelm I. hatte ferner eine straffe Verwaltung durchgesetzt, die die Kernlande Brandenburg/Pommern fest mit der großen Provinz Preußen und den Besitzungen westlich der Elbe verband. Der König selbst hatte sich an die Spitze der Armee und der – zu ihrer Zeit staunenswert pünktlich, unbestechlich und effektiv arbeitenden – zentralen Verwaltung gestellt. Er arbeitete persönlich jeden Tag in dem von ihm geschaffenen „Generalfinanz-Kriegs- und Domänendirektorium“, einer Art von Superministerium für die Bereiche Wirtschaft, Finanzen, Verteidigung, allgemeine Verwaltung und Justiz. In die Verwaltung und die Armee als Hauptsäulen der königlichen Macht war der Adel des Landes gewaltsam integriert worden – seit Friedrich Wilhelm I. war es Ehrenpflicht und Ehrenrecht der Adligen, als Offiziere und hohe Staatsbeamte „des Königs Rock“ zu tragen, wie auch die Herrscher selber militärische Uniformen trugen und ihre Söhne als Offiziere erziehen ließen.

„Preußische Traditionen“

Friedrich Wilhelm I. war eine Ausnahmeerscheinung unter den absoluten Fürsten seiner Zeit, ein Mann ohne Mätressen und Affären; ein jähzorniger Patriarch gegenüber seiner Familie und seinen „Landeskindern“; ein König, der sich aufrieb im Dienste des „Königs von Preußen“, wie er sein Pflichtgefühl umschrieb; ein „Soldatenkönig“ von äußerster Friedfertigkeit. Er hatte seine strenge Herrschafts- und Pflichtauffassung vermutlich bewußt als calvinistischer Protestant im Gegen-

116 Disziplinierung als Grundlage von Disziplin. Darstellung der Militärjustiz in dem 1726 erschienenen Buch „Der vollkommene Teutsche Soldat“.
Erläutern Sie, ausgehend von einer Beschreibung des Bildes, den Gedanken, daß seit dem Absolutismus das Heer eine wesentliche Grundlage des modernen Staates ist.

satz zu dem Regierungsstil seines eigenen Vaters entwickelt. Dieser, Friedrich I. (1688–1713), war einer der typischen Nachahmer Ludwigs XIV. gewesen und hatte sein armes, wirtschaftlich wenig entwickeltes Land mit einer prunkvollen Hofhaltung belastet. Unter immensen Kosten hatte er 1701 beim Kaiser die Königswürde erlangt, und zwar für das ehemalige Herrschaftsgebiet des Deutschen Ritterordens, das als Herzogtum Preußen 1618 in den Besitz des Kurfürsten von Brandenburg gekommen war und bis 1660 lehnsrechtlich der Krone Polens unterstanden hatte. Dies war eine Standeserhöhung im Geiste der Zeit, sie wurde aber wichtig für den Aufstieg Brandenburg-Preußens zu einer deutschen Großmacht.
Wahrscheinlich hat Friedrich Wilhelm I. sich als Vorbild für einen guten Herrscher seinen Großvater gewählt, den brandenburgischen Kurfürsten Friedrich Wilhelm (1640–1688). Dieser hatte, die Tradition des frühmodernen Landesherrn mit dem Vorbild des französischen Absolutismus verbindend, den nachdrücklichen Versuch gemacht, eine effektive Selbstherrschaft aufzubauen. Seine „landesväterliche" Fürsorge und Zucht gründeten auch auf Elementen calvinistischer Arbeitsauffassung, denn die brandenburgischen Hohenzollern waren 1614 aus erbrechtlichen Gründen zur reformierten Konfession übergewechselt, und außerdem hatte Friedrich Wilhelm eine Niederländerin aus dem reformierten Hause Oranien zur Frau. Das Ende des Dreißigjährigen Krieges bot ihm die einmalige Möglichkeit, seine Selbstherrschaft auszubauen: Durch die Verwüstungen und Bevölkerungsverluste waren die wirtschaftlichen Grundlagen der Stände in einem solchen Umfang zerstört, daß ein Wiederaufbau des Landes nur auf der Basis landesherrlicher merkantilistischer Wirtschaftspolitik erfolgen konnte. In diesem „Landesausbau" oder „innere Kolonisation" genannten Vorgang war der Versuch, die fürstliche Macht zu stärken, verbunden mit dem Bemühen, die zerstörten Städte und Dörfer wiederzubesiedeln und darüber hinaus Ödländereien und Bruchgebiete zu kultivieren. Da das bevölkerungsarme Brandenburg-Preußen dazu auf Einwanderer angewiesen war, bot der Kurfürst jedem, der sich im Lande ansiedeln wollte, wirtschaftliche und rechtliche Vorteile. Am bekanntesten ist das Potsdamer Edikt von 1685, in dem er den in Frankreich verfolgten Hugenotten Glaubensfreiheit garantierte.
Trotz aller wirtschaftlichen Schwierigkeiten behielt der Kurfürst ein kleines stehendes Heer bei, das er (in einigen wenigen Fällen) als Druckmittel gegen den Widerstand der Territorialstände, vor allem aber als schlagkräftiges Instrument der Außenpolitik benutzte. Im Westfälischen Frieden war den deutschen Fürsten außenpolitische Souveränität gewährt worden (▷ S. 57 f.), und so konnte Friedrich Wilhelm in einer geschickten Kombination begrenzter militärischer Aktionen mit einem bündnispolitischen Wechselspiel zwischen Frankreich, Schweden, Polen und dem Kaiser die Loslösung des Herzogtums Preußen aus der polnischen Lehenshoheit erreichen. Seine – nach damaligen Maßstäben – außerordentlich erfolgreiche und am „Wohl des Staates" orientierte Politik trug ihm schon zu Lebzeiten den Beinamen „der Große Kurfürst" ein.

3.3. Friedrich II.: Bruch und Kontinuität preußischer Politik

Expansive Außenpolitik

Gegenüber der vorsichtig-diplomatischen Art des Gebietserwerbs seiner hohenzollernschen Vorfahren begann Friedrich II. seine Regierung mit einem außenpolitischen Paukenschlag: Noch im Jahre 1740 eröffnete er, gestützt auf zweifelhafte Rechtsansprüche, einen Krieg gegen Maria Theresia, um Schlesien zu erobern. In zwei kurzen, für beide Seiten äußerst verlustreichen Feldzügen (1741/42 und 1744/45) parallel zu den Kämpfen des Österreichischen Erbfolgekrieges gewann er die Herrschaft über Schlesien. In dem Entscheidungskampf des Siebenjährigen Krie-

ges (1756–1763) setzte er sich, nur unterstützt von der britschen Regierung, gegen eine zahlenmäßig weit überlegene Koalition zwischen Maria Theresia, Ludwig XV., der Zarin Elisabeth und zahlreichen Reichsfürsten durch. Friedrichs militärisches Talent und eine Reihe glücklicher Umstände verhinderten, daß Preußen, den Plänen der Koalitionsmächte entsprechend, zu einem deutschen Kleinstaat zerstückelt wurde. Und indem Friedrich den Besitz Schlesiens endgültig behauptete, stieg sein Staat in den Rang einer Österreich gleichberechtigten deutschen Macht auf („Dualismus“ zwischen Österreich und Preußen). Im gleichen Zeitraum wie in Europa wurde in Übersee ein französisch-britischer Kolonialkrieg ausgetragen (▷ S. 174 f.). Die französische Niederlage in Amerika und der daraus folgende Machtverlust in Europa trugen dazu bei, daß Preußen ein gleichberechtigter Partner des neu entstehenden europäischen „Konzerts der Mächte“ wurde.
Gegen Ende seiner Regierung erreichte Friedrich auf diplomatischem Wege noch einmal eine bedeutende Vergrößerung des preußischen Staatsgebietes, indem er zusammen mit Maria Theresia und der Zarin Katharina II. 1772 die „Erste Polnische Teilung“ arrangierte (▷ S. 181) und dabei vor allem die Landverbindung zwischen den Provinzen Pommern und Ostpreußen gewann.

Kontinuität der Innenpolitik

Wer unter dem harten Regiment Friedrich Wilhelms I. gelitten hatte und seine Hoffnung darauf setzte, der junge König werde als ein „Philosoph auf dem Thron“ regieren, sah sich getäuscht. Friedrich II. regierte bis 1763 unter permanentem Ausnahmezustand, der sich aus seiner kriegerischen Außenpolitik ergab. In der zweiten Hälfte seiner Regierungszeit war er bemüht, die Kriegs- und Kriegsfolgeschäden zu beseitigen, wie sein Vater und Urgroßvater neue Dörfer anlegen zu lassen, die merkantilistische Wirtschaftspolitik zu vervollkommnen und die innere Ordnung zu stabilisieren. Auch Friedrich II. stellte sich ganz in den Dienst des Staates. Wie sein Vater suchte er persönlich durch zahlreiche Inspektionsreisen Mängel oder Notlagen zu entdecken und abzustellen, wie er brachte er viele Stunden am Schreibtisch zu.
Sein Vater wäre sicher stolz auf ihn gewesen, wenn er gesehen hätte, daß durch Friedrich II. die preußischen „Kardinaltugenden“ – alles für den König zu geben, sich selbst dabei nicht zu schonen oder zu bemitleiden, dem König unbedingt treu und gehorsam zu sein – fest in den Köpfen seiner Untertanen verankert wurden. Er hätte es aber scharf mißbilligt, daß Friedrich II. für die Religion nur Spott hatte – sein berühmtes Wort, in seinen Landen könne „jeder nach seiner Fasson selig werden“, zielte vor allem darauf ab, nützliche Untertanen zu gewinnen. Und so ist es zu erklären, daß auch Friedrichs aufgeklärte Toleranz gegenüber den Juden in Preußen konzentriert war auf die Förderung der Wirtschaft durch jüdische Unternehmer.

Eine zwiespältige Bilanz

Friedrich II. wurde bereits zu Lebzeiten als der „Alte Fritz“ zu einer anekdotenumrankten Figur, obwohl sein Regierungsstil nicht weniger streng und gängelnd war als der seines Vaters. Möglicherweise entsprach der von ihm praktizierte aufgeklärte Absolutismus eher dem Zeitgeschmack als das alttestamentlich-patriarchalische Regiment seines Vaters. Vielleicht aber wurde die Legendenbildung auch gefördert durch die Art, wie er in seinem Lieblingsschloß Sanssouci vor den Toren Potsdams lebte. Die Bilder des 19. Jahrhunderts, die den König dort beim Flötenspiel oder im Gespräch mit dem berühmten französischen Philosophen und Literaten Voltaire (1694–1778) zeigen, betreffen vor allem die Zeit vor dem Siebenjährigen Krieg. Schon zu diesem Zeitpunkt hatte Friedrich sich von seiner Frau getrennt, die er nur auf Anordnung seines Vaters geheiratet hatte. Nach dem Kriege vereinsamte er äußerlich und innerlich immer mehr und wurde zu dem kränkelnden „Menschenfeind“, der auch seinen Geschwistern und dem als Thronfolger bestimmten Neffen gegenüber zu einem menschlichen Ton nicht mehr fähig war und in seinen letzten Lebensjahren angeblich nur noch seine Hunde liebevoll behandelte.

117 Postkarte aus dem Jahre 1933. Auf einer anderen, sehr ähnlichen Postkarte der NS-Zeit steht: „Was der König eroberte, der Fürst formte . . ., rettete und einigte der Soldat."
Erarbeiten und diskutieren Sie, mit welchen Mitteln und mit welchem Ziel hier die Geschichte in den Dienst der Politik gestellt wird.

Historisch-politisch ist Friedrich II. bis in unsere Zeit einer der umstrittensten Herrscher des Alten Reiches. Der Feldherr und Eroberer Friedrich ging als der „große König" in die Legenden der Zeitgenossen ein, und eine preußisch gefärbte Geschichtsschreibung deutete seine Erfolge gegen Österreich zur Vorgeschichte des preußisch-deutschen Kaiserreiches von 1871 um. Dagegen betonten die Historiker nach dem Zweiten Weltkrieg die verhängnisvollen Folgen des Dualismus, und insbesondere Friedrich II. wurde verantwortlich gemacht für eine Tradition deutschen Großmachtstrebens über Bismarck und Kaiser Wilhelm II. bis hin zu Hitler.
Friedrichs bereits zeitgenössischer Beiname „der Große" beruht aber auch auf seiner erfolgreichen Innenpolitik nach dem Siebenjährigen Kriege; sein Herrschaftssystem des aufgeklärten Absolutismus wurde Vorbild für zahlreiche deutsche Fürsten, nicht zuletzt für Joseph II. (1765–1790), den Mitregenten der Erzrivalin Maria Theresia. Aus heutiger Sicht gilt vor allem die Rechtsreform im Geiste der Aufklärung als eine der großen und bleibenden Leistungen des Königs („Allgemeines Landrecht für die preußischen Staaten", abgeschlossen 1794). Andererseits betonen moderne Historiker, daß gerade die Kehrseite der preußischen Tugenden, ein verstärktes Untertanendenken, in Preußen und im Wilhelminischen Kaiserreich verheerende Folgen für die politische Kultur in Deutschland gehabt habe.

118 **Eine Traditionslinie im Herrschaftsdenken und in der Herrschaftsausübung?** Seit dem Großen Kurfürsten sahen es die Herrscher Brandenburg-Preußens als ihre Pflicht an, in „Politischen Testamenten" Grundsätze ihrer Politik an den Nachfolger weiterzugeben.
(Von den Testamenten des Großen Kurfürsten und Friedrich Wilhelms I. wurden im folgenden nur die Auszüge aus der jeweiligen Einleitung in dem Deutsch der eigenhändigen Niederschrift belassen; die Ausführungen Friedrichs II. sind, wie alle Schriften des Monarchen, im Original in Französisch verfaßt.)

a) Der Große Kurfürst an seinen Sohn, wie er die Regierung führen solle, 26. Mai 1667:

Die Vatterliche liebe So Ich als ein Vatter kegen seinen Sohn, vndt zukunftigen Successoren trage, hatt mich verursacht, Ihme einige auß langer erfahrenheitt nutzliche Vnterrichtungen zu hinterlassen, Vndt also dieses kurtzlichen in die feder zu fassen, in betrachtung, das es Ihme nottig vndt dienlich zu wissen ist, wie Er Seine gantze Regirung fuhren [solle] [. . .]. Nun ist und besteht zuvorderst die rechte Tugend eines rechtschaffenen Regenten darin, daß er Gott, der ihn erschaffen und zu einem Herrn und Regenten so vieler Lande und Leute gesetzt hat, recht von Herzen fürchte, liebe und vor Augen habe; sein allein seligmachendes Wort die wahre Richtschnur seiner ganzen Regierung und seines Lebens sein lasse, weil darin die rechte Gott wohlgefällige Regierungskunst und höchste Politik inbegriffen ist; außerdem Gott täglich morgens, mittags und abends mit einem inbrünstigen Gebet immer anrufe, vor allem um Weisheit und Verstand, auch um gnädigen Beistand bei solch schwerer Regierungslast zu seines hohen Namens Ehre und zum besten der ihm anvertrauten Lande und Leuten [...] daß Ihr nicht das Allergeringste begeht oder tut, wovon Ihr dem Höchsten dereinst werdet Rechenschaft geben müssen [...].

Was nun die Religion und den Kirchenbau in Euren Landen betrifft, [...] so ist vornehmlich darauf zu sehen und zu achten, daß die reformierte Religion, welche auf das wahre Wort Gottes und auf den Symbolen [Bekenntnissen] der Apostel allein gegründet und ohne menschlichen Zusatz ist, in allen Euren Landen möge fortgepflanzt werden, doch dergestalt, daß es nicht mit Zwangsmitteln oder Einbußen für die lutherische Kirche und auf Kosten von deren Renten und Einkünften geschehe, sondern aus Euren eigenen Mitteln [...].

Eure von Gott untergebenen Untertanen müßt Ihr ohne Ansehung der Religion als ein rechter Landesvater lieben, ihren Nutzen und Wohlfahrt in berechtigten Angelegenheiten allezeit gerne zu fördern versuchen, Handel und Wirtschaft [„commercia"] überall in Schwung bringen und eine Bevölkerungsvermehrung [„mehrere peuplirung"] vor allem in der Kurmark Brandenburg betreiben [...]. Die Rechtspflege [„liebe Justicie"] laßt Euch in allen Euren Landen hoch anbefohlen sein, und achtet darauf, daß sowohl den Armen wie den Reichen ohne Ansehung der Person Recht verschafft werde, und daß die Prozesse beschleunigt und nicht verzögert werden, denn das befestigt die Stühle der Regenten [...].

Im Rat hört fleißig zu, notiert die Überlegungen der Räte genau [...], beschließt in Gegenwart der Räte in wichtigen Dingen [...] nichts, sondern behaltet Euch eine Bedenkzeit vor, laßt nachher nochmals den einen oder anderen der geheimen Räte und einen Sekretär zu Euch kommen, überlegt noch einmal alle Argumente, die angeführt worden sind, und entscheidet dann [...].

Leopold von Ranke, Zwölf Bücher preußischer Geschichte, Bd. 3, München 1930, S. 348 ff., zit. nach: Geschichte in Quellen, Bd. III, Renaissance, Glaubenskämpfe, Absolutismus, bearb. von Fritz Dickmann, München 1966, S. 482 f.

b) Friedrich Wilhelm I. in seiner „Instruktion" vom 22. Januar 1722:

Weill ich wohll abnehme das mit meine gesundheit von zeit zu zeit schlegter wierdt und menschlich weiße nicht lange bestandt haben wierdt so habe ich diese Instruccion aufgesetzet das mein lieber Successor sich danach richten kann. Mit Gott dem allerhöchsten stehe ich wohll. und habe vom 20ten jahres meines alters mein gantzen vertrauen auf Gott feste gesetzet, den ich stehs umb gnedige erhörung angeruhfen habe und hat auch mein Gehbet bestendigst erhöhret und bin versicherdt durch die genade Jesus Kristij umb sein bitteres leiden und sterben sehlig zu werden alle grohbe und innerliche sünden die Ich begangen habe sindt mir von hertzen leidt und bitte Gott das er sie mir vergehben wolle umb Jesu Kristij ich habe stehts gearbeitet mir zu beßern und ein Gottsehl: leben und wandell zu führen soviell als ich als Menschl: mögl: gewehesen und werde mit Gottes hülfe beharren biß an mein sehliches ende dazu verhelfe mir der Heilige Geist durch Jesum Kristum Amen [...].

[Bei der Aufstellung des ersten Jahresetats soll der Thronfolger zunächst 100 000 Taler einsparen und vor allem die Beamtengehälter kürzen] [...] dadurch werdet Ihr erstens viel profitieren hinsichtlich der Ausgaben, zum anderen [auch] darin, daß Ihr alle zivilen Beamten in Berlin und in den Provinzen streng unter eine Unterordnung Euch gegenüber bringt, daß sie nämlich alle von Eurer Gnade abhängen müssen und nicht von der Eurer Minister oder Günstlinge. Etatposten zu streichen und Besoldungszulagen zu beschließen müßt Ihr allein tun und niemandem anders Vollmacht dazu geben, damit alle Welt weiß, daß dies von Euch kommt und nicht von anderen. Und wenn ein Jahr vorbei ist und der neue Etat aufgestellt wird und Ihr findet, daß Euch etliche Eurer Minister oder auch niederen Beamten ihre Pflicht als treue Diener tun und sich in Eurem Dienst durch ihren Fleiß auszeichnen, so müßt Ihr einigen von diesen Menschen [„Karacters"] eine Gehaltserhöhung gewähren, und dadurch bindet Ihr die Leute an Eure Person und schafft Euch mehr und treuere Beamte [...]. Aber arbeiten müßt Ihr so, wie ich es beständigst getan habe, denn ein Regent, der mit Ansehen in der Welt regieren will, muß seine Angelegenheiten alle selber erledigen, denn die Regenten sind zur Arbeit erkoren und nicht zum leeren faulen Weiberleben [...]. Eure Finanzen müßt Ihr selber und allein bestimmen und das Kommando über die Armee selbst und allein innehaben [...]. Dadurch werdet Ihr die Autorität in der Armee durch Eure Kommandogewalt und die Liebe der Offiziere und Zivilbeamten dadurch haben, daß Ihr die oberste Finanzgewalt habt [„den Knop auf den Beutell allein habet"]. Und Ihr werdet von der ganzen Welt respektiert und bewundert werden, daß Ihr ein so kluger und braver Regent seid [...].

Was die Religion anbelangt, so bin ich und werde mit Gottes Hilfe reformiert selig sterben.

Indessen bin ich sicher, daß ein Lutherischer, der einen gottseligen Lebenswandel führt, ebenso selig wird wie die Reformierten, und daß der Unterschied nur herrührt von den Zänkereien der Prediger. Achtet also die Reformierten und Lutheraner in gleicher Weise, haltet sie für gleich gut und macht keinen Unterschied; dafür wird Euch Gott segnen und Ihr werdet Euch bei allen beiden Liebe erwerben [...]. Allen Konsistorien in Euren Provinzen müßt Ihr scharf befehlen, daß die Reformierten und die Lutheraner auf der Kanzel nicht gegeneinander hetzen, [...] sondern Ihr müßt immer Einigkeit unter den beiden Religionen herzustellen versuchen. Mein lieber Nachfolger darf die Prediger der beiden Religionen sich nicht in weltliche Angelegenheiten mischen lassen, denn sie mischen sich gern in weltliche Angelegenheiten ein und müssen kurz gehalten werden.

Gustav Schmoller (Hg.), Acta Borussica. Denkmäler der Preußischen Staatsverwaltung im 18. Jahrhundert: Behördenorganisation, Bd. 3, Berlin 1829 ff., S. 441 ff., zit. nach: F. Dickmann, Geschichte in Quellen, Bd. III, S. 573 ff.

c) Friedrich II. in seinem Testament von 1752:

Die erste Bürgerpflicht ist, seinem Vaterland zu dienen. Ich habe sie in allen verschiedenen Lagen meines Lebens zu erfüllen gesucht. Mit der Abfassung dieses politischen Testaments verfolge ich daher keine andere Absicht, als einem Piloten [Lotsen] gleich, der die stürmischen Zonen des politischen Meeres kennt, meine Erfahrungen der Nachwelt mitzuteilen [...].
In eigener Person Recht zu sprechen, ist eine Aufgabe, die kein Herrscher übernehmen kann, ein König von Preußen noch weniger als ein anderer. Die unendlichen Einzelheiten eines einzigen Rechtshandels würden die Zeit verschlingen, die er vorzugsweise anderen Zweigen der Regierung widmen muß. Spricht der Fürst aber auch nicht selber Recht, so folgt daraus nicht, daß er die Rechtspflege vernachlässigen darf. [Es folgen Hinweise auf die von ihm durchgeführte Justizreform] [...]. Ich habe mich entschlossen, niemals in den Lauf des gerichtlichen Verfahrens einzugreifen; denn in den Gerichtshöfen sollen die Gesetze sprechen und der Herrscher soll schweigen. Aber Sache des Fürsten ist es, die Beamten zu ihrer Pflicht anzuhalten und streng gegen die vorzugehen, die seine Autorität mißbrauchen und das öffentliche Vertrauen unter dem Vorwand von Recht und Gerechtigkeit täuschen. Gerade gegen derartige Fälle von Pflichtvergessenheit muß ich die äußerste Strenge anraten; denn der Herrscher macht sich gewissermaßen zum Mitschuldigen an den Verbrechen, die er unbestraft läßt.
Soll ein Land glücklich sein, will der Fürst geachtet werden, so muß er unbedingt Ordnung in seinen Finanzen halten. Noch nie hat eine arme Regierung sich Ansehen verschafft [...]. Wenn schon Holland, Sachsen und Frankreich sich infolge ihrer schlechten Wirtschaft zugrunde richten, so wäre es um Preußen für immer geschehen, wollte es ihrem Vorgang folgen; denn seine Macht beruht nicht auf innerer Kraft, sondern allein auf seinem Gewerbefleiß. Es ist eine alte Wahrheit: Preußen hat keine anderen Hilfsquellen als seine festen Einnahmen [...].
Ein Gegenstand der Politik des Königs von Preußen ist die Erhaltung seines Adels. Denn welcher Wandel auch eintreten mag, er wird vielleicht einen reicheren, aber niemals einen tapfereren noch treueren Adel bekommen. Damit der Adel sich in seinem Besitz behauptet, ist zu verhindern, daß die Bürgerlichen adlige Güter erwerben, und zu veranlassen, daß sie ihre Kapitalien im Handel anlegen, so daß, wenn ein Edelmann seine Landgüter verkaufen muß, nur Edelleute sie erwerben [...].
Es gehört sich, daß der Adel seine Dienste lieber seinem Vaterlande als irgendeiner anderen Macht widme. Aus diesem Grunde sind gegen Edelleute, die ohne Erlaubnis in fremde Dienste gehen, strenge Verordnungen zu erlassen. Da aber viele Edelleute Müßiggang und erbärmliches Leben dem Waffenruhm vorziehen, so sind denen, die dem Staate dienen, Auszeichnungen und Vorrechte zu verleihen; denen aber, die nicht dienen, sind sie vorzuenthalten. Von Zeit zu Zeit sind die jungen Edelleute [...] zu versammeln, um sie unter die Kadetten zu stecken und darauf in die Armee einzustellen.
Ich habe den Städten in den alten Provinzen die Freiheit gelassen, ihren Magistrat zu wählen, und mich in diese Wahlen nur eingemischt, wenn Mißbrauch damit getrieben und einzelne Familien zum Nachteil der anderen alle Gewalt an sich rissen [...].
Der Herrscher soll das Gleichgewicht zwischen Bauer und Edelmann erhalten, so daß sie einander nicht zugrunde richten [...]. Den Bauern ist zu verwehren, daß sie Ländereien von Adligen kaufen, und die Adligen sind am Bauernlegen [gewaltsame Aneignung von Bauernhöfen] zu verhindern [...].
Katholiken, Lutheraner, Reformierte, Juden und zahlreiche andere christliche Sekten wohnen in Preußen und leben friedlich beieinander. Wenn der Herrscher aus falschem Eifer auf den Einfall käme, eine dieser Religionen zu bevorzugen, so würden sich sofort Parteien bilden und heftige Streitereien ausbrechen. Allmählich würden Verfolgungen be-

ginnen, und schließlich würden die Anhänger der verfolgten Religion ihr Vaterland verlassen, und Tausende von Untertanen würden unsere Nachbarn mit ihrem Gewerbefleiß bereichern und deren Volkszahl vermehren.

[. . .] In einem Staate wie Preußen ist es durchaus notwendig, daß der Herrscher seine Geschäfte selbst führt. Denn ist er klug, wird er nur dem Staatsinteresse folgen, das auch das seine ist. Ein Minister [Premierminister] dagegen hat, sobald seine eigenen Interessen in Frage kommen, stets Nebenabsichten [. . .]. Der Herrscher dagegen wird den Adel stützen, die Geistlichkeit in die gebührenden Schranken weisen, nicht dulden, daß die Prinzen von Geblüt Ränke spinnen, und das Verdienst ohne jene eigennützigen Hintergedanken belohnen, die die Minister bei allen ihren Handlungen hegen [. . .].

Eine gut geleitete Staatsregierung muß ein ebenso fest gefügtes System haben wie ein philosophisches Lehrgebäude. Alle Maßnahmen müssen gut durchdacht sein. Finanzen, Politik und Heerwesen auf ein gemeinsames Ziel steuern: nämlich die Stärkung des Staates und das Wachstum seiner Macht. Ein System kann aber nur aus einem Kopfe entspringen; also muß es aus dem des Herrschers hervorgehen. Trägheit, Vergnügungssucht, Dummheit: diese drei Ursachen hindern die Fürsten an ihrem edlen Berufe, für das Glück ihrer Völker zu wirken. Solche Herrscher machen sich verächtlich, werden zum Spott und Gelächter ihrer Zeitgenossen, und ihre Namen geben in der Geschichte höchstens Anhaltspunkte für die Chronologie ab [. . .]. Der Herrscher ist nicht zu seinem hohen Rang erhoben, man hat ihm nicht die höchste Macht anvertraut, damit er in Verweichlichung dahinlebe, sich vom Mark des Volkes mäste und glücklich sei, während alles darbt. Der Herrscher ist der erste Diener des Staates. Er wird gut besoldet, damit er die Würde seiner Stellung aufrechterhalte. Man fordert aber von ihm, daß er werktätig für das Wohl des Staates arbeite und wenigstens die Hauptgeschäfte mit Sorgfalt leite.

Friedrich der Große, Die politischen Testamente, übers. von Friedich von Oppeln-Bronikowski, Berlin 1922, zit. nach: F. Dickmann, Geschichte in Quellen, Bd. III, S. 605–608

a) Ordnen Sie die Regierungsgrundsätze Friedrichs II. (Text c) zu einer stichwortartigen Tabelle und stellen Sie im Vergleich mit den Maximen des französischen Königtums Besonderheiten des „aufgeklärten" Absolutismus heraus.

b) Es gibt eine weit verbreitete Meinung, daß der Absolutismus in Preußen „schon immer" etwas Besonderes gewesen sei. Überprüfen Sie dieses Urteil, indem Sie die Äußerungen Friedrichs II. mit denen seines Vaters und Urgroßvaters vergleichen (a und b).

119 Friedrich II. inspiziert den Kartoffelanbau. Gemälde aus der Mitte des 19. Jahrhunderts. Auch dank der besonderen Bemühungen Friedrichs II. wurde die Kartoffel im 18. Jahrhundert zum wichtigsten Grundnahrungsmittel. *Erörtern Sie, ausgehend von einer Bildanalyse, wie der Maler Person und Herrschaftsverständnis Friedrichs II. bewertet.*

120 Idealbild eines Herrschers im Geist der Aufklärung. 1739 verfaßte Kronprinz Friedrich eine Abhandlung über Machiavellis Schrift „Il Principe", deren Inhalt er mit Voltaire diskutiert hatte. In dieser Schrift mit dem Titel „Der Antimachiavell oder: Kritische Untersuchung des ‚Fürsten' von Machiavell" heißt es:

Es gibt zwei Möglichkeiten für einen Fürsten, sein Ansehen zu vergrößern; die eine besteht in Eroberungen: Ein kriegerischer Fürst erweitert mit Waffengewalt seine Gebietsgrenzen. Die andere besteht darin, die Regierungsgeschäfte gut zu führen: Ein arbeitsamer Fürst läßt in seinen Ländern alle Künste und Wissenschaften erblühen, durch die sie dann mächtiger und kulturvoller werden [...]. Die Künste, die dem Leben den größten Nutzen bringen, sind Ackerbau, Handel und Manufakturen; die hingegen, die dem menschlichen Geist am meisten zur Ehre gereichen, sind Geometrie, Philosophie, Astronomie, Eloquenz, Dichtkunst, Malerei, Musik, Bildhauerei, Architektur, Kupferstich und alles andere, was man unter den Schönen Künsten versteht [...].

Die Herrscher, die diese sanfte, liebenswerte Art, ihre Macht zu erweitern, wählen, werden vor allem die Beschaffenheit ihres Landes studieren müssen, um zu ermessen, welche dieser Künste dort am besten gedeihen können und welche sie folglich am meisten fördern sollen [...].
Das sicherste Anzeichen dafür, daß ein Land unter einer klugen und glücklichen Regierung steht, ist das Erblühen der Schönen Künste in ihrem Schoße: sie sind die Blumen, die auf fruchtbarer Erde, unter einem glücklichen Himmel wachsen.

Friedrich der Große, Der Antimachiavell, aus dem Franz. von H. Bergmann. Leipzig 1991, S. 78–80

a) Informieren Sie sich über die politischen Grundideen der Aufklärung und vergleichen Sie diese mit den Äußerungen des Kronprinzen Friedrich.
b) Prüfen Sie, inwieweit die vorliegende Überzeugung in das politische Testament von 1752 (Text M 118c) eingegangen ist.

121 Friedrich II. im Gespräch mit Voltaire. Kupferstich nach einem Gemälde von P. C. Baquey (1759–1829).
Kennzeichnen Sie Haltung und Gestik der Gesprächspartner. Welches Bild des Herrschers vermittelt das Gemälde?

122 Regierungspraxis Friedrichs II.
H. E. Freiherr v. Diebitsch, Adjutant Friedrichs und später in russischen Diensten, schrieb Ende der 1790er Jahre für den Zaren Paul einen Bericht über den Regierungsstil Friedrichs II.:

Es ist bekannt, daß dieser große König, wenn er gesund war, außerordentlich früh aufstand, oft im Sommer gleich nach 3 Uhr, selten später als 4 Uhr, im Winter vielleicht eine Stunde später; er befahl alle Zeit, wann er geweckt sein wollte, aber er wachte immer selbst gegen die Zeit auf, daher auch derjenige, so die Stelle des Geheimen Kämmerers vertrat, mit dem von dem ersten Kabinettsrat in einem versiegelten Kuvert eingesandten Briefen schon immer früher in dem offenstehenden Vorzimmer, in welchem ein Läufer [...] und einer der kleinen Lakaien die Wache hatte, parat stand, um entweder die befohlene Zeit zum Wecken abzuwarten, oder sobald der König „Hier!" rief, vor das Bett des Königs zu treten [...]. Hatte nun der König gerufen oder wurde er geweckt, so übergab der, so die Stelle des Geheimen Kämmerers oder ersten Kammerdieners vertrat, nun dem König das Paket mit den Briefen zuerst [...], die mit adligen Petschaften

[Siegeln] versehen oder nach den Postberichten von Adligen abgegeben worden waren [...].
Der König öffnete das Kuvert höchstselbst und ließ den Kämmerer einen Brief nach dem anderen, wobei er noch im Bette blieb, erbrechen [öffnen], las jeden Brief und befahl, wo derselbe dann hingelegt werden sollte; zuweilen wurden von diesen Briefen einige in den unweit entfernten Kamin vom König geworfen, ohne daß jemand weiteres von dessen Inhalt erfuhr; auch durfte dieser Kämmerer nicht in einen der geöffneten Briefe einen Blick werfen. Diejenigen Briefe, so der König gelesen hatte und beantwortet werden sollten, wurden auf ein nebenstehendes Taburett [Tablett], einer über den anderen, einige aber davon auch auf den Schreibtisch des Königs gelegt. Wenn sämtliche Briefe gelesen waren, wurden sie in Gegenwart des Königs wieder in ein Kuvert geschlagen, versiegelt und so dem ersten Geheimen Kabinettsrat zugestellt.
Die beiden Geheimen Expedierenden Kabinettsräte waren deswegen schon so früh, als der König geweckt zu werden befohlen hatte, auf das Schloß gekommen und hatten alle übrigen eingegangenen Berichte [...] sämtlicher Departements [Ministerien] sowie alle Bittschriften von Unadligen bei sich und davon einen Extrakt gemacht. Sie teilten nun die vom König gelesenen Briefe unter sich, [...] um sie hernach dem König nochmals vorzutragen.
[Der König zieht seine Uniform an, empfängt die Meldungen der Potsdamer Garderegimenter und Torwachen, frühstückt, bestimmt den Küchenzettel und begibt sich zur Arbeit mit einem der Geheimen Kabinettsräte.] [am Schreibtisch in seinem Zimmer oder vor dem Kamin im Nebenzimmer] [...].
Der Anfang [...] wurde allemal mit den Briefen gemacht, die der König bereits gelesen hatte [...]. Der König dekretierte dann entweder die Resolution gleich oder ließ sich den Brief nochmals vorlesen, und wenn dem Kabinettsrat über den Vortrag [Antragsgegenstand] [...] eines solchen Briefes bereits etwas bekannt war, so war es ihm Pflicht, solches dem König zu sagen; auch hatte er die Erlaubnis, wenn der König vielleicht etwas dekretierte, welches mit bereits gegebenen Dekreten nicht vereinbar war, auch dies zu bemerken, und resolvierte [entschied] überhaupt der König bei zweifelhaften Sachen nicht eher als nach eingezogenem Bericht [...]. Alle Dekrete wurden von dem Geheimen Kabinettsrat mit Bleistift gleich auf das Schreiben wörtlich gesetzt. Waren die eingegangenen Briefe alle vorgetragen, so folgten Berichte [...] und Anfragen sowohl von Militär – als allen verschiedenen Kollegiis [Ressorts], und auch darauf wurde das Dekret gleich den vorigen diktiert und notiert. Dann folgten die Suppliken [Bittschriften] [...] von Privatleuten, denen Handschreiben an den König zu übersenden der Geburt nach nicht erlaubt war. Hiervon war ein Auszug gemacht, die Originale aber brachte der Geheime Rat ebenfalls mit [...].
[Wenn die Geheimen Räte aller Ressorts ihren Vortrag gemacht hatten, ordnete der König an, welche Entscheidungen ausgefertigt werden sollten, die Kabinettsräte fertigten die Entscheidungen aus, um 15 Uhr mußten sie zur Unterschrift dem König vorliegen und konnten befördert werden].
Es ist hierbei äußerst zu bewundern, daß, so groß die Anzahl der an den König gerichteten Briefe an sich war, ihm doch alles schriftlich vorgetragen werden mußte, ja daß er nicht nur die Orders, so er schon mündlich gegeben hatte, doch auch noch schriftlich erteilte [...].

Carl Hinrichs, Der allgegenwärtige König, Berlin 1940, S. 89 ff.

a) Vergleichen Sie die Regierungsweise des Königs mit seinen Regierungsgrundsätzen (M 118c).
b) Vergleichen Sie den Tagesablauf des preußischen Königs mit dem Ludwigs XIV. (Kap. ▷ M 103).

123 **„Alles Glück durch den Staat".** In einer Instruktion Friedrichs II. zur „Hebung der Gewerbetätigkeit" aus dem Jahre 1777 heißt es:

Da noch sehr viele Sachen sind, wofür das Geld aus dem Lande gehet, und die gleichwohl hier im Lande eben so gut angefertiget und gemacht werden können, so habe Ich Euch hierdurch aufgeben wollen, dass Ihr Euch die Verbesserung und Vermehrung der Einländischen Manufacturen hauptsächlich angelegen seyn lassen, und beständig darauf raffinieren [klug überlegen] sollet, wo hin und wieder, besonders in kleinen Städten, die sich dazu schicken, neue Manufacturen von solchen Sachen angelegt werden, die alhier entweder noch gar nicht oder doch nicht in hinlänglicher Qualität angefertigt werden, damit das Geld davon nicht fernerhin außerhalb Landes gehet, sondern im Lande selbst verdienet werden kann [. . .]. Hier zu Berlin schicken sich keine anderen Fabriquen, als von Seiden- und rauhen Stoffen und von Porcellain, weil hier viele vornehme, auch fremde Leute sind, die Gusto [Geschmack] haben und dergleichen Sachen lieben; die anderen Fabriquen schicken sich alle besser in die am Wasser belegenen kleinen Städte, wo nicht so theuer wie hier zu leben, und wo Miethe, Holtz und Lebensmittel alles wohlfeiler ist. Denn das ist eine Hauptsache, dass der Arbeiter so wohlfeil als möglich leben kann, alsdann braucht der Entreprenneur [Unternehmer] das Arbeitslohn nicht so theuer zu bezahlen, und er kann seine Waaren viel wohlfeiler verkaufen [. . .].

Was im übrigen die Geschäfte der Seehandlungs-Compagnie[1] betrifft, so müsset Ihr Euch ja nicht zu weitläufig damit extendiren [ausdehnen], sondern alles, was Ihr darinnen unternehmet, zuvor gründlich examiniren und beurtheilen. Der Handel mit Pohlen und nach Holland, Frankreich und Spanien ist hinlänglich, wenn solcher gehörig betrieben wird, denen Pohlen müsst Ihr Holtz, Potasche[2] und dergleichen Sachen abkaufen, dagegen brav viel Salz, Französische Weine, Material Waaren und was die Pohlen sonst gebrauchen zuführen. Nach Frankreich und Spanien müsst Ihr Schlesische Leinwand und von den leichten wollenen Waaren hinschicken und so überhaupt darauf bedacht seyn, die Geschäfte der Seehandlungs-Compagnie auf das beste und vortheilhafteste zu dirigieren.

Rudolf Stadelmann, Preußens Könige in Ihrer Thätigkeit für die Landeskultur, Bd. II, Leipzig 1882, S. 464 ff.

[1] Seehandlungs-Compagnie: staatliche Außenhandelsgesellschaft, aus der später die preußische Staatsbank hervorging
[2] Pottasche: Kohlesaueres Kali, damals vor allem gewonnen aus Holzasche, notwendig vor allem für die Glasherstellung

a) Erarbeiten Sie – auch im Vergleich mit den entsprechenden Texten zu Frankreich und Rußland – weitere typische Merkmale des Merkantilismus.
b) Inwiefern enthält der Text Merkmale eines spezifisch „preußischen" Merkantilismus?

124 Außenpolitik Friedrichs II. – Maximen und Realität

a) Im „Antimachiavell" schreibt Friedrich über den Krieg:

Krieg bringt ganz allgemein so viel Unglück mit sich, sein Ausgang ist so ungewiß und seine Folgen sind für ein Land so verheerend, daß die Fürsten nicht lange genug überlegen können, ehe sie sich auf Krieg einlassen. Die Gewalttaten der Truppen in Feindesland sind nichts im Vergleich zu dem Unglück, das die Staaten der Fürsten, die in den Krieg eintreten, direkt trifft; es ist ein so ernster und so folgenschwerer Akt, einen Krieg anzuzetteln, daß es erstaunlich ist, wie viele Könige den Entschluß dazu so leichtfertig faßten.

Wenn die Monarchen ein wahrhaftiges und getreues Bild des Elends vor Augen hätten, das eine einzige Kriegserklärung für die Völker mit sich bringt, so blieben sie meiner Überzeugung nach dafür nicht empfindungslos. Ihre Vorstellungskraft ist nicht lebhaft genug, um ihnen die Leiden auszumalen, die sie nie kennengelernt haben und vor denen sie ihr Status schützt. Wie sollen sie die Steuerlast nachfühlen können, die für das Volk eine Plage ist? Wie die Trennung von der Landesjugend, welche die Truppenaushebungen mit sich bringen? Jene ansteckenden Krankheiten, die den Armeen zusetzen? Den Horror der Schlachten und Belagerungen, die noch mörderischer sind? Die Pein der Verwundeten, denen die feindliche Waffe eins ihrer Gliedmaße nahm, als einziges Arbeits- und Existenzmittel? Den Schmerz der Waisen, die mit dem Tod ihres Vaters die einzige Stütze verloren, deren sie so sehr bedürfen? Den Verlust so vieler dem Staatswesen nützlicher Menschen, die der Tod vor der Zeit hinweggemäht hat?

Die Fürsten, die einzig und allein in der Welt sind, um die Menschen glücklich zu machen, müßten sehr wohl an all das denken, ehe sie sie aus unbedeutenden, nichtigen Gründen dem aussetzen, was die Menschheit am meisten zu fürchten hat.

Friedrich der Große, Der Antimachiavell, a. a. O., S. 104 f.

b) Kaum einen Monat nach dem Tode Kaiser Karls VI. entwickelt Friedrich II. Anfang November 1740 in einer Denkschrift für seinen Außenminister Podewils „Gedanken über die aus Anlaß des Hinscheidens des Kaisers zu bildenden politischen Pläne":

Schlesien ist von der ganzen Verlassenschaft des

Kaisers dasjenige Stück, auf welches wir das meiste Recht haben, und welches für das Haus Brandenburg am bequemsten gelegen ist; es ist gerecht, seine Rechte zu behaupten und die Gelegenheit des Todes des Kaisers zur Ergreifung derselben zu benutzen.

Die Überlegenheit unserer Truppen über die unserer Nachbarn, die Raschheit, mit der wir sie in Tätigkeit setzen können, der Vorsprung, den wir in allen Stücken ihnen voraus haben, ist vollständig und gibt uns in einer unvorhergesehenen Lage wie dieser ein unendliches Übergewicht über alle anderen Mächte Europas. Wollen wir warten, bis Sachsen und Baiern die Feindseligkeiten [gegen Maria Theresia] beginnen, so können wir Sachsen nicht hindern, sich zu vergrößern, was unseren Interessen doch ganz und gar entgegen ist, und wir entbehren auch in diesem Fall eines guten Vorwandes [. . .].

[Nachdem er die militärische Schlagkraft aller europäischen Mächte bedacht hat, kommt er zu dem Schluß] [. . .] daß wir vor dem Winter Schlesien in Besitz nehmen und während des Winters unterhandeln müssen; dann wird man immer noch wählen können, auf welche Seite man sich schlagen will, und unsere Unterhandlungen werden Erfolg haben, wenn wir einmal im Besitze sind. Verfahren wir anders, so geben wir all unsere Vorteile aus der Hand, und durch bloße Unterhandlung erreichen wir gar nichts, oder vielmehr, man wird uns sehr lästige Bedingungen stellen und nur Kleinigkeiten dafür bieten.

Otto Tschirch (Hg.), Zeitalter des Absolutismus, II, Leipzig, 4. Aufl. 1930, S. 13 f.

a) Geben Sie den Inhalt der beiden Texte knapp wieder und vergleichen Sie die Aussagen.
b) Nehmen Sie kritisch Stellung zu der Betrachtung von „Krieg als Mittel der Politik" am Beispiel der Schlesischen Kriege.

4. „Unterm Krummstab ist gut leben" – Clemens August, Kurfürst von Köln

„Ein Herr über fünf Kirchen"

Clemens August (1700–1761), vierter Sohn des Kurfürsten von Bayern, wurde mit 23 Jahren zum Erzbischof und Kurfürsten von Köln gewählt, als Nachfolger seines Onkels Joseph Clemens und als fünfter Wittelsbacher in ununterbrochener Folge seit 1583. Bereits seit 1719 besaß er die Bischofswürde in Münster und in Paderborn, 1724 wurde er Bischof von Hildesheim und 1728 von Osnabrück; 1732 wählte ihn das Kapitel des Deutschen Ritterordens zum Hochmeister. Als Bischof war er damit „Herr über fünf Kirchen", d. h. Bistümern und Territorien, die in ihrer Gesamtheit wesentliche Teile des heutigen Nordrhein-Westfalen und des südwestlichen und südlichen Niedersachsen umfaßten. Neben dem Erzbischof von Mainz war er der mächtigste Kirchenfürst im Heiligen Römischen Reich Deutscher Nation, als Territorialherr etwa vergleichbar mit dem Herzog von Württemberg. Der politische Einfluß seines Vaters hatte bewirkt, daß der junge Mann entgegen grundsätzlichen Vorschriften des Kirchenrechts mehrere geistliche Fürstentümer in seiner Hand vereinigte, und daß er den Titel eines Bischofs erlangte, bevor er die entsprechenden theologischen Voraussetzungen nachweisen konnte. Denn er wurde erst 1725 zum Priester und 1727 zum Bischof geweiht. Es wird also deutlich, daß sein geistlich-weltlicher Besitz nach dem Willen des Vaters das politische Gewicht des wittelsbachischen Hauses im Reich vermehren sollte.

Vielfalt des Absolutismus in Deutschland

Die überaus abwechslungsreiche und touristisch interessante Kulturlandschaft Deutschlands, wesentlich ein Werk der vielen kleinen und großen weltlichen und geistlichen Fürsten des 18. Jahrhunderts und ihrer Untertanen, wurde auch durch Clemens August mitgestaltet. Neben dem aufgeklärten Absolutismus – ähnliche Grundsätze wie Friedrich II. verfolgten z. B. Joseph II., Sohn und Nachfolger Maria Theresias, oder Leopold Friedrich Franz, Herr des winzigen Fürstentums Anhalt-Dessau – gab es viele Spielarten vergnügungssüchtiger Tyrannei, etwa des Land-

125 Soldatenwerbung, Kupferstich um 1726.
Da eine allgemeine Wehrpflicht noch nicht existierte, bestanden alle Heere der absolutistischen Fürsten nur teilweise aus „Landeskindern", zum anderen Teil aus angeworbenen Söldnern.
Beschreiben Sie, wie die Soldatenwerbung hier vonstatten geht.

grafen von Hessen-Kassel, der seine „Landeskinder" regimenterweise an den König von England verkaufte. Clemens August wählte als Regierungsstil einen „höfischen Absolutismus", wie er in Versailles, aber auch bei seinem Vater in München gepflegt wurde.

Beschränkungen der Macht

Bei der Ausgestaltung seiner Herrschaft war Clemens August allerdings sehr viel stärkeren Beschränkungen unterworfen als ein weltlicher Fürst:

– Wie alle geistlichen Fürsten konnte er, zur Ehelosigkeit verpflichtet, weder auf das Erbe eines Vaters aufbauen noch dynastische Machtpolitik für einen Sohn betreiben. Als geistlicher Fürst mußte er von einem Gremium hoher Geistlicher der betreffenden Bischofskirche, dem Domkapitel, gewählt werden. Das war selbst dann in jedem Fall nicht nur eine Pro-forma-Wahl, wenn, wie bei Clemens August, der Vater erheblichen Druck auf das Domkapitel ausübte. Denn der Fürstbischof war in hohem Maße von seinen Wählern abhängig, eventuell mußte er sogar vor der Wahl eine Wahlkapitulation unterschreiben, in Paderborn etwa ein Schriftstück, das in über 50 Paragraphen genau festlegte, welche Rechte und Pflichten der neue Bischof haben sollte. Er konnte daher nur im Einverständnis mit dem Domkapitel und mit Hilfe eines vorhandenen Behördenapparates regieren.

– Das Domkapitel stellte also das eigentliche Zentrum politischer Macht und Kontinuität dar. Aus ihm kamen die Leiter von Regierung und Verwaltung des Bistums, und es bildete den ersten und vornehmsten Stand bei der Versammlung der Provinzialstände. Den zweiten Stand bildeten die Vertreter des Landadels; sie waren mit den Domherren vielfach verwandt und konnten zusammen mit ihnen jeden Versuch unterbinden, eine Selbstherrschaft durchzusetzen.

– Auch aufgrund mangelnder Verkehrs- und Nachrichtenverbindungen wäre Clemens August nur schwer in der Lage gewesen, seine fünf Territorien „am kurzen Zügel" zu führen. Er begnügte sich mit einer formellen Oberhoheit, erreichte aber durch häufige Besuche und den allen Landen gegenüber gleichen Regierungsstil einen auf seine Person bezogenen Zusammenhalt des Gesamtbesitzes. Die tatsächliche Führung der kirchlichen Angelegenheiten lag in den Händen lokaler Weihbischöfe oder Archidiakone; die Führung in Regierung und Verwaltung hatten – zumindest in Münster, Osnabrück, Paderborn und Hildesheim – seit alters Ratsgremien aus den Reihen des Kapitels.

Kurfürst und Erzbischof von Köln

Zentrum seiner Regierung und Politik war Bonn, die Residenz der Kölner Erzbischöfe seit ihrer Vertreibung aus Köln im späten Mittelalter. Als Kurfürst von Köln und bayerischer Wittelsbacher war Clemens August seit 1740 verwickelt in den Österreichischen Erbfolgekrieg und die damit verbundenen Schlesischen Kriege (▷ S. 151 f.). In diesen Jahren ist seine „Außenpolitik" gekennzeichnet von einem häufigen Wechsel der Allianzen: Seit 1734 war er mit dem französischen König verbündet, erkannte aber 1741, im Gegensatz zu Ludwig XV., die Thronfolge Maria Theresias an. 1742 trat er wieder auf die anti-habsburgische Seite und krönte seinen Bruder Karl Albrecht von Bayern zum Kaiser. Nach dessen Tod (1745) unterstützte er die Kandidatur des Ehemanns Maria Theresias, Franz' I. Bis zum Ausbruch des Siebenjährigen Krieges wechselte er noch mehrfach zwischen französischen und englischen Bündnissen hin und her – jedes Mal gegen beträchtliche Geldzahlungen –, 1756 stand er auf der Seite der Gegner Friedrichs II. Leidtragende dieser Wechselpolitik waren die Bewohner seiner Lande, die bei den kriegerischen Aktionen von den durchziehenden Truppen des jeweiligen Gegners bedrängt wurden.

Ähnlich unstet war die kurkölnische Innenpolitik, d. h. Regierung und Verwaltung des Erzbistums. Bis 1733 übertrug Clemens August die Regierungsgeschäfte einem Ersten Minister, Ferdinand Freiherr von Plettenberg, dann entließ er ihn (aus persönlichen Gründen) „in Ungnaden" und regierte mit einem Ratsgremium, dessen Zusammensetzung und Kompetenzen er mehrfach änderte.

Der kurkölnische Hofstaat

Der Schwerpunkt seiner „Innenpolitik" lag, wie bei Ludwig XV., auf der Sorge um eine angemessene höfische Repräsentation. Clemens August reorganisierte den kurkölnischen Hofstaat in einem Umfang, daß er bis zum Ende des Alten Reiches an Pracht in Norddeutschland unübertroffen blieb. Mehrere hundert Personen waren in genauestens festgelegter Rangordnung den aus dem Land- oder auch Hochadel stammenden Spitzenbeamten des Hofes unterstellt – dem „Obrist-Landhofmeister" und den ihm nachgeordneten Stäben des „Obrist-Hofmeisters", „Obrist-Kämmerers", „Obrist-Marschalls" und „Obrist-Stallmeisters". Mindestens die Vertreter der Kernbereiche dieses Hofstaates und die persönlichen Bediensteten begleiteten die Kirchenfürsten auf seinen zahlreichen Reisen.

Darin und in der Bezeichnung der Hofämter ähnelt der Kurfürst einem mittelalterlichen „Reisekönig". Eine Fortdauer mittelalterlichen Herrscherdenkens im Absolutismus zeigt sich auch darin, daß Clemens August – wie alle Fürsten seiner Zeit – die heute selbstverständliche Trennung öffentlicher und fürstlicher Finanzen nicht beachtete. Es war z. B. unbestritten, daß der Hofbaumeister, Angehöriger des Stabes des Obrist-Hofmeisters, Steuergelder der Untertanen für Bauten verwandte, die dem privaten „höheren Ruhm" seines Herrn dienten.

Clemens August – Bauherr und Mäzen

Clemens August war, wie z. B. auch der Fürstbischof in Würzburg aus dem Hause Schönborn, geradezu von einer „Bauwut" erfaßt. Er förderte oder begann in allen seinen Territorien eine große Zahl „nützlicher" oder „nur" repräsentativer Bauten, kümmerte sich persönlich um die architektonische Gesamtplanung und um die Einzelausstattung mit Gemälden, Gobelins, plastischen Kunstwerken jeder Art und aus den unterschiedlichsten Materialien, um Porzellan- und Keramikschmuck oder Kunstschmiedearbeiten.

Als Kirchenfürst unterstützte er selbstverständlich die Bauarbeiten an Kirchen und Kapellen. So ließ er z. B. die Bauteile des noch unvollendeten Kölner Domes sichern oder an den Domen in Hildesheim und Osnabrück die Barockisierung des Innenraums weiterführen, und in Meppen ließ er eine Residenz der Jesuiten mit einer großen Gymnasialkirche bauen. Von seinen landesherrlichen profanen Gebäuden können z. B. das „Zuchthaus" und das Clemenshospital in Münster genannt werden.

Am wichtigsten unter allen seinen Bauten sind, auch nach heutigem Urteil, zwei repräsentative Schloßanlagen ganz unterschiedlicher Art: Augustusburg in Brühl, etwa auf halbem Wege zwischen seiner Residenzstadt und seinem Bischofssitz Köln gelegen, und Clemenswerth, rund 20 km nordöstlich von Meppen am Rande des Hümmlings, dessen Wälder und Heiden das bevorzugte Jagdgebiet des Fürsten waren.

Schloß Augustusburg

Das Schloß Augustusburg wurde aus einer alten Wasserburg, die 1689 von französischen Truppen stark zerstört worden war, seit 1725 in mehreren Bauabschnitten zu jener großartigen barocken Schloß- und Gartenanlage ausgebaut, die noch heute die Kulisse für besonders festliche Staatsempfänge der Bundesregierung bildet. Zu dem „Gesamtkunstwerk" von Schloß und Garten gehören, wie in Versailles, eine Reihe kleinerer Lustschlösser, und außerdem sind das Jagdgebiet des Kottenforst, der Bonner Hofgarten und die – teilweise umgebaute – Bonner Residenz in die Gesamtkomposition mit einbezogen gewesen.

Jagdschloß Clemenswerth

Das Jagdschloß Clemenswerth, erbaut 1736–1751, gehört zu den originellsten Bauten der damaligen Zeit. Anstatt eines massiven einzigen Baukörpers entwarf der Hofbaumeister Johann Conrad Schlaun ein Ensemble von acht Pavillons, die symmetrisch um einen sternförmigen Rundbau angeordnet sind. Dieser enthielt die Repräsentations- und Privaträume des Fürsten. Sieben der Pavillons dienten dazu, Gäste und Hofstaat, Küche und Wachsoldaten aufzunehmen; der achte Pavillon enthält auch heute noch eine Kapelle und ein kleines Kloster, woran sich ein barocker Klostergarten anschließt. Der Zentralbau war mit wenigen, aber erlesenen Kunstwerken ausgeschmückt. Noch heute beeindruckt die äußere Gestaltung der Bauten: der Kontrast von roten Klinkern und gelben Sandsteinverblendungen und -reliefs mit Jagdemblemen, die kontrastierende Vielfalt von Dach- und Fensterformen.

Symmetrisch-sternförmige Alleen und Wege, sorgfältig proportionierte Entfernungen zwischen dem Marstall, den Schloßgebäuden und kunstvollen Wasser-

126 Luftaufnahme des Jagdschlosses Clemenswerth.

becken verstärken den spielerischen, aber kraftvollen Eindruck der Komposition. Aus der Vogelschau wird auch heute noch deutlich, daß der Grundgedanke dieses in seiner Ausführung so eigenständigen Kunstwerks sich anlehnte an andere „Jagdstern"-Anlagen, d. h. an Jagdschlösser inmitten eines sternförmigen Netzes von Wegen im Wald, auf denen die Hetzjagd auf herbeigetriebenes Wild bequem möglich war.

„Unterm Krummstab ist gut leben"?

Clemens August war ein gebildeter Mann; er hatte, wie Friedrich II. von Preußen, die Schriften Voltaires gelesen und ließ auf Münzen die Devise verkünden „non mihi, sed populo" („Nicht für mich regiere ich, sondern für das Volk"). Die Bauern des Hümmling, die immer wieder zu den Jagddiensten herangezogen wurden und jahrzehntelang Fuhrdienste für den Bau des Schlosses zu leisten hatten, dachten anders darüber und mußten mehrfach durch den Einsatz von Soldaten zum Gehorsam zurückgebracht werden.

Andererseits aber wurde auch Clemens August nach seinem Tode bald Gegenstand historischer Legendenbildung, die sich fassen läßt in dem Spruch „Bei Clemens August trug man blau und weiß, Da lebte man wie im Paradeis." Das klingt einleuchtend aus der Sicht der Ständevertreter, deren Rechte der Fürst nicht angetastet hatte, oder auch aus der Sicht all derer, die an der Hofhaltung und den Bauten des Fürsten gut verdient hatten. Vielleicht aber haben auch viele der geschundenen und gedrückten Untertanen die nachträgliche Verklärung mitgetragen. Denn zum einen hat bis in unsere Tage hinein öffentliche Repräsentation immer auch das Selbstwertgefühl des einzelnen und seine Übereinstimmung mit den Herrschenden beeinflußt. Und zum anderen ist die Generation nach Clemens August in die Wirren der Französischen Revolution und der Napoleonischen Kriege geworfen worden; für sie verkörperte der höfische Glanz dieses Fürsten die „gute alte Zeit".

127 Die wichtigsten Bauten – neben Brühl und Clemenswerth –, die von Clemens August ganz oder teilweise finanziert wurden:

1. Im Ebt. Köln: Die Bonner Pfarrkirche St. Johannes und Petrus, das Bonner Kapuzinerkloster mit Kirche, das Priesterseminar in Köln, das Schloß in Arensberg.
2. Bt. Münster: Das Clemenshospital mit Kirche in Münster, das Zuchthaus mit Kapelle in Münster, die Jesuitenresidenz mit Kirche in Meppen, die Residenz in Münster, das Schloß Ahaus.
3. Bt. Paderborn: Die Jesuitenkirche in Büren, das Schloß Neuhaus.
4. Bt. Hildesheim: Jagdschloß und Kirche in Liebenburg, Schloß und Kirche in Ruthe, Pfarrkirche in Bockenem.
5. Bt. Osnabrück: Das Zuchthaus in Osnabrück, das Kloster in Iburg.
6. Deutscher Orden: Ordensschloß und -kirche in Bad Mergentheim.

Zusammengestellt nach: Kurfürst Clemens August, Landesherr und Mäzen des 18. Jahrhunderts, Katalog der Ausstellung in Schloß Augustusburg zu Brühl, Köln 1961, pass.

128 Aus den Rechnungsbüchern des Fürstbischofs

a) Kosten für die Jagd

Die Jagdhunde wurden gefüttert mit „gerstebrot" und Rindfleischbrühe, wobei für jeden der großen Meutehunde 2 Pfund Brot pro Tag gerechnet wurden ... Die Pferde waren unentbehrlich für die fürstliche Jagd. Ihre Zahl bei den Aufenthalten in Clemenswerth schwankte zwischen 120 im Oktober 1737 und 250 im Herbst 1742. Für 200 Pferde und einen Aufenthalt von drei Monaten ließ der Oberstallmeister folgende Mengen Futter einkaufen: „1600 Malter Hafer Cölnische maaß machen Hümmlinger maaß 6750 Vierogg [etwa 2400 Zentner], 1800 centner heu jeder zu 106 pfundt gerechnet, 8000 bäuschen strohe, jeder zu 15 pfundt schwer" ... Clemens August hat in großem Maße in seine Jagdleidenschaft Geld investiert. Seine Reise nach Clemenswerth 1751 kostete nach einer Aufstellung 14923 Taler. Bei der Versteigerung nach dem Tode des Fürsten wurden für Hunde, Pferde, Wagen, Sattelzeug 17895 Taler eingelöst.

Clemenswerth – Schloß im Emsland, hg. v. Emsländischen Heimatbund, 1. Aufl. 1987, S. 43 f.

b) Baukosten:

Folgt man den bekannten Berechnungen des Clemens-August-Kenners Edmund Renard, so verschlang das Bonner Bauwesen – das Stadtschloß und Schloß Poppelsdorf betreffend – in fast 30 Jahren 350000 Reichstaler, allein für den Innenausbau der Augustusburg flossen 320000 Taler. Bei der kleinen „Falkenlust" war mit verbauten 55000 Talern auch nicht gerade jeder Pfennig umgedreht, bevor er ausgegeben. Schloß Clemenswerth kostete jährlich 20–25000 Taler, die Ausgaben waren bis 1745 auf 140000 Taler angewachsen [die Endsumme betrug rund 200000 Taler].

Clemenswerth, a. a. O., S. 45

a) Verschaffen Sie sich Informationen über andere große Schloßanlagen des 18. Jahrhunderts in deutschen Territorien und europäischen Reichen und vergleichen Sie sie mit der Anlage von Clemenswerth.

b) Diskutieren Sie die Kosten-Nutzen-Bilanz derartiger Bauten für die Fürsten und für die Untertanen.

Zur Diskussion

„Leviathan" – Theorien über den allmächtigen Staat

Im Unterschied zu den übrigen Diskussions-Kapiteln sollen hier nicht Gedanken moderner Historiker dargeboten, sondern Aspekte der gelehrten Diskussion des 17. und 18. Jahrhunderts vorgestellt werden. Denn die Aussagen über den „allmächtigen" Staat und die Begrenzungen staatlicher Macht stehen einerseits in einem deutlichen Gegensatz zu den mittelalterlichen Vorstellungen eines „Gott-Königtums", und sie bilden andererseits die Grundlage für staatsrechtliche Erörterungen bis hin in unsere Zeit. Die Theorien, die hier dokumentiert werden, aus denen hier zitiert wird, hatten einen gemeinsamen Ausgangsgedanken: die Idee, daß es in der Menschheitsentwicklung einen „Urzustand" völliger Gleichheit und Freiheit des Einzelnen gegeben habe, daß die Individuen sich auf der Grundlage „vernünftiger" Überlegungen zu einem Staatsverband zusammengeschlossen hätten. Aus dieser zentralen Idee eines Vertrags-Staates wurden allerdings hinsichtlich der Durchführung des Staatsvertrages unterschiedliche logische Konsequenzen gezogen; sie bildeten bis zur Französischen Revolution die Legitimitätsgrundlage des absoluten wie des konstitutionellen Königtums.

129 **Thomas Hobbes über den Naturzustand, die Entstehung und den Charakter des Staates.** Der englische Gelehrte Thomas Hobbes (1588–1679) war als Anhänger des Königtums während der Herrschaft Cromwells ins Exil nach Paris gegangen. Dort verfaßte er 1651 sein Buch „Leviathan".

a) In der Einleitung heißt es:

Die Natur oder die Weisheit, welche Gott in der Hervorbringung und Erhaltung der Welt darlegt, ahmt die menschliche Kunst so erfolgreich nach, daß sie unter anderen Werken auch ein solches liefern kann, welches ein künstliches Tier genannt werden muß [...]. Doch die Kunst schränkt sich nicht nur auf die Nachahmung der eigentlichen

Tiere ein, auch das edelste darunter, den Menschen, bildet sie nach. Der große Leviathan (so nennen wir den Staat) ist ein Kunstwerk oder ein künstlicher Mensch, – obgleich an Umfang und Kraft weit größer als der natürliche Mensch, welcher dadurch geschützt und glücklich gemacht werden soll. Bei dem Leviathan ist derjenige, welcher die höchste Gewalt besitzt, gleichsam die Seele, welche den ganzen Körper erhält und in Bewegung setzt; die Obrigkeiten und Beamten stellen die künstlichen Glieder vor; die von der höchsten Gewalt abhängenden Belohnungen und Bestrafungen, wodurch jeder einzelne zur Erfüllung seiner Obliegenheiten angehalten wird, vertreten die Stelle der Nerven; das Vermögen einzelner Personen ist hier die Kraft, so wie das Glück des Volkes das allgemeine Geschäft; Billigkeit und Recht eine künstliche Vernunft; Einigkeit ist gesunder, Aufruhr hingegen kranker Zustand, und Bürgerkrieg der Tod. Die Verträge endlich, welche die Teile dieses Staatskörpers verbinden, sind jedem bei Erschaffung der Welt von Gott gebrauchten Machtworte gleich: Es werde Licht, oder: Lasset uns Menschen machen.

b) Der Naturzustand:

Mitbewerbung [competitio], Verteidigung und Ruhm sind die drei hauptsächlichsten Veranlassungen, daß sich die Menschen miteinander verunreinigen. Mitbewerbung zielt auf Herrschaft und veranlaßt Streit über Gewinn; Verteidigung hat Sicherheit zur Absicht und streitet für Wohlfahrt; Ruhm strebt nach einem guten Namen und bewirkt oft über geringfügige Dinge Uneinigkeit [. . .]. Hieraus ergibt sich, daß ohne eine einschränkende Macht der Zustand der Menschen ein [. . .] Krieg aller gegen alle [ist]. Denn der Krieg dauert ja nicht etwa nur so lange, als tätige Feindseligkeiten geübt werden, sondern solange der Vorsatz herrscht, Gewalt mit Gewalt zu vertreiben [. . .].

Was auch nur mit dem Krieg aller gegen alle verbunden ist, das findet sich auch bei den Menschen, die ihre Sicherheit einzig auf ihren Verstand und auf ihre körperlichen Kräfte gründen müssen. Da findet sich aber auch kein Fleiß [industria], weil kein Vorteil davon zu erwarten ist; es gibt keinen Ackerbau, keine Schiffahrt, keine bequemen Wohnungen, keine Werkzeuge höherer Art, keine Länderkenntnis, keine Zeitrechnung, keine Künste, keine gesellschaftlichen Verbindungen; statt alles dessen ein tausendfaches Elend; Furcht, gemordet zu werden, stündliche Gefahr, ein einsames, kümmerliches, rohes und kurz dauerndes Leben [. . .]. Eben daraus fließt ferner, daß es in einem solchen Zustand keinen Besitz, kein Eigentum, kein Mein und Dein gibt, sondern was jemand erworben hat, gehört ihm, solange er es sich zu sichern imstande ist [. . .]. [I, 13]

c) Entstehung des Staates

Die Absicht und Ursache, warum die Menschen bei allem ihrem natürlichen Hang zur Freiheit und Herrschaft sich dennoch entschließen konnten, sich gewissen Anforderungen, welche die bürgerliche Gesellschaft fordert, zu unterwerfen, lag in dem Verlangen: sich selbst zu erhalten und ein bequemes Leben zu führen, oder mit anderen Worten, aus dem elenden Zustand eines Krieges aller gegen alle gerettet zu werden [. . .].

Um aber eine allgemeine Macht zu gründen, unter deren Schutz gegen auswärtige und innere Feinde die Menschen bei dem ruhigen Genusse der Früchte ihres Fleißes und der Erde ihren Unterhalt finden können, ist der einzig mögliche Weg hierzu der: daß jedweder alle seine Macht oder Kraft einem oder mehreren Menschen übertrage, wodurch der Wille aller gleichsam in einem Punkt vereinigt wird; so daß dieser eine Mensch oder diese eine Gesellschaft eines jeden einzelnen Stellvertreter werde und ein jeder die Handlungen jener betrachte, als habe er sie selbst getan, weil sie sich dem Willen und Urteile jener freiwillig unterworfen haben. Dies faßt aber noch etwas mehr in sich als Übereinstimmung und Eintracht; denn es ist eine wahre Vereinigung in einer Person und beruht auf dem Vertrage eines jeden mit einem jeden, wie wenn ein jeder zu einem jeden sagte: „Ich übergebe mein Recht, mich selbst zu beherrschen, diesem Menschen und dieser Gesellschaft unter der Bedingung, daß du ebenfalls dein Recht über dich ihm oder ihr abtretest“. Auf diese Weise werden alle einzelnen eine Person und heißen Staat oder Gemeinwesen. So entsteht der große Leviathan oder, wenn man lieber will, der sterbliche Gott, dem wir unter dem ewigen Gotte allein Frieden und Schutz zu verdanken haben. Dieses von allen und jedem übertragene Recht bringt eine so große Macht und Gewalt hervor, daß durch sie alle Gemüter um Frieden unter sich gern geneigt gemacht und zur Verbündung gegen auswärtige Feinde leicht bewogen werden [. . .]. Von dem Stellvertreter des Staates sagt man: er besitzt die höchste Gewalt. Alle übrigen heißen Untertanen und Bürger. [II, 17]

d) Der Charakter des Staates

Nach der Art, wie ein Staat entstand, sind auch die darin gegründeten Rechte und alle Macht des Oberhauptes sowie die Pflichten eines jeden Bürgers zu bestimmen.

Erstlich, daß sie einen solchen Vertrag schlossen, setzt voraus, daß sie durch keine älteren Verträge zu etwas verpflichtet waren, was dem gegenwärtigen Vertrage entgegen wäre. Bürger, welche bereits zu einem Staate gehören, dürfen also keinen neuen Vertrag eingehen, wodurch sie wider Willen ihres rechtmäßigen Oberhauptes einen anderen zu ihrem Stellvertreter wählen oder einem andern zu gehorchen sich verpflichten. Folglich können die Bürger in einem monarchischen Staate weder diese Einrichtung verändern noch zum Naturzustande zurückkehren, wenn nicht der Oberherr selbst oder jedweder von den Bürgern darein willigt. Sie würden alsdann den gemeinschaftlichen Vertrag brechen und ihrem Oberherrn die ihm gegebene und also rechtmäßige Gewalt widerrechtlich rauben [. . .].
Zweitens: Kann wegen schlechter Verwaltung des Staates die höchste Gewalt ihrem Besitzer nicht genommen werden, denn teils stellt derselbe den gesamten Staat vor, und folglich sind seine Handlungen als Handlungen des ganzen Staates anzusehen; wer kann aber dabei den Staat als schuldig anklagen? Teils errichtet ja der, welchem die höchste Gewalt übertragen wird, mit denen, welche sie ihm übertrugen, eigentlich keinen Vertrag, und folglich kann er keinem Unrecht tun, weshalb ihm die höchste Gewalt genommen werden dürfte [. . .].
Gesetzt aber, es wäre möglich, daß ein Oberherr in einem Staate Verträge eingehen und sie übertreten könne; wer soll es entscheiden, wenn er sie übertreten zu haben leugnet, obgleich er es wirklich getan hat? Wird es aber nicht entschieden, so kehrt man in den Zustand der Gesetzlosigkeit zurück, und der Staat hört auf. Wird es vom Staate entschieden, so muß es von dem selbst geschehen, der der Stellvertreter des Staates ist, d. h. von dem Oberherrn. [II, 18]

a)–d): Arnold Bergstraesser/Dieter Oberndörfer (Hg.), Klassiker der Staatsphilosophie I, Stuttgart 1962, S. 164f., 166–168, 173f., 174f.

a) Skizzieren Sie das Rechtsverhältnis von Staatsoberhaupt und Untertanen und stellen Sie die Begründungen des Autors zusammen.
b) Setzen Sie sich kritisch mit der Argumentation des Textes d) auseinander.

130 Titelblatt der Erstausgabe des „Leviathan“, London 1651; lateinische Überschrift nach dem Alten Testament, Hiob 41,26: Es gibt keine Macht der Erde, die ihm vergleichbar ist.
Entschlüsseln Sie die Symbolik des Bildes auch mit Hilfe der Textauszüge M. 129.

131 John Milton über den „Besitztitel von Königen und Räten“. Der englische Dichter und Gelehrte John Milton (1608–1674) griff als überzeugter Puritaner mit politischen Schriften in den Kampf gegen das Königtum ein und war von 1649 bis 1660 im Staatsrat der englischen Republik. In seiner Schrift „Der Besitztitel von Königen und Räten“ aus dem Jahre 1649 führt er aus:

Da es offenbar ist, daß die Macht der Könige und Räte nur etwas Abgeleitetes ist, vom Volk übertragen und anvertraut zum gemeinsamen Wohl aller, bei denen im Grunde jedoch die Macht verbleibt und sich ohne Verletzung des natürlichen Geburtsrechts nichts wegnehmen läßt [. . .], folgt daraus: daß der Titel souveräner Herr, natürlicher Herr und dergleichen entweder Anmaßungen oder Schmeicheleien sind; daß der König – wie man gewöhnlich sagt – ein ebenso gutes Recht auf Krone und Würde hat wie jeder Mensch auf sein Erbe, bedeutet, den Untertanen zu nichts Besserem zu machen als zu einem Sklaven des Königs, seinem Vieh oder zu seinem verkäuflichen Eigentum [. . .], dies zu behaupten, das wäre eine Art Hochverrat gegen die Menschenwürde; daß die Lehre, Könige seien nur Gott verantwortlich, zum gänzlichen Umsturz von Gesetz und Ordnung führt [. . .]. Da ja der König oder sein Rat seine Amtsgewalt vom Volk erhält, und zwar ursprünglich und natürlich zuerst zum Wohl aller und nicht des seinen, darf das Volk, sooft es dies für das Beste hält, ihn entweder wählen oder verwerfen, ihn beibehalten oder absetzen [. . .] lediglich aufgrund der Freiheit und des Rechts freigeborener Männer, sich regieren zu lassen, wie es ihnen am besten scheint.

Michael Fuhs (Hg.), Herrschaftsformen der frühen Neuzeit, Ploetz Arbeitsmaterialien, Freiburg 1978, S. 68 f.

Vergleichen Sie den Standpunkt Miltons mit dem von Hobbes und mit den Maximen des französischen Königtums.

132 John Locke über politische Gewalt, Entstehung des Staates und das Recht zum Widerstand.

Der englische Jurist und Naturwissenschaftler John Locke (1632–1704) lebte als Gegner des Königtums zwischen 1675 und 1689 im Exil auf dem Kontinent und kehrte mit der „Glorious Revolution“ 1689 nach England zurück. 1690 entstand sein bedeutendstes staatspolitisches Werk „Two Treatises of Government“. Darin führt er aus:

a) Das Wesen politischer Gewalt

Um politische Gewalt richtig zu verstehen und sie von ihrem Ursprung abzuleiten, müssen wir betrachten, in welchem Zustande sich die Menschen von Natur befinden. Dies ist ein Zustand völliger *Freiheit,* innerhalb der Grenzen des Naturrechts ihre Handlungen zu regeln und über ihren Besitz und ihre Person zu verfügen, wie sie es für am besten halten, ohne die Erlaubnis eines anderen zu fordern oder von seinem Willen abzuhängen. Ebenso ein Zustand der *Gleichheit,* worin alle Gewalt und Jurisdiktion gegenseitig ist und einer nicht mehr hat als der andere; denn nichts ist klarer, als daß Geschöpfe derselben Gattung und desselben Ranges, die ohne Unterschied zum Genuß aller derselben Vorzüge der Natur und zum Gebrauch derselben Fähigkeiten geboren sind, ohne Unterordnung und Unterwerfung, auch untereinander gleich sein müssen; es sei denn, daß der Herr und Meister ihrer aller durch eine deutliche Kundgebung seines Willens einen über den anderen setzt, und ihm durch eine überzeugende, klare Ernennung ein unzweideutiges Recht auf Dominium und Souveränität erteilt [. . .]. Aber obwohl dies ein Zustand der Freiheit ist, so ist es doch kein Zustand der Zügellosigkeit. Der Mensch hat in jenem Zustand eine unwiderlegbare Freiheit, über seine Person oder seinen Besitz zu verfügen; aber er hat nur keine Freiheit, sich selbst oder auch nur ein in seinem Besitz befindliches Geschöpf zu vernichten, außer wo ein edlerer Zweck als seine bloße Erhaltung es erfordert. Der Naturzustand [state of nature] wird durch ein natürliches Gesetz [law of nature] regiert, das einen jeden verpflichtet. Dieses Gesetz ist die Vernunft, und sie lehrt die ganze Menschheit, wenn sie sie nur befragen will, daß, da alle gleich und unabhängig sind, niemand dem anderen an seinem Leben und Besitz, seiner Gesundheit und Freiheit Schaden zufügen soll [. . .]. Damit nun alle Menschen abgehalten werden, in die Rechte anderer einzugreifen und einander Böses zu tun [. . .], ist in jenem Zustande die Vollziehung des Naturrechtes in jedermanns Hände gelegt, wodurch ein jeder berechtigt ist, die Übertreter jenes Rechtes in einem solchen Grade zu bestrafen, als erforderlich ist, die Verletzung des Rechtes zu verhindern [. . .]. (II, § 4, § 6 f.)

b) Die Entstehung des Staates

Wenn der Mensch im Naturzustand so frei ist, wie gesagt worden ist, wenn er absoluter Herr seiner eigenen Person und Besitztümer ist, dem Größten gleich und niemand untertan – weshalb soll er seine Freiheit fahrenlassen? Weshalb soll er seine Selbständigkeit aufgeben und sich dem Dominium und dem Zwang einer anderen Gewalt unterwerfen? Die Antwort liegt auf der Hand, nämlich: obwohl er im Naturzustand ein solches Recht hat, so ist doch der Genuß dieses Rechts sehr unsicher und beständig den Eingriffen anderer ausgesetzt [. . .]. Dies macht ihn geneigt, sich aus einer Lage zu befreien, die bei aller Freiheit voll ist von Furcht und beständiger Gefahr; und es ist nicht ohne Grund, daß er sucht und bereit ist, sich mit anderen zu einer Gesellschaft zu verbinden, die bereits vereinigt sind oder die Absicht haben, sich zu vereinigen, zum gegenseitigen Schutz ihres Lebens, ihrer Freiheiten und ihres Vermögens, was ich mit dem allgemeinen Namen Eigentum bezeichne. (II, §§ 123 ff.)

c) Legislative und exekutive Gewalt

Da der große Zweck, zu welchem Menschen in eine Gesellschaft eintreten, im friedlichen und sicheren Genuß ihres Eigentums besteht, und da das große Werkzeug und Mittel dazu das in dieser Gesellschaft eingesetzte Recht ist, so ist das erste und grundlegende positive Gesetz [positive law] aller Staaten die Einsetzung der legislativen Gewalt [...]. Diese Legislative ist nicht allein die höchste Gewalt des Staates, sondern sie ist heilig und unabänderlich in den Händen, in welche die Gemeinschaft sie einmal gelegt hat; auch kann eine Verordnung irgendeines anderen, in welcher Form sie auch verfaßt, von welcher Macht sie auch gestützt sein mag, nicht die verpflichtende Kraft eines Gesetzes haben, wenn sie nicht ihre Sanktion von derjenigen Legislative erhält, die das Volk gewählt und ernannt hat. Ohne diese würde das Gesetz nicht das haben, was absolut notwendig ist, um es zu einem Gesetz zu machen, nämlich die Zustimmung der Gesellschaft; denn dieser Gesetze zu geben, kann niemand eine Gewalt haben als durch ihre eigene Zustimmung und von ihr empfangene Ermächtigung [...]. Die legislative Gewalt ist die, welche ein Recht hat zu bestimmen, wie die Macht des Staates zur Erhaltung der Gemeinschaft und ihrer Glieder gebraucht werden soll. Da aber diejenigen Gesetze, die fortgesetzt zur Vollziehung gelangen und deren Kraft eine beständig dauernde sein soll, in einer kurzen Zeit gegeben werden können, so liegt kein Bedürfnis vor, daß die Legislative eine beständige sei, weil sie nicht immer Geschäfte zu verrichten hat. Bei der Schwäche der menschlichen Natur, die immer bereit ist, nach Macht zu greifen, würde für dieselben Personen, die die Macht besitzen, Gesetze zu geben, die Versuchung groß sein, auch die Macht sie zu vollziehen in die Hand zu bekommen. Sie könnten dadurch sich selbst von dem Gehorsam gegen die Gesetze, die sie geben, ausnehmen [...] und dahin gelangen, ein von der übrigen Gemeinschaft verschiedenes, dem Zweck der Gesellschaft und Regierung widersprechendes Interesse zu verfolgen [...]. Und so geschieht es oft, daß die legislative und exekutive Gewalt getrennt werden (II, §§ 134 ff.; §§ 143 ff.)

d) Recht zum Widerstand

Überall, wo das Gesetz ein Ende findet, wenn das Gesetz überschritten wird zum Schaden eines anderen, fängt die Tyrannei an. Jeder, der in seiner Autorität über die ihm gesetzlich eingeräumte Macht hinausgeht und von der Gewalt, über die er verfügt, Gebrauch macht, den Untertanen das aufzuzwingen, was das Gesetz nicht gestattet, hört in dieser Beziehung auf, Obrigkeit zu sein; und da er ohne Autorität handelt, darf ihm Widerstand geleistet werden wie jedem anderen, der mit Gewalt in das Recht eines anderen eingreift [...]. „Darf also den Befehlen eines Fürsten Widerstand geleistet werden?" [...] Darauf antworte ich: nur der ungerechten und ungesetzlichen Gewalt darf Gewalt entgegengesetzt werden. Jeder, der in einem anderen Falle Widerstand leistet, zieht sich die gerechte Verurteilung durch Gott und Menschen zu (II, §§ 202 ff.).

a)–d) A. Bergstraesser/D. Oberndörfer, a. a. O., S. 184–186, S. 187–188, 194, 198 f., 209 f.

a) Erarbeiten Sie die Rechte und Pflichten von Staatsoberhaupt und Untertanen; nennen Sie auch die Akzente, die der Autor bei seinen Begründungen setzt.

b) Untersuchen Sie in kritischem Vergleich mit den Texten von Hobbes die Gedanken über den Naturzustand, den Staatszweck und die Ausgestaltung der Staatsmacht.

1. *Charakterisieren Sie anhand der Beispiele „den" Absolutismus in Politik, Wirtschaft und Regierungsweise*
2. *Vergleichen Sie die verschiedenen Grundsatzäußerungen über die Stellung des Fürsten mit den Gedanken Machiavellis, die Sie im 1. Kapitel kennengelernt haben.*
3. *Erörtern Sie, ausgehend von dem Beispiel Friedrichs II. von Preußen, die Frage, in welchem Umfang die absolutistischen Regierungssysteme reformierbar oder nur durch eine Revolution veränderbar waren.*
4. *Überlegen Sie, inwiefern Staatstheorien des 17. Jahrhunderts Auswirkungen auf die Politik des 18. Jahrhunderts haben konnten (siehe auch Kap. V.).*
5. *Erörtern Sie mögliche Folgen der absolutistischen Regierungsformen in ihrer Epoche und evtl. auch für spätere Geschichte.*

VI. Mächterivalitäten und Machtkämpfe im 18. Jahrhundert

Könnte ein Herrscher oder Leitender Minister des 18. Jahrhunderts mit einem Staatsmann unserer Zeit über „Internationale Politik" sprechen, würde er wahrscheinlich befremdet darüber sein, wie sehr sich die Rahmenbedingungen heutiger Außenpolitik gewandelt und kompliziert haben. Er würde z. B. nur schwer verstehen, warum nationaler Machtegoismus als außenpolitische Leitidee und Legitimation zurückgedrängt wurde durch die Forderung, eine globale Friedensordnung zu sichern; und er würde den Kopf schütteln über die vielfältigen Zwänge – etwa aus Wirtschaft, öffentlicher Meinung oder Parteipolitik –, die den Handlungsspielraum eines modernen Politikers einengen.
Er müßte sich aber umgekehrt fragen lassen, was denn zu halten sei von der Außenpolitik seiner Zeit, als ein unkontrollierbarer Entschluß in einem fürstlichen Kabinett einen langjährigen Krieg auslösen konnte; als ganze Territorien in Europa und Übersee ohne Rücksicht auf die Bevölkerung zwischen den Großmächten „verschachert" wurden; und als unter der Leitidee der Staatsräson der Krieg, seine diplomatische Vorbereitung und Beendigung geradezu als Beweis von Staatskunst angesehen wurden.

1541	Mit der Gründung der Kolonie „Neufrankreich" im heutigen Kanada wird der Grundstein für ein weitläufiges Kolonialgebiet der französischen Krone in Nordamerika und Indien gelegt.
1584	Mit der Inbesitznahme Virginias für Königin Elisabeth I. beginnt die englische Kolonialexpansion in Nordamerika, die ebenso wie in Indien durch private Gesellschaften getragen wird.
1701–1713	Im Spanischen Erbfolgekrieg wird die Vereinigung des spanischen und französischen Kolonialbesitzes verhindert; England als Hauptnutznießer des Friedens von Utrecht steigt zur führenden See- und Kolonialmacht auf.
1700–1721	Im Nordischen Krieg steigt Rußland anstelle von Schweden zur Vormacht in Osteuropa und zur europäischen Großmacht auf.
1740–1748	Im Österreichischen Erbfolgekrieg behauptet Maria Theresia, Herrscherin Österreichs, die Krone gegen den Kurfürsten von Bayern, der vor allem von Frankreich und Preußen unterstützt wird. In zwei gleichzeitig geführten Schlesischen Kriegen verliert sie die Provinz Schlesien an Friedrich II. von Preußen.
1751/54–1763	In einem von raschen englischen Erfolgen geprägten Krieg in Nordamerika und Indien verliert Frankreich fast den gesamten Kolonialbesitz an England.
1756–1763	Im Siebenjährigen Krieg behauptet sich Friedrich II. von Preußen gegen eine Koalition der Großmächte Österreich, Frankreich und Rußland. Er sichert den preußischen Besitz Schlesiens und die Stellung Preußens als europäische Großmacht.
1772/1793/1795	Das Königreich Polen wird in drei Schritten unter die angrenzenden Großmächte Rußland, Preußen und Österreich aufgeteilt.

1. Der englisch-französische Machtkampf

Eine neue politische Situation in Europa

Gegen Ende des 17. Jahrhunderts ergab sich für die Außenpolitik der europäischen Mächte eine neue Situation: Es war abzusehen, daß die Dynastie der Habsburger in Spanien mit dem Tode Karls II. (1665–1700) aussterben würde; und so stellte sich die Frage, wer das Erbe auf der iberischen Halbinsel, in den spanischen Besitzungen in Europa und in dem riesigen Kolonialreich antreten sollte. Nach den völkerrechtlichen Grundsätzen der damaligen Zeit begründeten sich Erbansprüche in dynastischen Verbindungen, und in diesem Sinne war der habsburgisch-österreichische Erzherzog Karl erbberechtigt, aber auch Philipp von Anjou, Enkel Ludwigs XIV. (aus dessen Ehe mit einer spanischen Prinzessin hergeleitet). Ein Kampf um die Durchsetzung der Erbansprüche war sehr wahrscheinlich, weil die Verbindung der spanischen Krone mit der französischen oder eine Wiedervereinigung der beiden habsburgischen Linien in Deutschland und Spanien schwerwiegende Folgen für die Machtverhältnisse in Europa haben mußte. Denn es war gerade das wesentliche außenpolitische Ergebnis des Augsburger Religionsfriedens und des Westfälischen Friedens gewesen, eine drohende habsburgische Vormacht über Europa verhindert zu haben (▷ S. 47 und 57 f.). Und eine spanisch-französische Erbverbindung mußte einen ganz unerträglichen Machtzuwachs erbringen für einen Monarchen, dessen Expansionskriege immer wieder begründet wurden mit fadenscheinigen Verwandtschaftsansprüchen (▷ S. 131 f.).

Ende der englisch-französischen Interessengemeinschaft

Daher endete die lange Ära englisch-französischer Zusammenarbeit, die sich seit den Tagen Philipps II. im gemeinsamen Kampf gegen den spanischen Alleinanspruch in der Neuen Welt und gegen eine spanisch-habsburgische Vormacht auf dem Kontinent gezeigt hatte. Die Politik Ludwigs XIV. dagegen lief seit Anbeginn den englischen Interessen in vielfältiger Weise zuwider: Die außerordentlich erfolgreiche koloniale Expansion der Franzosen in Nordamerika wurde als Bedrohung der Neuengland-Kolonien und der englischen Handelsinteressen empfunden, der Ausbau der französischen Kriegsflotte als Gefährdung der englischen Seemacht (▷ S. 79 f.); die französische Unterstützung für die katholischen Stuarts in der Zeit der Bürgerkriege blieb als Angriff auf die englische Freiheit unvergessen, die neue britische Dynastie aus dem niederländischen Hause Oranien (▷ S. 121 und M 134) brachte zusätzlich ein persönliches anti-französisches Moment in die britische Politik. Die Aussicht, daß Ludwig XIV. über seinen Enkel als spanischen Erben doch noch die Führung über Europa erringen könnte, bewirkte so, daß in dem langen Spanischen Erbfolgekrieg (1700–1713) die englische Regierung den politischen (und finanziellen) „Motor" einer großen Allianz gegen Frankreich bildete, deren weitere Bundesgenossen die Generalstaaten Österreich und Preußen waren.

Der Friede von Utrecht

1711 allerdings wurde Erzherzog Karl, als Karl III. seit 1703 König von Spanien, nach dem unerwarteten Tod seines Bruders, des Kaisers Josef I. (1705–1711), Erbe auch der österreichischen Besitzungen, zu denen seit Ausgang des 17. Jahrhunderts als Ergebnis erfolgreicher Kriege gegen die Osmanen auch der größte Teil Ungarns und Kroatiens gehörte. In dieser Situation stellte sich die britische Regierung gegen den bisherigen Verbündeten, um eine habsburgische Machtkonzentration zu verhindern. Der Krieg schleppte sich ohne größere Kampfhandlungen noch zwei Jahre hin. Schließlich setzte im Frieden von Utrecht 1713 die britische Regierung ihre Interessen weitgehend durch:

– Die spanische Krone fiel zwar an einen bourbonischen (französischen) Prinzen, eine dynastische Verbindung mit der königlich-bourbonischen Linie in Frankreich wurde jedoch ausgeschlossen. Von den spanischen Besitzungen in Europa gingen die Niederlande, Sardinien und das Königreich Neapel an Österreich, Sizilien an den Herzog von Savoyen. Ludwig mußte ferner einer möglichen Thronfolge des Kurfürsten von Hannover auf dem englischen Thron zustimmen (dieser Fall trat bereits 1714 ein). Damit war in Westeuropa ein annähernd ausgeglichenes Kräftedreieck Spanien–Frankreich–Österreich geschaffen.

– Die während des Krieges besetzten Flottenstützpunkte Gibraltar und Menorca blieben in britischem Besitz, Portugal und seine Kolonien gerieten in politische Abhängigkeit von Großbritannien. In Übersee wurden große Teile Französisch Kanadas und die Kontrolle über den (spanischen) Sklavenhandel an England abgetreten. Damit wurden die Weichen für den Aufbau eines britischen Kolonialimperiums gestellt.

Das „Fünf-Mächte-Europa"

Der Frieden von Utrecht stellte den gedanklichen Ausgangspunkt für eine neue europäische Friedensordnung dar; ihre tatsächliche Ausformung nahm noch die folgenden fünfzig Jahre in Anspruch. Am Ende dieser Phase waren Spanien, Schweden und die Generalstaaten aus dem Kreis der europäischen Großmächte ausgeschieden; Großbritannien, Frankreich, Österreich und die Aufsteiger-Mächte Rußland und Brandenburg-Preußen (▷ Kap. V.2. und V.3.) bildeten ein vorherrschendes Fünf-Mächte-System („Pentarchie"), das in seinen Grundzügen bis zum Ende des Ersten Weltkriegs stabil blieb. Vor allem die Außenpolitik Großbritanniens wurde – trotz wechselnder innenpolitischer Machtverhältnisse – bewußt unter die Leitidee gestellt, das System der Pentarchie in einem „Gleichgewicht der Mächte" zu halten, d. h. einseitige Machtverschiebungen zugunsten einer der Großmächte zu verhindern.

Mächterivalitäten 1713–1763

Zu diesem Zweck nutzte die britische Führung bereits in der Entstehungsphase des Systems Rivalitäten unter den Mächten kühl und nüchtern aus. So hatte es z. B. gegen den Versuch des spanischen Königs, die Bestimmungen von Utrecht zu revidieren, bis gegen Ende der 1720er Jahre eine enge britisch-französisch-österreichische Zusammenarbeit gegeben. In deren Gefolge erhielt Österreich im Austausch gegen Sardinien vom Herzog von Savoyen die Herrschaft über Sizilien und weitere Gebiete Oberitaliens von Spanien. Seit der Mitte der 1730er Jahre dagegen bahnte sich, da die britische Führung durch innenpolitische Probleme gelähmt war, ein französisch-russisch-österreichisches Zusammengehen an, beispielhaft erkennbar im Polnischen Erbfolgekrieg 1733–1735: Zarin Elisabeth und Kaiser Karl VI. vereitelten zwar gemeinsam den Versuch des französischen Ministers Fleury, Stanislaus Leszczynski, dem Schwiegervater Ludwigs XV., die polnische Krone zu sichern. Sie gestanden aber zu, daß dieser das Herzogtum Bar und Lothringen erhielt (das nach seinem Tode an die französische Krone fiel); der Herzog von Lothringen, Franz Stephan, der mit der österreichischen Erbprinzessin Maria Theresia verlobt war, wurde mit der Erbfolge in der Toskana entschädigt. Die französisch-österreichische Verständigung bewirkte, daß durch weiteren Gebietstausch Oberitalien aus Kleinfürstentümern mit österreichischen Herrschern

Gleichgewicht. Der Gedanke, daß es Ziel der Außenpolitik sein müsse, ein Staatensystem mit einem annähernden Mächtegleichgewicht zu schaffen, wurde zuerst in der politischen Gedankenwelt der Renaissancestaaten Oberitaliens unter der Bezeichnung „aequilibrium" entwikkelt. Verbunden mit der Idee der Staatsräson, wurde der Gleichgewichtsgedanke zum Leitmotiv europäischer Außenpolitik bis zum Ende des 19. Jahrhunderts. Anfänglich überwog die Tendenz, mit Hilfe großer Allianzen die Vormacht („Hegemonie") eines Reiches in einem bestimmten Gebiet zu verhindern – etwa die Habsburgs oder Frankreichs in Mitteleuropa oder die Schwedens im Ostseeraum. Im 18. Jahrhundert wurde durch die britische Außenpolitik mit der Doktrin der „balance of power" ein neuer Akzent des Gleichgewichtsgedankens durchgesetzt: Die gemeinsame Führungsrolle der etwa gleich starken Großmächte Frankreich, Österreich, Preußen, Rußland und Großbritannien („Pentarchie") sollte ernsthafte Konflikte auf dem Kontinent verhindern (und eine britische Hegemonie in Übersee ermöglichen). Die indirekte Führungsrolle Großbritanniens wurde nach dem Wiener Kongreß verstärkt in der Ideologie des Fünf-Mächte-„Konzerts", d. h. des Wettstreits bei gleicher politischer Grundstimmung (gegen revolutionäre Strömungen). Seit der Mitte des 19. Jahrhunderts wurde diese Doktrin aber zunehmend unterlaufen durch die Realität nationalstaatlicher Bestrebungen und Machtansprüche.

bestand, dafür aber Italien südlich des Kirchenstaates (wieder) unter spanische Herrschaft kam.
Auch der scheinbar willkürliche Wechsel der Allianzen während des Österreichischen Erbfolgekrieges und der Schlesischen Kriege (▷ S. 152 f.) läßt sich aus den Rivalitäten innerhalb der Pentarchie erklären: Ludwig XV. wie Friedrich II. glaubten, eine Stärkung ihrer eigenen Machtposition erreichen zu können, wenn sie gegen Maria Theresia die Ansprüche des bayerischen Gegenkaisers Karl VII. unterstützten – Ludwig die Wiederherstellung französischen Einflusses auf das Deutsche Reich, Friedrich die Machterweiterung Preußens durch den Gewinn Schlesiens. Die britische Unterstützung Österreichs, vor allem getragen von der Sorge, das Mächtesystem könnte erschüttert werden, endete mit dem Tode Karls VII. Zu diesem Zeitpunkt war England bereits in ernsthafte überseeische Spannungen mit Frankreich verwickelt; gegen Frankreich und eine möglich Bedrohung Hannovers erreichte der britisch-hannoversche König Georg II. ein Defensivabkommen mit Friedrich II. (Westminsterkonvention vom Januar 1756). Wenige Wochen später schlossen die Höfe von Wien, St. Petersburg und Versailles – wesentlich auf Initiative des österreichischen Staatskanzlers Kaunitz – ein Kriegsbündnis, das auf die Zerschlagung Brandenburg-Preußens hinauslief. Dieser „Umsturz der Bündnisse" („renversement des alliances") bestand in der interessenbedingten Zusammenarbeit angeblich politischer „Todfeinde"; er hatte sich bereits während des Polnischen Thronfolgekrieges als denkmöglich angedeutet.

Der britisch-französische Weltgegensatz

Im Licht der späteren historischen Entwicklung war die Tatsache, daß der Entscheidungskampf um die Kolonialreiche in Nordamerika und Indien zugunsten Großbritanniens ausging, bedeutsamer als der Siebenjährige Krieg in Europa (▷ S. 153) und die spektakulären Siege und Niederlagen Friedrichs II. Der Friede von Paris (10. Februar 1763), der den englischen Erfolg besiegelte, hatte größere Auswirkungen auf das Mächtesystem als der Friede von Hubertusburg (15. Februar 1763), der Preußen den Besitz Schlesiens und die Stellung als gleichberechtigte deutsche Großmacht sicherte.

Entscheidungskampf in den Kolonien

Die Gegensätze in der Kolonialpolitik waren einerseits strukturell bedingt: Englische Kolonien und Handelsniederlassungen in Nordamerika und Indien wurden von privaten Gesellschaften oder Gruppen angelegt, konnten aber in der Regel auf Unterstützung durch die Regierung rechnen. Französische Kolonien waren staatliche Unternehmungen im Sinne des Merkantilismus. Sie wurden als Handelsstützpunkte entlang einer Kette von Forts gegründet und von dort geschützt und erweitert, während englische Kolonisten ihre Flächensiedlungen verteidigten und erweiterten. Zwischen den britischen und französischen Kolonisten entwickelten sich sehr bald Rivalitäten um Handelsvorteile oder Gebietsansprüche; die Konflikte wurden, parallel zu den Kriegen in Europa, häufig mit Waffengewalt ausgetragen.
Zum anderen verstärkten sich seit den 1740er Jahren die kolonialen Spannungen deswegen, weil die politisch führenden Gruppen in den Mutterländern die Kolonien zunehmend auch als Machtgrundlage für die Auseinandersetzungen in Europa einzuschätzen begannen. Infolgedessen wurden die Kolonien rechtlich noch stärker an die Krone gebunden – in den französischen Gebieten in Kanada und Louisiana z. B. wurden Verwaltung und Verteidiung noch straffer Versailles unterstellt, die neue Rechtsform der englischen „Kronkolonie" bedeutet direkte Bindung, aber auch direkten Schutz seitens der Krone. Sozusagen nach europäischem Muster waren jetzt in den Kolonialgebieten die strukturellen und militärischen Voraussetzungen für eine gewaltsame Auseinandersetzung geschaffen.
Eigenmächtigkeiten und Ungeschick der englischen und französischen Gouverneure bewirkten seit 1754 eine rasche Eskalation der Spannungen zwischen den Kolonialverwaltungen und dann auch zwischen den Regierungen. Der britische König setzte gegen die regulären französischen Einheiten erstmals neben den

133 Quebec. Anonymer Stich aus dem 17. Jahrhundert. Die 1608 gegründete Stadt war wegen ihrer Lage an der Mündung des St. Lorenzstromes ständig Ziel englischer Angriffe bis zur Eroberung ganz Kanadas im englisch-französischen Kolonialkrieg 1756–1773.

Kolonial-Milizen auch eigene (weitgehend von deutschen Fürsten gekaufte) Regimenter ein. Da die französische Armee in hohem Maße in dem Krieg gegen Friedrich II. gebunden war, konnten die englischen Truppen eine fast ununterbrochene Kette von Siegen erringen.

Großbritannien und das europäische Gleichgewicht

Der vollständige englische Sieg mündete aber – nach heftigen innenpolitischen Auseinandersetzungen – in einen Verständigungsfrieden: Die indischen Fürstentümer, die großen Inseln der Karibik und das östliche Nordamerika zwischen Mississippi und Atlantik wurden unbestrittener englischer Besitz oder Einflußbereich; weitergehende englische Ansprüche auf den gesamten nordamerikanischen Halbkontinent – auch gegenüber Spanien, das Florida und die Länder westlich des Mississippi bis an den Stillen Ozean beherrschte, wurden deutlich angelegt. Andererseits wurden einige Karibikinseln, die für Frankreich wirtschaftlich wichtig waren, zurückgegeben – Frankreich sollte im Sinne der Machtbalance als Kolonialmacht nicht völlig ausgeschaltet, aber zur Revanche unfähig werden. Die britische Politik des Gleichgewichts gegenüber Kontinentaleuropa erhielt jetzt ihre entscheidende koloniale Basis.

134 **England muß Europa gegen die Politik Ludwigs XIV. verteidigen.** Wilhelm III. (▷ S. 121), erster konstitutioneller Monarch Großbritanniens, äußerte in einer Parlamentsrede im Vorfeld des Spanischen Erbfolgekrieges 1701 folgende Meinung über eine sinnvolle britische Außenpolitik:

Mylords und Gentlemen! Ich bin überzeugt, Sie haben sich versammelt voll des gerechten Gefühls über die gemeinsame Gefahr Europas und des Zornes über die letzten Maßregeln des französischen Königs; wie dies alles so kräftig und allgemein in den loyalen und zeitgemäßen Eingaben meines Volkes ausgedrückt ist. Daß der angebliche Prinz von Wales als König von England aufgestellt und anerkannt wird[1], ist nicht allein die höchste Beleidigung gegen mich und das Volk, sondern es geht auch jeden nahe an, dem die protestantische Lehre sowie die gegenwärtige und künftige Ruhe und Glückseligkeit seines Vaterlandes am Herzen liegt. Deshalb habe ich nicht nötig, Sie aufzufordern ernstlich zu überlegen, durch welche wirksamen Mittel man fernerhin die protestantischen Erfolge sichern und alle Hoffnungen des Prätendenten[2] und seiner offenen und heimlichen Anhänger vernichten könne. – Dadurch daß der König von Frankreich seinen Enkel auf den spanischen Thron setzt, wird es ihm möglich, das übrige Europa zu unterdrücken, sofern man nicht rasche und hinreichende Gegenmaßregeln ergreift. Unter jenem Vorwande ist er wahrer Herr der spanischen Monarchie geworden, hat sie ganz von sich abhängig gemacht, schaltet darüber wie über seine eigenen Besitzungen und hat seine Nachbarn dergestalt umstellt, daß (obgleich der Friede dem Namen nach fortdauern mag) sie den Ausgaben und Lasten des Krieges unterworfen sind. Dies berührt England auf die nächste und empfindlichste Weise, in Beziehung auf den Handel, welcher in allen seinen verschiedenen Zweigen bald gefährdet sein wird; in bezug auf einheimische Sicherheit und Frieden, auf deren lange Fortdauer wir nicht rechnen dürfen, endlich in Beziehung auf die Rolle, welche England für die Erhaltung der europäischen Freiheit übernehmen muß. Um dem allgemeinen Unglück, womit die Christenheit durch Frankreichs übermäßige Macht bedroht wird, entgegenzutreten, habe ich (nach erhaltener Aufmunterung von seiten beider Häuser des Parlaments) mehrere Bündnisse geschlossen, denen zu genügen Sie mich gewiß instand setzen werden. Es gebührt sich, daß ich Ihnen sage, wie die Augen von ganz Europa auf das Parlament gerichtet sind und alle Angelegenheiten stocken, bis Ihre Beschlüsse bekannt werden. Daher darf man keine Zeit verlieren. Wenn Sie sich nicht selbst verlassen, wenn Sie die alte Kraft des englischen Volkes in Tätigkeit setzen, so bietet sich durch Gottes Gnade die Gelegenheit dar, dem lebenden Geschlechte und allen Nachkommen Religion und Freiheit zu sichern; aber wahrlich, versäumen Sie diese Gelegenheit, so haben Sie keinen Grund, auf eine andere zu hoffen [...]. Ich beschwöre Sie, die Hoffnungen zu täuschen, die unsere Feinde auf unsere Uneinigkeit setzen [...]. Machen Sie allen Parteiungen und Spaltungen ein Ende. Höre man forthin von keinem anderen Unterschiede, als von dem zwischen denen, welche den Protestantismus und die jetzigen Einrichtungen, und von solchen, die einen papistischen Fürsten und eine französische Regierung wünschen. An dem rechten Benutzen des gegenwärtigen Augenblicks wird man erkennen, ob Sie ernstlich wollen, daß England die Waage Europas in Händen behalte und an der Spitze der protestantischen Christenheit stehe.

Otto Tschirch, Zeitalter des Absolutismus, Teil I, 4. Aufl. Leipzig 1930, S. 30 f.

[1] Der letzte Stuart-König, Jakob II., war nach der „glorious revolution" (▷ S. 121 f.) nach Frankreich ins Exil gegangen. Nach seinem Tod im Jahre 1701 erklärte Ludwig XIV., dessen Sohn Jakob Eduard sei für ihn der rechtmäßige Thronerbe.

[2] Prätendent: Jemand, der (häufig: unberechtigterweise) Thronansprüche erhebt. In diesem Fall beanspruchte Eduard den Titel „Prince of Wales", der traditionell dem englischen Kronprinzen zustand.

a) Arbeiten Sie die Ziele, Begründungen und rhetorischen Mittel der Rede heraus.

b) Bewerten Sie, ausgehend von Ihren Kenntnissen über Verfasser und Zeitumstände, die hier sichtbaren Merkmale „der" britischen Außenpolitik.

135 **Welches sind die wahren Interessen Englands?** Robert Walpole (1676–1745), Politiker der Whig-Partei und langjähriger Minister, erster Premierminister der englischen Geschichte, definierte die britischen Interessen.

In einer Thronrede am 19. Oktober 1721 wies er auf die Beendigung des Nordischen Krieges und englisch-spanische Handelsabkommen hin und fuhr fort:

In dieser [...] Lage der Dinge würden wir eine schwere Pflichtvergessenheit wider uns selbst begehen, wollten wir versäumen, die günstige Gelegenheit, welche uns diese allgemeine Ruhe darbietet, zur Ausdehnung unsres Handels zu benutzen, auf dem der Reichtum und die Größe dieser Nation vorwiegend beruht. Es ist unverkennbar, daß es zur Erreichung eines so allgemein wohltätigen Gutes kein sichereres Mittel gibt, als die Ausfuhr unserer Manufakturen einerseits und die Einfuhr der dazu erforderlichen Rohstoffe andererseits so bequem und leicht als möglich zu machen. Auf diesem Wege fällt die Handelsbilanz zu unseren Gunsten aus, unsere Schiffahrt nimmt zu, und die Zahl der Armen, die wir beschäftigen können, wächst. Ich muß Ihnen deshalb, meine Herren vom Haus der Gemeinen (Unterhaus), empfehlen, zu erwägen, inwieweit die Zölle, die auf diesen Zweigen ruhen, aufgehoben und ersetzt werden können ohne Verletzung des öffentlichen Glaubens und ohne neue Belastung meines Volkes. Und ich selbst kann verheißen, daß [...] der Ertrag dieser Zölle im Vergleich mit den ungeheuren Vorteilen, die dem Königreich aus ihrer Abschaffung erwachsen werden, so unerheblich erfunden [gefunden] werden wird, daß für irgendwelche Schwierigkeiten oder Einwürfe nur wenig Raum bleibt. Die leichteste und wohlfeilste Beschaffung alles dessen, was unser Schiffsbau nötig hat, scheint der Fürsorge und Aufmerksamkeit des Parlaments in hohem Maße würdig. Unsere Pflanzungen in Amerika haben natürlichen Überfluß an dem geeigneten Material für diesen notwendigen und wesentlichen Teil unserer Handels- und Seemacht; und wenn wir durch gebührende Aufmunterung unsererseits von dort her mit all dem Schiffsbaubedarf versorgt werden könnten, den wir jetzt kaufen und aus fremden Ländern einführen müssen, so würde dies nicht allein Reichtum, Einfluß und Macht dieser Nation bedeutend erhöhen, sondern auch durch Heranziehung unserer eigenen Kolonien zu diesem ersprießlichen und einträglichen Dienste diese abhalten, sich zu erheben und sich mit Manufakturen zu befassen, die denen von Großbritannien unmittelbar ins Gehege kommen.

Otto Tschirch, Zeitalter des Absolutsimus, Teil II, 4. Aufl. Leipzig 1930, S. 5 f.

a) Erklären Sie, worin Walpole die „wahren" Interessen Englands sieht.
b) Vergleichen Sie seine Argumentation mit der des Königs (▷ M 134) und nehmen Sie Stellung dazu.

136 **England und die „balance of power".** William Pitt (1708–1778), der die englische Außenpolitik 1756–1761 leitete, kritisierte in einer Unterhausdebatte am 9. Dezember 1762 den Antrag, die Westminster-Konvention (▷ S. 174) aufzukündigen und mit Frankreich einen Sonderfrieden abzuschließen, in dem er zusammenfaßte, welche Gründe ihn 1756 zu dem Bündnis mit Friedrich II. veranlaßt hätten. Die Rede ist nicht wörtlich, sondern nur in einem sehr genauen Bericht erhalten:

Man hat triumphierend behauptet, der gegenwärtige Krieg in Deutschland habe das Machtgleichgewicht (balance of power) über den Haufen geworfen, für das wir unter der Regierung König Wilhelms und der Königin Anna[1] gefochten hätten. Diese Behauptung sei so weit entfernt, auch nur die geringste tatsächliche Begründung für sich zu haben, daß seines Erachtens selbst die oberflächlichsten politischen Beobachter kaum der Belehrung darüber bedürften, daß dieses Gleichgewicht schon lange vor Ausbruch des gegenwärtigen Krieges umgestürzt worden sei [...]. Seit der Zeit der Großen Allianz gegen Frankreich[2] ist die militärische Macht der Holländer zu Wasser und zu Lande nahezu ausgelöscht worden, während eine andere Macht, an die man damals in Europa noch kaum dachte, nämlich Rußland, das seiner eigenen Bahn folgt, außerhalb aller anderen Systeme, aber nach dem Maße der von ihnen ausgehenden Anziehungskraft zu jedem von ihnen gravitiert [sich hinneigt]. Eine weitere Macht erhob sich in Europa, gleichfalls gegen jede menschliche Voraussicht, mit dem Hause Brandenburg, und die atemberaubenden Erfolge Seiner Majestät von Preußen beweisen, daß er zu natürlichen Schutzherrn der deutschen Libertät gegen das Haus Österreich bestimmt ist. Wir sind gewöhnt, mit Ehrfurcht auf dieses Haus zu blicken, und das Phänomen einer zweiten Großmacht in Deutschland war für uns etwas derart Neues, daß er [Friedrich II.] einige Zeit Anlehnung an Frankreich suchen mußte. Als aber Frankreich und Österreich sich vereinigten, fanden sich Großbritannien und Preußen. Das sind die großen Ereignisse, die das Gleichgewicht in Europoa seit der Zeit der großen Allianz gegen Frankreich vollkommen verändert haben [...]. Der deutsche Krieg hinderte Frankreich, seine Kolonien und Inseln in Amerika, Asien und Afrika zu unterstützen.

Cobbett's Parliamentary History of England, Bd. 15 Sp. 1266–1270, London 1807 ff., zit. nach: F. Dickmann, Geschichte in Quellen, Bd. III, S. 708 f.

[1] im Spanischen Erbfolgekrieg
[2] zwischen England, Österreich, den Generalstaaten, Savoyen und mehreren Fürsten des Deutschen Reiches

a) Fassen Sie zusammen, wie sich die Situation Europas dem verantwortlichen britischen Minister darstellte.
b) Prüfen Sie, wie Pitt seine damalige Politik zu rechtfertigen versuchte, und prüfen Sie die Stichhaltigkeit der Argumente.

137 „Gleichgewicht" und Bündnispolitik am Vorabend des Siebenjährigen Krieges – aus der Sicht des österreichischen Staatskanzlers Kaunitz

a) Wenzel Anton Graf Kaunitz (1711–1794), der 1753–1794 die österreichische Politik leitete, schrieb in einer Denkschrift für Kaiserin Maria Theresia im Sommer 1755:

Allergnädigste Frau! Die dermaligen Weltläufte befinden sich so beschaffen, daß auf nichts gesichert Staat gemacht [gerechnet] werden kann, und die Wohlfahrt des erl. Erzhauses erfordern dörfte, durch geschwinde und wohl überdachte Entschließungen dem androhenden Übel abzuhelfen [. . .]. Richtig ist, daß Preußen muß übern Haufen geworfen werden, wann das durchlaucht. Erzhaus aufrecht stehen soll. Wir sind sonst Uns und Unsern Alliierten unnütz. Die beständige Gefahr ist da. Wir haben weniger Einfluß und Ansehen in allen europäischen Angelegenheiten. Im Reich setzt sich Preußen öffentlich der kais. Autorität entgegen: und wir wissen sicher, daß es nur auf unsern Untergang lauert und solchen menschlichem Ansehen [Ermessen] nach bewirken würde, wenn wir ihm nicht zuvorkommen.

Richtig ist, daß wir ihn [Friedrich II.] nicht ohne die größte Gefahr attaquieren [angreifen] können, wann wir keine Hülfe haben und unsrer übrigen Nachbarn nicht sicher sind.

Richtig ist, daß unsere eigenen Alliierten [vor allem England] niemalen und am wenigsten jetzo uns dazu helfen werden; im Gegenteil ist alle Vermutung vorhanden, daß sie mit Preußen, wenigstens was das Stillsitzen anbetrifft, [ein]verstanden.

Richtig ist, daß Holland gar nichts und England zu wenig thun, aber uns die größte Last des Krieges gegen Frankreich aufbürden wollen[1].

Richtig ist, daß wir allein dieser Macht nicht gewachsen, daß wir die Niederlande verlieren würden, und daß im glücklichsten Falle wir unsere Länder, Truppen und Finanzen ruinieren müssen, ohne den geringsten Vorteil zu hoffen zu haben, indessen unser gefährlicher Nachbar der Ruhe genießen, seine Kräfte schonen und die Gelegenheit abwarten würde, uns mit seiner ganzen Macht zu überfallen.

Richtig ist, daß unverantwortlich wäre, sich solchen evenements [Ereignissen] auszusetzen und mutwillig in das Verderben zu stürzen. Wollen wir aber dieses vermeiden, so ist ferner richtig, daß [wenn] wir die Niederlande und Hannover dem hasard [Risiko] überlassen, [wir] unsre Alliierten disgustiren [verstimmen], wo nicht gar verlieren, unsern Credit und Ansehen auf die Spitze und uns Gefahr setzen würden, beim Frieden das Sacrifice [Opfer] abzugeben.

Da nun richtig ist, daß unter diesen zwei Extremis[2] eines oder das andere zu wählen, aber eines wie das andere eine sehr fatale und schädliche Partie seie, so fraget sich, ob nicht ein ander Mittel zu erfinden, um nicht nur den Schaden zu vermeiden, sondern auch wohl einen großen Vorteil aus den gefährlichen Umständen zu ziehen. Dieses Mittel wäre nun gefunden, wenn wir

1. Frankreich durch hinlängliche Ursachen bewegen könnten, die Preußische Allianz zu abandoniren [aufzukündigen], und wann
2. Rußland zu vermögen [bewegen] wäre, Preußen zu gleicher Zeit mit einer Armee von 80 000 und mehr Tausend Mann auf den Leib zu fallen.

Otto Tschirch, Teil II, a. a. O., S. 19 f.

[1] Kaunitz spricht von einem Krieg, der sich aus der gespannten internationalen Situation ergeben könnte und in dem die „natürlichen" Verbündeten Frankreich, Preußen und das Osmanische Reich sich zu einem Angriffsbündnis gegen Österreich zusammenschließen könnten.

[2] Die beiden extremen Möglichkeiten sind für Kaunitz entweder ein Bündnis mit den Seemächten Großbritannien und Generalstaaten gegen Frankreich oder die Neutralität Frankreichs und Englands bei einem alleinigen Angriff Österreichs auf Preußen.

b) Im Juni 1756, nachdem im Januar die britisch-preußische Konvention von Westminster und im Mai die österreichisch-französisch-russische Verbindung hergestellt waren, faßte Kaunitz in einer Denkschrift nochmals die Gründe für den spektakulären Bündniswechsel zusammen:

Der plötzliche und enorme Machtzuwachs Brandenburgs erschütterte [. . .] das Gleichgewicht Europas. Der König von Preußen, mit Frankreich verbündet und von England umworben, sah das Haus Österreich sich selbst überlassen und wartete nur auf den Augenblick, wo es mit Frankreich und den Türken handgemein würde, um ihm den Garaus zu machen. Frankreich, unausgesetzt in seinen alten Vorurteilen gegen das Haus Österreich befangen, arbeitete systematisch darauf hin, es zu schwächen [. . .]. England, einzig und allein mit seinen häuslichen Interessen beschäftigt, unterhielt seine Allianz mit Österreich nur, um sich ihrer wie eines Werkzeuges zu bedienen, das man nur schärft, wenn man es nötig hat [. . .]. Dies war die Lage Europas, als England sich mit Frankreich wegen der Handelsinteressen in Amerika entzweite.

Das Haus Österreich war sich aller Gefahren seiner Situation bewußt. Es konnte ihnen nur durch die Entmachtung seines grausamsten und furchtbarsten

Feindes entrinnen, sah diesen aber von Frankreich unterstüzt und von England umworben. Man mußte ihm also die eine oder die andere dieser Mächte entziehen, sie sich zum Freunde machen, ja versuchen, sich ihrer Hilfe zu bedienen, um einen Grenznachbarn niederzuschlagen, an dessen Seite das Haus Österreich nicht länger sein Dasein fristen konnte. Das Unternehmen war schwierig und konnte nur durch eine Fügung der Vorsehung gelingen.

Gustav Berthold Volz/Georg Küntzel (Hg.), Preußische und österreichische Akten zur Vorgeschichte des Siebenjährigen Krieges (Publikationen aus den preußischen Staatsarchiven, Bd. 74), Leipzig 1899, S. 726ff., zit. nach: F. Dickmann, Geschichte in Quellen Bd. III, S. 685f.

a) Fassen Sie zusammen, wie die Situation Europas in den beiden Texten eingeschätzt wird, und benennen Sie die Kriterien, nach denen geurteilt wird.
b) Vergleichen Sie die Art und die Stichhaltigkeit der Rechtfertigungsversuche, die der britische und der österreichische Staatsmann unternehmen.

138 **„Indien wird in Europa erobert".** Robert Clive (1725–1774), seit 1743 im Dienste der britischen Ostindischen Kompanie, seit 1764 Gouverneur und Oberbefehlshaber in Indien, richtete am 7. Januar 1759 einen Brief an den britischen Außenminister Pitt und erklärte folgendes:

Die großen Umwälzungen, welche durch den Erfolg der englischen Waffen bewirkt wurden, und die großen Vorteile, welche die Kompanie durch den darauf folgenden Vertrage gewonnen hat, haben, wie ich sehe, die öffentliche Aufmerksamkeit ziemlich beschäftigt. Aber es kann noch viel mehr zur Zeit getan werden, falls die Kompanie Anstrengungen unternimmt, wie es die Bedeutung ihrer jetzigen Besitzungen und ihrer zukünftigen Aussichten verdient. Ich habe Ihnen mit den kräftigsten Worten die Zweckmäßigkeit der Aussendung und Unterhaltung einer Streitmacht vor Augen geführt, die sie befähigen wird, die nächste Gelegenheit, sich weiter zu vergrößern, zu ergreifen [...].
Aber solch eine umfassende Souveränität könnte ein zu umfangreiches Objekt für eine Handelskompanie sein. Es muß befürchtet werden, daß sie selbst ohne die Hilfe der Nation ein so großes Gebiet nicht halten könnte. Ich habe mir deshalb vorgenommen, Sir, diese Sache Ihnen vorzulegen und Ihrer Betrachtung zu unterwerfen, ob die Ausführung eines Planes, der anschließend noch näher erläutert wird, wert ist, daß die Regierung ihn in die Hand nimmt.

English Historical Documents, a. a. O., S. 801ff., zit. nach: F. Dickmann, Geschichte in Quellen, Bd. III, S. 707f.

a) Bestimmen Sie, ausgehend von dem Ziel des Schreibens, Merkmale der britischen Kolonialpolitik.
b) Überlegen Sie mögliche Reaktionen der britischen Regierung, indem Sie Ihre Einsichten zu den Texten M 135, 136 mit heranziehen.

139 Robert Clive (1725–1774), britischer General und Staatsmann, trifft als Generalgouverneur der britischen Besitzungen mit dem Großmogul zusammen. Das historisierende Gemälde zeigt die Übergabe des Vertrages, den Clive für die Ostindische Kompanie aushandelte.

2. Das Königreich Polen – ein Opfer der Großmächte

Ein polnisch-litauisches Großreich

Gegen Ende des 14. Jahrhunderts entstand in Nordosteuropa durch die Heirat der polnischen Thronerbin Jadwiga (Hedwig) mit dem litauischen Großfürsten Jagiello ein polnisch-litauisches Großreich, das sich in der West-Ost-Richtung von der Oder bis über den Djnepr und in der Nord-Süd-Richtung von der Ostsee bis an das Schwarze Meer erstreckte. Doch trotz seiner Größe schaffte das Königreich Polen den Sprung zur modernen Großmacht nicht und geriet gegenüber den neu entstehenden nordosteuropäischen Mächten Schweden und Rußland immer mehr ins Hintertreffen. Denn entgegen dem allgemeinen Trend in den großen europäischen Reichen entwickelte sich in Polen anstelle des Absolutismus eine einzigartige Form von „Adelsrepublik": Alle politische Macht gelangte in die Hände der Adelsversammlung („Sejm"); alle Beschlüsse mußten einstimmig gefaßt werden, eine einzige Gegenstimme ohne Begründung konnte jedes Verfahren beenden („liberum Veto"). Diese Entwicklung wurde dadurch begünstigt, daß nach dem Aussterben der jagellonischen Dynastie (1572) Fürsten aus den unterschiedlichsten europäischen Häusern – Frankreich, Ungarn, Schweden, Polen, Sachsen – zu Königen gewählt wurden. Jeder Wahlkönig mußte die Adelsprivilegien garantieren oder erweitern. Da die meisten von ihnen vor allem eigene dynastische Interessen hatten, waren sie nicht gewillt, grundlegende innenpolitische Reformen durchzusetzen. Vor allem aber provozierte die Instabilität der Wahlmonarchie die Intervention auswärtiger Mächte – nicht nur bei der Königswahl, auch in anderen wichtigen Fragen ließ sich gegen Geld oder andere Einflußmittel leicht die Stimme eines adligen Magnaten oder einer Adelsgruppe kaufen. Der inneren Schwäche entsprach die politisch-militärische. So gingen z. B. in einer Folge verhängnisvoller Thronkriege die Lehenshoheit über Preußen (▷ S. 152) und die Herrschaft über die Ukraine verloren.

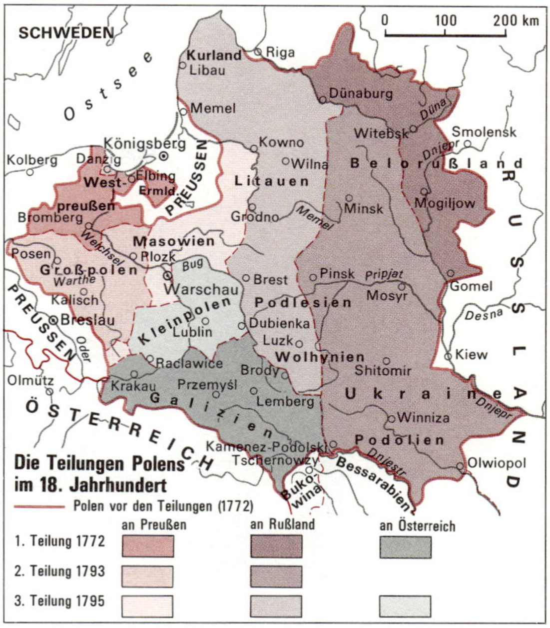

140 Die Teilungen Polens im 18. Jahrhundert.
Untersuchen Sie die geo-strategischen Gesichtspunkte, die bei der Aufteilung Polens eine Rolle gespielt haben könnten.

Rußland wird Polens Schicksal

Seit Peter dem Großen (▷ Kap. V. 2.) wurde Polen im 18. Jahrhundert mehr und mehr als russischer „Satellitenstaat“ angesehen und behandelt; die Zarinnen Katharina I., Elisabeth und Katharina II. versuchten immer wieder, ihren Günstlingen den polnischen Thron zu verschaffen. Das machtpolitische Interesse, Rußlands Einfluß nach Westen auszudehnen, wurde verschleiert durch die Behauptung, die russisch-orthodoxen Gläubigen in den östlichen Provinzen Polens müßten gegen Übergriffe der katholischen Kirche in Polen geschützt werden.

1772 – 1. Polnische Teilung

Gegen Ende der 1760er Jahre spitzte sich die Lage Polens dramatisch zu. Der von Katharina II. begünstigte König Stanislaw Poniatowski begann halbherzige Reformmaßnahmen, um den Einfluß des Adels zurückzudrängen, eine „patriotische“ Adelspartei entfesselte einen Bürgerkrieg gegen ihn und erbat ausgerechnet russische Hilfe. In dieser verworrenen Situation gaben außenpolitische Überlegungen und Aktionen den Ausschlag: Russische Truppen und Flottenverbände führten einen überaus erfolgreichen Krieg gegen die osmanische Stellung am Schwarzen Meer, und es war abzusehen, daß sich nach einem russischen Sieg die politischen Verhältnisse in Südosteuropa grundsätzlich zugunsten Rußlands ändern würden. Um die eigene Macht im Südosten zu behaupten, ließ Maria Theresia die eigentlich zu Ungarn gehörenden, aber an Polen verpfändeten Städte der Zips besetzen, und diese Aktion löste Verhandlungen zwischen Katharina II. und Friedrich II. aus. Katharinas Vorschlag, Friedrich solle die (seit 1466 zu Polen gehörende) Landverbindung zwischen Pommern und Preußen annektieren, fand in Potsdam großes Interesse. Nachdem russisch-preußische Gebietsabsprachen bereits feste Formen angenommen hatten, beteiligte sich auch die österreichische Führung an den Annexionverhandlungen; im Frühjahr 1772 wurden die in Aussicht genommenen polnischen Gebiete besetzt. In der förmlichen Besitznahme im September 1772 (1. Polnische Teilung) erhielt Rußland mit den Wojewodschaften Polock, Witebsk, Mstislaw und Livland den größten flächenmäßigen Anteil (rd. 95 000 km^2 mit rd.

141 Die 1. Polnische Teilung, 1772. Zeitgenössische Darstellung. Um die Landkarte des Königreiches (die untere Spitze ist die Ostsee) haben sich versammelt: Zarin Katharina II., Staatskanzler Fürst Kaunitz, Kaiser Josef II. und Friedrich II. Der posaunenblasende Engel trägt an einem Stab Urkunden mit den (angeblichen) Rechtsansprüchen der drei Okkupationsmächte. *Diskutieren Sie, ausgehend von einer Bildbeschreibung, die Intentionen der Darstellung.*

1,3 Mill. Einwohnern); Österreich mit den Wojewodschaften Reussen, Sandomir und Krakau den bevölkerungsmäßig größten Anteil (rd. 2,1 Mill. Einwohner auf rd. 85 000 km^2); Preußen mit dem Ermland und Teilen der Wojewodschaften Gnesen und Inowraclaw den für den Staat nützlichsten Anteil (rd. 36 000 km^2, 580 000 Einwohner); die Bewohner waren zu einem erheblich großen Anteil deutscher Herkunft.

Polen – ein Opfer der Gleichgewichtspolitik

Die Gebietsabtretungen von 1772 hatten gezeigt, daß der Kompromiß der Großmächte zur Wahrung des Gleichgewichts sich am leichtesten erreichen ließ auf Kosten eines Kompensationsgebietes, dessen Regierung zu ernsthaftem Widerstand unfähig war und dessen Existenz (oder: Nicht-Existenz) das gesamteuropäische Kräfteverhältnis nicht entscheidend betraf.

Dabei war Polen nach der ersten Teilung mit 500 000 km^2 Fläche und fast 7,5 Mill. Einwohnern immer noch erheblich größer als viele andere Staaten in Europa (und auch größer als die 1918 entstandene Republik Polen). Der Schock der Gebietsverluste bewirkte sogar eine Annäherung der politsch verfeindeten Adelsgruppen; und es wurden wenigstens Anläufe zu inneren Reformen genommen: Eine ständige Kommission des Sejm („Immerwährender Rat") sollte eine Art parlamentarischer Regierung darstellen; eine in Europa einmalige Kultusbehörde („Erziehungskommission") sollte das Vermögen des 1773 aufgelösten Jesuitenordens verwalten und eine weltliche Ausrichtung auch des Elementarschulwesens garantieren. In den 80er Jahren und besonders nach dem Ausbruch der Französischen Revolution erhielt die Reformdiskussion neuen Auftrieb. Anfang Mai 1791 wurde, noch einige Wochen vor der ersten französischen Verfassung, die erste geschriebene Verfassung Europas verabschiedet. Sie bestimmte vor allem die Teilung der Staatsgewalten, die Beseitigung des Liberum Veto und die Erblichkeit des Thrones in der Linie der sächsischen Wettiner. Es wurde also versucht, die innenpolitischen Ursachen für die ständige Einflußnahme der osteuropäischen Mächte zu beseitigen. Durchgreifende soziale und wirtschaftliche Reformen zugunsten der Bauern und Stadtbürger waren dagegen nicht vorgesehen. So ist es verständlich, daß die Masse der Bevölkerung nicht für ein neues Polen gewonnen werden konnte, während die opponierenden Adelsgruppen weiterhin Verträge mit den Herrschern Preußens oder Rußlands schlossen.

Das Ende des polnischen Reiches

Katharina II. war nicht gewillt, die Ausbreitung der „französischen Pest" bis an die Westgrenzen ihres Reiches zu dulden. Sie ließ im Mai 1792 auf den „Hilferuf" einer „patriotischen" Magnatengruppe hin ein starkes russisches Heer in Polen einmarschieren; die „Republikaner" (geführt u. a. von dem General und Freiheitskämpfer Tadeusz Kościuszko, der am amerikanischen Unabhängigkeitskrieg teilgenommen hatte) mußten nach wenigen Wochen kapitulieren. Die österreichische Führung war nicht daran interessiert, die Existenz Polens zu erhalten, verzichtete aber auf Gebietswünsche, weil sie alle Kräfte auf den Krieg gegen das revolutionäre Frankreich und auf territoriale Pläne gegen Bayern konzentrierte. So wurde im Jahre 1793 ein russisch-preußisches Annexionsabkommen geschlossen (2. Polnische Teilung), mit dem Ostpolen an Rußland und das südlich an Ostpreußen angrenzende Großpolen an Preußen fiel, dazu die Städte Danzig und Thorn.

Polen, nun überwiegend beschränkt auf das litauische Kerngebiet, war kein lebens- oder reformfähiges Reich mehr. Ein Aufstand, der sich im März 1794 bei den zur Auflösung bestimmten Truppen in der Gegend von Krakau entwickelte und zu dem viele Patrioten und Republikaner aus dem Exil nach Polen zurückkehrten, war militärisch von vornherein zum Scheitern verurteilt. Obwohl die preußischen Kräfte in großem Umfang im Krieg gegen die französischen Revolutionsheere gebunden waren und zudem Spannungen zwischen dem russischen und dem preußischen Oberbefehlshaber Teilerfolge der Aufständischen ermöglichten, wurden diese bis zum Herbst militärisch ausgeschaltet. Bereits während der Kämpfe war ein russisch-österreichisches Annexionsabkommen geschlossen worden, weil die Österreicher Entschädigungen für die im Westen an Frankreich abgetretenen Gebiete verlangten und die Zarin eine deutliche Kompensation für das militärische Engagement forderte. Der preußische König konnte im Oktober 1795 diesem Abkommen nur noch beitreten (3. Polnische Teilung): Kurz bevor das alte europäische Mächtesystem unter dem Druck französischer Revolutionsheere zusammenbrach, gewannen die Kronen Preußens und Österreichs noch einmal je 50 000 km^2 und 1 Mill. Einwohner hinzu, während die Zarin mehr als die beiden anderen Teilungsmächte zusammen erhielt.

142 Tadeusz Kościuszko (1746–1817), einer der bekanntesten polnischen Freiheitshelden. Anonymes Gemälde (um 1830).
Mit welchen künstlerischen Mitteln und mit welcher Absicht stellt der Maler Kościuszko dar?

Reaktionen auf die Teilungen

Der brutale Schlußakt, mit dem ein jahrhundertealtes Königreich von der politischen Landkarte gelöscht wurde, löste in Europa nur ein schwaches Echo aus. Denn eine „öffentliche Meinung" oder „kritische Öffentlichkeit", die in unserer Zeit über publikumswirksame Medien politische Vorgänge begleitet und beeinflußt, entwickelte sich erst im Gefolge der Französischen Revolution: Lesefähigkeit, politisches Interesse und Verständnis für politische Vorgänge waren konzentriert auf einen kleinen Kreis Gebildeter in Adel und Bürgertum, und es fehlten täglich erscheinende Zeitungen, in denen über politische Ereignisse umfassend berichtet oder die Politik des Herrschers kritisch kommentiert worden wäre. Zumindest in Deutschland war darüberhinaus eine grundsätzliche Kritik an den Teilungen nicht zu erwarten, weil viele Gebildete dazu neigten, das Ende der polnischen „Adelsanarchie" als Chance für Reformen durch „aufgeklärte" fürstliche Politik anzusehen. Die „Polenbegeisterung", mit der zwischen 1830 und 1848 Aufstandsversuche moralisch unterstützt und die politischen Flüchtlinge aus Polen begrüßt wurde, entwickelte sich erst aus der eigenen nationalen Aufbruchstimmung nach der Französischen Revolution.

In Polen reagierten die führenden Köpfe aus Adel und Bürgertum, pauschal gesehen, in zweifacher Weise: Eine kleine Truppe von wenigen tausend Kämpfern versuchte, gemeinsam mit den französischen Revolutionsheeren die Teilungsmächte zu besiegen und die Unabhängigkeit wiederherzustellen. Zwar blieben sie militärisch und politisch erfolglos, ihre Kampfeinsätze aber gingen als nationale Heldentaten in das polnische Geschichtsbewußtsein ein; ihr Marschlied „Noch ist Polen nicht verloren..." hielt während des 19. Jahrhunderts die Hoffnung auf nationale Wiederherstellung aufrecht und wurde nach dem Ersten Weltkrieg zur polnischen Nationalhymne. Eine andere Adelsgruppe dagegen entschloß sich zur Zusammenarbeit mit der russischen Regierung. Ihre Tätigkeit war zwar nicht so spektakulär, hatte aber doch weitreichende Folgen. Denn es gelang ihr, die Universität Wilna und die Gymnasien mit einem national-polnischen Geist zu erfüllen und damit bei den jugendlichen Intellektuellen den Boden für immer erneute Unabhängigkeitsbewegungen zu bereiten.

143 Annexionspläne der Großmächte 1772 – Skrupellosigkeit oder staatspolitische Notwendigkeit?

a) Der österreichische Staatskanzler Kaunitz (▷ M 137) notierte die russische Vorstellung, die er in einer Unterredung mit dem russischen Botschafter, Fürst Galitzin, am 24. Oktober 1771 erfuhr, folgendermaßen (die österreichische Position ist teilweise angedeutet):

[Nach Meinung der Zarin] zeigten sich zweyerley Mittel und Wege zur baldigen Pacification zu gelangen[1], und zwar bestünde das erste Mittel darinnen, daz, nachdem Rusz. Kais. Seits zum Voraus allen Conqueten [Eroberungen] entsagt und nur allein auf Sicherheit und Entschädigungen angetragen [gefordert] worden, der ernannte [genannte] Hof sich mit solchen Bedingnissen befriedige, welche von dem Grosz-Sultan wahrscheinlicher Weise angenommen, und dieszeits in Vorschlag gebracht werden könnten [...].

Wobey noch weiters zu bedingen wäre, daz in Pohlen bald möglichst die Ruhe hergestellt, und dieses Reich bey seiner vorhinigen Verfaszung und allen Besitzungen, wie sie vor dem Krieg gewesen, ohne Dismembration [Abtretungen] belassen, auch der König auf seinem Thron geschützt werden sollte.

Wenn nun Ruszland so geartete Friedens-Bedingnisze an Unseren Hof gelangen liesze, so würde selbeiger seine bona officia [guten Dienste] mit allem Eifer und Nachdruck bey der Pforten [Groß-Sultan] verwenden, auch sich darzu anheischig machen, dasz er zu Pohlnischen Pacification das seinige mitbeytragen, den König auf dem Thron vertheidigen helffen, und sobald die von Rusz. Kais. und Königl. Preuszischen Truppen besetzte Pohlnische Lande gänzlich geräumet und in ihre vorige Freyheit gesetzet würden, die dieszeits [von Österreich] in Besitz genommenen Pohlnischen Striche Landes mit der einzigen Ausnahme der Zipser-Städte ebenfalls und zu gleichen Schritten verlaszen, und unsere Truppen zurückgezogen werden sollten.

Das zweyte Pacifications-Mittel dürfte darinnen zu finden seyn, wenn Ruszland nicht nur für sich, sondern auch für seinen Aliyrten [Preußen] auf anderweitige Vergröszerungen bestehen wollte, jedoch zugleich eine solche Abrede und Einrichtung getroffen würden, welche unserem Hofe in dem nämlichen Maasz Vortheile an Land und Leuten zuwendete, und solcher Gestalten [und so] das Gleichgewicht nicht zerrüttet, sondern aufrecht erhalten würde.

Ob nun zwar dieses Pacifications-Mittel nicht für ohnmöglich noch unstatthaft anzusehen sey, und dahero auch unser Hof Sich der Ausführung eines so gearteten gemeinschaftlich zu verabredenden Partage-Tractats [Abtretungs-Vereinbarung] nicht widersetzen würde; so müszte ich doch ganz offenherzig bekennen, dasz Wir solchen für ungemein schwer und als ein Werk betrachteten, welches wegen seiner Folgen sehr groszen Hindernissen und Bedenken unterworfen wäre, und bei uns die Überzeugung würke, dasz sowohl dem Rusz. Kaiserlichen, als unserm wahren Staats-Interesse am gemäszesten seyn würde, wenn das vorerwehnte erste Pacifications-Mittel vorzüglich [vor allem] erwählet werden sollte.

Adolf Beer, Die erste Teilung Polens, Bd. 3 (Dokumente), Wien 1873, S. 36 f., zit. nach: Geschichte in Quellen, Bd. III, Renaissance, Glaubenskämpfe, Absolutismus, bearb. von Fritz Dickmann, München 1966, S. 695 f.

[1] Im russisch-türkischen Krieg 1768–1774 wurde Rußland von Preußen und der Groß-Sultan von Österreich diplomatisch unterstützt. Nach eindeutigen russischen Siegen stellte die Zarin große Gebietsforderungen (Krim, Kaukasus und Donau-Balkan-Raum), österreichische Truppen besetzten zur Sicherung des Eigentumsanspruchs das Gebiet der Zipser Bergstädte. Die „Pacification", d. h. ein russisch-türkischer Frieden, wurde von der russischen Führung mit der Lösung der innenpolitischen Dauerkrise Polens verbunden.

b) Im Februar 1772, als die Annexionsabmachungen zwischen Preußen und Rußland bereits getroffen waren und Graf Kaunitz zusammen mit dem Kaiser und Mitregenten über die habsburgischen Länder Joseph II. (1765–1790), die Teilnahme Österreichs an der Aufteilung forcierte, übermittelte Maria Theresia ihrem Staatskanzler folgende Denkschrift:

Ich bekenne, daß es mich ein Opfer kostet, mich über eine Sache zu entscheiden, von deren Gerechtigkeit ich keineswegs versichert bin, selbst wenn sie nutzbringend wäre. Aber ich finde sogar in allen drei Fällen, aus denen eine Auswahl getroffen werden soll, das Nützliche nicht heraus.

Am leichtesten wäre es wohl, einzugehen auf die uns angebotene Teilung Polens. Aber mit welchem Rechte kann man einen Unschuldigen berauben, den verteidigen und unterstützen zu wollen wir uns immer gerühmt haben? Warum alle diese großen und kostspieligen Vorbereitungen, warum so viele lärmende Drohungen, im Norden Europas das Gleichgewicht aufrecht erhalten zu wollen? Der einzige Beweggrund der Convenienz [Zusammenarbeit], nicht allein zu bleiben zwischen den zwei anderen Mächten, ohne irgend welchen Vorteil zu ziehen, scheint mir nicht zu genügen, ja nicht einmal ein ehrenhafter Vorwand zu sein, um sich zwei ungerechten Usurpatoren in der Absicht zuzugesellen, ohne irgend einen Rechtsanspruch einen Dritten noch mehr zu verderben [...].

Ein Fürst besitzt keine andere Berechtigung als jeder Privatmann; die Größe und die Stärke eines Staates wird nicht in Rechnung kommen, wenn wir alle erscheinen müssen, um ihn zurückzugeben [wenn wir vor Gott Rechenschaft ablegen müssen] [...]. Seit langer Zeit und sehr wohl kenne ich, und oft habe ich darüber geseufzt, den kritischen Zustand, in dem wir uns befinden, aber man muß sich aufzuopfern wissen, und der Augenblick hiezu ist jetzt da. Alles was uns zufallen könnte, wird an Größe und Zweckmäßigkeit niemals auch nur die Hälfte des Anteils der anderen erreichen; man muß sich also nicht mehr dabei aufhalten und sich nicht ködern lassen durch eine ungleiche Teilung. Unser ganzes Ziel muß in dem Bestreben bestehen, diesen Krieg so rasch als nur möglich, in anständiger Weise und in einer Art zu beenden, daß Freunde wie Feinde uns Dank dafür wissen und wir durch unsere Ehrenhaftigkeit und Großmut ihre Hochachtung gewinnen. Ich wage mich noch weiter vor, indem ich sage, es ist nicht eine Handlung der Großmut, sondern nur eine Wirkung echter Grundsätze, niemand Unrecht zu tun. Wir haben uns mit der Pforte verbunden, ja wir haben sogar Geld von ihr empfangen: die Vorwände, welche man auffinden könnte oder wollte, um die Türken zuerst Unrecht begehen zu machen und sich nachher auf ihre Kosten zu bereichern, stimmen mit der makellosesten Redlichkeit und jenen echten Grundsätzen keineswegs überein [...].

Unsere Monarchie kann verzichten auf Vergrößerungen dieser Art [...]. Man müßte daher wieder auf Polen zurückkehren und ihm als Entschädigung die Moldau und die Walachei zuweisen; das wäre noch das einzige und das mindest schlechte Mittel, zu dem ich mich allenfalls herbeilassen könnte; alle übrigen würden entweder zu einem Krieg mit den Türken, welcher ungerecht wäre, oder dazu führen, einem Dritten das Seinige zu nehmen, ohne ihn dafür zu entschädigen. Was wird Frankreich, was wird Spanien, was England dazu sagen, wenn wir uns plötzlich so eng mit denjenigen verbünden würden, welche wir so sehr in Schranken erhalten wollten und deren Verfahren wir für ungerecht erklärten. Ich bekenne, dies wäre eine förmliche Ableugnung alles dessen, was seit dreißig Jahren meiner Regierung geschehen ist. Trachten wir doch lieber danach, die Begehren der anderen zu vermindern, statt daran zu denken, mit ihnen auf so ungleiche Bedingungen hin zu teilen. Suchen wir eher für schwach als für unredlich zu gelten. [In einem eigenhändig geschriebenen Nachsatz betont die Herrscherin nochmals, daß man um eines kleinen Gewinnes willen nicht Ruf und Redlichkeit verlieren dürfe].

Eberhard Büssem/Michael Neher (Hg.), Arbeitsbuch Geschichte, Neuzeit I: 16.–18. Jahrhundert. Repetitorium, München 1977, Nr. 625, S. 333, 335

c) Friedrich II. von Preußen beschreibt in seinen politischen „Denkwürdigkeiten" einige Zeit nach der Annexion die Vorgänge folgendermaßen:

Es bedurfte des Zusammentreffens einzigartiger Umstände, um diese Teilung herbeizuführen und die Gemüter dafür zu gewinnen; sie mußte erfolgen, um einem allgemeinen Kriege vorzubeugen. Man stand vor der Wahl, Rußland im Laufe seiner gewaltigen Eroberungen aufzuhalten, oder, was klüger war, daraus auf geschickte Weise Nutzen zu ziehen. Das kostete viele Unterhandlungen, die Geduld, Festigkeit und Geschick verlangten. Für diesmal gelang es, Europa vor einem allgemeinen Kriege zu behüten, dessen Ausbruch nahe bevorstand. So widerstreitende Interessen wie die der Russen und Österreicher waren schwer zu vereinen. Um die Russen für ihre Eroberungen zu entschädigen, die sie auf Verlangen Österreichs der Pforte zurückerstatten sollten, gab es kein anders Mittel, als ihnen Erwerbungen in Polen zuzuweisen. Die Kaiserin-Königin [Maria Theresia] hatte durch die militärische Besetzung der Herrschaft Zips das Beispiel dazu gegeben. Um das Gleichgewicht zwischen den nordischen Mächten einigermaßen aufrechtzuerhalten, mußte sich der König [Friedrich] an diesen Teilungen notwendig beteiligen [. . .].

Er ergriff also die Gelegenheit, die sich darbot, beim Schopfe, und durch Verhandlungen und Ränke gelang es ihm, seine Monarchie durch die Einverleibung Westpreußens für ihre früheren Verluste zu entschädigen. Diese Erwerbung war eine der wichtigsten, die man machen konnte; denn dadurch erhielt Pommern Verbindung mit Ostpreußen, und als Herr der Weichsel erlangte der König den doppelten Vorteil, daß er Ostpreußen verteidigen konnte und die bedeutenden Weichselzölle gewann, da der ganze polnische Handel über diesen Fluß geht.

Otto Tschirch, Zeitalter des Absolutismus, Teil II, 4. Aufl. Leipzig 1930, S. 28 f.

a) Erarbeiten Sie aus den Texten a) und c) die offiziellen Positionen der Großmächte in der polnischen Frage.

b) Vergleichen Sie damit die „private" Vorstellung Maria Theresias. Bedenken Sie dabei, daß die österreichischen Quellen für den internen Geschäftsgang bestimmt waren, während Friedrichs Aufzeichnungen vor allem zur politischen Unterweisung seines Nachfolgers dienen sollten.

144 Polen nach der ersten Teilung – eine Gefahr für Sicherheit und Ordnung?

Die russisch-preußischen Annexionsabkommen Anfang 1793 wurden in der Öffentlichkeit folgendermaßen begründet:

a) Erklärung der preußischen Regierung, 16. 1. 1793:

Es ist ganz Europa bekannt, daß die Revolution, die sich am 3. Mai 1791 ereignet hat[1] [. . .], sofort die Unzufriedenheit und die Opposition eines großen Teils der Nation hervorgerufen hat. Die Anhänger der alten Regierungsform haben die Hilfe der erhabenen Souveränin angerufen, die deren Garantin ist, und Ihre Majestät die Kaiserin von Rußland hat sich nicht geweigert, ihnen mit einem stattlichen Truppenkorps beizustehen [. . .].

Die sogenannte Patriotische Partei, anstatt sich den heilsamen Absichten des russischen Hofes zu fügen, hat sich nicht gescheut, den kaiserlichen Truppen verbissen Widerstand zu leisten und, obgleich ihre Ohnmacht sie bald genötigt hat, von dem phantastischen Plan eines offenen Krieges abzusehen, setzt sie dennoch ihre geheimen Umtriebe fort, die sichtlich die völlige Vernichtung der guten Ordnung und der Ruhe bezwecken [. . .].

Aber das, was noch mehr die ernsthafte Aufmerksamkeit (des Königs von Preußen) und die aller ihm

benachbarten Mächte verlangt, ist die Tatsache, daß der Geist des französischen Demokratismus und die Lehren jener grausamen Sekte (Jakobiner), die überall Anhänger zu gewinnen trachtet, beginnen, in Polen tiefe Wurzeln zu schlagen [...].
Besonders Großpolen[2] ist von diesem gefährlichen Gift infiziert und birgt die größte Zahl der Eiferer des falschen Patriotismus. Ihre Verbindung mit den französischen Klubs sind notwendigerweise für den König (von Preußen) berechtigter Grund zur Beunruhigung um die Sicherheit seiner eigenen Staaten und schreiben ihm die absolute Notwendigkeit vor, hier mit geeigneten Maßnahmen einzuschreiten.
Verpflichtet, den Krieg gemeinsam mit den anderen gegen Frankreich verbündeten Staaten zu führen, [...] war S. M. überzeugt, sich vorher mit den Höfen von Wien und Petersburg darüber beraten zu müssen, welche Mittel er ergreifen solle, und Ihre Kaiserlichen Majestäten haben nicht umhin können, anzuerkennen, daß eine gesunde Politik ihm nicht erlaubt, den Aufwieglern in Polen freie Hand zu lassen und Gefahr zu laufen, im Rücken einen Feind zu haben, dessen unberechenbare Unternehmungen eine neue Quelle der Unruhen werden könnten.

Comte d'Angeberg, Receuils des traités, conventions et actes diplomatiques concernant la Pologne, Paris 1862, S. 297 ff., zit. nach: Enno Meyer, Deutschland und Polen, Stuttgart 1989, S. 7 f.

[1] Gemeint ist die Verfassungsreform
[2] Der südlich an Ostpreußen grenzende Teil mit Warschau

b) Anläßlich der endgültigen Aufteilung Polens veröffentlichte die russische Regierung am 1. Dezember 1794 einen „Hofbericht", in dem die Vorgänge der Jahre 1791–1793 folgendermaßen dargestellt werden:

Das feindselige Betragen der Polen während des mit den Türken geführten Krieges; die Wuth, die sich auf ihrem von 1788 bis 1791 währenden Reichstage zeigte; verschiedene der Würde Ihrer Kaiserlichen Majestät und Ihrem Reich zugefügte Beleidigungen, und die Aufhebung der Verträge und selbst der ältesten von Rußland garantierten Grundrechte der Republik, indem man mit List und Gewalt eine neue Regierungsform einführte, sind noch Allen in frischem Andenken. Es ist nicht weniger bekannt, daß Ihro Kaiserliche Majestät Ihre Kräfte dennoch zur Unterstützung des wohlgesinnten [...] Theils der Nation, zur Wiederherstellung der alten Freiheit und Rechte der Republik, anwendeten. [...]
Doch bald zeigten sich die in der Asche verborgenen Funken, und brachen endlich in die letzte Flamme aus. Viele Polen folgten den Gesinnungen der französischen Aufrührer, die das göttliche Gesetz und die bisher bei ihnen gegründete Macht und Ordnung verworfen hatten. Dem Entstehen und Ausbreiten dieses Uibels konnte durch die Vorsorge der Kriegs- und Civilbeamten nicht genug vorgebeugt werden. Der Groll gegen Rußland zeigte sich nunmehr in Drohungen, unsere Kriegsheere zu vertilgen. Es lag am Tage, daß man entweder in einem fast unaufhörlichen Kriege verbleiben, und durch Unterhaltung großer und allzeit fertiger Heere zur Unterdrükung des ausgelassenen Wesens sich ohne Nuzen abmatten, oder daß man andre Mittel zur Tilgung eines ähnlichen Giftes in der Nachbarschaft ausfinden müsse. In Betracht dieses nun wurden Ihro Kaiserliche Majestät bewogen, dem Antrag Sr. Königl. Preußischen Majestät Gehör zu geben, der gleichfalls das Uibel, das von einer solchen Stimmung der Gemüther in Polen auf seine benachbarten Staaten entstehen könnte, vorhersah, vorzüglich in einer Zeit, da er, um Unserm gemeinschaftlichen Bundesgenossen, Sr. Maj. dem Römischen Kaiser, zu helfen, sich in einen Krieg wider die französischen, die ganze Welt zu verderben suchende, Bösewichter einlies. Dis hatte die Theilung der Polnischen Provinzen zur Folge, vermöge welcher Ihro Kaiserl. Majestät Ihrem Reiche die von alten Zeiten her ihn zugehörigen Provinzen wieder zustellten, welche in unruhigen Zeiten demselben mit eben der List entzogen worden, als jezo die übelgesinnten Polen, zum Schaden Rußlands, zu thun bereit waren, und welche von einem mit Uns gleiche Abstammung und gleichen Glauben habenden, wegen seiner Religion aber gedrükten Volke bewohnt sind.

Europäische Annalen, Jahrgang 1795, hg. von Ernst Ludwig Posselt, Tübingen 1795, S. 193 f.

a) Erarbeiten Sie aus den Texten jeweils die Begründungen für die Intervention und vergleichen Sie sie.
b) Es handelt sich in beiden Fällen um öffentliche Proklamationen. Untersuchen Sie kritisch die vorgeschobenen und echten Ziele und die eingesetzten rhetorischen Mittel.

145 Stimmen zum Schicksal Polens

a) Der süddeutsche Publizist Posselt schreibt in der Einleitung zu einem von ihm herausgegebenen politischen Jahrbuch über das Jahr 1794:

Zwei Schauspiele hefteten während desselben Aller Augen auf sich, beide sehr nahe verwandten, beide höchsttragischen Inhalts, aber äußerst verschieden in ihrer Entwiklung; das eine zwischen dem Rhein und den Pyrenäen, das andere zwischen dem Karpathischen Gebirge, und dem Dniepr. Dort, nach einigen leichten Erschütterungen im Anfange, ein ununterbrochener Fortlauf von Siegen zu Siegen; hier, wie schmeichelhaft die Eröffnung der ersten Acte war, eben so schreklich, eben so alle weitern Hoffnungen bis auf den Grundkeim vernichtend, die plözliche, fürchterlich kühne Lösung des Knoten. Dort eine Republik, die von ihrer Gründung an noch keine drei Jahre zählt, troz des Parteikampfs und des fortdauernden Bürgerkrieges in ihrem Innern, zu einer Stufe von Macht und Gröse emporgehoben, wovon die Geschichte wenige Beispiele kennt; hier, bei dem Gange nach völlig gleichem Ziel, eine Monarchie, die von jeher mehr wie Republik betrachtet ward, troz der Entschlossenheit eines einmüthig zur Rache aufgestandenen Volkes, zur gänzlichen Ohnmacht, zum bloßen Dulden niedergedrükt. Die polnische Revolution war, wie sich ein Zeitblatt ebenso wahr als wizig ausdrükte, eine politisch-taktische Faussecouche, ein Feuer, das im ersten Aufwallen erstarb [...]. Wie man von einzelnen Städten auf ihren Trümmern sagt: „Das war einst Palmyra! das war einst Karthago!" so wird man wahrscheinlich, wenn etwa noch ein Bruchstük dieses einst so großen Reichs unter dem vorigen Namen übrig bleibt, wenn man dann gelegentlich der Geschichte des Jahrs 1794 nebenbei die abgerißenen Glieder des zerstükten Körpers erzählt, sagen: „Das war einst Polen!"[...]

E. L. Posselt, a. a. O., S. 3 f.

b) Die gewaltsame Teilung Polens von 1772 wurde im gleichen Jahr in einer englischen Zeitschrift folgendermaßen bewertet:

Die gegenwärtige gewaltsame Zerstückelung und Teilung Polens ohne Vorwand eines Krieges oder auch nur den Schein von Recht muß als der erste große Bruch in dem modernen politischen System Europas angesehen werden [...]. Polen war die natürliche Barriere sowohl Deutschlands als auch der nordischen Kronen gegen das erdrückende Machtstreben Rußlands [...]. Ein großer Publizist früherer Tage behauptete, wenn die Türken jemals Deutschland erobern würden, müßte es durch Polen sein; jetzt kann mit noch größerem Recht behauptet werden, daß der Weg, auf dem die Russen Deutschland betreten werden, durch Polen führt.

Annual Register, 1772, S. 2–6, zit. nach: Erich Stahleder (Hg.), Absolutismus und Aufklärung. Macht, Geist und Eleganz 1648–1789, Lesewerk zur Geschichte 5, München o. J., S. 138 f.

c) Der deutsche Dichter und Publizist Christian Friedrich Daniel Schubart (1739–1791), Herausgeber der „Deutschen Chronik", urteilte nach der 1. Polnischen Teilung:

Die Polen sind ein gar unzuverlässiges und wankelmütiges Volk: Sie sprechen zwar viel von Freiheit und Vaterlandsliebe, verstehen aber die wahre Deutung dieser köstlichen Sachen nicht. In wilder Ungebundenheit rasen dürfen wie das Tier des Forsts, das nennen sie Freiheit; und ihre Patrioten sind meist Ich-Herren, die nie die große Empfindung durchglüht, ihren Vorteil den Vorteilen des Vaterlandes aufzuopfern. Mit Geld kann man den Polen zu allem machen. Wehe dem Volk, dessen Patriotismus bestechlich ist!

Klaus Staemmler, Polen aus erster Hand, Würzburg, 1975, S. 74

d) Der preußische Minister v. Voß, der nach der Annexion von 1793 mit der Leitung der neuen Provinz Südpreußen beauftragt wurde, erläuterte in einer Denkschrift vom September 1794, warum die überlieferte polnische Verwaltung durch die preußische Form ersetzt worden sei:

Durch die Besitznahme wurde Südpreußen eine Provinz der preußischen Monarchie. Ihre polnische Verfassung und Administration stimmte nicht mit der preußischen. Dies hatte das benachbarte Schlesien und Westpreußen[1] so unendlich gehoben; die Beibehaltung von jener würde der neuen Provinz nicht allein diese Wohltaten vorenthalten, sondern würde sie mit ihren Einwohnern sogar isoliert und dadurch eine innige Verbindung für immer verhindert haben. Sie wäre Staat im Staate gewesen, und ihre Bewohner hätten sich stets als eine andere Nation, als ein Teil der polnischen betrachtet; diese polnische Verfassung hätte zugleich mit der Sprache sie täglich an ihre Abkunft erinnert, ihnen zur Rückkehr Hoffnung gelassen und dadurch eine stete Teilnahme an dem Schicksale Polens nicht allein veranlaßt, sondern sogar begünstigt und entschuldigt. Hierzu kommt, daß die innere Verfassung verwickelt und verworren ist, folglich immer zu Verwicklungen, Verdunklungen, Begünstigungen oder Erpressungen Anlaß bietet; sogleich nach der Besitznahme befahl also der König Organisation nach preußischen, besonders schlesischen und westpreußischen Grundsätzen.

Martin Broszat, Zweihundert Jahre deutsche Polenpolitik, Frankfurt a. M. 1972, S. 71

[1] Der Verfasser spielt auf die Annexion Schlesiens des Friedrich II. und die Westpreußens in der 1. Polnischen Teilung an

a) Arbeiten Sie die jeweilige Einstellung des Verfassers gegenüber „den" Polen, ihrer Verfassung und Geschichte heraus.

b) Vergleichen Sie die Urteile über die Zerstückelung Polens und die Bewertungsmaßstäbe. Welche der Positionen erscheint Ihnen am „ehrenwertesten", welche am „vernünftigsten"?

Zur Diskussion

Triebkräfte internationaler Politik

Im Jahre 1823 veröffentlichte Leopold v. Ranke, einer der einflußreichsten Historiker des 19. Jahrhunderts, einen Essay mit dem Titel „Die großen Mächte", in dem er, wie ein späterer Herausgeber schreibt, „Frankreich, England, Österreich, Rußland, jede gleichsam eine lebendige Staatspersönlichkeit für sich, in ihrem wechselseitigen internationalen Kräftespiel" beschreibt und das friderizianische Preußen als jüngste Großmacht der europäischen Pentarchie die Reihe beschließen läßt. Weil bei ihm „deren Außenpolitik mit ihren Gegensätzen, Bündnissen und Verwandtschaften durchaus im Zentrum der Betrachtung" stand, konzentrierten spätere deutsche Historiker, vor allem nach der Gründung des Bismarck-Reiches, ihre Erklärungsmuster für die Entwicklung der internationalen Beziehungen auf außenpolitische oder militärische Sachzwänge („Primat der Außenpolitik"). So wurden z. B. die Gewinnung vorteilhafter Grenzen, der Abschluß nützlicher Bündnisse oder die Durchsetzung nationaler Ehrenstandpunkte als Erfordernis der Staatsraison eingestuft; dem Genie des großen Staatsmannes – etwa Bismarcks – galt die allgemeine Bewunderung.
Erst nach dem Zweiten Weltkrieg wurde bei der Betrachtung außenpolitischer Entwicklungen die Bedeutung innen- und wirtschaftspolitischer Faktoren in der internationalen Politik auch des 18. Jahrhunderts genauer untersucht, und daraus ergab sich auch eine zutreffendere Einschätzung des Gleichgewichtsgedankens als politischer Leitidee.

146 Außenpolitik unter dem Einfluß „natürlicher" Gesetze?

a) Der englische Historiker George M. Trevelyan [1876–1962] schreibt 1926 in seiner „Geschichte Englands" über die Bedeutung William Pitts am Vorabend des Siebenjährigen Krieges:

Ihm allein vertrauten der Mittelstand und die arbeitenden Klassen, ihm, dem einzigen uneigennützigen Politiker, der es als Zahlmeister verschmäht hatte, von dem Geld, das durch seine Hände ging, den üblichen Anteil einzustecken. Als einziger der britischen Staatsmänner trug er die Karte des Reiches im Kopf und im Herzen. Er allein verstand den freien und ungeduldigen Geist der amerikanischen Kolonisten und wußte, wie man ihn wecken und dem allgemeinen Besten dienstbar machen könnte [. . .]. Die Masse seiner Landsleute, ohne Unterschied der Partei, konnte er immer wieder begeistern durch die Erneuerung der noch lebendigen alten whiggistischen [liberalen] Grundsätze: Stolz auf die freiheitliche Verfassung, die die Revolution von 1688 gesichert hatte; Glaube an das Parlament, weil es, wenn auch unvollkommen, das Volk vertrat; Glaube an das Volk als Ganzes, ohne Rücksicht auf Klasse und Konfession; Angst vor der Macht des römischen Katholizismus und des absoluten Königtums auf dem Festland; der feste Wille, den Ozean und Nordamerika nicht unter die Herrschaft der Bourbonen geraten zu lassen und – Glaube an die Zukunft des englischen Volkes [. . .]. Außer seiner unvergleichlichen Macht als Redner und Führer von Parlament und Volk besaß Pitt auch noch die Eigenschaften eines großen Kriegsministers.

George Macauly Trevelyan, Geschichte Englands, Bd. 2, 4. Aufl. München 1949, S. 613 f.

b) Ludwig Dehio [1888–1963] stellt 1948 in seinem Buch „Gleichgewicht oder Hegemonie" die Katastrophe des Zweiten Weltkrieges in einen großen historischen Zusammenhang. Er schreibt über die Entwicklung im 17. Jahrhundert:

Eine Nivellierung der kontinentalen Staaten schritt als natürliche Folge des von England geschaffenen Gleichgewichtes voran [. . .].

Den prägnantesten Ausdruck aber fand diese Nivellierung in dem Aufstieg Preußens. Die Großen mußten klein geworden sein, damit der kleine Staat groß werde. Auf der Schnittfläche des östlichen und westlichen Kreises operierend, konnte Friedrich der Große mit allen Hauptmächten Partnerschaft eingehen, gelegentlich sogar mit der älteren deutschen Großmacht, auf deren Kosten er die eigene Großmachtsqualität erworben. Wie Bismarck später, ist auch er emporgekommen als Meister in der Ausnutzung der Nivellierung und also Komplizierung des Systems in einem Wellentale zwischen zwei Dünungswellen, und beide verstanden sich darauf, unter den besonderen Umständen solcher Zwischenspiele aus ihrer gefährlichen Zwischenlage durch wechselnde Anlehnung Kapital zu schlagen. Verwegen und bedenkenlos im Griff nach der Beute, unerschütterlich und zugleich maßvoll bei ihrer Verteidigung, setzten sie ihre volle Existenz ein zu einer Zeit, in der die beati possidentes [glückliche Besitzer] zu letzten Anstrengungen nicht gestimmt waren. Daß aus diesem preußischen Wesen heraus, erwachsen zwischen den Hegemonialkämpfen, selbst ein Hegemonialkampf emporsteigen werde, ließ sich unter Friedrich noch nicht ahnen. Sein Aufstieg reicht noch gar nicht hinauf in jene Luftschichten, in denen sich das Wetter der Weltgeschichte zusammenbraut. Aber um so größer war bereits seine Einwirkung in die deutsche Sphäre, auf das äußere wie das innere Geschick der Nation. Er zertrümmerte endgültig das Gefäß des Reiches, bevor noch die kommende nationale Bewegung es mit neuem Inhalt hätte erfüllen können. Er drängte den Habsburger Staat zurück, der so oft als Schirm gegen Franzosen und Türken gedient. Dafür schoß nun im kulturarmen Randgebiete des Protestantismus aus wilder Wurzel eine militärische Zivilisationsmacht empor, die, nur dem eigenen Erfolge verantwortlich und bereit zu jedem Bündnisse, um so mehr mit expansiver Zivilisationsmacht dynamisch geladen war, je ärmer und künstlicher ihre Ausgangsbasis blieb. Friedrich der Einzige und Einsame, der Leiter und Mitschöpfer dieses Machtunternehmens, menschlich ausgekühlt und abgelöst vom heimischen Wesen, vollendete nunmehr die Heranbildung des gefügig-schneidigen Instrumentalmenschen, die der Vater begonnen, und beseelte ihn mit dem Geiste rein sachlicher, heroischer Pflichterfüllung bei jeglichem Dienste.

Ludwig Dehio, Gleichgewicht oder Hegemonie, Krefeld 1948, S. 99 f.

a) Erarbeiten Sie die „natürlichen" Gesetze, von denen die Verfasser ausgehen.
b) Stellen Sie dar, was für die beiden Autoren Motor historischer Entwicklungen ist.

147 Außenpolitik als Ergebnis „materieller" Bedingungen?

a) Heinz Duchhardt, Spezialist für die Geschichte der frühmodernen Staaten, schreibt über die Zeit des Siebenjährigen Krieges:

Die hervorragende Bedeutung von Wirtschafts- und Handelsfragen in den internationalen Konflikten und bei ihrer Regelung seit der Mitte des 17. Jahrhunderts war grundsätzlich neu, was zum einen auf das bisher unbekannte Interesse des Staates am ökonomischen Bereich und zum anderen auf die Identifikation ganzer Völker mit den Zielen einer bestimmten sozialen Gruppe zurückzuführen ist. Dem „politischen Interesse der Nation am Außenhandel" des „Handelsstaates England" hat *Schulin* ein umfängliches Buch gewidmet und hier die geradezu atemberaubende Fülle von handelspolitischen Traktaten untersucht, die aus der Privatangelegenheit Handel eine Staatsangelegenheit machten und sie damit auch der öffentlichen Politisierung aussetzten. Das Handelsmotiv nahm auf der anderen Seite für die englische Regierung zeitweise geradezu den Charakter eines Alibis an: Der Holländische Krieg etwa, der in der City (bei den Bankiers und Großkaufleuten) eigentlich unpopulär war, wurde durch offiziöse Flugschriften hochstilisiert zu einem im Interesse Englands und des englischen Handels geradezu lebensnotwendigen Ereignis. Auch die gesamte niederländische Politik in der 2. Hälfte des 17. Jahrhunderts war so gut wie ausschließlich auf Wirtschaftsfragen ausgerichtet. Die für die Politik mehrfach so verhängnisvollen Belastungen des Verhältnisses zu England hatten hier ihren Kern; die wirtschaftliche Eifersucht und die Handelsrivalität zwischen den Generalstaaten und England ist in jüngster Zeit wohl nicht unzutreffend als eine Art permanenten Kalten Kriegs charakterisiert worden *(Franken)*. Handelsverträge, um nur einige Beispiele für die Bedeutung des ökonomischen Motivs auf den europäischen Friedenskongressen herauszugreifen, waren für die französische Diplomatie die Methode schlechthin, um die großen Koalitionen zum Zerbrechen zu bringen und namentlich die beiden Seemächte auseinanderzudividieren.

Heinz Duchhardt, Gleichgewicht der Kräfte, Convenance, Europäisches Konzert, Darmstadt 1976, „Erträge der Forschung", Bd. 56, S. 120f.

b) Der Historiker Heinz Schilling urteilt über das Mächtesystem im 18. Jahrhundert:

Die fatale Lage Polens gibt eine Grundregel zu erkennen, unter der das eben etablierte internationale Mächtesystem fortan stand: Mächtepolitische Selbstbehauptung setzte im 18. Jahrhundert mehr denn je innere Stabilität und Stärke voraus. Daher fielen die im 16. Jahrhundert so einflußreichen Republiken, wo gesellschaftliche Freiheiten vor staatlicher Machtentfaltung rangierten, rasch zurück: Holland segelte im Kielwasser Englands, und über Polen hing das Machtdiktat Österreichs, Preußens und Rußlands. Frühere Generationen von Historikern glaubten hier das quasibiologische „Gesetz des Stärkeren" wirksam zu sehen [...]. Heute dagegen wird nach den Strukturbedingungen dieser Kabinetts- und Interessenpolitik gefragt – nach den innerstaatlich-dynastischen ebenso wie nach denjenigen, die sich aus den Bauprinzipien des internationalen Systems ergaben –, um das frühneuzeitliche Spiel der Mächte aus seinem inneren Kern heraus zu verstehen und vielleicht auch, um am Ende doch klüger zu sein für die Zukunft.

Wo eben noch Außen- und Machtpolitik gleichgesetzt und gerade darin ein Fortschritt gesehen wurde, richtet sich nun der Blick auf die Kosten des aus den großen Kriegen des frühen 18. Jahrhunderts hervorgetretenen Systems der Großmächte und des ihm verbundenen neuen Politikverständnisses. Bedeutete – so fragen wir – das seit Anfang des Jahrhunderts herrschende Machtkalkül der Groß- und Militärstaaten nicht eher einen Verlust an politischer Kultur, als daß man darin eine bewundernswerte Leistung der Staatskunst zu sehen hat? Vor allem die Lage der beiden libertären und daher zu rücksichtsloser Machtkonzentration nicht willigen und wohl auch nicht fähigen Republiken Polen und Holland in dem früheren und in dem nun etablierten System internationaler Beziehungen macht die Kosten unübersehbar deutlich.

Heinz Schilling, Höfe und Allianzen. Deutschland 1648–1763, Berlin 1989, S. 282.

a) Was sind aus heutiger Sicht wesentliche Triebkräfte historischer Entwicklung?
b) Setzen Sie sich, ausgehend von den Thesen Duchhardts, noch einmal kritisch mit den außenpolitischen Grundsatzäußerungen der Herrscher und Ersten Minister auseinander (Kap. VI, 1 und Kap. IV).

1. *Untersuchen Sie Merkmale und Begründungen der Macht- und „Kabinetts"-Politik im 18. Jahrhundert. Achten Sie auf Gemeinsamkeiten und Unterschiede der Ziele und Methoden und ziehen Sie Ihre Kenntnisse zur Außenpolitik anhand der vorigen Kapitel mit heran.*
2. *Man hat der britischen „balance-of-power"-Politik den Vorwurf gemacht, sie sei „egoistisch" gewesen. Überprüfen Sie diese Meinung mit Hilfe der vorliegenden Materialien.*
3. *Maria Theresias Haltung in der Polen-Frage wurde von Zeitgenossen verspottet mit der Bemerkung „Sie weinte, doch sie nahm". Setzen Sie sich mit diesem Urteil auseinander und diskutieren Sie die Problematik von „Macht und Recht" in der Politik des 18. Jahrhunderts.*
4. *Sammeln Sie Beispiele für die Problematik einer „richtigen" oder „gerechten" Außenpolitik heute – insbesondere in den Beziehungen zwischen „großen" und „kleinen" Staaten. Diskutieren Sie, ob und in welcher Weise die historischen Einsichten aus diesem Kapitel hilfreich sein könnten für die Lösung heutiger Probleme.*

Literatur zur Vertiefung

Übergreifende Darstellungen und Materialien

Darstellungen

Ariés, Ph./Duby, G. (Hg.): Geschichte des privaten Lebens, Bd. 3, Von der Renaissance zur Aufklärung, Frankfurt 1991

Barudio, G.: Das Zeitalter des Absolutismus und der Aufklärung 1648–1789, Fischer Weltgeschichte, Bd. 25, Frankfurt a. M., 7. Aufl. 1991

Diwald, H.: Anspruch auf Mündigkeit um 1400–1555, Propyläen Geschichte Europas, Bd. 1, hg. v. Th. Schieder, Frankfurt-Berlin-Wien 1975

Duchhardt, H.: Das Zeitalter des Absolutismus, Oldenbourg Grundriß der Geschichte, Bd. 11, München 1989

Dülmen, R. van: Entstehung des frühneuzeitlichen Europa 1550–1648, Fischer Weltgeschichte, Bd. 24, Frankfurt a. M., 6. Aufl. 1991

Ders.: Kultur und Alltag in der frühen Neuzeit, Bd. 1, Das Haus und seine Menschen, 16.–18. Jahrhundert, München 1990

Ders.: Kultur und Alltag in der frühen Neuzeit, Bd. 2, Dorf und Stadt, 16.–18. Jahrhundert, München 1992

Engel, J. (Hg.): Die Entstehung des neuzeitlichen Europa, Handbuch der europäischen Geschichte, Bd. 3, hg. v. Th. Schieder, Stuttgart 1971

Hassinger, E.: Das Werden des neuzeitlichen Europa 1300–1600, Geschichte der Neuzeit, Bd. 1, hg. v. G. Ritter, Braunschweig, 2. Aufl. 1964

Hinrichs, E.: Einführung in die Geschichte der Frühen Neuzeit, München 1980

Hubatsch, W.: Das Zeitalter des Absolutismus 1600–1789, Geschichte der Neuzeit, Bd. 2, hg. v. G. Ritter, Braunschweig, 4. Aufl. 1975

Lutz, H.: Reformation und Gegenreformation, Oldenbourg Grundriß der Geschichte, Bd. 10, München, 2. Aufl. 1982

Mandrou, R.: Staatsräson und Vernunft 1649–1775, Propyläen Geschichte Europas, Bd. 3, hg. v. Th. Schieder, Frankfurt-Berlin-Wien 1976

Meuthen, E.: Das 15. Jahrhundert, Oldenbourg Grundriß der Geschichte, Bd. 9, München 1984

Mieck, I.: Europäische Geschichte der Frühen Neuzeit, Stuttgart, 4. Aufl. 1989

Seibt, F. (Hg.): Europa im Hoch- und Spätmittelalter, Handbuch der europäischen Geschichte, Bd. 4, hg. v. Th. Schieder, Stuttgart 1987

Wagner, F. (Hg.): Europa im Zeitalter des Absolutismus und der Aufklärung, Handbuch der europäischen Geschichte, Bd. 4, hg. v. Th. Schieder, Stuttgart, 2. Aufl. 1975

Zeeden, E. W.: Europa vom Ausgang des Mittelalters bis zum Westfälischen Frieden 1648, Studienbuch Geschichte, Bd. 5, hg. v. R. Elze/K. Repgen, Stuttgart 1981

Ders.: Europa im Zeitalter des Absolutismus und der Aufklärung, Studienbuch Geschichte, Bd. 6, hg. v. R. Elze/K. Repgen, Stuttgart 1981

Ders.: Hegemonialkriege und Glaubenskämpfe 1556–1648, Propyläen Geschichte Europas, Bd. 2, hg. v. Th. Schieder, Frankfurt-Berlin-Wien 1977

Quellensammlungen

Bardong, O. (Hg.): Friedrich der Große, Darmstadt 1982

Duchhardt, H. (Hg.): Politische Testamente und andere Quellen zum Fürstenethos der frühen Neuzeit, Darmstadt 1987

Freiherr-vom-Stein-Gedächtnisausgabe, Reihe B, Darmstadt

Hofmann, H.-H. (Hg.): Quellen zur Verfassungsorganisation des Heiligen Römischen Reiches Deutscher Nation, Darmstadt 1976

Kohler, A. (Hg.): Quellen zur Geschichte Karls V., Darmstadt 1990

Lorenz, G. (Hg.): Quellen zur Vorgeschichte und zu den Anfängen des Dreißigjährigen Krieges, Darmstadt 1991
Walter, F. (Hg.): Maria Theresia, Darmstadt 1982

Florenz

Beys, B.: Stadtwelt – Weltstadt, Reinbek 1992
Brucker, G. A.: Florenz – Stadtstaat, Kulturzentrum, Wirtschaftsmacht, München 1984
Burke, P.: Die Renaissance in Italien. Sozialgeschichte einer Kultur zwischen Tradition und Erfindung, Berlin 1984
Cleugh, J.: Die Medici. Macht und Glanz einer europäischen Familie, München 1987
Garin, E. (Hg.): Der Mensch der Renaissance, Frankfurt 1990
Münkler, H.: Im Namen des Staates. Die Begründung der Staatsräson in der Frühen Neuzeit, Frankfurt 1987
Ders.: Machiavelli. Die Begründung des politischen Denkens der Neuzeit aus der Krise der Republik Florenz, Frankfurt 1982
Ders. (Hg.): Niccolò Machiavelli, Politische Schriften, Frankfurt a. M., 2. Aufl. 1991
Origo, I.: Im Namen Gottes und des Geschäfts. Lebensbilder eines toskanischen Kaufmanns der Frührenaissance, München 1985

Heiliges Römisches Reich

Monographische Gesamtdarstellungen

Heckel, M.: Deutschland im konfessionellen Zeitalter, Deutsche Geschichte bei Vandenhoeck, Bd. 5, hg. v. J. Leuschner, Göttingen 1983
Leuschner, J.: Deutschland im späten Mittelalter, Deutsche Geschichte bei Vandenhoeck, Bd. 3, hg. v. J. L., Göttingen, erg. Aufl. 1983
Lutz, H.: Das Ringen um deutsche Einheit und kirchliche Erneuerung. Von Maximilian II. bis zum Westfälischen Frieden 1490–1648, Propyläen Geschichte Deutschlands, Bd. 4, Berlin 1983
Moeller, B.: Deutschland im Zeitalter der Reformation, Deutsche Geschichte bei Vandenhoeck, Bd. 4, Göttingen, 3. Aufl. 1988
Press, V.: Kriege und Krisen, Deutschland 1600–1715, Beck Neue Deutsche Geschichte, Bd. 5, München 1991
Rabe, H.: Reich und Glaubensspaltung, Deutschland 1500–1600, Beck Neue Deutsche Geschichte, Bd. 4, München 1989
Schilling, H.: Siedler Deutsche Geschichte. Aufbruch und Krise. Deutschland 1517–1648, Berlin 1988
Ders.: Siedler Deutsche Geschichte. Höfe und Allianzen. Deutschland 1648–1763, Berlin 1989
Vierhaus, R.: Deutschland im Zeitalter des Absolutismus, Deutsche Geschichte bei Vandenhoeck, Bd. 6, Göttingen, 2. Aufl. 1984
Ders.: Staaten und Stände, 1648–1763, Propyläen Geschichte Deutschlands, Bd. 5, Berlin 1984

Allgemeine Einführungen zur Verfassung des Reiches

Angermeier, H.: Die Reichsreform 1410–1555, München 1984
Aretin, K. O. Frh. v.: Das Reich. Friedensgarantie und europäisches Gleichgewicht 1648–1806, Stuttgart 1986
Boldt, H.: Deutsche Verfassungsgeschichte, Bd. 1, Von den Anfängen bis zum Ende des älteren deutschen Reiches 1806, München 1984
Duchhardt, H.: Deutsche Verfassungsgeschichte 1495–1806, Stuttgart 1991

Zusätzliche Quellensammlungen

Buschmann, A. (Hg.): Kaiser und Reich. Texte zur Verfassungsgeschichte des Heiligen Römischen Reiches Deutscher Nation bis zum Jahre 1806, VLB o. J.

Dietrich, R. (Hg.): Politische Testamente der Hohenzollern, München 1981

Dreißigjähriger Krieg

Barudio, G.: Der teutsche Krieg 1618–1648, Frankfurt 1985
Dickmann, F.: Der Westfälische Friede, Münster, 6. Auflage 1991
Pleticha, H. (Hg.): Deutsche Geschichte, Bd. 7, Dreißigjähriger Krieg und Absolutismus 1618–1740, Gütersloh 1984
Rudolf, H. (Hg.): Der Dreißigjährige Krieg, Perspektiven und Strukturen, Darmstadt 1977

Spanien

Grierson, E.: Philipp II., König zweier Welten, Frankfurt 1978
Heine, H.: Geschichte Spaniens in der frühen Neuzeit 1400–1800, München 1974
McKendrick, M.: Ferdinand und Isabella, bearb. v. H. Pleticha, Reutlingen 1969
Petrie, Ch.: Philipp II. von Spanien, Stuttgart 1965
Schmidt, K. D.: Die katholische Reform und die Gegenreformation, Göttingen 1975

Frankreich

Burckhardt, D. J.: Richelieu, 4 Bde., München 1967
Condy, J.: Die Hugenottenkriege in Augenzeugenberichten, Düsseldorf 1965
O'Connell, D. P.: Richelieu – Kardinal, Staatsmann, Revolutionär, München 1978
Duchardt, H./Schmitt (Hg.): Deutschland und Frankreich in der frühen Neuzeit, München 1989
Favier, J.: Frankreich im Zeitalter der Lehnsherrschaft 1000–1515, Geschichte Frankreichs, Bd. 2, hg. v. J. F., Stuttgart 1989
Hartmann, P. C.: Französische Verfassungsgeschichte der Neuzeit (1450–1980), Darmstadt 1985
Kendall, P. M.: Ludwig XI., König von Frankreich 1422–1483, München 1979
Meyer, J.: Frankreich im Zeitalter des Absolutismus, Geschichte Frankreichs, Bd. 3, hg. v. J. Favier, Stuttgart 1989
Siegburg, H.-O.: Geschichte Frankreichs, Stuttgart-Berlin-Köln, 4. Aufl. 1989
Strasser-Bertrand, O. E./de Jong, O. J.: Geschichte des Protestantismus in Frankreich und den Niederlanden, Göttingen 1975
Voss, J.: Von der frühneuzeitlichen Monarchie bis zur Ersten Republik 1500–1800, Geschichte Frankreichs, Bd. 2, München 1988

Niederlande

Lademacher, H.: Geschichte der Niederlande, Darmstadt 1983
Petrie, F. u. a.: Geschichte der Niederlande, Stuttgart 1989
Wilson, Ch.: Die Früchte der Freiheit. Holland und die europäische Kultur des 17. Jahrhunderts, München 1968

England

Elton, G. R.: England unter den Tudors 1485–1603, München 1983
Kluxen, K.: Geschichte Englands, Stuttgart, 4. Aufl. 1985
Mattingly, G.: Die Armada. Sieben Tage machen Weltgeschichte, München 1988
Schmidt-Liebich, J.: Daten der englischen Geschichte, München 1973
Schröder, H.-Ch.: Die Revolution Englands im 17. Jahrhundert, Frankfurt 1986
Wende, P.: Probleme der englischen Revolution, Darmstadt 1980

Absolutismus

Buck, A. u. a. (Hg.): Europäische Hofkultur im 16. und 17. Jahrhundert, 3 Bde., Hamburg 1981
Dollinger, H.: Friedrich II. von Preußen. Sein Bild im Wandel von zwei Jahrhunderten, München 1986
Duchhardt, H. (Hg.): Der Exodus der Hugenotten. Die Aufhebung des Edikts von Nantes 1685 als europäisches Ereignis, Köln-Wien 1985
Giterman, V.: Geschichte Rußlands, 3 Bde., Frankfurt 1965
Hinrichs, E. (Hg.): Absolutismus, Frankfurt a. M. 1986

Hubatsch, W. (Hg.): Absolutismus, Darmstadt 1973
Klingenstein, G./Plaschka, R. G.: Österreich im Europa der Aufklärung, 2 Bde., Wien 1985
Kunisch, J.: Absolutismus. Europäische Geschichte vom Westfälischen Frieden bis zur Krise des Ancien Régime, Göttingen 1986
Ders. (Hg.): Prinz Eugen von Savoyen und seine Zeit, Freiburg-Würzburg 1986
Mager, W.: Frankreich vom Ancien Régime zur Moderne. Wirtschafts-, gesellschafts- und politische Institutionsgeschichte 1630–1830, Stuttgart 1982
Medinger, W.: Moskaus Weg nach Europa. Rußlands Aufstieg zur europäischen Macht im Zeitalter Friedrichs des Großen, Braunschweig 1952
Rimscha, H. v.: Geschichte Rußlands, Darmstadt 1970
Schieder, Th.: Friedrich der Große, ein Königtum der Widersprüche, Frankfurt-Berlin, 2. Aufl. 1986

Internationale Politik

Craig, G. A./George, A. L.: Zwischen Krieg und Frieden. Konfliktlösungen in Geschichte und Gegenwart, München 1988
Dehio, L.: Gleichgewicht oder Hegemonie, Krefeld 1948
Howard, M.: Der Krieg in der europäischen Geschichte, München 1981
Krüger, M. (Hg.): Kontinuität und Wandel in der Staatenordnung der Neuzeit – Beiträge zur Geschichte des Internationalen Systems, Marburger Studien zur neueren Geschichte, Bd. 1, Marburg 1991
Müller, M. C.: Polen zwischen Preußen und Rußland, Souveränitätskrise und Reformpolitik 1763–1792, Berlin 1983
Niedhart, G.: Handel und Krieg in der britischen Weltpolitik 1738–1763, München 1979
Raczynski, A.: Noch ist Polen nicht verloren. Aus den Tagebüchern 1788–1818, Berlin 1984
Rhode, G.: Geschichte Polens, Darmstadt, 3. Aufl. 1980
Schulin, E.: Handelsstaat England. Das politische Interesse der Nation am Außenhandel vom 16. bis ins frühe 18. Jahrhundert, Wiesbaden 1969

Register

Kursiv gesetzte Seitenzahlen verweisen auf Abbildungen, **halbfett** gesetzte Seitenzahlen auf Grundbegriffe, (K) verweist auf Karten.

Personenregister

Sachregister

Bildnachweis

Umschlag, BPK, Berlin; S. 10, Supplementum Chronicarium; S. 11, G. Savonarola, Prediche sopra i salmi; S. 17, Giorgio Chiarinis ‚Libro che tracta di mercantantie e usanze de paesi', Florenz 1490; S. 21, Staatl. Museen zu Berlin, Skulpturensammlung Preuß. Kulturbesitz, Inv.-Nr. 77; S. 27, Herfried Münkler, Im Namen des Staates, Fischer TB, Frankfurt 1987; S. 32, Österreichische Nationalbibliothek, Wien; S. 35, Niedersächsisches Staatsarchiv, Osnabrück; S. 40, BPK, Berlin; S. 42, Württembergisches Landesmuseum, Stuttgart; S. 45, Bertelsmann Lexikon Verlag, Gütersloh; S. 47, AKG, Berlin; S. 48, Staats- und Stadtarchiv, Augsburg; S. 51, Staatsarchiv Nürnberg; S. 56, Bertelsmann Lexikon Verlag, Gütersloh; S. 57, Archiv Gerstenberg, Wietze; S. 61, Österreichische Nationalbibliothek, Wien; S. 68, The Mansell Collection, London; S. 71, Mary Evans Picture Library, London; S. 73, Biblioteca Nacional, Madrid; S. 74, Michael Holford Photographs, Loughton; S. 77, Giraudon, Paris; S. 79, BPK, Berlin; S. 82, Bertelsmann Lexikon Verlag, Gütersloh; S. 86, British Museum, London; S. 88, AKG, Berlin; S. 93, AKG, Berlin; S. 103, © Harenberg Kommunikation, Dortmund; S. 105, Mary Evans Picture Library, London; S. 108, Sheridan Photo Library, London; S. 111, British Museum, London; S. 116, British Museum, London; S. 121, BPK, Berlin; S. 128, Bibliothèque Nationale, Paris; S. 131, aus: Praxis Geschichte, 4/88, Westermann, Braunschweig; S. 135, Österreichische Nationalbibliothek, Wien; S. 137, William M. Thackeray; S. 141, Rovinski, Russian Folk Illustrations; S. 142, aus: V. Giterman, Geschichte Rußlands, Bd. 3, Athenäum Verlag GmbH, Frankfurt a. M. 1965; S. 144, Novosti Photo Library, London; S. 151, BPK, Berlin; S. 154, Wilhelm Stöckle, Filderstadt; S. 157, 158 und 162 BPK, Berlin; S. 164, Werner Franke, Lingen; S. 168, British Museum, London; S. 175, Bibliothèque Nationale, Paris; S. 180, Hulton Deutsch, London; S. 182, BPK, Berlin; S. 183, Hase & Koehler Verlag 1976; Farbtafel 1, AKG, Berlin; Farbtafel 2, Scala, Florenz; Farbtafel 3, Staatsarchiv Nürnberg; Farbtafel 4, J. Freeman, aus: Meyers Illustrierte Weltgeschichte in 20 Bänden, Bd. 15, Der absolutistische Staat (17.–18. Jh.), Bibliographische Anstalt, Mannheim 1980

Hinweis: Nicht in allen Fällen war es uns möglich, die Rechteinhaber der Abbildungen ausfindig zu machen. Berechtigte Ansprüche werden selbstverständlich im Rahmen der üblichen Vereinbarungen abgegolten.